大学赤本シリーズ

408

# 明治大学

## 経営学部－学部別入試



教学社

# はしがき

おかげさまで，大学入試の「赤本」は，今年で創刊70周年を迎えました。

これまで，入試問題や資料をご提供いただいた大学関係者各位，掲載許可をいただいた著作権者の皆様，各科目の解答や対策の執筆にあたられた先生方，そして，赤本を使用してくださったすべての読者の皆様に，厚く御礼を申し上げます。

以下に，創刊初期の「赤本」のはしがきを引用します。これからも引き続き，受験生の目標の達成や，夢の実現を応援してまいります。

本書を活用して，入試本番では持てる力を存分に発揮されることを心より願っています。

編者しるす

＊　＊　＊

学問の塔にあこがれのまなざしをもって，それぞれの志望する大学の門をたたかんとしている受験生諸君！　人間として生まれてきた私たちは，自己の欲するままに，美しく，強く，そして何よりも人間らしく生きることをねがっている。しかし，一朝一夕にして，この純粋なのぞみが達せられることはない。私たちの行く手には，絶えずさまざまな試練がまちかまえている。この試練を克服していくところに，私たちのねがう真に人間的な世界がはじめて開かれてくるのである。

人生最初の最大の試練として，諸君の眼前に大学入試がある。この大学入試は，精神的にも身体的にも，大きな苦痛を感ぜしめるであろう。あるスポーツに熟達するには，たゆみなき，はげしい練習を積み重ねることが必要であるように，私たちは，計画的・持続的な努力を払うことによって，この試練を克服し，次の一歩を踏みだすことができる。厳しい試練を経たのちに，はじめて満足すべき成果を獲得できるのである。

本書は最近の入学試験の問題に，それぞれ解答を付し，さらに問題をふかく分析することによって，その大学独特の傾向や対策をさぐろうとした。本書を一般の参考書とあわせて使用し，まとはずれのない，効果的な受験勉強をされるよう期待したい。

（昭和35年版「赤本」はしがきより）

# 挑む人の、いちばんの味方

1954年に大学入試の過去問題集を刊行してから70年。赤本は大学に入りたいと思う受験生を応援しつづけてきました。これからも，苦しいとき落ち込むときにそばで支える存在でいたいと思います。

そして，勉強をすること，自分で道を決めること，努力が実ること，これらの喜びを読者の皆さんが感じることができるよう，伴走をつづけます。

**赤本創刊70周年**

そもそも赤本とは…

## 受験生のための大学入試の過去問題集！

70年の歴史を誇る赤本は，500点を超える刊行点数で全都道府県の370大学以上を網羅しており，過去問の代名詞として受験生の必須アイテムとなっています。

……………　なぜ受験に過去問が必要なのか？　……………

## 大学入試は大学によって問題形式や頻出分野が大きく異なるからです。

# 赤本の掲載内容

## 傾向と対策

これまでの出題内容から，問題の「**傾向**」を分析し，来年度の入試に向けて具体的な「**対策**」の方法を紹介しています。

## 問題編・解答編

- 年度ごとに問題とその解答を掲載しています。
- 「**問題編**」ではその年度の試験概要を確認したうえで，実際に出題された過去問に取り組むことができます。
- 「**解答編**」には高校・予備校の先生方による解答が載っています。

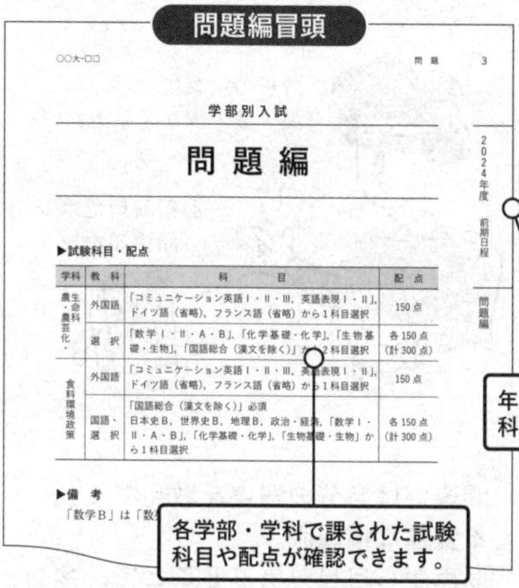


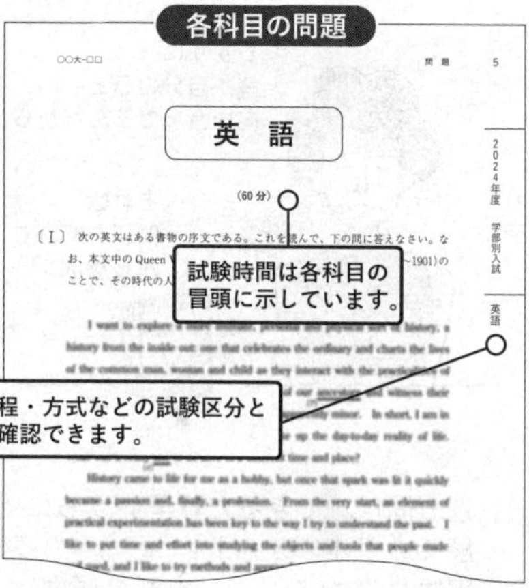


**他にも，大学の基本情報や，先輩受験生の合格体験記，在学生からのメッセージなどが載っていることがあります。**

### 掲載内容について

著作権上の理由やその他編集上の都合により問題や解答の一部を割愛している場合があります。なお，指定校推薦入試，社会人入試，編入学試験，帰国生入試などの特別入試，英語以外の外国語科目，商業・工業科目は，原則として掲載しておりません。また試験科目は変更される場合がありますので，あらかじめご了承ください。

受験勉強は

# 過去問に始まり，

## STEP 1　なにはともあれ

### まずは解いてみる

しずかに…
今，自分の心と
向き合ってるんだから
ムーン
それは
問題を解いて
からだホン!

過去問は，**できるだけ早いうちに解く**のがオススメ！
実際に解くことで，**出題の傾向，問題のレベル，今の自分の実力**がつかめます。

## STEP 2　じっくり具体的に

### 弱点を分析する

分析の結果だけど
英・数・国が苦手みたい
スリー
必須科目だホン
頑張るホン

間違いは自分の弱点を教えてくれる**貴重な情報源**。
弱点から自己分析することで，**今の自分に足りない力や苦手な分野**が見えてくるはず！

### 合格者があかす 赤本の使い方

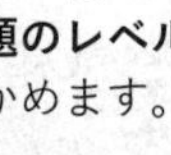

**傾向と対策を熟読**
（Fさん／国立大合格）
大学の出題傾向を調べるために，赤本に載っている「傾向と対策」を熟読しました。

**繰り返し解く**
（Tさん／国立大合格）
1周目は問題のレベル確認，2周目は苦手や頻出分野の確認に，3周目は合格点を目指して，と過去問は繰り返し解くことが大切です。

赤本の使い方 解説

# 過去問に終わる。

## STEP 3

志望校にあわせて

## 苦手分野の重点対策

明日からはみんなで頑張るよ！
参考書も！ 問題集も！
よろしくね！
呼んだ？
なにを!?
どこから!?
グッ
グッ

参考書や問題集を活用して，苦手分野の**重点対策**をしていきます。**過去問を指針**に，合格へ向けた具体的な学習計画を立てましょう！

## STEP 1▶2▶3

サイクルが大事!

## 実践を繰り返す

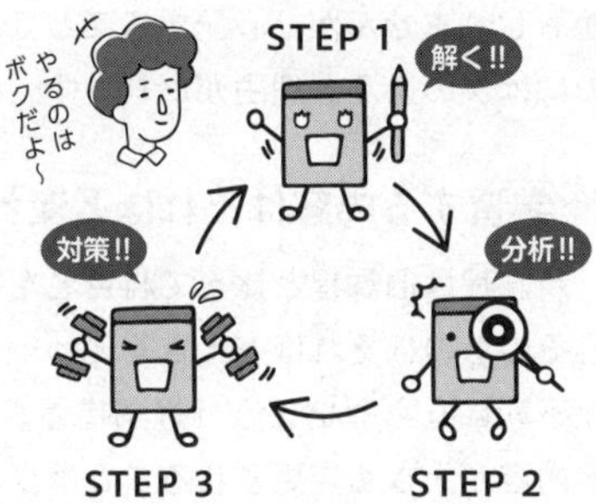
やるのはボクだよ～
STEP 1
解く!!
分析!!
対策!!
STEP 3
STEP 2

**STEP 1～3を繰り返し**，実力アップにつなげましょう！**出題形式に慣れること**や，**時間配分を考えること**も大切です。

### 目標点を決める

（Yさん／私立大合格）

赤本によっては合格者最低点が載っているので，それを見て目標点を決めるのもよいです。

### 時間配分を確認

（Kさん／私立大学合格）

赤本は時間配分や解く順番を決めるために使いました。

### 添削してもらう

（Sさん／私立大学合格）

記述式の問題は先生に添削してもらうことで自分の弱点に気づけると思います。

# 新課程入試Q&A

2022年度から新しい学習指導要領（新課程）での授業が始まり，2025年度の入試は，新課程に基づいて行われる最初の入試となります。ここでは，赤本での新課程入試の対策について，よくある疑問にお答えします。

## Q1. 赤本は新課程入試の対策に使えますか？

## A. もちろん使えます！

旧課程入試の過去問が新課程入試の対策に役に立つのか疑問に思う人もいるかもしれませんが，心配することはありません。旧課程入試の過去問が役立つのには次のような理由があります。

### ● 学習する内容はそれほど変わらない

新課程は旧課程と比べて科目名を中心とした変更はありますが，学習する内容そのものはそれほど大きく変わっていません。また，多くの大学で，既卒生が不利にならないよう「経過措置」がとられます（Q３参照）。したがって，出題内容が大きく変更されることは少ないとみられます。

### ● 大学ごとに出題の特徴がある

これまでに課程が変わったときも，各大学の出題の特徴は大きく変わらないことがほとんどでした。入試問題は各大学のアドミッション・ポリシーに沿って出題されており，過去問にはその特徴がよく表れています。過去問を研究してその大学に特有の傾向をつかめば，最適な対策をとることができます。

| | |
|---|---|
| 出題の特徴の例 | ・英作文問題の出題の有無<br>・論述問題の出題（字数制限の有無や長さ）<br>・計算過程の記述の有無 |

新課程入試の対策も，赤本で過去問に取り組むところから始めましょう。

## Q2. 赤本を使う上での注意点はありますか？

### A. 志望大学の入試科目を確認しましょう。

過去問を解く前に，過去の出題科目（問題編冒頭の表）と 2025 年度の募集要項とを比べて，課される内容に変更がないかを確認しましょう。ポイントは以下のとおりです。科目名が変わっていても，実際は旧課程の内容とほとんど同様のものもあります。

| | |
|---|---|
| 英語・国語 | 科目名は変更されているが，実質的には変更なし。<br>▶▶ **ただし，リスニングや古文・漢文の有無は要確認。** |
| 地歴 | 科目名が変更され，「歴史総合」「地理総合」が新設。<br>▶▶ **新設科目の有無に注意。ただし，「経過措置」（Q3参照）により内容は大きく変わらないことも多い。** |
| 公民 | 「現代社会」が廃止され，「公共」が新設。<br>▶▶ **「公共」は実質的には「現代社会」と大きく変わらない。** |
| 数学 | 科目が再編され，「数学 C」が新設。<br>▶▶ **「数学」全体としての内容は大きく変わらないが，出題科目と単元の変更に注意。** |
| 理科 | 科目名も学習内容も大きな変更なし。 |

数学については，科目名だけでなく，どの単元が含まれているかも確認が必要です。例えば，出題科目が次のように変わったとします。

| | |
|---|---|
| 旧課程 | 「数学Ⅰ・数学Ⅱ・数学 A・数学 B（数列・ベクトル）」 |
| **新課程** | 「数学Ⅰ・数学Ⅱ・数学 A・**数学 B（数列）・数学 C（ベクトル）**」 |

この場合，新課程では「数学C」が増えていますが，単元は「ベクトル」のみのため，実質的には旧課程とほぼ同じであり，過去問をそのまま役立てることができます。

## Q3. 「経過措置」とは何ですか？

## A. 既卒の旧課程履修者への対応です。

多くの大学では，既卒の旧課程履修者が不利にならないように，出題において「経過措置」が実施されます。措置の有無や内容は大学によって異なるので，募集要項や大学のウェブサイトなどで確認しておきましょう。

○旧課程履修者への経過措置の例

- 旧課程履修者にも配慮した出題を行う。
- 新・旧課程の共通の範囲から出題する。
- 新課程と旧課程の共通の内容を出題し，共通範囲のみでの出題が困難な場合は，旧課程の範囲からの問題を用意し，選択解答とする。

例えば，地歴の出題科目が次のように変わったとします。

| | |
|---|---|
| 旧課程 | 「日本史 B」「世界史 B」から１科目選択 |
| **新課程** | 「**歴史総合**，日本史探究」「**歴史総合**，世界史探究」から１科目選択※<br>※旧課程履修者に不利益が生じることのないように配慮する。 |

「歴史総合」は新課程で新設された科目で，旧課程履修者には見慣れないものですが，上記のような経過措置がとられた場合，新課程入試でも旧課程と同様の学習内容で受験することができます。

要チェックだホン

**新課程の情報は WEB もチェック！**
**より詳しい解説が赤本ウェブサイトで見られます。**
**https://akahon.net/shinkatei/**

## 科目名が変更される教科・科目

| | 旧課程 | 新課程 |
|---|---|---|
| 国語 | 国語総合<br>国語表現<br>現代文A<br>現代文B<br>古典A<br>古典B | 現代の国語<br>言語文化<br>論理国語<br>文学国語<br>国語表現<br>古典探究 |
| 地歴 | 日本史A<br>日本史B<br>世界史A<br>世界史B<br>地理A<br>地理B | 歴史総合<br>日本史探究<br>世界史探究<br>地理総合<br>地理探究 |
| 公民 | 現代社会<br>倫理<br>政治・経済 | 公共<br>倫理<br>政治・経済 |
| 数学 | 数学Ⅰ<br>数学Ⅱ<br>数学Ⅲ<br>数学A<br>数学B<br>数学活用 | 数学Ⅰ<br>数学Ⅱ<br>数学Ⅲ<br>数学A<br>数学B<br>数学C |
| 外国語 | コミュニケーション英語基礎<br>コミュニケーション英語Ⅰ<br>コミュニケーション英語Ⅱ<br>コミュニケーション英語Ⅲ<br>英語表現Ⅰ<br>英語表現Ⅱ<br>英語会話 | 英語コミュニケーションⅠ<br>英語コミュニケーションⅡ<br>英語コミュニケーションⅢ<br>論理・表現Ⅰ<br>論理・表現Ⅱ<br>論理・表現Ⅲ |
| 情報 | 社会と情報<br>情報の科学 | 情報Ⅰ<br>情報Ⅱ |

# 目　次


| | |
|---|---|
| 大学情報 | 1 |
| 在学生メッセージ | 35 |
| 合格体験記 | 42 |
| 傾向と対策 | 53 |

**2024年度 問題と解答**

●学部別入試

| | | |
|---|---|---|
| 英　語 | 4 | 解答 78 |
| 日本史 | 21 | 解答 95 |
| 世界史 | 39 | 解答 102 |
| 政治・経済 | 53 | 解答 108 |
| 数　学 | 61 | 解答 112 |
| 国　語 | 77 | 解答 127 |

**2023年度 問題と解答**

●学部別入試

| | | |
|---|---|---|
| 英　語 | 4 | 解答 79 |
| 日本史 | 21 | 解答 99 |
| 世界史 | 36 | 解答 107 |
| 政治・経済 | 52 | 解答 113 |
| 数　学 | 59 | 解答 118 |
| 国　語 | 78 | 解答 134 |

# 2022 年度 問題と解答

**●学部別入試**


英　語 ………… 4　解答 79
日本史 ………… 21　解答 97
世界史 ………… 36　解答 107
政治・経済 ………… 51　解答 113
数　学 ………… 64　解答 122
国　語 ………… 78　解答 138


解答用紙は，赤本オンラインに掲載しています。
https://akahon.net/kkm/mej/index.html

※掲載内容は，予告なしに変更・中止する場合があります。

**掲載内容についてのお断り**

著作権の都合上，2023 年度「英語」大問Ⅱの英文・全訳を省略しています。

UNIVERSITY GUIDE

# 大学情報

## 基本情報

### 沿革

| | |
|---|---|
| 1881（明治 14） | 明治法律学校開校 |
| 1903（明治 36） | 専門学校令により明治大学と改称 |
| 1904（明治 37） | 学則改正により法学部・政学部・文学部・商学部を設置 |
| 1920（大正　9） | 大学令により明治大学設立認可 |
| 1949（昭和 24） | 新制明治大学設置認可。法学部・商学部・政治経済学部・文学部・工学部・農学部を置く |
| 1953（昭和 28） | 経営学部設置 |
| 1989（平成元年） | 工学部を理工学部に改組 |
| 2004（平成 16） | 情報コミュニケーション学部設置 |
| 2008（平成 20） | 国際日本学部設置 |
| 2013（平成 25） | 総合数理学部設置 |
| 2021（令和　3） | 創立 140 周年 |

## 大学マーク

明治大学には，「伝統を受け継ぎ，新世紀に向けて大きく飛躍・上昇する明治大学」をイメージした大学マークがあります。この大学マークのコンセプトは，明治大学の「M」をモチーフとして，21 世紀に向けて明治大学が「限りなく飛翔する」イメージ，シンプルなデザインによる「親しみやすさ」，斬新な切り口による「未来へのメッセージ」を伝えています。

# 学部・学科の構成

## 大　学

●**法学部**　1・2 年：和泉キャンパス／3・4 年：駿河台キャンパス

法律学科（ビジネスローコース，国際関係法コース，法と情報コース，公共法務コース，法曹コース）

●**商学部**　1・2 年：和泉キャンパス／3・4 年：駿河台キャンパス

商学科（アプライド・エコノミクスコース，マーケティングコース，ファイナンス＆インシュアランスコース，グローバル・ビジネスコース，マネジメントコース，アカウンティングコース，クリエイティブ・ビジネスコース）

●**政治経済学部**　1・2 年：和泉キャンパス／3・4 年：駿河台キャンパス

政治学科

経済学科

地域行政学科

●**文学部**　1・2 年：和泉キャンパス／3・4 年：駿河台キャンパス

文学科（日本文学専攻，英米文学専攻，ドイツ文学専攻，フランス文学専攻，演劇学専攻，文芸メディア専攻）

史学地理学科（日本史学専攻，アジア史専攻，西洋史学専攻，考古学専攻，地理学専攻）

心理社会学科（臨床心理学専攻，現代社会学専攻，哲学専攻）

**●理工学部**　生田キャンパス

電気電子生命学科（電気電子工学専攻，生命理工学専攻）

機械工学科

機械情報工学科

建築学科

応用化学科

情報科学科

数学科

物理学科

**●農学部**　生田キャンパス

農学科

農芸化学科

生命科学科

食料環境政策学科

**●経営学部**　1・2年：和泉キャンパス／3・4年：駿河台キャンパス

経営学科

会計学科

公共経営学科

（備考）学部一括入試により，２年次から学科に所属となる。

**●情報コミュニケーション学部**　1・2年：和泉キャンパス／3・4年：駿河台キャンパス

情報コミュニケーション学科

**●国際日本学部**　中野キャンパス

国際日本学科

**●総合数理学部**　中野キャンパス

現象数理学科

先端メディアサイエンス学科

ネットワークデザイン学科

## 大学院

法学研究科 / 商学研究科 / 政治経済学研究科 / 経営学研究科 / 文学研究科 / 理工学研究科 / 農学研究科 / 情報コミュニケーション研究科 / 教養デザイン研究科 / 先端数理科学研究科 / 国際日本学研究科 / グローバル・ガバナンス研究科 / 法務研究科（法科大学院）/ ガバナンス研究科（公共政策大学院）/ グローバル・ビジネス研究科（ビジネススクール）/ 会計専門職研究科（会計大学院）

（注）学部・学科・専攻および大学院に関する情報は 2024 年 4 月時点のものです。

# 大学所在地

中野キャンパス

生田キャンパス

和泉キャンパス

駿河台キャンパス

| | | |
|---|---|---|
| **駿河台キャンパス** | 〒 101-8301 | 東京都千代田区神田駿河台 1-1 |
| **和泉キャンパス** | 〒 168-8555 | 東京都杉並区永福 1-9-1 |
| **生田キャンパス** | 〒 214-8571 | 神奈川県川崎市多摩区東三田 1-1-1 |
| **中野キャンパス** | 〒 164-8525 | 東京都中野区中野 4-21-1 |

# 入試データ

## 入試状況（志願者数・競争率など）

○競争率は受験者数÷合格者数で算出。

○個別学力試験を課さない大学入学共通テスト利用入試は1カ年分のみ掲載。

### 2024年度　入試状況

#### ●学部別入試

（　）内は女子内数

| 学部・学科等 | | | 募集人員 | 志願者数 | 受験者数 | 合格者数 | 競争率 |
|---|---|---|---|---|---|---|---|
| 法 | 法律 | | 315 | 3,971(1,498) | 3,283(1,229) | 771(256) | 4.3 |
| 商 | 学部別 | | 485 | 8,289(2,589) | 7,251(2,278) | 1,301(346) | 5.6 |
| 商 | 英語4技能試験利用 | | 15 | 950(402) | 834(351) | 173(62) | 4.8 |
| 政治経済 | 政治 | | 105 | 1,132(346) | 1,057(321) | 453(130) | 2.3 |
| 政治経済 | 経済 | | 290 | 3,779(785) | 3,564(740) | 1,137(234) | 3.1 |
| 政治経済 | 地域行政 | | 70 | 769(249) | 730(240) | 223(71) | 3.3 |
| 文 | 文 | 日本文学 | 70 | 1,018(587) | 896(520) | 180(107) | 5.0 |
| 文 | 文 | 英米文学 | 68 | 912(440) | 833(402) | 182(79) | 4.6 |
| 文 | 文 | ドイツ文学 | 23 | 393(177) | 359(166) | 67(30) | 5.4 |
| 文 | 文 | フランス文学 | 24 | 297(151) | 270(139) | 62(31) | 4.4 |
| 文 | 文 | 演劇学 | 29 | 245(191) | 213(167) | 44(35) | 4.8 |
| 文 | 文 | 文芸メディア | 43 | 617(388) | 547(347) | 105(58) | 5.2 |
| 文 | 史学地理 | 日本史学 | 51 | 760(250) | 683(229) | 138(42) | 4.9 |
| 文 | 史学地理 | アジア史 | 20 | 282(115) | 249(103) | 51(22) | 4.9 |
| 文 | 史学地理 | 西洋史学 | 32 | 452(163) | 392(143) | 69(23) | 5.7 |
| 文 | 史学地理 | 考古学 | 24 | 358(133) | 321(115) | 57(13) | 5.6 |
| 文 | 史学地理 | 地理学 | 27 | 318(72) | 279(63) | 55(13) | 5.1 |
| 文 | 心理社会 | 臨床心理学 | 24 | 524(337) | 460(288) | 58(38) | 7.9 |
| 文 | 心理社会 | 現代社会学 | 26 | 606(361) | 534(318) | 96(53) | 5.6 |
| 文 | 心理社会 | 哲学 | 20 | 279(110) | 239(94) | 48(17) | 5.0 |

（表つづく）

| 学部・学科等 | | 募集人員 | 志願者数 | 受験者数 | 合格者数 | 競争率 |
|---|---|---|---|---|---|---|
| 理工 | 電気電子生命 電気電子工学 | 80 | 835(62) | 795(59) | 308(28) | 2.6 |
| | 電気電子生命 生命理工学 | 27 | 406(131) | 382(125) | 123(37) | 3.1 |
| | 機械工 | 75 | 1,784(137) | 1,715(128) | 413(37) | 4.2 |
| | 機械情報工 | 66 | 754(76) | 719(73) | 276(27) | 2.6 |
| | 建築 | 88 | 1,542(465) | 1,473(448) | 340(105) | 4.3 |
| | 応用化 | 60 | 1,509(465) | 1,442(442) | 472(126) | 3.1 |
| | 情報科 | 65 | 1,853(238) | 1,745(222) | 418(43) | 4.2 |
| | 数 | 32 | 556(56) | 529(52) | 192(11) | 2.8 |
| | 物理 | 35 | 908(111) | 867(103) | 273(22) | 3.2 |
| 農 | 農 | 90 | 1,240(426) | 1,049(351) | 266(98) | 3.9 |
| | 農芸化 | 84 | 1,037(647) | 860(527) | 201(116) | 4.3 |
| | 生命科 | 92 | 1,316(630) | 1,060(494) | 257(113) | 4.1 |
| | 食料環境政策 | 79 | 1,158(470) | 1,037(414) | 186(89) | 5.6 |
| 経営 | 3科目 | 342 | 7,211(2,169) | 6,938(2,088) | 1,457(404) | 4.8 |
| | 英語4技能試験活用 | 40 | 248(105) | 240(100) | 64(27) | 3.8 |
| 情報コミュニケーション | 情報コミュニケーション | 357 | 5,014(2,249) | 4,855(2,189) | 971(422) | 5.0 |
| 国際日本 | 3科目 | 130 | 2,182(1,389) | 2,105(1,347) | 554(341) | 3.8 |
| | 英語4技能試験活用 | 100 | 1,079(687) | 1,051(669) | 536(346) | 2.0 |
| 総合数理 | 現象数理 | 35 | 678(103) | 579(95) | 99(11) | 5.8 |
| | 先端メディアサイエンス | 51 | 931(269) | 792(232) | 128(36) | 6.2 |
| | ネットワークデザイン | 27 | 359(58) | 292(47) | 62(10) | 4.7 |
| 合計 | | 3,716 | 58,551(20,287) | 53,519(18,458) | 12,866(4,109) | — |

（備考）数値には追加合格・補欠合格（農学部のみ）を含む。

## ●全学部統一入試

（　）内は女子内数

| 学部・学科等 | | | 募集人員 | 志願者数 | 受験者数 | 合格者数 | 競争率 |
|---|---|---|---|---|---|---|---|
| 法 | 法律 | | 115 | 2,343( 894) | 2,237( 849) | 570( 208) | 3.9 |
| 商 | 商 | | 80 | 2,310( 832) | 2,232( 808) | 349( 113) | 6.4 |
| 政治経済 | 政治 | | 20 | 523( 172) | 502( 162) | 117( 32) | 4.3 |
| | 経済 | | 50 | 1,517( 335) | 1,447( 319) | 316( 59) | 4.6 |
| | 地域行政 | | 20 | 495( 157) | 480( 154) | 82( 23) | 5.9 |
| 文 | 文 | 日本文学 | 16 | 409( 234) | 387( 221) | 77( 46) | 5.0 |
| | | 英米文学 | 18 | 441( 236) | 430( 229) | 92( 37) | 4.7 |
| | | ドイツ文学 | 7 | 125( 56) | 122( 55) | 22( 10) | 5.5 |
| | | フランス文学 | 8 | 181( 85) | 169( 82) | 37( 20) | 4.6 |
| | | 演劇学 | 8 | 155( 124) | 150( 120) | 26( 18) | 5.8 |
| | | 文芸メディア | 7 | 268( 170) | 254( 161) | 45( 25) | 5.6 |
| | 史学地理 | 日本史学 | 15 | 318( 102) | 310( 99) | 66( 18) | 4.7 |
| | | アジア史 | 6 | 129( 60) | 121( 58) | 24( 9) | 5.0 |
| | | 西洋史学 | 8 | 232( 89) | 220( 84) | 52( 17) | 4.2 |
| | | 考古学 | 7 | 162( 63) | 159( 63) | 29( 12) | 5.5 |
| | | 地理学 | 11 | 191( 48) | 186( 45) | 49( 8) | 3.8 |
| | 心理社会 | 臨床心理学 | 11 | 285( 199) | 275( 193) | 42( 28) | 6.5 |
| | | 現代社会学 | 10 | 371( 241) | 356( 233) | 57( 32) | 6.2 |
| | | 哲学 | 8 | 144( 56) | 131( 53) | 35( 12) | 3.7 |
| 理工 | 電気電子生命 | 電気電子工学 | 20 | 283( 28) | 263( 27) | 104( 13) | 2.5 |
| | | 生命理工学 | 10 | 174( 61) | 165( 59) | 67( 22) | 2.5 |
| | 機械工 | | 12 | 514( 35) | 451( 31) | 100( 5) | 4.5 |
| | 機械情報工 | | 17 | 302( 32) | 278( 28) | 99( 9) | 2.8 |
| | 建築 | | 19 | 513( 161) | 477( 147) | 108( 35) | 4.4 |
| | 応用化 | | 12 | 314( 96) | 280( 84) | 92( 15) | 3.0 |
| | 情報科 | | 12 | 543( 84) | 495( 79) | 93( 10) | 5.3 |
| | 数 | | 10 | 181( 26) | 172( 23) | 49( 3) | 3.5 |
| | 物理 | | 5 | 185( 25) | 165( 22) | 51( 6) | 3.2 |

（表つづく）

| 学部・学科等 | | | 募集人員 | 志願者数 | 受験者数 | 合格者数 | 競争率 |
|---|---|---|---|---|---|---|---|
| 農 | 3科目 | 農 | 15 | 501(174) | 464(165) | 95(38) | 4.9 |
| | | 農芸化 | 15 | 399(269) | 384(260) | 78(49) | 4.9 |
| | | 生命科 | 10 | 423(209) | 398(196) | 74(35) | 5.4 |
| | | 食料環境政策 | 5 | 254(106) | 241(104) | 56(23) | 4.3 |
| | 英語4技能3科目 | 農 | 5 | 148(67) | 140(65) | 29(14) | 4.8 |
| | | 農芸化 | 5 | 172(121) | 167(118) | 27(18) | 6.2 |
| | | 生命科 | 5 | 171(93) | 164(88) | 32(17) | 5.1 |
| | | 食料環境政策 | 3 | 178(95) | 173(93) | 28(12) | 6.2 |
| 経営 | 3科目 | | 27 | 1,505(521) | 1,454(503) | 134(40) | 10.9 |
| | 英語4技能3科目 | | 3 | 517(234) | 506(228) | 55(19) | 9.2 |
| 情報コミュニケーション | 情報コミュニケーション | | 25 | 1,469(706) | 1,424(684) | 166(70) | 8.6 |
| 国際日本 | 3科目 | | 10 | 680(415) | 662(401) | 59(29) | 11.2 |
| | 英語4技能3科目 | | 18 | 774(494) | 759(482) | 117(64) | 6.5 |
| 総合数理 | 3科目 | 現象数理 | 4 | 78(13) | 73(12) | 8(1) | 9.1 |
| | | 先端メディアサイエンス | 2 | 65(24) | 54(22) | 2(0) | 27.0 |
| | 4科目 | 現象数理 | 12 | 207(38) | 201(37) | 43(4) | 4.7 |
| | | 先端メディアサイエンス | 15 | 326(107) | 308(102) | 63(10) | 4.9 |
| | | ネットワークデザイン | 26 | 293(51) | 277(46) | 82(5) | 3.4 |
| | 英語4技能4科目 | 現象数理 | 1 | 79(17) | 76(16) | 12(1) | 6.3 |
| | | 先端メディアサイエンス | 2 | 101(37) | 95(35) | 18(6) | 5.3 |
| | | ネットワークデザイン | 1 | 90(15) | 87(15) | 14(1) | 6.2 |
| 合計 | | | 751 | 22,038(8,507) | 21,021(8,160) | 4,042(1,301) | — |

## ●大学入学共通テスト利用入試

（ ）内は女子内数

| 学部・方式・学科等 | | | | | 募集人員 | 志願者数 | 受験者数 | 合格者数 | 競争率 |
|---|---|---|---|---|---|---|---|---|---|
| 前期日程 | 法 | 3科目 | 法律 | | 60 | 2,367(1,017) | 2,364(1,016) | 927(445) | 2.6 |
| | | 4科目 | 法律 | | 40 | 582(251) | 581(250) | 318(155) | 1.8 |
| | | 5科目 | 法律 | | 40 | 1,776(631) | 1,774(630) | 990(365) | 1.8 |
| | 商 | 4科目 | 商 | | 50 | 542(203) | 539(203) | 193(70) | 2.8 |
| | | 5科目 | 商 | | 45 | 371(124) | 370(123) | 147(59) | 2.5 |
| | | 6科目 | 商 | | 30 | 1,041(319) | 1,037(317) | 412(140) | 2.5 |
| | 政治経済 | 3科目 | 政治 | | 8 | 343(121) | 342(121) | 80(33) | 4.3 |
| | | | 経済 | | 15 | 640(164) | 638(163) | 103(28) | 6.2 |
| | | 7科目 | 政治 | | 15 | 295(93) | 293(92) | 165(62) | 1.8 |
| | | | 経済 | | 50 | 1,487(284) | 1,469(282) | 720(145) | 2.0 |
| | | | 地域行政 | | 12 | 201(68) | 199(68) | 78(28) | 2.6 |
| | 文 | 3科目 | 文 | 日本文学 | 7 | 434(279) | 433(278) | 72(49) | 6.0 |
| | | | | 英米文学 | 6 | 235(121) | 234(120) | 49(24) | 4.8 |
| | | | | ドイツ文学 | 3 | 78(46) | 77(45) | 18(10) | 4.3 |
| | | | | フランス文学 | 2 | 53(26) | 52(26) | 12(5) | 4.3 |
| | | | | 演劇学 | 3 | 133(101) | 133(101) | 28(20) | 4.8 |
| | | | | 文芸メディア | 5 | 250(162) | 250(162) | 54(37) | 4.6 |
| | | | 史学地理 | 日本史学 | 6 | 281(94) | 281(94) | 54(16) | 5.2 |
| | | | | アジア史 | 3 | 134(53) | 131(52) | 27(17) | 4.9 |
| | | | | 西洋史学 | 4 | 213(88) | 213(88) | 53(18) | 4.0 |
| | | | | 考古学 | 4 | 164(81) | 164(81) | 32(20) | 5.1 |
| | | | | 地理学 | 4 | 150(39) | 150(39) | 34(12) | 4.4 |
| | | | 心理社会 | 臨床心理学 | 4 | 194(138) | 192(136) | 36(31) | 5.3 |
| | | | | 現代社会学 | 3 | 246(147) | 245(147) | 35(25) | 7.0 |
| | | | | 哲学 | 4 | 153(74) | 153(74) | 37(18) | 4.1 |
| | | 5科目 | 文 | 日本文学 | 3 | 57(24) | 57(24) | 20(5) | 2.9 |
| | | | | 英米文学 | 3 | 28(12) | 28(12) | 14(6) | 2.0 |
| | | | | ドイツ文学 | 2 | 25(13) | 25(13) | 6(2) | 4.2 |
| | | | | フランス文学 | 1 | 6(2) | 6(2) | 3(0) | 2.0 |
| | | | | 演劇学 | 1 | 15(13) | 15(13) | 2(2) | 7.5 |
| | | | | 文芸メディア | 2 | 26(17) | 26(17) | 11(7) | 2.4 |
| | | | 史学地理 | 日本史学 | 4 | 74(18) | 74(18) | 21(2) | 3.5 |
| | | | | アジア史 | 2 | 27(7) | 26(7) | 10(1) | 2.6 |
| | | | | 西洋史学 | 1 | 51(14) | 51(14) | 10(2) | 5.1 |
| | | | | 考古学 | 1 | 22(6) | 22(6) | 6(2) | 3.7 |
| | | | | 地理学 | 1 | 55(13) | 54(12) | 10(3) | 5.4 |

（表つづく）

| 学部・方式・学科等 | | | | 募集人員 | 志願者数 | 受験者数 | 合格者数 | 競争率 |
|---|---|---|---|---|---|---|---|---|
| 前期日程 | 文 | 5科目 | 心理社会 臨床心理学 | 2 | 72(42) | 71(42) | 10(8) | 7.1 |
| | | | 心理社会 現代社会学 | 2 | 81(53) | 81(53) | 20(16) | 4.1 |
| | | | 心理社会 哲学 | 2 | 46(18) | 46(18) | 15(6) | 3.1 |
| | 理工 | 3教科 | 電気電子生命 電気電子工学 | 9 | 297(25) | 297(25) | 122(10) | 2.4 |
| | | | 電気電子生命 生命理工学 | 3 | 259(74) | 258(73) | 78(21) | 3.3 |
| | | | 機械工 | 5 | 804(70) | 802(70) | 221(22) | 3.6 |
| | | | 機械情報工 | 6 | 460(61) | 460(61) | 168(20) | 2.7 |
| | | | 情報科 | 7 | 784(100) | 783(100) | 211(21) | 3.7 |
| | | 4教科 | 電気電子生命 電気電子工学 | 5 | 163(28) | 163(28) | 69(11) | 2.4 |
| | | | 電気電子生命 生命理工学 | 2 | 200(89) | 200(89) | 71(35) | 2.8 |
| | | | 機械工 | 7 | 639(109) | 636(109) | 219(46) | 2.9 |
| | | | 建築 | 12 | 793(292) | 792(292) | 175(66) | 4.5 |
| | | | 応用化 | 7 | 762(250) | 759(249) | 203(76) | 3.7 |
| | | | 情報科 | 7 | 589(115) | 586(115) | 171(27) | 3.4 |
| | | | 数 | 6 | 294(44) | 293(44) | 136(19) | 2.2 |
| | | | 物理 | 6 | 573(93) | 571(91) | 210(35) | 2.7 |
| | 農 | | 農 | 12 | 644(248) | 631(245) | 192(70) | 3.3 |
| | | | 農芸化 | 12 | 529(359) | 526(357) | 186(131) | 2.8 |
| | | | 生命科 | 15 | 851(427) | 839(425) | 331(184) | 2.5 |
| | | | 食料環境政策 | 16 | 446(199) | 442(198) | 157(78) | 2.8 |
| | 経営 | 3科目 | | 25 | 1,468(540) | 1,460(539) | 300(128) | 4.9 |
| | | 4科目 | | 25 | 531(187) | 531(187) | 171(61) | 3.1 |
| | 情報コミュニケーション | 3科目 | 情報コミュニケーション | 30 | 1,362(648) | 1,344(638) | 244(127) | 5.5 |
| | | 6科目 | 情報コミュニケーション | 10 | 449(177) | 449(177) | 161(65) | 2.8 |
| | 国際日本 | 3科目 | 国際日本 | 20 | 1,277(813) | 1,275(812) | 350(217) | 3.6 |
| | | 5科目 | 国際日本 | 10 | 313(195) | 312(195) | 184(119) | 1.7 |
| | 総合数理 | | 現象数理 | 7 | 167(31) | 167(31) | 55(8) | 3.0 |
| | | | 先端メディアサイエンス | 10 | 278(95) | 273(92) | 68(21) | 4.0 |
| | | | ネットワークデザイン | 4 | 183(48) | 180(47) | 54(18) | 3.3 |

(表つづく)

| 学部・方式・学科等 | | | 募集人員 | 志願者数 | 受験者数 | 合格者数 | 競争率 |
|---|---|---|---|---|---|---|---|
| 後期日程 | 商 | 商 | 30 | 138( 46) | 134( 45) | 43( 13) | 3.1 |
| 後期日程 | 理工 | 電気電子生命 電気電子工学 | 3 | 72( 11) | 72( 11) | 32( 4) | 2.3 |
| 後期日程 | 理工 | 電気電子生命 生命理工学 | 2 | 30( 12) | 29( 12) | 14( 6) | 2.1 |
| 後期日程 | 理工 | 機械情報工 | 3 | 45( 7) | 45( 7) | 23( 4) | 2.0 |
| 後期日程 | 理工 | 建築 | 2 | 46( 18) | 46( 18) | 17( 4) | 2.7 |
| 後期日程 | 理工 | 応用化 | 2 | 23( 12) | 23( 12) | 5( 2) | 4.6 |
| 後期日程 | 理工 | 情報科 | 2 | 55( 6) | 55( 6) | 23( 2) | 2.4 |
| 後期日程 | 理工 | 数 | 2 | 22( 6) | 22( 6) | 4( 2) | 5.5 |
| 後期日程 | 理工 | 物理 | 2 | 22( 1) | 22( 1) | 3( 0) | 7.3 |
| 後期日程 | 総合数理 | 現象数理 | 1 | 15( 4) | 14( 4) | 3( 1) | 4.7 |
| 後期日程 | 総合数理 | 先端メディアサイエンス | 1 | 20( 5) | 20( 5) | 5( 0) | 4.0 |
| 後期日程 | 総合数理 | ネットワークデザイン | 1 | 19( 9) | 19( 9) | 3( 2) | 6.3 |
| 合計 | | | 779 | 28,570(10,430) | 28,426(10,384) | 9,514(3,570) | — |

# 2023 年度　入試状況

## ●学部別入試

（　）内は女子内数

| 学部・学科等 | | | 募集人員 | 志願者数 | 受験者数 | 合格者数 | 競争率 |
|---|---|---|---|---|---|---|---|
| 法 | | 法律 | 375 | 4,325(1,510) | 3,637(1,254) | 1,027(342) | 3.5 |
| 商 | | 学部別 | 485 | 8,504(2,660) | 7,481(2,322) | 1,513(433) | 4.9 |
| | | 英語4技能試験利用 | 15 | 936(409) | 808(352) | 151(64) | 5.4 |
| 政治経済 | | 政治 | 105 | 1,642(498) | 1,540(466) | 450(138) | 3.4 |
| | | 経済 | 290 | 4,418(927) | 4,204(879) | 1,204(225) | 3.5 |
| | | 地域行政 | 70 | 534(174) | 511(170) | 160(49) | 3.2 |
| 文 | 文 | 日本文学 | 70 | 1,062(591) | 947(515) | 203(111) | 4.7 |
| | | 英米文学 | 68 | 822(400) | 721(360) | 220(100) | 3.3 |
| | | ドイツ文学 | 23 | 305(139) | 283(127) | 87(35) | 3.3 |
| | | フランス文学 | 24 | 291(163) | 268(149) | 55(32) | 4.9 |
| | | 演劇学 | 29 | 275(214) | 245(189) | 54(40) | 4.5 |
| | | 文芸メディア | 43 | 719(428) | 639(382) | 123(73) | 5.2 |
| | 史学地理 | 日本史学 | 51 | 679(225) | 610(191) | 154(45) | 4.0 |
| | | アジア史 | 20 | 201(77) | 171(65) | 55(21) | 3.1 |
| | | 西洋史学 | 32 | 479(174) | 409(148) | 93(37) | 4.4 |
| | | 考古学 | 24 | 254(89) | 220(78) | 64(21) | 3.4 |
| | | 地理学 | 27 | 268(62) | 229(48) | 68(14) | 3.4 |
| | 心理社会 | 臨床心理学 | 24 | 592(373) | 528(337) | 61(40) | 8.7 |
| | | 現代社会学 | 26 | 594(352) | 518(308) | 111(69) | 4.7 |
| | | 哲学 | 20 | 312(122) | 266(103) | 67(21) | 4.0 |
| 理工 | 電気電子生命 | 電気電子工学 | 80 | 817(59) | 772(54) | 289(23) | 2.7 |
| | | 生命理工学 | 27 | 360(96) | 331(85) | 120(37) | 2.8 |
| | | 機械工 | 75 | 1,291(81) | 1,239(76) | 463(26) | 2.7 |
| | | 機械情報工 | 66 | 847(91) | 799(83) | 250(29) | 3.2 |
| | | 建築 | 88 | 1,521(437) | 1,447(421) | 332(104) | 4.4 |
| | | 応用化 | 60 | 1,350(399) | 1,293(381) | 495(167) | 2.6 |
| | | 情報科 | 65 | 1,853(172) | 1,752(161) | 374(32) | 4.7 |
| | | 数 | 32 | 519(67) | 484(62) | 178(21) | 2.7 |
| | | 物理 | 35 | 789(95) | 740(85) | 276(29) | 2.7 |

（表つづく）

| 学部・学科等 | | | 募集人員 | 志願者数 | 受験者数 | 合格者数 | 競争率 |
|---|---|---|---|---|---|---|---|
| 農 | | 農 | 90 | 1,136( 425) | 912( 334) | 275( 120) | 3.3 |
| | | 農芸化 | 84 | 929( 580) | 773( 482) | 232( 157) | 3.3 |
| | | 生命科 | 92 | 1,381( 655) | 1,123( 531) | 304( 154) | 3.7 |
| | | 食料環境政策 | 79 | 1,106( 425) | 1,008( 378) | 217( 76) | 4.6 |
| 経営 | 3科目 | 経営 | 342 | 7,428( 2,264) | 7,165( 2,191) | 1,772( 526) | 4.0 |
| | | 会計 | | | | | |
| | | 公共経営 | | | | | |
| | 英語4技能試験活用 | 経営 | 40 | 320( 146) | 309( 139) | 68( 34) | 4.5 |
| | | 会計 | | | | | |
| | | 公共経営 | | | | | |
| 情報コミュニケーション | | 情報コミュニケーション | 372 | 4,878( 2,129) | 4,741( 2,075) | 1,005( 441) | 4.7 |
| 国際日本 | | 3科目 | 130 | 2,418( 1,503) | 2,332( 1,449) | 589( 372) | 4.0 |
| | | 英語4技能試験活用 | 100 | 1,225( 795) | 1,198( 778) | 592( 387) | 2.0 |
| 総合数理 | | 現象数理 | 35 | 690( 115) | 554( 91) | 95( 18) | 5.8 |
| | | 先端メディアサイエンス | 51 | 952( 245) | 813( 214) | 108( 23) | 7.5 |
| | | ネットワークデザイン | 28 | 521( 80) | 416( 59) | 31( 4) | 13.4 |
| 合計 | | | 3,792 | 59,543(20,446) | 54,436(18,572) | 13,985(4,690) | — |

（備考）数値には追加合格・補欠合格（農学部のみ）・特別措置を含む。

## ●全学部統一入試

(　)内は女子内数

| 学部・学科等 | | | 募集人員 | 志願者数 | 受験者数 | 合格者数 | 競争率 |
|---|---|---|---|---|---|---|---|
| 法* | 法律 | | 115 | 2,620(1,011) | 2,489(966) | 577(217) | 4.3 |
| 商* | 商 | | 80 | 1,834(632) | 1,764(661) | 348(116) | 5.1 |
| 政治経済* | 政治 | | 20 | 467(156) | 445(148) | 109(36) | 4.1 |
| | 経済 | | 50 | 1,281(320) | 1,204(303) | 263(77) | 4.6 |
| | 地域行政 | | 20 | 251(76) | 244(73) | 60(18) | 4.1 |
| 文 | 文 | 日本文学 | 16 | 346(185) | 328(172) | 71(44) | 4.6 |
| | | 英米文学 | 18 | 458(257) | 440(248) | 108(57) | 4.1 |
| | | ドイツ文学 | 7 | 109(58) | 108(58) | 30(17) | 3.6 |
| | | フランス文学 | 8 | 138(72) | 134(70) | 36(19) | 3.7 |
| | | 演劇学 | 8 | 180(144) | 176(140) | 32(23) | 5.5 |
| | | 文芸メディア | 7 | 334(212) | 320(204) | 58(36) | 5.5 |
| | 史学地理 | 日本史学 | 15 | 300(102) | 292(98) | 68(29) | 4.3 |
| | | アジア史 | 6 | 110(49) | 109(48) | 28(14) | 3.9 |
| | | 西洋史学 | 8 | 206(69) | 200(67) | 64(17) | 3.1 |
| | | 考古学 | 7 | 97(37) | 93(37) | 19(6) | 4.9 |
| | | 地理学 | 11 | 141(42) | 136(40) | 40(11) | 3.4 |
| | 心理社会 | 臨床心理学 | 11 | 333(210) | 324(203) | 41(25) | 7.9 |
| | | 現代社会学 | 10 | 309(201) | 300(196) | 75(56) | 4.0 |
| | | 哲学 | 8 | 151(57) | 147(57) | 39(13) | 3.8 |
| 理工* | 電気電子生命 | 電気電子工学 | 20 | 307(22) | 281(18) | 109(10) | 2.6 |
| | | 生命理工学 | 10 | 201(59) | 188(56) | 71(20) | 2.6 |
| | 機械工 | | 12 | 418(35) | 362(29) | 130(13) | 2.8 |
| | 機械情報工 | | 17 | 344(34) | 320(29) | 113(10) | 2.8 |
| | 建築 | | 19 | 489(163) | 447(147) | 110(39) | 4.1 |
| | 応用化 | | 12 | 374(126) | 350(119) | 110(46) | 3.2 |
| | 情報科 | | 12 | 636(90) | 585(85) | 107(21) | 5.5 |
| | 数 | | 10 | 161(19) | 151(19) | 60(7) | 2.5 |
| | 物理 | | 5 | 138(9) | 118(6) | 41(0) | 2.9 |

(表つづく)

| 学部・学科等 | | | 募集人員 | 志願者数 | 受験者数 | 合格者数 | 競争率 |
|---|---|---|---|---|---|---|---|
| 農 | 3科目 | 農 | 15 | 378( 157) | 346( 146) | 86( 35) | 4.0 |
| | | 農芸化 | 15 | 290( 195) | 274( 183) | 63( 41) | 4.3 |
| | | 生命科 | 10 | 387( 172) | 358( 162) | 69( 35) | 5.2 |
| | | 食料環境政策 | 5 | 218( 110) | 210( 107) | 32( 17) | 6.6 |
| | 英語4技能3科目 | 農 | 5 | 166( 83) | 159( 80) | 22( 10) | 7.2 |
| | | 農芸化 | 5 | 164( 115) | 161( 115) | 28( 21) | 5.8 |
| | | 生命科 | 5 | 162( 81) | 153( 76) | 21( 9) | 7.3 |
| | | 食料環境政策 | 3 | 166( 82) | 163( 81) | 24( 13) | 6.8 |
| 経営* | 3科目 | 経営 | 27 | 1,388( 471) | 1,343( 459) | 134( 34) | 10.0 |
| | | 会計 | | | | | |
| | | 公共経営 | | | | | |
| | 英語4技能3科目 | 経営 | 3 | 623( 271) | 605( 265) | 48( 17) | 12.6 |
| | | 会計 | | | | | |
| | | 公共経営 | | | | | |
| 情報コミュニケーション | 情報コミュニケーション | | 25 | 1,298( 652) | 1,260( 640) | 170( 91) | 7.4 |
| 国際日本 | 3科目 | | 10 | 679( 433) | 661( 420) | 62( 39) | 10.7 |
| | 英語4技能3科目 | | 18 | 815( 530) | 798( 520) | 123( 73) | 6.5 |
| 総合数理* | 3科目 | 現象数理 | 4 | 71( 15) | 68( 15) | 12( 1) | 5.7 |
| | | 先端メディアサイエンス | 3 | 64( 16) | 55( 15) | 4( 1) | 13.8 |
| | 4科目 | 現象数理 | 12 | 199( 29) | 194( 28) | 58( 9) | 3.3 |
| | | 先端メディアサイエンス | 20 | 400( 113) | 385( 110) | 53( 9) | 7.3 |
| | | ネットワークデザイン | 27 | 282( 54) | 267( 51) | 85( 17) | 3.1 |
| | 英語4技能4科目 | 現象数理 | 1 | 63( 8) | 61( 8) | 15( 3) | 4.1 |
| | | 先端メディアサイエンス | 2 | 122( 37) | 117( 36) | 13( 2) | 9.0 |
| | | ネットワークデザイン | 1 | 47( 9) | 45( 8) | 15( 0) | 3.0 |
| 合計 | | | 758 | 20,715(8,080) | 19,738(7,772) | 4,054(1,474) | — |

(備考)

- ＊印の学部の数値には，追加合格・特別措置を含む。
- 農学部は補欠合格を含む。

# 2022年度 入試状況

## ●学部別入試

（　）内は女子内数

| 学部・学科等 | | | 募集人員 | 志願者数 | 受験者数 | 合格者数 | 競争率 |
|---|---|---|---|---|---|---|---|
| 法 | 法律 | | 375 | 4,739(1,582) | 3,996(1,312) | 844(303) | 4.7 |
| 商 | 学部別 | | 485 | 7,568(2,246) | 6,664(1,954) | 1,628(468) | 4.1 |
| | 英語4技能試験利用 | | 15 | 910(425) | 798(365) | 150(60) | 5.3 |
| 政治経済 | 政治 | | 105 | 1,377(427) | 1,284(391) | 508(172) | 2.5 |
| | 経済 | | 290 | 3,685(685) | 3,490(648) | 1,329(252) | 2.6 |
| | 地域行政 | | 70 | 632(201) | 598(189) | 189(56) | 3.2 |
| 文 | 文 | 日本文学 | 70 | 994(550) | 889(492) | 216(126) | 4.1 |
| | | 英米文学 | 68 | 736(355) | 660(317) | 210(105) | 3.1 |
| | | ドイツ文学 | 23 | 355(160) | 319(146) | 85(44) | 3.8 |
| | | フランス文学 | 24 | 325(183) | 295(167) | 76(45) | 3.9 |
| | | 演劇学 | 29 | 317(238) | 270(201) | 56(40) | 4.8 |
| | | 文芸メディア | 43 | 694(435) | 621(394) | 138(96) | 4.5 |
| | 史学地理 | 日本史学 | 51 | 753(232) | 672(205) | 134(32) | 5.0 |
| | | アジア史 | 20 | 218(81) | 187(66) | 63(14) | 3.0 |
| | | 西洋史学 | 32 | 458(138) | 384(108) | 98(27) | 3.9 |
| | | 考古学 | 24 | 277(100) | 242(84) | 63(16) | 3.8 |
| | | 地理学 | 27 | 312(77) | 273(63) | 71(15) | 3.8 |
| | 心理社会 | 臨床心理学 | 24 | 588(363) | 512(315) | 90(56) | 5.7 |
| | | 現代社会学 | 26 | 588(337) | 517(298) | 108(64) | 4.8 |
| | | 哲学 | 20 | 288(114) | 251(97) | 62(21) | 4.0 |
| 理工 | 電気電子生命 | 電気電子工学 | 80 | 1,079(74) | 1,028(69) | 320(18) | 3.2 |
| | | 生命理工学 | 27 | 316(83) | 295(77) | 131(36) | 2.3 |
| | 機械工 | | 75 | 1,377(109) | 1,305(103) | 480(44) | 2.7 |
| | 機械情報工 | | 66 | 706(50) | 671(48) | 274(19) | 2.4 |
| | 建築 | | 88 | 1,669(501) | 1,597(482) | 326(105) | 4.9 |
| | 応用化 | | 60 | 1,259(330) | 1,204(316) | 472(129) | 2.6 |
| | 情報科 | | 65 | 1,706(175) | 1,621(168) | 375(28) | 4.3 |
| | 数 | | 32 | 394(42) | 373(39) | 155(14) | 2.4 |
| | 物理 | | 35 | 673(64) | 637(58) | 253(18) | 2.5 |

（表つづく）

<table>
<tr><th colspan="3">学部・学科等</th><th>募集人員</th><th>志願者数</th><th>受験者数</th><th>合格者数</th><th>競争率</th></tr>
<tr><td rowspan="4">農</td><td colspan="2">農</td><td>90</td><td>1,132( 406)</td><td>942( 323)</td><td>297( 110)</td><td>3.2</td></tr>
<tr><td colspan="2">農芸化</td><td>90</td><td>852( 524)</td><td>698( 420)</td><td>250( 166)</td><td>2.8</td></tr>
<tr><td colspan="2">生命科</td><td>92</td><td>1,081( 467)</td><td>916( 404)</td><td>306( 133)</td><td>3.0</td></tr>
<tr><td colspan="2">食料環境政策</td><td>79</td><td>1,108( 430)</td><td>996( 376)</td><td>211( 91)</td><td>4.7</td></tr>
<tr><td rowspan="6">経営</td><td rowspan="3">3科目</td><td>経営</td><td rowspan="3">342</td><td rowspan="3">6,316( 1,781)</td><td rowspan="3">6,041( 1,693)</td><td rowspan="3">1,638( 435)</td><td rowspan="3">3.7</td></tr>
<tr><td>会計</td></tr>
<tr><td>公共経営</td></tr>
<tr><td rowspan="3">英語4技能試験活用</td><td>経営</td><td rowspan="3">40</td><td rowspan="3">337( 135)</td><td rowspan="3">327( 129)</td><td rowspan="3">96( 34)</td><td rowspan="3">3.4</td></tr>
<tr><td>会計</td></tr>
<tr><td>公共経営</td></tr>
<tr><td>情報コミュニケーション</td><td colspan="2">情報コミュニケーション</td><td>392</td><td>4,887( 2,143)</td><td>4,741( 2,100)</td><td>1,078( 460)</td><td>4.4</td></tr>
<tr><td rowspan="2">国際日本</td><td colspan="2">3科目</td><td>130</td><td>2,420( 1,525)</td><td>2,335( 1,475)</td><td>681( 441)</td><td>3.4</td></tr>
<tr><td colspan="2">英語4技能試験活用</td><td>100</td><td>1,516( 992)</td><td>1,476( 962)</td><td>664( 421)</td><td>2.2</td></tr>
<tr><td rowspan="3">総合数理</td><td colspan="2">現象数理</td><td>35</td><td>717( 132)</td><td>574( 107)</td><td>97( 13)</td><td>5.9</td></tr>
<tr><td colspan="2">先端メディアサイエンス</td><td>51</td><td>889( 216)</td><td>749( 173)</td><td>101( 14)</td><td>7.4</td></tr>
<tr><td colspan="2">ネットワークデザイン</td><td>28</td><td>494( 74)</td><td>414( 62)</td><td>55( 5)</td><td>7.5</td></tr>
<tr><td colspan="3">合計</td><td>3,818</td><td>56,742(19,182)</td><td>51,862(17,396)</td><td>14,378( 4,746)</td><td>—</td></tr>
</table>

（備考）数値には追加合格・補欠合格・特別措置を含む。

## ●全学部統一入試

（　）内は女子内数

| 学部・学科等 | | | 募集人員 | 志願者数 | 受験者数 | 合格者数 | 競争率 |
|---|---|---|---|---|---|---|---|
| 法 | 法律 | | 115 | 2,348(818) | 2,224(772) | 687(215) | 3.2 |
| 商 | 商 | | 80 | 1,674(569) | 1,607(546) | 332(109) | 4.8 |
| 政治経済 | 政治 | | 20 | 427(134) | 407(128) | 101(33) | 4.0 |
| | 経済 | | 50 | 1,399(316) | 1,330(291) | 253(55) | 5.3 |
| | 地域行政 | | 20 | 458(154) | 443(149) | 68(29) | 6.5 |
| 文 | 文 | 日本文学 | 16 | 356(196) | 343(190) | 70(42) | 4.9 |
| | | 英米文学 | 18 | 281(165) | 272(158) | 93(55) | 2.9 |
| | | ドイツ文学 | 7 | 118(56) | 113(54) | 24(12) | 4.7 |
| | | フランス文学 | 8 | 201(113) | 191(104) | 39(17) | 4.9 |
| | | 演劇学 | 8 | 152(115) | 145(109) | 40(29) | 3.6 |
| | | 文芸メディア | 7 | 279(187) | 265(180) | 61(38) | 4.3 |
| | 史学地理 | 日本史学 | 15 | 325(102) | 314(98) | 78(27) | 4.0 |
| | | アジア史 | 6 | 82(30) | 78(29) | 30(17) | 2.6 |
| | | 西洋史学 | 8 | 176(62) | 171(60) | 43(15) | 4.0 |
| | | 考古学 | 6 | 133(51) | 128(50) | 30(10) | 4.3 |
| | | 地理学 | 11 | 236(58) | 231(56) | 40(12) | 5.8 |
| | 心理社会 | 臨床心理学 | 11 | 313(200) | 302(192) | 63(39) | 4.8 |
| | | 現代社会学 | 10 | 296(184) | 287(181) | 55(29) | 5.2 |
| | | 哲学 | 8 | 140(50) | 133(47) | 30(8) | 4.4 |
| 理工 | 電気電子生命 | 電気電子工学 | 20 | 404(24) | 366(24) | 120(13) | 3.1 |
| | | 生命理工学 | 10 | 153(55) | 141(50) | 55(19) | 2.6 |
| | 機械工 | | 12 | 347(28) | 318(23) | 109(11) | 2.9 |
| | 機械情報工 | | 17 | 289(26) | 270(24) | 96(9) | 2.8 |
| | 建築 | | 19 | 514(152) | 473(144) | 99(33) | 4.8 |
| | 応用化 | | 12 | 327(103) | 306(97) | 105(44) | 2.9 |
| | 情報科 | | 12 | 532(69) | 482(63) | 76(11) | 6.3 |
| | 数 | | 10 | 158(20) | 149(19) | 52(6) | 2.9 |
| | 物理 | | 5 | 189(18) | 177(17) | 52(1) | 3.4 |

（表つづく）

| 学部・学科等 | | | 募集人員 | 志願者数 | 受験者数 | 合格者数 | 競争率 |
|---|---|---|---|---|---|---|---|
| 農 | 3科目 | 農 | 15 | 411(163) | 385(149) | 90(41) | 4.3 |
| | | 農芸化 | 15 | 336(222) | 314(211) | 62(44) | 5.1 |
| | | 生命科 | 10 | 341(133) | 311(127) | 58(23) | 5.4 |
| | | 食料環境政策 | 5 | 245(103) | 239(98) | 34(15) | 7.0 |
| | 英語4技能3科目 | 農 | 5 | 119(52) | 114(50) | 25(9) | 4.6 |
| | | 農芸化 | 5 | 163(116) | 156(110) | 31(23) | 5.0 |
| | | 生命科 | 5 | 142(76) | 135(75) | 21(16) | 6.4 |
| | | 食料環境政策 | 3 | 196(106) | 190(103) | 22(14) | 8.6 |
| 経営 | 3科目 | 経営 | 27 | 833(282) | 792(265) | 158(54) | 5.0 |
| | | 会計 | | | | | |
| | | 公共経営 | | | | | |
| | 英語4技能3科目 | 経営 | 3 | 480(202) | 461(194) | 59(20) | 7.8 |
| | | 会計 | | | | | |
| | | 公共経営 | | | | | |
| 情報コミュニケーション | 情報コミュニケーション | | 25 | 1,204(615) | 1,154(595) | 151(83) | 7.6 |
| 国際日本 | 3科目 | | 10 | 750(474) | 722(454) | 60(29) | 12.0 |
| | 英語4技能3科目 | | 18 | 940(596) | 915(578) | 120(71) | 7.6 |
| 総合数理 | 3科目 | 現象数理 | 4 | 63(19) | 57(17) | 13(1) | 4.4 |
| | | 先端メディアサイエンス | 4 | 58(29) | 53(28) | 5(3) | 10.6 |
| | 4科目 | 現象数理 | 12 | 174(37) | 166(36) | 56(12) | 3.0 |
| | | 先端メディアサイエンス | 20 | 332(92) | 313(89) | 57(14) | 5.5 |
| | | ネットワークデザイン | 27 | 265(44) | 249(42) | 77(21) | 3.2 |
| | 英語4技能4科目 | 現象数理 | 1 | 52(11) | 51(11) | 14(5) | 3.6 |
| | | 先端メディアサイエンス | 2 | 99(32) | 96(31) | 11(3) | 8.7 |
| | | ネットワークデザイン | 1 | 76(20) | 72(18) | 5(1) | 14.4 |
| 合計 | | | 758 | 19,586(7,479) | 18,611(7,136) | 4,030(1,440) | — |

（備考）数値には特別措置を含む。

# 合格最低点（学部別・全学部統一入試）

## 2024 年度 合格最低点

### ●学部別入試

| 学部・学科等 | | | 満点 | 合格最低点 | 合格最低得点率 |
|---|---|---|---|---|---|
| 法 | 法律 | | 350 | 241 | 68.9 |
| 商 | 学部別 | | 350 | 241 | 68.9 |
| | 英語4技能試験利用 | | 550 | 378 | 68.7 |
| 政治経済 | 政治 | | 350 | 237 | 67.7 |
| | 経済 | | 350 | 242 | 69.1 |
| | 地域行政 | | 350 | 235 | 67.1 |
| 文 | 文 | 日本文学 | 300 | 209 | 69.7 |
| | | 英米文学 | 300 | 207 | 69.0 |
| | | ドイツ文学 | 300 | 196 | 65.3 |
| | | フランス文学 | 300 | 195 | 65.0 |
| | | 演劇学 | 300 | 201 | 67.0 |
| | | 文芸メディア | 300 | 212 | 70.7 |
| | 史学地理 | 日本史学 | 300 | 216 | 72.0 |
| | | アジア史 | 300 | 207 | 69.0 |
| | | 西洋史学 | 300 | 214 | 71.3 |
| | | 考古学 | 300 | 211 | 70.3 |
| | | 地理学 | 300 | 208 | 69.3 |
| | 心理社会 | 臨床心理学 | 300 | 216 | 72.0 |
| | | 現代社会学 | 300 | 214 | 71.3 |
| | | 哲学 | 300 | 205 | 68.3 |

（表つづく）

| 学部・学科等 | | | 満点 | 合格最低点 | 合格最低得点率 |
|---|---|---|---|---|---|
| 理工 | 電気電子生命 | 電気電子工学 | 360 | 243 | 67.5 |
| | | 生命理工学 | 360 | 257 | 71.4 |
| | 機械工 | | 360 | 269 | 74.7 |
| | 機械情報工 | | 360 | 252 | 70.0 |
| | 建築 | | 360 | 274 | 76.1 |
| | 応用化 | | 360 | 266 | 73.9 |
| | 情報科 | | 360 | 275 | 76.4 |
| | 数 | | 360 | 255 | 70.8 |
| | 物理 | | 360 | 276 | 76.7 |
| 農 | 農 | | 450 | 317 | 70.4 |
| | 農芸化 | | 450 | 318 | 70.7 |
| | 生命科 | | 450 | 320 | 71.1 |
| | 食料環境政策 | | 450 | 328 | 72.9 |
| 経営 | 3科目 | 経営 | 350 | 231 | 66.0 |
| | | 会計 | | | |
| | | 公共経営 | | | |
| | 英語4技能試験活用 | 経営 | 230 | 128 | 55.7 |
| | | 会計 | | | |
| | | 公共経営 | | | |
| 情報コミュニケーション | 情報コミュニケーション | | 300 | 189 | 63.0 |
| 国際日本 | 3科目 | | 450 | 332 | 73.8 |
| | 英語4技能試験活用 | | 250 | 170 | 68.0 |
| 総合数理 | 現象数理 | | 320 | 192 | 60.0 |
| | 先端メディアサイエンス | | 320 | 190 | 59.4 |
| | ネットワークデザイン | | 320 | 173 | 54.1 |

## ●全学部統一入試

| 学部・学科等 | | | 満点 | 合格最低点 | 合格最低得点率 |
|---|---|---|---|---|---|
| 法 | 法律 | | 300 | 197 | 65.7 |
| 商 | 商 | | 450 | 304 | 67.6 |
| 政治経済 | 政治 | | 350 | 238 | 68.0 |
| | 経済 | | 350 | 232 | 66.3 |
| | 地域行政 | | 350 | 232 | 66.3 |
| 文 | 文 | 日本文学 | 300 | 202 | 67.3 |
| | | 英米文学 | 300 | 195 | 65.0 |
| | | ドイツ文学 | 300 | 191 | 63.7 |
| | | フランス文学 | 300 | 192 | 64.0 |
| | | 演劇学 | 300 | 196 | 65.3 |
| | | 文芸メディア | 300 | 210 | 70.0 |
| | 史学地理 | 日本史学 | 300 | 205 | 68.3 |
| | | アジア史 | 300 | 199 | 66.3 |
| | | 西洋史学 | 300 | 207 | 69.0 |
| | | 考古学 | 300 | 201 | 67.0 |
| | | 地理学 | 300 | 197 | 65.7 |
| | 心理社会 | 臨床心理学 | 300 | 201 | 67.0 |
| | | 現代社会学 | 300 | 206 | 68.7 |
| | | 哲学 | 300 | 200 | 66.7 |
| 理工 | 電気電子生命 | 電気電子工学 | 400 | 234 | 58.5 |
| | | 生命理工学 | 400 | 247 | 61.8 |
| | 機械工 | | 400 | 260 | 65.0 |
| | 機械情報工 | | 400 | 243 | 60.8 |
| | 建築 | | 400 | 264 | 66.0 |
| | 応用化 | | 400 | 257 | 64.3 |
| | 情報科 | | 400 | 280 | 70.0 |
| | 数 | | 400 | 243 | 60.8 |
| | 物理 | | 400 | 255 | 63.8 |

（表つづく）

| 学部・学科等 | | | 満点 | 合格最低点 | 合格最低得点率 |
|---|---|---|---|---|---|
| 農 | 3科目 | 農 | 300 | 184 | 61.3 |
| | | 農芸化 | 300 | 187 | 62.3 |
| | | 生命科 | 300 | 195 | 65.0 |
| | | 食料環境政策 | 300 | 192 | 64.0 |
| | 英語4技能3科目 | 農 | 300 | 231 | 77.0 |
| | | 農芸化 | 300 | 227 | 75.7 |
| | | 生命科 | 300 | 225 | 75.0 |
| | | 食料環境政策 | 300 | 231 | 77.0 |
| 経営 | 3科目 | 経営 | 350 | 244 | 69.7 |
| | | 会計 | | | |
| | | 公共経営 | | | |
| | 英語4技能3科目 | 経営 | 350 | 292 | 83.4 |
| | | 会計 | | | |
| | | 公共経営 | | | |
| 情報コミュニケーション | 情報コミュニケーション | | 350 | 240 | 68.6 |
| 国際日本 | 3科目 | | 400 | 285 | 71.3 |
| | 英語4技能3科目 | | 400 | 343 | 85.8 |
| 総合数理 | 3科目 | 現象数理 | 400 | 266 | 66.5 |
| | | 先端メディアサイエンス | 400 | 274 | 68.5 |
| | 4科目 | 現象数理 | 500 | 317 | 63.4 |
| | | 先端メディアサイエンス | 500 | 333 | 66.6 |
| | | ネットワークデザイン | 500 | 297 | 59.4 |
| | 英語4技能4科目 | 現象数理 | 400 | 297 | 74.3 |
| | | 先端メディアサイエンス | 400 | 305 | 76.3 |
| | | ネットワークデザイン | 400 | 294 | 73.5 |

## 2023 年度　合格最低点

### ●学部別入試

| 学部・学科等 | | | 満点 | 合格最低点 | 合格最低得点率 |
|---|---|---|---|---|---|
| 法 | 法律 | | 350 | 222 | 63.4 |
| 商 | 学部別 | | 350 | 238 | 68.0 |
| | 英語4技能試験利用 | | 550 | 388 | 70.5 |
| 政治経済 | 政治 | | 350 | 240 | 68.6 |
| | 経済 | | 350 | 233 | 66.6 |
| | 地域行政 | | 350 | 227 | 64.9 |
| 文 | 文 | 日本文学 | 300 | 209 | 69.7 |
| | | 英米文学 | 300 | 201 | 67.0 |
| | | ドイツ文学 | 300 | 196 | 65.3 |
| | | フランス文学 | 300 | 198 | 66.0 |
| | | 演劇学 | 300 | 204 | 68.0 |
| | | 文芸メディア | 300 | 213 | 71.0 |
| | 史学地理 | 日本史学 | 300 | 211 | 70.3 |
| | | アジア史 | 300 | 202 | 67.3 |
| | | 西洋史学 | 300 | 211 | 70.3 |
| | | 考古学 | 300 | 200 | 66.7 |
| | | 地理学 | 300 | 200 | 66.7 |
| | 心理社会 | 臨床心理学 | 300 | 216 | 72.0 |
| | | 現代社会学 | 300 | 214 | 71.3 |
| | | 哲学 | 300 | 211 | 70.3 |
| 理工 | 電気電子生命 | 電気電子工学 | 360 | 233 | 64.7 |
| | | 生命理工学 | 360 | 243 | 67.5 |
| | 機械工 | | 360 | 236 | 65.6 |
| | 機械情報工 | | 360 | 245 | 68.1 |
| | 建築 | | 360 | 257 | 71.4 |
| | 応用化 | | 360 | 244 | 67.8 |
| | 情報科 | | 360 | 259 | 71.9 |
| | 数 | | 360 | 235 | 65.3 |
| | 物理 | | 360 | 247 | 68.6 |

（表つづく）

| 学部・学科等 | | | 満点 | 合格最低点 | 合格最低得点率 |
|---|---|---|---|---|---|
| 農 | | 農 | 450 | 263 | 58.4 |
| | | 農芸化 | 450 | 263 | 58.4 |
| | | 生命科 | 450 | 268 | 59.6 |
| | | 食料環境政策 | 450 | 300 | 66.7 |
| 経営 | 3科目 | 経営 | 350 | 211 | 60.3 |
| | | 会計 | | | |
| | | 公共経営 | | | |
| | 英語4技能試験活用 | 経営 | 230 | 128 | 55.7 |
| | | 会計 | | | |
| | | 公共経営 | | | |
| 情報コミュニケーション | | 情報コミュニケーション | 300 | 203 | 67.7 |
| 国際日本 | | 3科目 | 450 | 354 | 78.7 |
| | | 英語4技能試験活用 | 250 | 186 | 74.4 |
| 総合数理 | | 現象数理 | 320 | 228 | 71.3 |
| | | 先端メディアサイエンス | 320 | 238 | 74.4 |
| | | ネットワークデザイン | 320 | 235 | 73.4 |

## ●全学部統一入試

| 学部・学科等 | | | 満点 | 合格最低点 | 合格最低得点率 |
|---|---|---|---|---|---|
| 法 | 法律 | | 300 | 211 | 70.3 |
| 商 | 商 | | 450 | 312 | 69.3 |
| 政治経済 | 政治 | | 350 | 251 | 71.7 |
| | 経済 | | 350 | 243 | 69.4 |
| | 地域行政 | | 350 | 234 | 66.9 |
| 文 | 文 | 日本文学 | 300 | 212 | 70.7 |
| | | 英米文学 | 300 | 206 | 68.7 |
| | | ドイツ文学 | 300 | 209 | 69.7 |
| | | フランス文学 | 300 | 202 | 67.3 |
| | | 演劇学 | 300 | 207 | 69.0 |
| | | 文芸メディア | 300 | 218 | 72.7 |
| | 史学地理 | 日本史学 | 300 | 211 | 70.3 |
| | | アジア史 | 300 | 209 | 69.7 |
| | | 西洋史学 | 300 | 214 | 71.3 |
| | | 考古学 | 300 | 205 | 68.3 |
| | | 地理学 | 300 | 205 | 68.3 |
| | 心理社会 | 臨床心理学 | 300 | 218 | 72.7 |
| | | 現代社会学 | 300 | 207 | 69.0 |
| | | 哲学 | 300 | 215 | 71.7 |
| 理工 | 電気電子生命 | 電気電子工学 | 400 | 237 | 59.3 |
| | | 生命理工学 | 400 | 249 | 62.3 |
| | 機械工 | | 400 | 246 | 61.5 |
| | 機械情報工 | | 400 | 250 | 62.5 |
| | 建築 | | 400 | 269 | 67.3 |
| | 応用化 | | 400 | 270 | 67.5 |
| | 情報科 | | 400 | 284 | 71.0 |
| | 数 | | 400 | 234 | 58.5 |
| | 物理 | | 400 | 248 | 62.0 |

（表つづく）

| 学部・学科等 | | | 満点 | 合格最低点 | 合格最低得点率 |
|---|---|---|---|---|---|
| 農 | 3科目 | 農 | 300 | 190 | 63.3 |
| | | 農芸化 | 300 | 198 | 66.0 |
| | | 生命科 | 300 | 196 | 65.3 |
| | | 食料環境政策 | 300 | 208 | 69.3 |
| | 英語4技能3科目 | 農 | 300 | 241 | 80.3 |
| | | 農芸化 | 300 | 233 | 77.7 |
| | | 生命科 | 300 | 241 | 80.3 |
| | | 食料環境政策 | 300 | 241 | 80.3 |
| 経営 | 3科目 | 経営 | 350 | 258 | 73.7 |
| | | 会計 | | | |
| | | 公共経営 | | | |
| | 英語4技能3科目 | 経営 | 350 | 310 | 88.6 |
| | | 会計 | | | |
| | | 公共経営 | | | |
| 情報コミュニケーション | 情報コミュニケーション | | 350 | 250 | 71.4 |
| 国際日本 | 3科目 | | 400 | 300 | 75.0 |
| | 英語4技能3科目 | | 400 | 353 | 88.3 |
| 総合数理 | 3科目 | 現象数理 | 400 | 250 | 62.5 |
| | | 先端メディアサイエンス | 400 | 287 | 71.8 |
| | 4科目 | 現象数理 | 500 | 303 | 60.6 |
| | | 先端メディアサイエンス | 500 | 350 | 70.0 |
| | | ネットワークデザイン | 500 | 301 | 60.2 |
| | 英語4技能4科目 | 現象数理 | 400 | 291 | 72.8 |
| | | 先端メディアサイエンス | 400 | 314 | 78.5 |
| | | ネットワークデザイン | 400 | 275 | 68.8 |

## 2022 年度　合格最低点

### ●学部別入試

| 学部・学科等 | | | 満点 | 合格最低点 | 合格最低得点率 |
|---|---|---|---|---|---|
| 法 | 法律 | | 350 | 238 | 68.0 |
| 商 | 学部別 | | 350 | 243 | 69.4 |
| 商 | 英語4技能試験利用 | | 550 | 401 | 72.9 |
| 政治経済 | 政治 | | 350 | 221 | 63.1 |
| 政治経済 | 経済 | | 350 | 216 | 61.7 |
| 政治経済 | 地域行政 | | 350 | 217 | 62.0 |
| 文 | 文 | 日本文学 | 300 | 183 | 61.0 |
| 文 | 文 | 英米文学 | 300 | 177 | 59.0 |
| 文 | 文 | ドイツ文学 | 300 | 176 | 58.7 |
| 文 | 文 | フランス文学 | 300 | 174 | 58.0 |
| 文 | 文 | 演劇学 | 300 | 182 | 60.7 |
| 文 | 文 | 文芸メディア | 300 | 187 | 62.3 |
| 文 | 史学地理 | 日本史学 | 300 | 190 | 63.3 |
| 文 | 史学地理 | アジア史 | 300 | 184 | 61.3 |
| 文 | 史学地理 | 西洋史学 | 300 | 194 | 64.7 |
| 文 | 史学地理 | 考古学 | 300 | 178 | 59.3 |
| 文 | 史学地理 | 地理学 | 300 | 183 | 61.0 |
| 文 | 心理社会 | 臨床心理学 | 300 | 184 | 61.3 |
| 文 | 心理社会 | 現代社会学 | 300 | 192 | 64.0 |
| 文 | 心理社会 | 哲学 | 300 | 186 | 62.0 |
| 理工 | 電気電子生命 | 電気電子工学 | 360 | 246 | 68.3 |
| 理工 | 電気電子生命 | 生命理工学 | 360 | 236 | 65.6 |
| 理工 | 機械工 | | 360 | 248 | 68.9 |
| 理工 | 機械情報工 | | 360 | 241 | 66.9 |
| 理工 | 建築 | | 360 | 265 | 73.6 |
| 理工 | 応用化 | | 360 | 240 | 66.7 |
| 理工 | 情報科 | | 360 | 261 | 72.5 |
| 理工 | 数 | | 360 | 239 | 66.4 |
| 理工 | 物理 | | 360 | 255 | 70.8 |

（表つづく）

| 学部・学科等 | | | 満点 | 合格最低点 | 合格最低得点率 |
|---|---|---|---|---|---|
| 農 | 農 | | 450 | 257 | 57.1 |
| | 農芸化 | | 450 | 257 | 57.1 |
| | 生命科 | | 450 | 262 | 58.2 |
| | 食料環境政策 | | 450 | 295 | 65.6 |
| 経営 | 3科目 | 経営 | 350 | 225 | 64.3 |
| | | 会計 | | | |
| | | 公共経営 | | | |
| | 英語4技能試験活用 | 経営 | 230 | 132 | 57.4 |
| | | 会計 | | | |
| | | 公共経営 | | | |
| 情報コミュニケーション | 情報コミュニケーション | | 300 | 187 | 62.3 |
| 国際日本 | 3科目 | | 450 | 338 | 75.1 |
| | 英語4技能試験活用 | | 250 | 173 | 69.2 |
| 総合数理 | 現象数理 | | 320 | 191 | 59.7 |
| | 先端メディアサイエンス | | 320 | 195 | 60.9 |
| | ネットワークデザイン | | 320 | 181 | 56.6 |

## ●全学部統一入試

| 学部・学科等 | | | 満点 | 合格最低点 | 合格最低得点率 |
|---|---|---|---|---|---|
| 法 | 法律 | | 300 | 222 | 74.0 |
| 商 | 商 | | 450 | 350 | 77.8 |
| 政治経済 | 政治 | | 350 | 275 | 78.6 |
| | 経済 | | 350 | 274 | 78.3 |
| | 地域行政 | | 350 | 268 | 76.6 |
| 文 | 文 | 日本文学 | 300 | 226 | 75.3 |
| | | 英米文学 | 300 | 216 | 72.0 |
| | | ドイツ文学 | 300 | 221 | 73.7 |
| | | フランス文学 | 300 | 218 | 72.7 |
| | | 演劇学 | 300 | 219 | 73.0 |
| | | 文芸メディア | 300 | 230 | 76.7 |
| | 史学地理 | 日本史学 | 300 | 231 | 77.0 |
| | | アジア史 | 300 | 222 | 74.0 |
| | | 西洋史学 | 300 | 227 | 75.7 |
| | | 考古学 | 300 | 224 | 74.7 |
| | | 地理学 | 300 | 225 | 75.0 |
| | 心理社会 | 臨床心理学 | 300 | 224 | 74.7 |
| | | 現代社会学 | 300 | 230 | 76.7 |
| | | 哲学 | 300 | 224 | 74.7 |
| 理工 | 電気電子生命 | 電気電子工学 | 400 | 280 | 70.0 |
| | | 生命理工学 | 400 | 276 | 69.0 |
| | 機械工 | | 400 | 286 | 71.5 |
| | 機械情報工 | | 400 | 286 | 71.5 |
| | 建築 | | 400 | 302 | 75.5 |
| | 応用化 | | 400 | 290 | 72.5 |
| | 情報科 | | 400 | 321 | 80.3 |
| | 数 | | 400 | 293 | 73.3 |
| | 物理 | | 400 | 299 | 74.8 |

（表つづく）

| 学部・学科等 | | | 満点 | 合格最低点 | 合格最低得点率 |
|---|---|---|---|---|---|
| 農 | 3科目 | 農 | 300 | 219 | 73.0 |
| | | 農芸化 | 300 | 225 | 75.0 |
| | | 生命科 | 300 | 228 | 76.0 |
| | | 食料環境政策 | 300 | 230 | 76.7 |
| | 英語4技能3科目 | 農 | 300 | 232 | 77.3 |
| | | 農芸化 | 300 | 243 | 81.0 |
| | | 生命科 | 300 | 250 | 83.3 |
| | | 食料環境政策 | 300 | 250 | 83.3 |
| 経営 | 3科目 | 経営 | 350 | 264 | 75.4 |
| | | 会計 | | | |
| | | 公共経営 | | | |
| | 英語4技能3科目 | 経営 | 350 | 303 | 86.6 |
| | | 会計 | | | |
| | | 公共経営 | | | |
| 情報コミュニケーション | 情報コミュニケーション | | 350 | 274 | 78.3 |
| 国際日本 | 3科目 | | 400 | 326 | 81.5 |
| | 英語4技能3科目 | | 400 | 353 | 88.3 |
| 総合数理 | 3科目 | 現象数理 | 400 | 270 | 67.5 |
| | | 先端メディアサイエンス | 400 | 300 | 75.0 |
| | 4科目 | 現象数理 | 500 | 363 | 72.6 |
| | | 先端メディアサイエンス | 500 | 383 | 76.6 |
| | | ネットワークデザイン | 500 | 344 | 68.8 |
| | 英語4技能4科目 | 現象数理 | 400 | 318 | 79.5 |
| | | 先端メディアサイエンス | 400 | 330 | 82.5 |
| | | ネットワークデザイン | 400 | 324 | 81.0 |

# 募集要項（出願書類）の入手方法

一般選抜（学部別入試・全学部統一入試・大学入学共通テスト利用入試）はWeb出願となっており，パソコン・スマートフォン・タブレットから出願できます。詳細は一般選抜要項（大学ホームページにて11月上旬公開予定）をご確認ください。

**問い合わせ先**

明治大学　入学センター事務室
〒101-8301　東京都千代田区神田駿河台1-1
月曜～金曜：9：00～11：30，12：30～17：00
土　　　曜：9：00～12：00
日曜・祝日：休　業
TEL　03-3296-4138
https://www.meiji.ac.jp/

**明治大学のテレメールによる資料請求方法**

| | |
|---|---|
| スマートフォンから | QRコードからアクセスしガイダンスに従ってご請求ください。 |
| パソコンから | 教学社 赤本ウェブサイト(akahon.net)から請求できます。 |

# 合格体験記 募集

2025 年春に入学される方を対象に，本大学の「合格体験記」を募集します。お寄せいただいた合格体験記は，編集部で選考の上，小社刊行物やウェブサイト等に掲載いたします。お寄せいただいた方には小社規定の謝礼を進呈いたしますので，ふるってご応募ください。

## ・応募方法・

下記 URL または QR コードより応募サイトにアクセスできます。
ウェブフォームに必要事項をご記入の上，ご応募ください。
折り返し執筆要領をメールにてお送りします。

※入学が決まっている一大学のみ応募できます。

☞ http://akahon.net/exp/

## ・応募の締め切り・

| | |
|---|---|
| 総合型選抜・学校推薦型選抜 | 2025年 2 月 23日 |
| 私立大学の一般選抜 | 2025年 3 月 10日 |
| 国公立大学の一般選抜 | 2025年 3 月 24日 |

受験にまつわる川柳を募集します。
入選者には賞品を進呈！
ふるってご応募ください。

応募方法　http://akahon.net/senryu/ にアクセス！☞

気になること、聞いてみました！

# 在学生メッセージ

大学ってどんなところ？ 大学生活ってどんな感じ？
ちょっと気になることを，在学生に聞いてみました。

以下の内容は 2020～2023 年度入学生のアンケート回答に基づくものです。ここで触れられている内容は今後変更となる場合もありますのでご注意ください。

メッセージを書いてくれた先輩　［商学部］N.S. さん　A.N. さん　［政治経済学部］R.S. さん　［文学部］R.Y. さん　［経営学部］M.H. さん　［情報コミュニケーション学部］I.M. さん



## 大学生になったと実感！

自由になったのと引き換えに，負わなければならない責任が重くなりました。例えば，大学では高校のように決められた時間割をこなすということはなくなり，自分が受けたい授業を選んで時間割を組むことができるようになります。時間割は細かいルールに従って各々で組むため，さまざまなトラブルが発生することもありますが，その責任は学生個人にあり，大学が助けてくれることはありません。大学に入ってから，高校までの手厚い支援のありがたみに気づきました。（N.S. さん／商）

自由な時間が増えたことです。それによって遊びに行ったりバイトをしたりとやりたいことができるようになりました。その反面，自由なので生活が堕落してしまう人もちらほら見られます。やるべきことはしっかりやるという自制心が必要になると思います。（R.S. さん／政治経済）

自分から行動しないと友達ができにくいことです。高校まではクラスが存在したので自然と友達はできましたが，私の所属する学部に存在するのは便宜上のクラスのみで，クラス単位で何かをするということがなく，それぞれの授業でメンバーが大幅に変わります。そのため，自分から積極的に話しかけたり，サークルに入るなど，自分から何かアクションを起こさないとなかなか友達ができないなということを実感しました。（I.M. さん／情報コミュニケーション）

## 大学生活に必要なもの

持ち運び可能なパソコンです。パソコンが必須の授業は基本的にありませんが，課題でパソコンを使わない授業はほとんどありません。大学には借りられるパソコンもありますが，使用できる場所や時間が決まっていたり，データの管理が難しくなったりするので，自分のパソコンは必要です。私の場合はもともとタブレットをパソコン代わりにして使っていたので，大学では大学のパソコン，自宅では家族と共用しているパソコン，外出先では自分のタブレットとキーボードというふうに使い分けています。（N.S. さん／商）

パソコンは必要だと思います。また，私は授業のノートを取ったり，教科書に書き込む用の iPad を買いました。パソコンを持ち歩くより楽だし，勉強のモチベーションも上がるのでおすすめです！（M.H. さん／経営）

## この授業がおもしろい！

演劇学という授業です。グループのなかで台本，演出，演者の役割に分かれて，演劇を作成し発表します。自分たちで演劇を作り上げるのは難しいですが，ああでもない，こうでもない，と意見を交換しながら作り上げる作業はやりがいを感じられて楽しいです。また，1，2年生合同のグループワーク形式で行うため，同級生はもちろん，先輩や後輩とも仲良くなれます。（I.M. さん／情報コミュニケーション）

ビジネス・インサイトという，ビジネスを立案する商学部ならではの授業です。この授業の最大の特徴は，大学の教授だけでなく，皆さんも知っているような大企業の方も授業を担当されるということです。金融や保険，不動産，鉄道など，クラスによって分野が異なり，各クラスで決められた分野について学んだ後，与えられた課題についてビジネスを立案し，その内容を競うというアクティブな授業です。準備は大変でしたが，グループの人と仲良くなれたり，プレゼンのスキルが上がったりと，非常に充実した授業でした。（N.S. さん／商）

ネイティブスピーカーによる英語の授業です。発音などを教えてくれるので，高校まででではあまり学べなかった，実際に「話す」ということにつながる内容だと思います。また，授業中にゲームや話し合いをすることも多いので，友達もたくさん作れます!!（M.H. さん／経営）



## 大学の学びで困ったこと＆対処法

時間の使い方が難しいことです。私は，大学の授業と並行して資格試験の勉強に力を入れているのですが，正直，今のところうまくいっていません。特に空きコマの時間の使い方が難しいです。やっと大学の仕組みがわかってきたので，これからは課題や自習も時間割化して，勉強のペースを整えたいと思います。（N.S. さん／商）

「大学のテストはどのように勉強すればよいのだろうか？　高校と同じような方法でよいのか？」ということです。サークルに入るなどして，同じ授業を履修していた先輩から過去問をゲットしたり，アドバイスをもらったりするのが最も効果的だと思います。（I.M. さん／情報コミュニケーション）

困ったのは，履修登録の勝手がわからず，１年生はほとんど受けていない授業などを取ってしまったことです。周りは２年生だし，友達同士で受講している人が多かったので課題やテストで苦しみました。しかし，違う学年でも話しかければ「最初，履修全然わかんないよね～」と言って教えてくれました。何事も自分から動くことが大切だと思います。（M.H. さん／経営）

## 部活・サークル活動

マーケティング研究会という，マーケティングを学ぶサークルに入っています。基本的には週１回１コマの活動なので，他のサークルを掛け持ちしたり，勉強やバイトに打ち込んだりしながら，サークル活動を続けることができます。他大学との合同勉強会やビジネスコンテストもあり，とても刺激を受けます。（N.S. さん／商）

バドミントンサークルに所属しています。土日や長期休みに，長野や山梨などに合宿に行くこともあります！（R.Y. さん／文）

運動系のサークルに入っています。週１，２回活動しています。サークルなので行けるときに行けばよく，それでも皆が歓迎してくれるし，高校の部活のように厳しくなくてマイペースに活動できているので，とても楽しいです。友達も増えるので何かしらのサークルに入るのはとてもおススメです。（I.M. さん／情報コミュニケーション）



## 交友関係は？

自分の所属するコミュニティはそこまで広くなく，クラスとしか関わりはありません。クラスは高校のときとほとんど変わりありません。先輩と交友関係をもちたいのであれば，やはりサークルに入ることをおススメします。入学して２カ月ほどは新入生歓迎会をやっているサークルがほとんどなので，ぜひ参加してみてください。（R.S. さん／政治経済）

SNS で「＃春から明治」を検索して同じ専攻の人と仲良くなりました。

また，専攻ごとに交流会があるので，そこでも仲良くなれます。先輩とはサークルや部活で知り合いました。（R.Y. さん／文）

経営学部にはクラスがあり，特に週に 2 回ある語学の授業で毎回会う友達とはかなり仲が良くて，遊びに行ったり，空きコマでご飯に行ったりします。なお，サークルは男女関係なく集団で仲良くなれるので，高校までの友達の感覚とはちょっと違う気がします。サークルの先輩は高校の部活の先輩よりラフな感じです。気楽に話しかけることが大切だと思います！（M.H. さん／経営）

## いま「これ」を頑張っています

英語の勉強です。やりたい職業は決まっているのですが，少しでも夢に近づきたいのと，やりたいことが現在所属している学部系統から少し離れるので，進路選択に柔軟性をもたせたいという意味でも，英語の勉強に力を入れています。（N.S. さん／商）

高校野球の指導です。自分は少しですが野球が得意なので現在母校で学生コーチをやらせてもらっています。大学生になると本気で何かに打ち込むということは少なくなるので，選手が必死に球を追いかけている姿を見るととても刺激になります。（R.S. さん／政治経済）

## 普段の生活で気をつけていることや心掛けていること

授業にしっかり出席するということです。高校生からすると当たり前と思うかもしれませんが，大学は欠席連絡をする必要もないし，大学から確認の電話がかかってくることも基本的にはありません。どうしても夜寝る時間が遅くなってしまう日もあると思いますが，そんなときでも授業には絶対に出席するようにして生活が乱れないようにしています。（R.S. さん／政治経済）

提出物の期限やテストの日程などを忘れないようにすることです。一人ひとり時間割が違うので，自分で気をつけていないと，忘れてしまって単位を落としてしまうということにもなりかねません。また，バイトやサークルなどの予定も増えるので，時間をうまく使うためにもスケジュール管理が大切です。（M.H. さん／経営）

## おススメ・お気に入りスポット

ラーニングスクエアという施設です。とてもきれいで近未来的なデザインなので，気に入っています。（R.Y. さん／文）

明治大学周辺には，美味しいご飯屋さんが数多く存在し，大抵のものは食べることができます。特に，「きび」という中華そば屋さんがとても美味しいです。こってり系からあっさり系まで自分好みの中華そばを食べることができます。（I.M. さん／情報コミュニケーション）

食堂がお気に入りです。お昼休みの時間に友達と話をするためによく使っています。3 階建てで席数も多く，綺麗なので快適です。Wi-Fi もあるので，パソコン作業をすることもできます。また，隣にコンビニがあるので食べたいものが基本的に何でもあり便利です。（A.N. さん／商）

## 入学してよかった！

施設が全体的に新しく，充実していることです。快適に過ごせるので，大学に行くモチベーションになったり，勉強が捗ったりしています。また，各キャンパスが大きすぎないのも，移動時間の観点から効率が良くて気に入っています。（N.S. さん／商）

厳しい受験を乗り越えてきた人たちばかりなので，「やるときはちゃんとやる」人が多いように感じます。テスト前に「一緒に勉強しよう！」と誘ってきてくれたり，わからないところを教え合ったりできるので，「真面目なことが恥ずかしいことではない」と感じることができ，毎日とても楽しいです。（I.M. さん／情報コミュニケーション）

たくさんの友達と出会えることです。明治大学では，自分でチャンスを探せばたくさんの人と出会えるし，コミュニティも広がると思います。また，図書館が綺麗で空きコマや放課後に作業するにも快適で気に入っています。ソファ席もたくさんあるので，仮眠も取れてとてもいいと思います。（M.H. さん／経営）

## 高校生のときに「これ」をやっておけばよかった

写真や動画をたくさん撮っておきましょう。文化祭や体育祭など，行事の際はもちろんですが，休み時間や，皆で集まって試験勉強をしているときなど，高校での日常の１コマを残しておくことも，後で見返したときにとても良い思い出になります。今になってそれらを見返して，ああ制服って愛おしかったな，とノスタルジーをおぼえます。（I.M. さん／情報コミュニケーション）

英語の勉強をもっとしておけばと思いました。英語は大学生になっても，社会人になっても必要です。大学では英語の授業だけでなく，他の授業でも英語を読まなければならないときがあるので，とても大事です。高校生のときにちゃんと勉強しておくだけでだいぶ変わってくると思います。（A.N. さん／商）

# 合格体験記

みごと合格を手にした先輩に，入試突破のためのカギを伺いました。入試までの限られた時間を有効に活用するために，ぜひ役立ててください。

（注）ここでの内容は，先輩方が受験された当時のものです。2025 年度入試では当てはまらないこともありますのでご注意ください。

## ・アドバイスをお寄せいただいた先輩・

Message

**M.O. さん**　文学部（文学科文芸メディア専攻）
全学部統一入試 2024 年度合格，栃木県出身

合格のポイントは，反復を行うこと。単語であっても問題集であっても，繰り返し解くことで身につき，長期記憶にも定着するので，反復を「無意味」と切り捨てず，根気よく続けることが大切です。

**その他の合格大学**　法政大（文〈日本文〉），日本大（文理〈国文〉共通テスト利用）

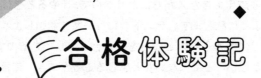

**N.S. さん**　商学部
学部別入試 2023 年度合格，東京都出身

合格のポイントは，どんなことがあっても常にいつもの自分でいたことです。受験生だからといって，特別何かを我慢するということはしませんでした。また，自分を責めたり過信したりすることもせず，ありのままの自分を受け入れました。精神的に不安定になると，体調を崩したり勉強に手がつかなくなったりしたので，勉強すること以上に精神の安定を大切にして，勉強の効率を上げることを意識していました。模試や入試の結果がどうであれ，その結果を次にどう活かすかが一番大切です。結果に一喜一憂せず，次につなげるものを一つでも多く探して，それを積み重ねていった先に合格があります。

何があるかわからない受験ですが，意外とどうにかなります。だから，多少の緊張感は持っていても，受験を恐れる必要はありません！

**その他の合格大学**　東京女子大（現代教養）

**R.K. さん**　文学部（史学地理学科地理学専攻）
全学部統一入試 2023 年度合格，埼玉県出身

自分の限界まで勉強したことがポイントだと思います。浪人が決まり受験勉強を始めた頃は，何度も勉強が嫌になってスマホに逃げてしまいそうになりましたが，「ここでスマホをいじったせいで不合格になったら一生後悔する」と自分に言い聞かせているうちに，だんだん受験勉強のみに専念できるようになりました。また，１日の生活を見直して無駄にしている時間はないかを考えて，勉強に充てられる時間を作り出しました。次第に参考書がボロボロになり，ペンがよく当たる指は皮が剥けたりペンだこになったりしました。自分で努力した証こそ試験会場で一番のお守りになると思うので，皆さんも頑張ってください！　応援しています！

**その他の合格大学**　明治大（政治経済，農），法政大（文），日本大（文理），駒澤大（文〈共通テスト利用〉）

Message

**R.S. さん** 政治経済学部（地域行政学科）
学部別入試 2023 年度合格，東京都出身

合格した先輩や先生の意見を取り入れることが合格のポイントです。スポーツや楽器のように，勉強も初めから上手くできる人などいません。受験を経験した先輩や先生の意見は，失敗談も含めて合格への正しい道を教えてくれると思います。全てを取り入れる必要はなく，多様な意見をまずは聞いてみて，試しながら取捨選択をしていくと，自ずと自分にとって最適な勉強法が確立できると思います。

**その他の合格大学** 明治大（文・経営），法政大（人間環境），東洋大（福祉社会デザイン〈共通テスト利用〉）

Message

**S.O. さん** 情報コミュニケーション学部
一般入試 2023 年度合格，埼玉県出身

この大学に絶対受かるぞ！という強い意志が合格のポイントだと思います。私は最後の模試がE判定でした。「このままだと受からないかもしれない」と何度も不安に思いました。しかし他の大学に行くことが考えられなかったので，必死で勉強しました。試験当日は緊張しすぎて一睡もできないまま本番を迎えることになったのですが，「自分が一番ここに行きたい気持ちが強いし，誰よりも過去問も解いた！」と自分に言い聞かせて，何とか緊張を乗り越えることができました。受験は先が見えず不安ばかりだと思いますが，それは周りの受験生も同じです。今までやってきたことを信じて，最大限の結果が出せるように頑張ってください！　応援しています。

**その他の合格大学** 明治大（文），中央大（文），武蔵大（社会〈共通テスト利用〉），東洋大（社会〈共通テスト利用〉），東京女子大（現代教養〈共通テスト利用〉）

# 入試なんでもQ&A

受験生のみなさんからよく寄せられる，
入試に関する疑問・質問に答えていただきました。

## Q 「赤本」の効果的な使い方を教えてください。

**A** 過去問対策として使っていました。過去の赤本にも遡って，合計6年分の問題を解きました。一度解いてから丸付けをして，その後すぐにもう一度解き，時間が経った頃に3回目を解くようにしていました。すぐにもう一度解くことで定着を図り，また時間が経った後に解くことで定着度の確認ができます。入試本番の前日にも解いて，最後の仕上げにしました。また，入試データを見ながら，どのくらいの得点率が必要なのかを計算し，その得点率のプラス5～10%を目標に定めて解くようにしていました。　（M.O. さん／文）

**A** 私は科目によって赤本の使い方を変えていました。英語は，単語・文法がある程度固まったら，どんどん赤本を解いていきました。具体的なやり方としては，初めは時間を意識せずに何分かかってもいいから100点を取るんだという意識で解いていきました。最初は思ってる以上に時間がかかって苦しいと思うかもしれませんが，これを続けていくうちに時間を意識していないにもかかわらず，自然と速く正確に読むことが可能になっていきます。社会と国語は参考書を中心におき，その確認として赤本を使用していました。　（R.S. さん／政治経済）

## Q　どのように学習計画を立て，受験勉強を進めていましたか？

**A**　計画は 2 週間単位で立てていました。内訳は，前半 1 週間で，できればやりたいという優先順位の低いことまで詰め込んでできる限り消化し，残った分は後半 1 週間に持ち越して，時間が余ればまた別の課題を入れました。私は達成できそうもない計画を立てる割には，計画を少しでも守れないと何もやる気が出なくなってしまうタイプだったので，計画には余裕をもたせることを強く意識しました。また，精神の安定のために，まとまった休憩時間を積極的に取るようにして，効率重視の勉強をしていました。　（N.S. さん／商）

## Q　明治大学を攻略する上で，特に重要な科目は何ですか？ また，どのように勉強しましたか？

**A**　圧倒的に英語だと思います。とにかく英文が長く難しいので，まずは長文に慣れておくことが必要不可欠です。そのため日頃から，「受験本番では 3 ページ程度の長文を 2 つ読むことになるんだ」と意識しながら，英語の学習を行うとよいと思います。また，速読力はもちろん大切ですが，表面を大まかに理解するだけでなく，隅々まで読まないと解答できないという選択肢も多いので，精読力も必要になります。『速読英単語』（Z 会）や音読を通して速読力と英文理解力を高めておくことが重要です。　（M.O. さん／文）

**A**　世界史などの暗記科目だと思います。特に私が受けた情報コミュニケーション学部は，国語が独特な問題が多く点数が安定しなかったので，世界史で安定した点数を取れるように対策しました。具体的には一問一答の答えをただ覚えるのではなく，問題文をそのまま頭に入れるつもりで覚えました。MARCH レベルになると，ただ用語を答えるのではなく思考力を問う問題が多いので，日頃から出来事や人物の結びつきを意識して覚えました。　（S.O. さん／情報コミュニケーション）

## Q 学校外での学習はどのようにしていましたか？

**A** 個別指導塾に週一で通って英語の授業を受けていたのと，季節ごとの特別講習と受験直前期は週二で授業を受けていました。また，学校の授業が早く終わる水曜日は塾の自習室で赤本を解くと決めていました。個人的に苦手な範囲のプリントや，授業ではやらなかったものの「欲しい人は言ってください」と先生に言われたプリントなどは絶対にもらうようにして，解かないということがないようにしました。

（M.O. さん／文）

## Q 時間をうまく使うためにしていた工夫を教えてください。

**A** 1日のうちのどのタイミングでどの勉強をするか，ルーティン化して決めてしまうといいと思います。私の場合，朝起きたら音読，登校中は古典単語と文学史，食事中は地図帳，下校中は英単語をやることにしていました。本番ではできるだけ解答用紙から情報を集めることが大切です。問題の詳細はわからなくても，大問の数や記述の型が過去問と違っていたとき，試験開始までに心を落ち着かせ，解くスピードや順番を考えておけば焦らなくてすみます。　（R.K. さん／文）

## Q 苦手な科目はどのように克服しましたか？

**A** 私は国語がとても苦手でした。自分の実力より少し上の大学の問題を解いて，間違えた原因や，どうすれば解けたのかを徹底的に復習して克服しました。国語は，面倒ではあるけれど復習が一番大事だと思います。ただダラダラたくさん問題を解くよりも，一つの問題を徹底的に復習するほうが合格への近道になると思います。私は復習することを怠っていたので，ずっと現代文の成績が伸びませんでした。けれど1月末に復習方法を理解してから，私大入試直前の2月になって正答率が一気に上がったので，面倒だとは思うけれどしっかり復習することをオススメします。
（S.O. さん／情報コミュニケーション）

**Q スランプに陥ったとき，どのように抜け出しましたか？**

**A** 焦らないことです。誰にでもくるもので自分だけだと思わないようにして，焦って方法を変えると逆効果だと言い聞かせました。あまり気にしすぎないほうがよいです。気にせずに同じように勉強を続けていたら，そのうち元通りになっていました。ただ，あまりにも点数の落ち方がひどいときや期間が長いときは，塾の先生に相談をしました。問題は何なのか，どこで躓いているのかを一緒に考えてもらうことで，安心感を得られたり，不安が解消されたりしました。（M.O. さん／文）

**Q 模試の上手な活用法を教えてください。**

**A** 模試ごとに試験範囲が設定されている場合には，その試験範囲に合わせて勉強するとペースがつかみやすいです。また，模試は復習が命です。模試の問題以上にその解説が大切です。間違えた問題は必ず，できれば曖昧な問題も解説を確認して，1冊のノートにポイントとして簡単に書き留めておくと，直前期に非常に役立ちます。特に社会系科目はその時の情勢などによって出題のトレンドがあるので，それの把握と演習に役立ちます。判定に関しては，単純に判定だけを見るのではなく，志望校内での順位を重視してください。特にE判定は幅があるので，D判定に近いのか，そうでないのかは必ず確認するべきです。（N.S. さん／商）

**Q 併願をする上で重視したことは何ですか？**
**また，注意すべき点があれば教えてください。**

**A** 自分の興味のある分野を学べる大学であること，第一志望の選択科目で受験できること，3日以上連続にならないことの3点を重視して選びました。私は地理選択で，大学では地理を勉強したいと思っていたので，明治大学以外で併願校を選ぶ時に選択肢が少ない分，割と簡単に決められました。あと，第一志望の大学・学部の前に，他の大学や学部で試験会場の雰囲気を感じておくと，とてもいい練習になると思います。明治大学の全学部統一入試は 2 月の初旬に行われますが，その前に他の大学を受験したことで新たに作戦を立てることができました。

(R.K. さん／文)

**Q 試験当日の試験会場の雰囲気はどのようなものでしたか？緊張のほぐし方，交通事情，注意点等があれば教えてください。**

**A** 試験会場は，とても静かで心地良かったです。荷物は座席の下に置くように指示があったので，それを見越した荷物の量やバッグにするとよいでしょう。また，携帯電話を身につけていると不正行為になるので（上着のポケットに入っているのもだめです），しまえるようにしておきましょう。また，新宿行きの電車はすごく混むので，ホテルなどを取る場合はなるべく新宿寄りの場所にして，当日は新宿と逆方向の電車に乗るようにするほうが賢明です。電車内では身動きが取れないので，参考書などはホームで待っている間に手に持っておくほうがよいです。

(M.O. さん／文)

**Q 受験生のときの失敗談や後悔していることを教えてください。**

**A** 基礎を疎かにしてしまったことです。単語・文法など基礎の勉強は私にとっては楽しくなく，演習のほうをやりがちになっていました。しかし，基礎が固まっているからこそ演習の意義が高まるのであり，基礎を疎かにすることは成績が伸びづらくなる要因になっていました。12月頃に学校の先生にこのことを言われて，もう一度基礎を徹底させ，なんとか受験までには間に合わせることができましたが，勉強をし始めた時期にもっと徹底的に固めていれば，と後悔しています。

(R.S. さん／政治経済)

## Q 受験生へアドバイスをお願いします。

**A** 受験報告会などで先輩たちはたくさんの勉強をしていたと聞いて，「自分には無理だ」と思ってしまうかもしれません。しかし，そのハードワークも毎日続けてルーティンにすると辛くなくなります。習慣化するまでがしんどいと思いますが，せいぜい1，2カ月で習慣は出来上がります。辛いのは最初だけなので，少しだけ歯を食いしばってください。きっと，少ししたらハードワークに慣れている自分に気づくと思います。計画を立て，目の前のことに全力で取り組んでがむしゃらに進めば，1年はあっという間なので，あまり悲観せずに頑張ってください。

（M.O. さん／文）

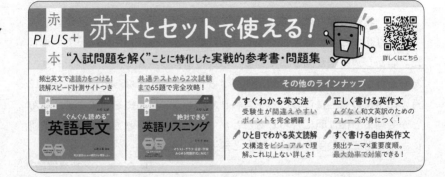

# 科目別攻略アドバイス

みごと入試を突破された先輩に，独自の攻略法や
おすすめの参考書・問題集を，科目ごとに紹介していただきました。

## 英　語

ポイントは長文に慣れること。速読力と英文理解力を高めておかないと，問題を解き終わらないうちに試験時間が終了してしまった，なんてこともあり得るので，早くから長文対策をするべきです。　（M.O. さん／文）

**おすすめ参考書　『UPGRADE 英文法・語法問題』**（数研出版）
**『イチから鍛える英語長文』シリーズ**（Gakken）
**『英文法・語法 良問 500＋4技能』シリーズ**（河合出版）

## 日本史

ポイントは，まんべんなく問題が出されるので，ヤマをはらないこと。本番では「誰も解けないだろ，これ」という難問が 2，3 問あるので，そのつもりで臨むとよい。　（M.O. さん／文）

**おすすめ参考書　『時代と流れで覚える！日本史 B 用語』**（文英堂）
**『入試に出る 日本史 B 一問一答』**（Z 会）

## 世界史

単語力と思考力がポイントです。用語は，教科書レベルの用語はもちろん，一問一答の星１レベルまで幅広く出題されているので，しっかり対策をする必要があると思います。あとは正誤問題などで細かいひっかけが多いので，物事の結び付きをいかに理解しているかがカギになると思います。

（S.O. さん／情報コミュニケーション）

**おすすめ参考書 『時代と流れで覚える！ 世界史B用語』**（文英堂）

## 地 理

自分の知識として足りなかったことは全て地図帳に書き込みました。毎日決まった時間（私の場合は昼食中）と，新たに書き込みをするときに，前に書いたメモを見ると何度も復習でき，知識が定着します。また，地図帳に掲載されている表やグラフはかなり厳選された大事なものなので，丁寧に目を通しておくことをおすすめします！ （R.K. さん／文）

**おすすめ参考書 『新詳高等地図』**（帝国書院）

## 国 語

近年は明治大学に絡んだ人物が問われているので，明治大学に関係する文学者，特に教壇に立った経験がある人物などは知っておいたほうがよいかもしれません。問題としてはそこまで難しくはないので，落ち着いて解くことが一番大切でしょう。 （M.O. さん／文）

**おすすめ参考書 『古文単語 FORMULA600』**（ナガセ）

**『漢文早覚え速答法』**（Gakken）

現代文は，どの文にも共通した論理展開をつかむことが重要になってきます。場当たり的な解法ではなく，文章の本質をつかむ勉強を多くすべきだと思います。 （R.S. さん／政治経済）

**おすすめ参考書 『現代文読解力の開発講座』**（駿台文庫）

TREND & STEPS

# 傾向と対策

科目ごとに問題の「傾向」を分析し，具体的にどのような「対策」をすればよいか紹介しています。まずは出題内容をまとめた分析表を見て，試験の概要を把握しましょう。

## 注意

「傾向と対策」で示している，出題科目・出題範囲・試験時間等については，2024年度までに実施された入試の内容に基づいています。2025年度入試の選抜方法については，各大学が発表する学生募集要項を必ずご確認ください。

# 英　語

| 年　度 | 番号 | 項　目 | 内　容 |
| --- | --- | --- | --- |
| 2024<br>◑ | 〔1〕 | 読　　解 | 選択：空所補充，内容説明，内容真偽，主題 |
| | 〔2〕 | 読　　解 | 選択：空所補充，内容説明，内容真偽<br>記述：空所補充 |
| | 〔3〕 | 文法・語彙 | 選択：空所補充 |
| | 〔4〕 | 会　話　文 | 選択：空所補充 |
| 2023<br>◑ | 〔1〕 | 読　　解 | 選択：空所補充，主題，内容説明，内容真偽<br>記述：空所補充 |
| | 〔2〕 | 読　　解 | 選択：内容説明，空所補充，主題，内容真偽 |
| | 〔3〕 | 文法・語彙 | 選択：空所補充 |
| | 〔4〕 | 会　話　文 | 選択：空所補充 |
| 2022<br>◑ | 〔1〕 | 読　　解 | 選択：空所補充，内容説明<br>記述：空所補充 |
| | 〔2〕 | 読　　解 | 選択：空所補充，内容説明，内容真偽 |
| | 〔3〕 | 文法・語彙 | 選択：空所補充 |
| | 〔4〕 | 会　話　文 | 選択：空所補充 |

（注）●印は全問，◑印は一部マークシート方式採用であることを表す。

## 読解英文の主題

| 年　度 | 番号 | 主　題 |
| --- | --- | --- |
| 2024 | 〔1〕 | ビジネススクールと倫理教育 |
| | 〔2〕 | 不安にどう対処するか |
| 2023 | 〔1〕 | 一般教養教育において古典を学ぶ意義 |
| | 〔2〕 | 英国が有するソフトパワーの可能性 |
| 2022 | 〔1〕 | 言語と思考の関係について |
| | 〔2〕 | 消費社会の中で消えゆく修繕の技術 |

# 傾向 文脈を意識した読解が必要 基本的な文法・語彙力の徹底を

## 01 出題形式は？

例年，大問は4題。長文読解問題2題，文法・語彙問題1題，会話文問題1題という構成で，試験時間は70分。読解問題中に一部，空所補充問題が記述式で出題されるが，ほとんどはマークシート方式である。

## 02 出題内容はどうか？

〔1〕〔2〕の長文読解問題は，内容面は経済・経営に関するものを中心に多岐にわたる。設問中には，空所補充形式で和文英訳を行う記述式問題が1問含まれている。また，マークシート方式の小問には空所補充問題が多く含まれている。

**空所補充**は，文法の知識，語彙，前後の文脈の3つの視点で解くものがバランスよく配置されている。受験生の真の力を試す良問といえよう。**主題**は，本文の一部ではなく，全体で何について述べているのかを意識しよう。**内容説明**は，下線部の単語や表現自体は知っていても，それだけでは解けないようになっている。かなり正確に前後の内容を把握しないと解けないだろう。

〔3〕の文法・語彙問題では，15問すべて空所補充形式で，単語・熟語・文法の知識がバランスよく問われる。**語彙問題**は，単語ではなく語法や熟語を問うものが大半で，やや難しいものが含まれている。**文法問題**はかなり基本的なものが問われている。特に仮定法や助動詞の用法，時制など動詞にかかわる問題が出される傾向が強い。なお，年度によっては，会話文形式の出題もみられ，会話独特の表現が問われることもある。

〔4〕の会話文問題は，会話の流れを把握して空所に適切な発言を入れる形式である。近年は短めの文章が多かったが，2023年度以降は大幅に長文化した。基本は会話の流れから正解を選ばせる問題だと思ってよいが，会話特有の表現を知らないと正解が出ないものもあると考えよう。

## 03 難易度は？

読解問題は，内容に関する設問は，根拠となる箇所が明確である。ただし，問題冊子３ページにわたる長文が多く，大問によっては設問数も多い。語彙・文法の知識は標準的・基本的なものを中心に問われている。会話文では正解を出しにくいものもあるが，総じて個々の小問の難度は高くない。時間配分は，〔１〕〔２〕で 50 分強，〔３〕〔４〕で 20 分弱といったところだろう。

# 対策

## 01 読解問題対策

単語や熟語に関しては，標準からやや難程度の単語集や熟語集をひととおりやるのがよい。難単語や難熟語が多く入っているものを選ぶ必要はない。確かに難単語や難熟語に下線が引かれることもあるが，これは前後の論理関係から解けるはずである。語彙力に執着しすぎなくてよい。

文法に関しては，基本から標準程度の文法の問題集をひととおりしっかりやることが重要である。英文を読む際に，文法を基礎とした正確な読みができるよう心がけよう。

解釈に関しては，１つ１つの英文をしっかり分析するのは大変重要だが，明治大学経営学部の場合，多少読めない部分があっても素早く読み進めることが重要である。また，問題集を選ぶ際は『大学入試　ぐんぐん読める英語長文』（教学社）など，文章の流れや設問に対する解説が詳しいものを選ぼう。正解を導くためには高度な論理性が必要となることが多々あるからである。

## 02 文法・語彙問題対策

文法問題に関しては，基本的知識があれば十分である。『大学入試　すぐわかる英文法』（教学社）などを手元に置いて，調べながら学習すると効果アップにつながるだろう。語彙問題に関しては，単語・熟語とも基本的知識で対応できる問題が大半だが，やや難しい語法や熟語が問われることがある。ただ，基本的知識があれば消去法で正解を導くことができる。

## 03　会話文問題対策

会話文といえども試験問題であるから，空所にはどのような情報が必要なのかを論理的に考えなければならない。前後関係をしっかり把握して正解を導く訓練をしていけば，高得点も期待できよう。また，『会話問題のストラテジー』（河合出版）などを利用して基本から標準程度の会話独特の表現を覚えることが肝心だ。

## 04　過去問演習を積む

対策として最も重要なのは，全問を試験時間内で正確に解き終えるためのトレーニングを積むことである。経営学部の過去問演習を重ねることは当然最優先事項であるが，他学部の過去問や模試の問題でも十分に練習は積めるだろう。実戦的な演習には，『明治大の英語』（教学社）を利用するとよいだろう。

### 明治大「英語」におすすめの参考書

Check!

- ✓『大学入試 ぐんぐん読める英語長文』（教学社）
- ✓『大学入試 すぐわかる英文法』（教学社）
- ✓『会話問題のストラテジー』（河合出版）
- ✓『明治大の英語』（教学社）

# 日本史

| 年　度 | 番号 | 内　容 | 形　式 |
|---|---|---|---|
| 2024 ● | 〔1〕 | 2人の早川徳次の生涯からみる近現代史 | 選　択 |
| | 〔2〕 | 大正・昭和の教育史 | 選　択 |
| | 〔3〕 | 『菊と刀』からみる日本の戦争と近代史　⊘史料・地図 | 選択・配列 |
| 2023 ● | 〔1〕 | 渋沢栄一の生涯 | 選　択 |
| | 〔2〕 | 近代の学校教育　⊘史料 | 選　択 |
| | 〔3〕 | 近現代の政治・社会経済・文化 | 選択・正誤・配列 |
| 2022 ● | 〔1〕 | 蝦夷地の先住民族アイヌの歴史 | 選　択 |
| | 〔2〕 | 「細雪」―文学作品の記述からみる近代史　⊘史料 | 選　択 |
| | 〔3〕 | 戦後の経済復興 | 選　択 |

（注）●印は全問，◑印は一部マークシート方式採用であることを表す。

## 傾向　近現代史重視の傾向　正文・誤文選択と年代関連問題に注意

### 01　出題形式は？

出題数は大問3題，解答個数は40～45個である。2022年度以降は全問マークシート方式による選択式となっている。正文・誤文選択問題が解答個数の4～6割程度を占めるのが特徴である。また，ある出来事の同年や前後に発生した出来事を問う設問のほか，年代配列を問う設問も出題されており，今後も注意を要する。試験時間は60分。

なお，2025年度は出題科目が「歴史総合，日本史探究」となる予定である（本書編集時点）。

## 02 出題内容はどうか？

**時代別**では，近代以降からの出題が中心となっている。2022 年度は〔１〕が近世～近現代，〔２〕が近代，〔３〕が現代，2023 年度は〔１〕が近世～近代，〔２〕が近代，〔３〕が近現代，2024 年度は〔１〕〔２〕が近現代，〔３〕が近代と，近現代からの出題が多くみられた。近年の傾向をみると，特に近現代史に対する丁寧な学習が必要であるが，2022・2023 年度は近世からも出題されているので，どの時代の学習も怠ってはならず，注意を要する。

**分野別**では，社会経済史の出題が目立つ。2022 年度の〔３〕で，社会経済史をテーマとする出題がみられた。具体例としては，明治～昭和の経済や外交，戦後の経済復興や高度経済成長，バブル経済などが取り上げられている。

**史料問題**は，史料をリード文にした問題が出題されることが多い。2022 年度は谷崎潤一郎の『細雪』という文学作品が使用された。2023 年度は「教育勅語」の抜粋として正しい文章を選ぶ設問が出題された。2024 年度は日本の文化を論じた『菊と刀』が使用された。

## 03 難易度は？

教科書レベルの標準的な内容を主体としつつも，いくつか難問がみられ，また例年，正確な年代把握を問う設問が複数出題されていることから，単純な一問一答式の暗記知識では通用しない場合が多い。さらに，社会経済史では教科書に記載のない知識が要求されることもあり，全体としてはやや難と考えてよいだろう。

試験時間に余裕があるとはいえない。標準的な問題に手早く的確に解答し，難問をじっくり検討する時間を確保するなど，時間配分を工夫したい。

# 対策

## 01 教科書・用語集の徹底した活用を

やや難度の高い問題が散見されるが，問題の多くは教科書を基礎とした内容からの出題である。まずは教科書の内容をよく理解することを心がけたい。教科書を精読する際は，本文だけでなく欄外の脚注や視覚資料・地図・図表など，隅々にいたるまで目を通し，幅広く歴史用語をカバーしておきたい。また，経営学部のように近現代史必出などの明確な傾向がある場合は，その傾向を踏まえた学習を進めることも効果的である。たとえば，出題頻度の高い明治期から学習を開始していくのも一つの方法である。さらに，教科書と併用して，『日本史用語集』（山川出版社）などの用語集を活用しよう。教科書の内容に関連する用語について，用語集を用いてさらに踏みこんだ知識を習得しておくことで，難度の高い設問にも対応できるよう準備しておくとよいだろう。

## 02 社会経済史の重点学習を

経営学部の特徴である社会経済史の設問の出来は合否を分けるカギとなる。やや詳細な内容も含め，内容を正確に把握することが求められている。社会経済分野については掘り下げた学習を心がけたい。前述の『日本史用語集』などを活用し，キーワードとなる用語は正しく理解しておこう。学習の際には，用語を印象づけるためにノートにまとめて整理しておくとよい。

## 03 歴史事項の徹底した年代把握を

歴史的事実の正確な年代把握を問う設問が多くみられる。昭和史などで詳細な内容が問われるため，教科書で内容を把握しながら，図説資料集などの巻末に収録されている年表を用いて，出来事を時系列で把握するよう学習しておこう。政治史の流れを軸に，同時期にどのような経済や外交の動きがみられるのかに注意を払いながら，理解を深めていきたい。

## 04 史料問題の対策を

出題されるのは基本的な史料が多いので，史料集を用いて理解を深めよう。史料問題では，史料集で赤字や太字で記載されるキーワードに注意を払いながら解くことを意識しよう。そして，ひととおりの理解が進めば，史料問題集などを活用して実戦力を養っておくとよい。

## 05 正文・誤文選択問題の対策を

正文・誤文を選択する文章選択問題にやや難しい設問がみられる。消去法などで単純に解答できないものもあるが，対策としては，まず同分野の業績，似た人名，間違えやすい事項を整理して覚えていこう。一問一答式の問題集を解くだけの学習では対応できないので，教科書を精読して全体の流れを把握しながら，用語集などを用いて歴史事項を正しく把握するよう努めたい。苦手分野や弱点分野においては，あやふやな知識にならないよう，歴史用語の単純暗記に陥ることなく，相互のつながりを確認しながら覚えていくとよい。

## 06 既出問題の研究を

経営学部の問題は内容・形式とも特徴があるので，既出問題の分析は効果的である。また，出題形式や難度を理解して慣れておくことが合格の重要条件の一つでもある。本シリーズを活用して他学部も含めた過去問に広くあたっておくことで，知識を活用する練習を積んでいこう。また，既出問題の傾向や特色を踏まえた上で，時代やテーマごとに自分の弱点を発見し，それを克服できるよう計画的に学習を進めておくとよい。

# 世界史

| 年　度 | 番号 | 内　容 | 形　式 |
| --- | --- | --- | --- |
| 2024 ● | 〔1〕 | 10 世紀までの遊牧騎馬民族史 | 選　択 |
| | 〔2〕 | 中世ヨーロッパ史 | 選　択 |
| | 〔3〕 | 18 世紀以降の東南アジア史 | 選　択 |
| | 〔4〕 | ロシア革命から 21 世紀までのロシア史 | 選　択 |
| 2023 ● | 〔1〕 | 古代から 20 世紀初めまでのアフリカ史 | 選　択 |
| | 〔2〕 | 古代から 20 世紀までの朝鮮通史 | 選　択 |
| | 〔3〕 | 19 世紀から第一次世界大戦までのヨーロッパ | 選　択 |
| | 〔4〕 | 20 世紀の中近東史 | 選　択 |
| 2022 ● | 〔1〕 | 古代オリエント史 | 選　択 |
| | 〔2〕 | 15～17 世紀のヨーロッパ史 | 選　択 |
| | 〔3〕 | ロシアを中心とした近現代史 | 選　択 |
| | 〔4〕 | 20 世紀の中国 | 選　択 |

(注)　●印は全問，◑印は一部マークシート方式採用であることを表す。

## 傾向　20 世紀からの出題頻出　正文（誤文）選択問題が中心

### 01　出題形式は？

例年大問 4 題で，2021 年度まではマークシート方式による選択式と記述式の併用であったが，2022 年度以降は記述式がなくなり全 40 問が 4 択の選択式となっている。そのうち 7 ～ 8 割が正文（誤文）選択問題である。試験時間は 60 分。

なお，2025 年度は出題科目が「歴史総合，世界史探究」となる予定である（本書編集時点）。

## 02 出題内容はどうか？

**地域別**では，大問4題中，欧米地域から2題，アジア地域・その他から2題の割合が続いているが，2023年度は欧米地域以外からの大問が3題であった。**アジア地域**では，中国，朝鮮，東南アジア，西アジア，中央アジア，インドなど広い範囲から出題されている。**欧米地域**についても同様で，西ヨーロッパを中心としながらも，ロシア，アメリカ，ラテンアメリカからも出題されている。2022・2024年度にはロシア中心の大問が，2023年度にはアフリカを中心とした大問が出題された。

**時代別**では，ほぼ全時代から出題されているが，特に近年は20世紀の近現代史からの出題が多いのが目を引く。2022年度には第二次世界大戦後が半分を占める20世紀の中国史からの出題があり，2023年度は大問2題が近現代史であったうえに，他の大問2題にも20世紀からの設問がみられた。2024年度も近現代史の大問が2題で，その中のロシア史の大問は，10問中7問が第二次世界大戦後からの出題である。

**分野別**では，政治・外交史を中心として，経済史や文化史・宗教史からもよく出題されている。2022年度の正文（誤文）選択問題を構成する選択肢のなかでは，文化史と経済史関連のものが全体の4分の1ほどを占めている。

## 03 難易度は？

正文（誤文）選択問題が多くを占めているが，そのなかには教科書に記載されていない内容を含む短文もみられる。また，教科書に記載されている内容であっても，かなり詳細かつ正確な知識がないと正誤の判断がつきにくいものもある。消去法で対応ができたり，正解の文についてはその正誤の判断がつきやすい場合も多いとはいえ，全体的に難度は高い。

# 対策

## 01 教科書中心の学習と用語集の利用

正文（誤文）選択問題が多くを占めているが，これに対応するには教科書の精読が大切である。特に，経済史関連の記述に注意していきたい。市販されている教科書を別途購入して，教科書を読み比べる学習も有効である。使用している教科書には掲載されていない事項から出題されることもある。こうした事項を確認・理解するためにも，『世界史用語集』（山川出版社）などの用語集は必ず利用したい。

## 02 サブノートの作成

教科書学習をしていく際に，自分なりのサブノートを作成し，知識を整理しておくことをすすめる。書くことによって知識は身につくものである。通史的なテーマ問題も多いので，教科書に断片的に出てくるテーマを地域別・各国史別にまとめておくことも有効である。

## 03 現代史に注意

学校の授業では時間的制約から現代史が手薄になる場合が多く，学習量が少ないため弱点となりがちである。特に，第二次世界大戦後の戦後史にそのことが言え，出題された場合はここで差がつきやすい。受験直前の学習にならないように留意しておきたい。

## 04 文化史と経済史の学習を

圧倒的に多い正文（誤文）選択問題を構成する選択肢のなかで，文化史と経済史に関連のある文は，〔傾向〕で指摘したように一定の割合を占めている。教科書での文化史・経済史関連の記述は比較的少ないので，用語集や教科書以外の参考書で補っていきたい。特に交易品については要注意である。

## 05 歴史地図の利用を

近年地図を使用した問題は出題されていないが，教科書に掲載されている地図はもちろんのこと，副教材として使う歴史地図帳なども用いて歴史事項の地理的把握をしておきたい。

## 06 過去問の研究を

学部によって出題形式や難度に多少違いはあるが，まずは経営学部の過去問に徹底して取り組み，次いで本シリーズを活用して，他学部の過去問にも正文（誤文）選択問題を中心に目を通しておくこと。

# 政治・経済

2025年度は「政治・経済」に代えて「公共，政治・経済」が課される予定である（本書編集時点）。

| 年　度 | 番号 | 内　容 | 形　式 |
|---|---|---|---|
| 2024 ◑ | 〔1〕 | 主権国家の成立と展開 | 選択・記述 |
| | 〔2〕 | ドイツ政治史 | 選択・記述 |
| | 〔3〕 | 企業の経済活動と経営活動 | 選択・記述 |
| 2023 ◑ | 〔1〕 | 労働運動の展開 | 選択・記述 |
| | 〔2〕 | 国際経済における「経済圏」 | 選択・記述 |
| | 〔3〕 | 企業の諸問題 | 選択・記述 |
| 2022 ● | 〔1〕 | 消費者問題と循環型社会 | 選　択 |
| | 〔2〕 | 労働問題と社会保障 | 選　択 |
| | 〔3〕 | 経済発展と景気循環 | 選択・配列 |
| | 〔4〕 | 国際金融と国際収支表　✓表 | 選択・計算 |

（注）●印は全問，◑印は一部マークシート方式採用であることを表す。

## 傾向　基礎的な知識の確実な習得を　時事問題にも注意

### 01　出題形式は？

2022年度は大問4題，解答個数45個の構成で，全問マークシート方式であった。しばらく出題のなかった計算問題が〔4〕で3問出題されたほか，〔3〕で配列問題も1問出題され，例年とは様相が異なった。2023年度以降は大問3題の構成に戻り，すべての設問が空所補充となるなど，2022年度とは異なる形式となった。2024年度は解答個数29個のうち，17個がマークシート方式による選択式，12個が記述式である。試験時間60分は変化がない。

## 02 出題内容はどうか？

例年，経済分野の比重が大きいが，2024年度は大問2題が政治分野からの出題となった。また，歴史的にとらえた上でそれに関わる人物も問われているので，政治・経済分野のバランスのよい学習をしておこう。2023年度は〔3〕で経済学の初歩から「企業」の時事問題，また，2024年度は昨今注目されているパーパス経営など，多岐にわたる出題がみられた。また，景気指標など教科書に詳述されていない内容について出題されることもあり，時事的出題も比較的多いと言える。

## 03 難易度は？

教科書と資料集，用語集を丁寧に学習していれば解答可能な問題が多い。ただし，最新（2015年以降）の統計の推移，法規の変化などに関心をもって知識を蓄えておく必要がある。日頃から教科書だけでなく資料集や新聞の経済記事などに触れ柔軟性のある学習をしていれば，高得点が期待できる良問が多い。

# 対策

## 01 教科書を利用して基礎的な知識を確実に

出題内容の大部分は，教科書の内容が理解できていれば十分に解答可能である。教科書を何回も熟読し，重要事項は用語だけでなく，その内容まで徹底的にマスターし，文章で説明できるようにしておきたい。また，経営学部を志すのなら知っておきたいことは何かという視点を持ち，戦後の日本経済，国際経済の動向に目を向けたい。「現代社会」や「公共」などを学んだのなら，その教科書も利用するとなお有効だろう。また，「歴史総合」「日本史探究」「世界史探究」など，他の科目についても目を通しておくと，理解の助けになるだろう。

## 02 資料集や用語集の活用を

教科書には掲載されていない資料問題や時事問題も出題されている。そこで，教科書ではカバーしきれない詳細な知識を身につけるために，学校などで使用している資料集を利用しよう。『政治・経済資料（2024年度用）』（東京法令出版）は，出題内容から考えてもおすすめである。特に市場機構や国民所得，財政・金融政策などの経済理論の分野において，資料集を活用することは思考力を養うのにも有効であり，経済全般に関する問題の対策になる。また，文脈から判断して記述することができるように，用語集を活用しよう。『用語集 公共＋政治・経済』（清水書院）などをすすめる。

## 03 問題集や過去問を解いてみよう

学習の整理のために問題集を活用しよう。自分はどこが理解できていて，どこが理解できていないのか，問題を解いて学習状況を自己評価することが大切である。解答・解説の詳しい問題集（たとえば『実力をつける政治・経済80題〔改訂第2版〕』Ｚ会）を利用すれば，解説を読んで弱点をすぐに補える。また，明治大学では学部間で類似する出題内容や出題形式もあるので，他学部の過去問にも視野を広げて，時間配分や出題形式に慣れておくことが大切である。

# 数学

| 年度 | 番号 | 項目 | 内容 |
|---|---|---|---|
| 2024 ◑ | 〔1〕 | 場合の数 | 場合の数，整数，定積分，対数関数 |
| | 〔2〕 | ベクトル | 接線，平面ベクトル，2次関数 |
| | 〔3〕 | 数列 | 漸化式と数列 |
| 2023 ◑ | 〔1〕 | 確率 | サイコロを2回投げたときの確率 |
| | 〔2〕 | ベクトル | 正五角形とベクトル |
| | 〔3〕 | 図形と方程式 | 2円の位置関係，共通弦 |
| 2022 ● | 〔1〕 | 整数の性質 | 整数の組合せ |
| | 〔2〕 | 図形と計量 | 余弦定理，正弦定理，面積 |
| | 〔3〕 | 微・積分法 | 2つの3次関数が接するときの面積 |

（注）●印は全問，◑印は一部マークシート方式採用であることを表す。

**出題範囲の変更**

2025年度入試より，数学は新教育課程での実施となります。詳細については，大学から発表される募集要項等で必ずご確認ください（以下は本書編集時点の情報）。

| 2024年度（旧教育課程） | 2025年度（新教育課程） |
|---|---|
| 数学Ⅰ・Ⅱ・A・B（数列，ベクトル） | 数学Ⅰ・Ⅱ・A・B（数列）・C（ベクトル） |

**旧教育課程履修者への経過措置**

2025年度入試において，旧教育課程履修者に配慮して出題する。

## 傾向　基本問題中心の出題，教科書学習を徹底的に

### 01　出題形式は？

例年大問3題の出題。2022年度はすべてがマークシート方式によるものであったが，2024年度は，2023年度と同様に，〔3〕は記述式を含む出題であった。試験時間は60分である。

### 02 出題内容はどうか？

基本を問う典型問題中心の出題である。頻出項目は，ベクトル，微・積分法，場合の数と確率などで，融合問題として出題されることが多い。

### 03 難易度は？

ここ数年，難易度に変化はなく，大部分は教科書の節末・章末問題レベルである。マークシート方式では，その解答の形がヒントになっていることもあるので注意したい。誘導にうまく乗り，手際よく計算することが求められる。

## 対策

### 01 教科書の活用で基本を身につけよう

基本的な問題が多いが，いくつかの基本事項が融合されていることもあるので，各項目別にしっかり理解しておくことが大切である。まずは教科書の学習を徹底的にやること。そして，定理や公式はサブノートにまとめておくこと。例題は必ず繰り返し解き，節末・章末問題を含めて，典型的な問題の証明は確実にできるようにしておこう。

### 02 数学全般の幅広い知識が必要

範囲全体からの出題である。特定の分野にヤマをかけることなく，苦手分野をなくすことが大切である。いろいろな分野を融合した問題が多いので，計算も含めてさまざまな観点から解く方法を考えてみよう。問題集や参考書を活用して，徹底的に練習しておくことが大切である。その際に，問題をただ解くのではなく，別解を考え理解することが大切である。それが実力アップにつながる。

## 03 頻出問題の研究は本書の活用で

ベクトル，微・積分法，場合の数と確率などはどれも重要であるから十分に学習しておかなければならない。難問の出題はみられないので，基本問題の練習を十分にしておきたい。『チャート式 解法と演習』（数研出版）のような標準レベルの参考書をひととおり練習してから，本書を活用し，掲載されている過去問をすべて解けば，その出題傾向がわかってくるだろう。

## 04 模試の活用を図ろう

自分では理解しているつもりでも，実際の試験ではもう一歩ということがある。そこで，普段の学習で，どれだけ実力がついているかをチェックする必要がある。自分が受けた模試でできなかった問題や難解だと感じた問題は，内容の理解を深めるためにも2，3度解くことをすすめる。

## 05 ケアレスミスに注意し，マークの解答時間短縮を

計算力をみる問題が多く含まれている。難問は出題されず，問題の程度は標準である。しかし，60分の試験時間で解答しきるためには，それ相応の判断力と計算力が要求される。易しい問題から手をつけ，複雑な問題を後回しにしたい。たとえば整数・数列では，表を使ったり，書き並べたりしながら規則性を見つけるなど工夫することが大切である。普段から計算をおろそかにしないで，図や表を利用して注意深く慎重に取り組むと同時に，ベクトル，微・積分法なども含めて，速く正確に計算する方法を考え工夫することが大切である。マークの練習も必要で，マークミスは絶対にしてはならない。そのためにも，時間を計りながらマークシート方式の練習に取り組む機会を積極的につくってほしい。ともかく，確実な計算力をつけ，解答のスピードアップに努めることが肝要である。

# 国　語

| 年度 | 番号 | 種　類 | 類別 | 内　容 | 出　典 |
|---|---|---|---|---|---|
| 2024<br>◑ | 〔1〕 | 現代文 | 評論 | 選択：箇所指摘，内容説明，空所補充，文学史<br>記述：箇所指摘，空所補充，内容説明（40字） | 「絵本のなかの動物はなぜ一列に歩いているのか」<br>矢野智司・佐々木美砂 |
| | 〔2〕 | 古　文 | 物語 | 選択：文法，語意，口語訳，人物指摘，文学史<br>記述：空所補充，書き取り | 「落窪物語」 |
| 2023<br>◑ | 〔1〕 | 現代文 | 評論 | 選択：内容説明，空所補充<br>記述：空所補充，箇所指摘，内容説明（25字） | 「ノスタルジアとユートピア」<br>若林幹夫 |
| | 〔2〕 | 古　文 | 随筆 | 選択：空所補充，口語訳，語意，和歌解釈，文学史<br>記述：読み，文法，書き取り | 「徒然草」<br>兼好法師 |
| 2022<br>◑ | 〔1〕 | 現代文 | 評論 | 選択：内容説明，空所補充，書き取り<br>記述：欠文挿入箇所，内容説明（25字） | 「『オピニオン』の政治思想史」<br>堤林剣・堤林恵 |
| | 〔2〕 | 古　文 | 物語 | 選択：語意，口語訳，人物指摘，内容説明，文学史<br>記述：書き取り，口語訳，文法 | 「源氏物語」<br>紫式部 |

（注）●印は全問，◑印は一部マークシート方式採用であることを表す。

## 傾向　現代文では真の読解力が問われている　古文は難度高め，和歌にも注意

### 01　出題形式は？

現代文1題，古文1題の出題である。解答形式は，マークシート方式による選択式と記述式の併用である。記述式では，内容説明だけでなく，空所補充や箇所指摘（抜き出し）の形式での出題も多い。試験時間は60分。解答用紙は1枚で，マークシートと記述が表裏に分けてある。

## 02 出題内容はどうか？

**現代文**は，読み応えのある長めの評論が出題されている。社会問題や時事問題が広く扱われている。設問形式は，空所補充や内容説明のオーソドックスな問題が中心だが，文章の論旨を明確に理解し，文章の全体構成を把握しているかを問う設問内容である。

**古文**は，教科書に載るような有名な出典から出題されている。設問は，基本的な語意，口語訳，内容説明や人物指摘など，標準的な内容であるが，2024 年度は内容説明の出題はなく，口語訳が中心の出題であった。文法・古語・文学史といった基本分野に加え，和歌の解釈・修辞，古文常識，漢字に関する知識も問われることもある。

なお，2024 年度は現代文・古文ともに，本文読解とは関係しない，一般常識・教養に近い内容の設問も一部あった。

## 03 難易度は？

現代文は標準～やや難の文章で量が多いので，素早く精確に読み解くには十分な訓練が必要である。設問も，頻出の空所補充をはじめ，簡単に正解が出せるものは少ない。2023・2024 年度は漢字の出題はなかったが，過去には出題されているので準備は必要である。

古文は 2024 年度は内容説明が出題されていないが，例年文章の難度が高く，内容についても問われる傾向にあるので，古語の意味を覚えているだけでは対応できないことが多い。

全体としては標準的な問題であるが，大問 2 題でも，60 分という試験時間は決して長くはない。特に現代文に時間をかけすぎないよう，配分をよく考えて取り組まなければならない。古文から始めて 20 分程度で切り上げ，残りの時間で現代文に取り組むとよい。ただ，設問形式が変わることもあるので，まず全体を見渡して，臨機応変に考えたい。

# 対策

## 01 現代文

どのような文章が出題されても，豊かな読解力を養っておけば十分対応できる。特に，長めで硬質な文章の読解力をつけるために，『高校生のための現代思想エッセンス ちくま評論選』（筑摩書房）などで多くの評論を読んでおくこと。さらには，新聞の社説や，時事・社会問題や哲学を扱った新書などになるべく触れるように心がけたい。そうすれば，文章のテーマについての前提知識を身につけることもできる。より実戦的な訓練では，『体系現代文』（教学社）のような解説の詳しい問題集を利用して，「必ず根拠を確認して正答を導く」練習をすることが大切である。選択式の問題でも，選択肢の中からなんとなく正しそうなものを選ぶというのではなく，文章から導かれる設問の答えを自分で考えてから，それに合致するかどうかで選択肢の取捨選択をすべきである。そうすれば，確実に正誤判断できるだけでなく，記述式の問題に苦手意識をもつこともなくなるだろう。

## 02 古文

まず，文法と重要古語は漏れのないように反復学習し，確実に身につけておこう。また，さまざまな時代・ジャンルの文体に慣れるためにも，たくさんの文章に接し，内容を把握する練習をすることが肝要である。著名な作品は，時代や文化的背景もおさえておきたい。古文の世界における前提知識を身につけるために，『大学入試 知らなきゃ解けない古文常識・和歌』（教学社）で古文常識や和歌のきまりごとを学んでおくとよい。和歌については，『伊勢物語』などの歌物語や，「小倉百人一首」などにある和歌を，掛詞・序詞などの修辞に着目して熟読するのもよいだろう。

## 03 文学史

文学史は確実な得点源にすることができるので，上代～近代の文学史をまとめた問題集を1冊こなしておこう。作品のジャンル・成立時期・作者のほか，和歌集の編者や，俳諧の流派なども問われる可能性がある。

## 04 過去問演習

大問2題で試験時間60分とはいえ，設問数が多いので，時間配分の対策をしておく必要がある。過去問を利用して，じっくり読み込んで時間をかけて吟味する解き方と，試験時間以内に素早く解き進める解き方の両方を練習しておきたい。また，『明治大の国語』（教学社）を利用して，他学部の問題にも取り組んでおくとよい。

### 明治大「国語」におすすめの参考書

Check!

- ✓『高校生のための現代思想エッセンス ちくま評論選』（筑摩書房）
- ✓『体系現代文』（教学社）
- ✓『大学入試 知らなきゃ解けない古文常識・和歌』（教学社）
- ✓『明治大の国語』（教学社）

# 2024年度

# 問題と解答

## 学部別入試

# 問題編

### ▶試験科目・配点

| | 教科 | 科目 | 配点 |
|---|---|---|---|
| 学部別3科目方式 | 外国語 | 「コミュニケーション英語Ⅰ・Ⅱ・Ⅲ，英語表現Ⅰ・Ⅱ」，ドイツ語（省略），フランス語（省略）から1科目選択 | 150点 |
| | 選択 | 日本史B，世界史B，政治・経済，「数学Ⅰ・Ⅱ・A・B」から1科目選択 | 100点 |
| | 国語 | 国語総合（漢文を除く） | 100点 |
| 英語4技能試験活用方式 | 外国語 | 「英語4技能資格・検定試験」のスコアを利用 | — |
| | 選択 | 日本史B，世界史B，政治・経済，「数学Ⅰ・Ⅱ・A・B」から1科目選択 | 100点 |
| | 国語 | 国語総合（漢文を除く） | 100点 |

### ▶備考

- 「数学B」は「数列，ベクトル」から出題する。
- 英語4技能試験活用方式では，指定された英語4技能資格・検定試験において，そのスコアが所定の基準（詳細は省略）を満たす者については，出願時に所定の証明書類を提出することによって入試当日の「外国語」の試験を免除する。さらに所定の基準（詳細は省略）を満たす者については，スコアに応じた得点（20点または30点）を「国語」，「地理歴史，公民，数学」の2科目の合計得点に加算し，総合点で合否を判定する。

# 英 語

（70 分）

Ⅰ 次の英文を読んで設問に答えよ。

## Business Schools Must Integrate Ethics into Their Curricula

The corporate scandals of the early 2000s resulted from an emphasis on increasing profits and share values, without consideration for social, environmental, and cultural costs of business decisions. One scandal in the early 2000s involved the American energy company, Enron. Enron used tricks to hide its debts and make it seem like it was doing well. This made investors think the company was worth more than it was. The scandal was discovered when people realized Enron was dishonest about its finances. Enron went bankrupt, and many people lost their jobs and money. Business schools should examine and challenge the ______(A) philosophy that supports their approach to training future leaders and create programs focusing on integrity at the individual, company, and societal levels. Business must be accountable not only for profits and share value, but also for the broader social consequences of business decisions.

Many of the abuses ______(B) in the past few years have resulted from CEOs reacting to the pressures and performance expectations of Wall Street. Proponents of corporate social responsibility have argued that today's typical management education produces leaders with limited ability to think broadly about the impacts of their decisions on investors, societies, and the natural environment. Because most management theory focuses predominantly on maximizing wealth, it considers only the shareholders and ______(C) to educate managers about the consequences of their decisions. Indeed, competitive pressures on business schools have combined to encourage business educators and corporate leaders to pay even more attention to profit maximization today than in the past.

To avoid a repeat of corporate scandals in the future, business schools must teach future managers about the integral relationships that exist between corporations and societies. Management educators must focus on integrity at the individual, company, and societal levels — and they need to work toward transformation in the curriculum that covers business in society, not just business in the economy.

While some believe that integrity and individual ethics are largely formed through family and early childhood experiences, management education still conveys a perspective on what can be considered ethical in business. Yet until recently, only ethics professors and business in society professors dealt much with issues of integrity and responsibility. From other management disciplines, there has been notable silence on these topics.
(D)

Many corporate leaders appear to lack basic integrity, which refers to consistently following a code of conduct. In business, this code, both written and unwritten, enables the system to function smoothly by developing trust among individuals and organizations during transactions. Investors trust that executives will fulfill their fiduciary duties*, customers trust that products and services will offer reasonable value, and employees trust in the stability of their jobs. Trust is vital for markets to operate effectively.

The majority of top executives are honorable individuals who possess integrity and uphold personal standards. However, they have been led astray due to a lack of self-reflection and the absence of alternatives to (E)________-focused management within their organizations. Furthermore, their business school education did not expose them to different courses of action. If we want to have managers capable of acting with integrity, we must teach them to be mindful — aware of their belief systems, conscious of (F)________, and capable of thinking broadly about the impact of their actions and decisions. Their choices impact people, organizations, communities, and the environment. Ethics is a crucial part of management and leadership. Unfortunately, business schools often (G)________ the relationship between ethics and management.

In today's management education, courses that teach students to consider consequences and different perspectives are not given much importance. Subjects like ethics, corporate responsibility, public policy, and other related topics are often neglected. Furthermore, some students (H)________ the significance of integrated coursework and classes on corporate social responsibility. Surprisingly, once enrolled in business schools, management students tend to lose their initial idealism. A recent study revealed that MBA students' attitudes shift from focusing on customers and product quality towards prioritizing shareholder (I)________.

Even more alarming is the fact that MBA graduates don't believe they can influence a company's culture and values. When they encounter ethical conflicts at work, they are more likely to quit rather than attempt to bring about change within an organization. If business schools don't give greater consideration to essential questions about the significance and impact of economic gain, we risk producing leaders who lack the ability to think critically about their objectives and who easily give up without attempting to address the issues within the business.

Perhaps it's worth thinking about whether there might be a problem with our current focus on specific areas of study and (J)________ capitalism. Instead, we should teach the types of skills that societies really need in business leaders by putting corporate responsibility at the core of management education.

*fiduciary duties：受託者責任

Adopted from *Corporate Corruption,* Chapter 9, Business Schools Must Integrate Ethics into Their Curricula, 2007.

1 次の各問の答えを①～④の中から選び、その番号をマークせよ。

(A)の空欄に入れるべき最も適切なものは次のどれか。

① trespassing
② undermining
③ overwhelming

④ underlying

(B)の空欄に入れるべき最も適切なものは次のどれか。

① uncovered

② unfounded

③ unexplained

④ undiscovered

(C)の空欄に入れるべき最も適切なものは次のどれか。

① strives

② attempts

③ fails

④ retreats

(D)の these が指すものは次のどれか。

① management disciplines

② integrity and responsibility

③ society professors

④ ethics professors

(E)の空欄に入れるべき最も適切なものは次のどれか。

① profit

② integrity

③ standard

④ conduct

(F)の空欄に入れるべき最も適切なものは次のどれか。

① construction

② companion

③ consideration

④ consequences

(G)の空欄に入れるべき最も適切なものは次のどれか。

① overlook

② respect

③ focus on

④ value

(H)の空欄に入れるべき最も適切なものは次のどれか。

① expand

② overgeneralize

③ underestimate

④ recognize

(I)の空欄に入れるべき最も適切なものは次のどれか。

① background

② ethics

③ information

④ value

(J)の空欄に入れるべき最も適切なものは次のどれか。

① respectable

② strict

③ informative

④ excessive

2 本文の内容に照らし、次の各問の答えを①～④の中から選び、その番号をマークせよ。

(K) What was one of the main causes of corporate scandals in the early 2000s?

① Business schools creating challenges for corporate leaders

② Excessive focus on social and environmental costs

③ The desire to increase profits while ignoring broader consequences

④ Investors overestimating a company's value

(L) Why does the text argue for a transformation in management education?

① To emphasize the importance of maximizing wealth

② To address the lack of focus on shareholders' interests

③ To promote integrity and societal accountability in business

④ To reduce the competitive pressures on business schools

(M) Which would NOT be a mindful practice for a manager?

① To have an awareness of what they believe in

② To overlook the connection between management and ethics

③ To think deeply about the wider impact of their actions

④ To consider the choices they make that affect people and society

(N) Which point is NOT mentioned in the article?

① Students' way of thinking is changing from emphasizing quality to emphasizing stakeholders.

② Professors who teach management courses now focus on integrity at three different levels, the individual, company, and societal.

③ Competition has led schools to focus more on making money than what was previously done.

④ Business school graduates feel they lack the ability to change a company's way of operating.

(O) What is the main point of this article?

① To describe how companies such as Enron engage in unethical practices

② To show students their responsibility to manage stakeholder relationships

③ To persuade the reader of the need for education that highlights corporate responsibility

④ To clearly show that integrity and individual ethics are largely lacking in today's corporations

（以下の問題Ⅱ、Ⅲ、Ⅳについては、解答用紙の裏面にマークすること。ただし、Ⅱの１の(ア)については、表面に記入すること。）

Ⅱ　次の英文を読んで設問に答えよ。

**How to Cope with Anxiety**

Some anxiety is not just normal, it's helpful. Anxiety prepares you for action by mobilizing your body to flee or fight. What's more, it sometimes informs you. You might observe your body's reaction — before you're fully aware of the threat. Anxiety tells you there's a problem so you can scan the environment to learn more about it. When you think of anxiety and learning, you probably think first of test anxiety, of someone who knows the content well but fails to show it on a test because of nervousness. It is typical to feel some anxiety while taking an exam. What's less common is for the anxiety to feel overwhelming and to affect you not just at test time but when you're performing other learning tasks, like reading or taking notes.

Anxiety goes from "helpful" to "damaging" when you habitually spend time and mental energy checking the environment for threats that aren't there. Damaging anxiety consumes attention and makes it hard to hold a conversation or even think. And anxiety can affect behavior as well as thinking. A spider-phobic person might refuse to enter his own living room because he has seen spiders there before. Where does this abnormal anxiety come from? There's little doubt that a moderate proportion — perhaps a third — can be assigned to our genes. That doesn't mean your DNA (A)________ whether you will be anxious. It just means that you have a predisposition, or it is easier to become anxious than others who do not have the predisposition.

There are two theories. One suggests that anxiety is a product of the same type of learning observed with Pavlov's dog. You ring a bell, then feed the dog. Repeat that enough times, and the dog (B)________ to be fed when it hears the bell and therefore produces saliva* at the mouth. The same process can make you anxious about learning. I'll use math as an example. Suppose that during a class, you are asked to solve a math problem at the blackboard. You can't solve it, and you feel humiliated. Repeat that a few times, and you expect to feel humiliated every time you are asked to go to the board to solve a math problem, just as a dog anticipates to be fed when it hears the bell. The anticipation of humiliation makes you anxious. But it doesn't end there. You know that math class is where you might be asked to go to the board to solve a problem, so you feel nervous the moment you walk into math class. And working math problems at home reminds you of working them at the board, so you feel uneasy when you do that. Anything associated with math can become a source of anxiety. This theory of anxiety emphasizes the way that something that started as neutral (math) becomes associated with something negative (frustration and shame).

Another theory helps us understand how anxiety can (C)________ control. The feeling of anxiety is so unpleasant that you always monitor the environment for the thing you find threatening. This monitoring process is unconscious, but what's not unconscious is the feeling of nervousness, of anticipating that you might encounter the thing you dread. So you think, "Things must be really bad, because I'm very nervous and I can't find the thing that's making me nervous." Such thoughts make you even more concerned about threats, so you look even harder for them, you don't find them even though you think they must be there, and the negative cycle continues.

Now, you may have noticed that there's actually something rational about what we're saying is irrational anxiety. In my example, math anxiety began with difficulty working problems at the blackboard. Shouldn't we say, "Being bad at math makes you anxious about doing math?" Research indicates that it is a factor, but it can't be the (D)________ explanation. Some of the people who have math anxiety are actually pretty good at math. And others are terrible at math but don't feel anxious about it. It appears that a person's interpretation of events is crucial. You're much more likely to feel anxious about math if you think a failed test tells you something important and unchangeable about yourself. If math is unimportant, a bad test score doesn't make you anxious. You're also okay if you do care about math (so you're naturally upset about your low-test score), but you think you can improve if you work harder. You get anxious only if you care and feel helpless.

When we turn our attention to reducing anxiety, two things become clear. (ア)「まず、実際に起こることよりも出来事についての解釈の方がもっと重要であるとしたら、我々がすべき主なことは、何が起こるかについてのより良い考え方を示すことであろう。」 Second, we shouldn't expect anxiety to go away quickly. Even with a better way to think about events, people need to unlearn their old associations and ways of thinking. It's like any other difficult task; you wouldn't expect to run a marathon on your first day at the track. You need to work (E) ＿＿＿＿ it and expect modest progress. In fact, eliminating anxiety takes long enough that most psychologists would say that it shouldn't be your goal. Even if you get anxious when you take a test, the important thing is to be able to take the test. Your goal should be the management of your anxiety. Don't feel "I can't do that task until I no longer feel anxious about it." Your target is to be able to do it despite your anxiety.

Adapted from *Outsmart Your Brain: Why learning is hard and how you can make it easy,* 2023.

*saliva — だ液

1　次の各問の答えを①～④の中から選び、その番号をマークせよ。なお、(ア)については、その指示に従って答えること。

(A)の空欄に入れるべき最も適切なものは次のどれか。

① determines
② creates
③ asks
④ wonders

(B)の空欄に入れるべき最も適切なものは次のどれか。

① needs

② expects

③ regrets

④ suggests

(C)の空欄に入れるべき最も適切なものは次のどれか。

① get away from

② get rid of

③ get out of

④ get under

(D)の空欄に入れるべき最も適切なものは次のどれか。

① partial

② superficial

③ marginal

④ whole

(ア)　下線部「まず、実際に起こることよりも出来事についての解釈の方がもっと重要であるとしたら、我々がすべき主なことは、何が起こるかについてのより良い考え方を示すことであろう。」を英訳すると、たとえば次のような英文になる。

First, ___(1)___ that your interpretation of events ___(2)___ more ___(3)___ what actually happens, it would seem that the main thing we need to do is ___(4)___ you a ___(5)___ way to think about what happens.

上記の英文には空所が5つある。適切な語で空所を補うこと。ただし、次の［　　　］内の単語は、必ずそのままの形で1度使うこと。なお、解答は解答用紙の(1)～(5)の場所に1語ずつ記入すること。

［matters, given, give］

(E)の空欄に入れるべき最も適切なものは次のどれか。

① at

② in

③ to

④ from

2　本文の内容に照らし、次の各問の答えを①～④の中から選び、その番号をマークせよ。

(F) What does the writer mean by “abnormal anxiety”?　A type of anxiety that __________.

① is closely related to phobias

② interferes with people’s behavior in their daily lives

③ allows you to habitually check your environment for danger

④ is predetermined by a person’s DNA

(G) What is the purpose of including the example of solving a math problem on the board?

① To illustrate that humiliation reminds people of being anxious

② To illustrate how thinking about future humiliation can create anxiety

③ To illustrate how anxiety can become associated with feelings of uneasiness at home

④ To illustrate specifically how only humiliation associated with math creates anxiety

(H) Which of the following is NOT mentioned as a factor contributing to anxiety?

① Negative feedback from teachers

② Previous experiences and associations

③ Interpretation of events

④ Lack of knowledge or skill in a specific area

(I) Which theory explains anxiety as a result of associating neutral experiences with negative emotions?

① The genetic predisposition theory

② The theory of Pavlov's experiment

③ The theory of unconscious monitoring

④ The theory of interpreting events

(J) What is the recommended goal when it comes to managing anxiety?

① Avoiding anxiety-inducing situations

② Eliminating anxiety entirely

③ Learning to replace anxious thoughts

④ Being able to perform tasks despite feeling anxious

Ⅲ 以下の空欄に入れるべき最も適切なものは次のどれか。

(A) Ken studied every day for the last three months; ________, he failed the test.

① in contrast

② therefore

③ nonetheless

④ on the other hand

(B) ________ the weather was not good, the field trip was cancelled.

① Although

② Because

③ If

④ Once

(C) The tax cut will benefit the rich at the ________ of the poor.

① exposure

② expense

③ expansion

④ expenditure

(D) A government with money problems has ________ problems.

① expensive

② economy

③ economical

④ economic

(E) Cui wants to learn Korean, so she asked Seo-yoon about the best way to go ________ it.

① around

② along

③ about

④ after

(F) Danny missed several days of school, so he has to ________ his school work.

① put up with

② make use of

③ find out

④ catch up on

(G) Before she transferred to the Tokyo branch last week, she ________ in Osaka for ten years.

① is working

② has worked

③ had worked

④ has been working

(H) The manager decided to ______ the meeting until next week because too many staff members were out of the office today.

① write off

② lay off

③ take off

④ put off

(I) Due to the recent recession, sales have been ______ than usual, but it looks like business will pick up in the next quarter.

① slower

② brisker

③ darker

④ finer

(J) After school, she wanted to ______ some advice concerning her assignment, but she was too nervous to talk to the teacher.

① ask to

② ask about

③ ask for

④ ask

(K) He always ______ his boss and respected her honest opinions.

① looked up to

② looked in to

③ looked down on

④ looked forward to

(L) Chris was twenty minutes late for the meeting. The boss sighed and said, “Oh well, at least you are here, ______.”

① better late than never

② better come lately

③ better you than me

④ better come back later

(M) I am so exhausted. I have studied for this exam ________ three months straight.

① within

② to

③ since

④ for

(N) Yoshi tried to ________ an excuse for handing in his work late, but the teacher did not believe him.

① make

② get

③ do

④ sell

(O) Oh, hi Jane, welcome back. A customer dropped by to see you ________ you were out.

① since

② during

③ while

④ time

Ⅳ　次の(A)〜(E)の空欄に入れるものとして、①〜⑧の中から適切な文を選んで、その番号をマークせよ。ただし、同じ文を２度以上使ってはならない。

*Mr. Jones is from Toronto, Canada, and he is on a business trip to Tokyo. He meets Ms. Ito, a manager of the Tokyo branch office, in the elevator.*

Ms. Ito: Good morning! Are you enjoying your time in Tokyo?

Mr. Jones: Yes, I am. This city is incredible. So much to see and do!

Ms. Ito: (A)＿＿＿＿ What are your plans for today?

Mr. Jones: I have a meeting with a potential client later today. I'm a bit nervous though.

Ms. Ito: Oh, don't worry. Just remember Japanese business etiquette: bowing, exchanging business cards, and avoiding direct confrontation. (B)＿＿＿＿

Mr. Jones: Harmony, got it. But what if I accidentally insult someone? Like, what if I say something wrong?

Ms. Ito: (C)＿＿＿＿ Even a small mistake can lead to big misunderstandings. Let me give you an example. If you want to say, "I understand," you would say "*wakarimasu*." But if you mispronounce it slightly, it becomes "*wakarimasen*," which means "I don't understand."

Mr. Jones: Oh no! I can already see myself saying the wrong thing at the worst possible time.

Ms. Ito: Don't worry too much. Japanese people are forgiving, especially if you're making an effort. Just smile and bow if things get awkward. And remember, a little humor can help diffuse tense situations.

Mr. Jones: (D)＿＿＿＿ I'll try to keep a sense of humor throughout my business dealings. Thank you!

Ms. Ito: You're welcome. And if all else fails, just say "*sumimasen*" (excuse me) and bow. It's the ultimate Japanese problem-solving technique.

Mr. Jones: Got it! I'll make sure to have that phrase ready, just in case.

Thanks again!

Ms. Ito: (E)＿＿＿＿＿ Good luck with your meeting, and enjoy your time in Tokyo! Don't forget to try some sushi before you leave.

Mr. Jones: Definitely! Sushi is a must. Take care!

* * * * * * * * * * * * * * * * * * * * * * * * * * * * * * * * * * *

① I'm glad to hear that.

② You never know.

③ It's all about harmony here.

④ Ignore the trouble with the Japanese language.

⑤ You want to make mistakes here.

⑥ Just be careful what you say.

⑦ No problem.

⑧ That's good advice.

# 日本史

（60分）

〔Ⅰ〕　以下の文章を読んで、設問に答えなさい。

日本の経済の歴史に足跡を残した「早川徳次」という名前の２人の人物がいる。ひとりは、日本で初めての地下鉄(ア)の開通に貢献した早川徳次《のりつぐ》であり、もうひとりはシャープを創業した早川徳次《とくじ》である。

このうち後者の早川徳次は、1893年(イ)に東京市に生まれた。1901年、小学校を中退し、かざり職の職人のもとに奉公に出た。洋傘の付属品を製造する職人のもとで修行し、1912年、ベルトにつける新しいバックルを考案し実用新案を取得した。ベルトに穴をあけて締めるのではなく、バックルに細いコロを付けることで長さを自由に調節できるもので、「徳尾錠」と名付けられた。これを荒物商に預けると大量の注文があり、早川徳次は独立して事業を営むこととした。

1915年、早川徳次は、受注していた操出鉛筆の金具を改良し、新たに「早川式繰出《くりだし》鉛筆」を完成させた。発売当初はあまり売れなかったが、第一次世界大戦(ウ)の影響でドイツからの金属製の繰出鉛筆の輸入が減ったため、横浜(エ)の貿易商から大量の注文があり「プロペリング・ペンシル」や「スクリュー・ペンシル」と名付けて出荷した。1916年には、改良が施された「エバァ・レディ・シャープペンシル」と改名し、これが後に「シャープペンシル」となった。早川徳次は、工場を新築し各種の機械も導入した。

1923年の関東大震災(オ)で、早川徳次は工場や家屋と妻子も失った。債務返済のため事業を売却する相手への技術指導のため大阪に移った早川は、1924年(カ)に早川金属工業所を設立し、技術指導のため大阪に来ていた旧従業員とともに新しいスタートを切った。早川徳次は鉱石ラジオの研究を始め、東京・大阪・名古屋でラジオ放送が開始された1925年に、ようやく鉱石ラジオセットの組立に成功した。その後、ラジオは鉱石式から真空管式へ、さらに真空管でも新しい方式へ（電池式から交流式へ）と進化してゆく。ラジオ放送の普及とともに、ラジオの製造・販売の事業は急拡大した。ラジオの組み立てにはコンベヤ・システムが導入され、輸出も行われた。1935年(キ)に早川の事業組織は早川金属工業研究所となり、1942年(ク)には早川電機工業株式会社と改称された。

第二次世界大戦中(ケ)、早川電機は、他社に後れながらも無線機を量産化した。戦後は戦時補償の打ち切りやドッジ=ライン(コ)による不況のため困難な時期を迎えたが、朝鮮戦争(サ)やラジオの民間放送開始で再建の道を歩み始めた。早川電機工業では、テレビ放送の開始(シ)に合わせて、他社に先駆けて白黒テレビを発売し、その後、量産化した。1960年代になると、カラーテレビ(ス)を量産化するとともに、電子レンジ、電卓なども開発していった。1970年には、社名をシャープ株式会社として、総合エレクトロニクス・メーカーへと脱皮していった。その10年後、早川徳次は86年余りの生涯を終えた。その通夜には、長年のライバルでもあった松下幸之助(セ)が駆けつけ、万斛《ばんこく》の涙を流したという。

問1 (ア)が開通した1927年にあった出来事として、正しいものをA～Dの中から1つ選び、その記号をマークしなさい。

A ウォール街の株式暴落に端を発する世界恐慌が発生した。

B 大蔵大臣の議会での失言に端を発する金融恐慌が発生した。

C 財閥批判が高まるなかで三井合名会社の団琢磨が暗殺された。

D 日本が国際連盟から脱退した。

問2 (イ)の年にあった出来事として、正しいものをA～Dの中から1つ選び、その記号をマークしなさい。

A 鹿鳴館が建設された。

B 明治法律学校が創設された。

C 台湾総督府が設置された。

D 富岡製糸場が民間に払い下げられた。

問3 (ウ)の第一次世界大戦に関する記述として、正しくないものをA～Dの中から1つ選び、その記号をマークしなさい。

A 日本は日英同盟、日露協約の関係で、三国協商(連合国)側に加わった。

B アメリカは日本の軍事行動を警戒し、三国同盟側に協力して参戦した。

C　第一次世界大戦にともなう好景気で、日本では鉄鋼業や造船業が活況となった。

D　日本のシベリア出兵を商機とみた商人による米の買い占めで米価の高騰が起きた。

問 4　(ウ)の終戦処理のために結ばれたヴェルサイユ条約に関する記述として、正しくないものをA～Dの中から1つ選び、その記号をマークしなさい。

A　ドイツに巨額の賠償金を課した。

B　日本は、山東省の旧ドイツ権益を継承することが認められた。

C　中国は日本への山東省の権益継承に賛同した。

D　この条約の翌年に設立した国際連盟に、アメリカは参加しなかった。

問 5　(エ)に関して、1880年に設立され、貿易の金融にあたった銀行の名称として、正しいものをA～Dの中から1つ選び、その記号をマークしなさい。

A　横浜為替銀行　　B　三菱横浜銀行

C　横浜興行銀行　　D　横浜正金銀行

問 6　(オ)の関東大震災に関する記述として、正しくないものをA～Dの中から1つ選び、その記号をマークしなさい。

A　9月1日に発生した地震は、マグニチュード7.9とされた。

B　東京の両国の陸軍被服廠跡の空き地に避難した多くの罹災者が猛火で焼死した。

C　震災後、朝鮮人や中国人への殺傷事件が誘発された。

D　震災後の9月16日、大杉栄と小林多喜二が甘粕正彦大尉によって殺害された。

問 7　(カ)の年にあった出来事として、正しくないものをA～Dの中から1つ選び、その記号をマークしなさい。

A　清浦奎吾内閣が成立した。

B　築地小劇場が創られた。

C　婦人参政権獲得期成同盟会が結成された。

D　治安維持法が公布された。

問 8 (キ)の年にあった出来事として、正しいものをA～Dの中から1つ選び、その記号をマークしなさい。

A　美濃部達吉の憲法学説が、反国体的であると貴族院で非難された。

B　矢内原忠雄が、反戦思想の持ち主として、大学教授の職を追われた。

C　自由主義学説を唱えていた滝川幸辰が、鳩山文部大臣の圧力で休職処分を受けた。

D　鍋山貞親・佐野学らが獄中で「転向」を声明した。

問 9 (ク)の年にあった出来事として、正しいものをA～Dの中から1つ選び、その記号をマークしなさい。

A　大政翼賛会の成立　　B　帝国国策遂行要領の決定

C　ミッドウェー海戦　　D　大東亜会議の東京開催

問10 (ケ)の時期にあった事実として、正しいものをA～Dの中から1つ選び、その記号をマークしなさい。

A　預金封鎖が行われたことで従来の旧円の流通が禁止され、新円の引き出しが制限された。

B　大学・高等学校および専門学校に在学中の徴兵適齢文科系学生を軍に徴集した。

C　重要産業統制法が制定された。

D　ロンドン海軍軍縮条約が結ばれた。

問11 (コ)に関する記述として、正しくないものをA～Dの中から1つ選び、その記号をマークしなさい。

A　ドッジ＝ラインを作成させた人物は、銀行業経営の経験があった。

B　1ドル＝360円の単一為替レートが設定された。

C　赤字を許さない超均衡予算を編成させた。

D　このドッジ＝ラインによって、インフレが進んだ。

問12 (サ)に関する記述として、正しくないものをA～Dの中から1つ選び、その記号をマークしなさい。

A 北朝鮮軍が、一時期、ソウルを占拠した。

B アメリカ軍が国連軍として介入した。

C 中国人民義勇軍が北朝鮮側を援助した。

D 平壌で休戦協定が結ばれた。

問13 (シ)の年として、正しいものをA～Dの中から1つ選び、その記号をマークしなさい。

A 1951年 B 1953年 C 1955年 D 1957年

問14 (ス)に関する記述として、正しいものをA～Dの中から1つ選び、その記号をマークしなさい。

A カラーテレビの普及率は、1960年代前半のうちに白黒テレビの普及率を抜いた。

B 自動車やクーラーとともに、「新三種の神器」あるいは「3C」と呼ばれた。

C ルームエアコンの普及率は1990年代にカラーテレビの普及率を抜いた。

D カラーテレビの放送は1978年から始まった。

問15 (セ)は和歌山県に生まれ大阪府に事業の拠点を置いた。松下幸之助、和歌山県、大阪府のいずれかに関連する下記の歴史的記述の中で、正しくないものをA～Dの中から1つ選び、その記号をマークしなさい。

A 紀伊藩主であった徳川吉宗は、8代将軍になると従来の側用人による側近政治をやめさせた。

B 大井憲太郎らが、朝鮮に渡って保守的政府を武力で打倒する計画をたてて、事前に大阪で検挙される事件が起きた。

C 渋沢栄一らが設立した大阪紡績会社は、操業を始めた当初から2万5000錘の規模であった。

D 松下幸之助が創業した松下電器産業(後のパナソニック)は、系列販売店制度を導入した。

〔Ⅱ〕 以下の3つの文章を読んで、問いに答えなさい。

【1】

大正時代、吉野作造(ア)が民本主義を唱え、普通選挙運動が高揚し、社会主義運動も起きて、「大正デモクラシー」と呼ばれるように、自由主義・民主主義の気運が高まった。

こうした気運は教育界にも広がった。明治時代にみられた画一主義や詰め込み主義、権力的取締りによる訓練ではなく、子どもの自発性や個性を尊重しようとする自由主義的な教育を目指す「大正自由教育」(または「大正新教育」ともいう)の運動が起きたのである。

大正自由教育は、19世紀末から20世紀初頭にかけての国際的な新教育の潮流に触発されたものであった。スウェーデンのエレン・ケイが1900年に『児童の世紀』を著し、「20世紀は児童の世紀である」「教育の最大の秘訣は教育しないことである」といった、メッセージ性の高い教育主張を展開した。また、マリア・モンテッソーリ、ルドルフ・シュタイナー、ジョン・デューイらの進歩主義的教育者たちの登場も相次いだ。これが一つの契機となって、児童中心主義を理念とする学校の取り組みが欧米各国で試みられ、さらに第一次世界大戦後の1921年に、国際新教育連盟が結成された。

大正自由教育の源流は、明治時代の樋口勘次郎や谷本富らの教育実践に遡るが、大正自由教育の主な担い手は、自由教育の実験校として成城小学校を設立した澤柳政太郎や、小学校教師や新聞記者を経て自由学園を創設した(　イ　)、東京の駿河台に文化学院を創設して与謝野晶子ら文化人を招くなど自由な教育を展開した西村伊作、明星学園を設立した赤井米吉、玉川学園を設立した小原國芳が挙げられる。

大正自由教育の教育活動の特徴の一つに「八大教育主張」というものが挙げられる。大正自由教育の理念や実践には全国から高い関心が寄せられ、樋口長市や手塚岸衛など当時の教育界のリーダーが自らの教育論を主張するという「八大教育主張講演会」が1921年(ウ)8月に東京で開催された。この講演会には5500人もの参加申し込みがあったという。

こうした自由教育を支えたのは都市の新中間層と呼ばれる人々であった。新中間層は会社員など事務系の俸給生活者(サラリーマン)が中心で、大正文化の担い手でもあった。新中間層は教育熱心で、子どもの自発性・個性を大切に育てたいという童心主義、厳しいしつけが必要であるという厳格主義、受験準備を重視する学歴主義を宿していたとされる。

大正自由教育は、児童文学や童謡、児童画などの芸術教育運動としても展開した。なかでも『赤い鳥』(エ)や、山本鼎による自由画教育運動などが知られている。

だが、大正自由教育が高揚したのは1910年代後半から1920年代半ばにかけての短い期間に過ぎず、1920年代後半以降、この教育運動は急速に衰退・消滅していった。1930年代以降は、大正自由教育の経験を受け継いで、(　オ　)運動が全国的に展開されていった。大正自由教育が都市部の新中間層を基盤としていたのに対し、これらの教育運動は都市・農村を問わず全国的に展開したとされている。

問１ (ア)の人物が唱えた民本主義について誤った説明文をＡ～Ｄの中から１つ選び、その記号をマークしなさい。

Ａ　普通選挙法制定と政党内閣制を目標とした。

Ｂ　天皇君主制を容認しながら、人民本位の主権運用を主張した。

Ｃ　明治憲法のもとでの主権在民、すなわち「民衆による、民衆のための政治」を訴えた。

Ｄ　国体無視のとがめを受けず、議会中心主義を主張できる理論的武器として、大正デモクラシー運動に大いに貢献した。

問２ (イ)の人物は、青森県生まれで、日本の女性記者のさきがけであった。新聞社を退社後、夫とともに家庭生活誌『家庭之友』を創刊した。この人物名をＡ～Ｄの中から１つ選び、その記号をマークしなさい。

Ａ　羽仁もと子　　Ｂ　平塚らいてう

Ｃ　山田美妙　　Ｄ　奥むめお

問３　(ウ)の年から翌年にかけて、ハーディング大統領の提唱によりワシントンＤＣで開かれた国際会議について、正しい説明文をＡ～Ｄの中から１つ選び、その記号をマークしなさい。

Ａ　日本の主席全権は、ランシングと親交のあった石井菊次郎であった。

Ｂ　この会議では、日・米・英・伊の間で1922年に四カ国条約が締結された。

Ｃ　この会議では、英・米・日・仏・伊の５カ国にスペイン、オランダ、ロシア、中国を加えた九カ国が、中国の主権尊重などを規定した条約を締結した。

Ｄ　アメリカ側にとって会議の主な目的は、西太平洋海域、特に戦略的に重要な島々の防備に関する日本海軍の拡大を阻止することだった。

問４

（設問省略）

問５　(オ)運動とは、自由に文章を書く綴方（作文）を通して、自分を取り巻く生活に児童の目を向けさせる教育運動を指している。(オ)に当てはまる用語をＡ～Ｄの中から１つ選び、その記号をマークしなさい。

Ａ　自由主義　　Ｂ　新文体詩　　Ｃ　生活綴方　　Ｄ　考現文体

【２】

1931年の満州事変を契機にして軍部の力が強まり、政党政治が徐々にその機能を失っていくと、教育も影響を受けるようになった。1937年に始まった日中戦争以降、教育政策は軍部の方針に従属していった。1937年に内閣直属の機関として教育審議会が設置され、「高度国防国家」建設のための教育体制の確立を目指して、広範囲に及ぶ総力戦体制下の教育の基本方針を検討した。

この教育審議会の答申に従い、1941年3月には「国民学校令」が公布された。国民学校(カ)は総力戦の体制下で、「皇国民の錬成」を主要課題としていた。国民学校の教育は、全校を挙げて「皇国民錬成の道場」にしようとし、「錬成」「道場」「型」「団体訓練」などの言葉を頻繁に用い、宮城遥拝や団体行進、奉安殿への拝礼などを児童に行わせた一方で、自由主義や個人主義などの言葉を非国民的用語として排除した。

植民地下の朝鮮人と台湾人を日本人に同化させる「皇民化政策」は、教育においてもみられた。1930年代半ばから「皇民化」をスローガンとして掲げながら、朝鮮人・台湾人に対して、戦時総動員体制に包摂する政策を始めた。朝鮮総督府は1938年(キ)に第3次朝鮮教育令を制定し、「忠良ナル皇国臣民ヲ育成スル」ことを教育目的に掲げ、1941年には「国民学校規程」を制定し、この機に朝鮮語を廃止してしまった。「国語普及運動要領」を定め、徴兵適齢期の青年に対し徹底した日本語教育が行われた。台湾においても、1937年には公学校における漢文科が廃止され、1941年には小学校・公学校を国民学校の名称に統一した。

1943年に入ると、戦時生産の要請によって、学徒を工場その他の戦時生産に動員する学徒動員が進められた。1943年6月、政府は「学徒戦時動員体制確立要綱」を閣議決定し、学徒による勤労動員の強化に基づく特技訓練と防空訓練の徹底を図った。さらに1944年8月、深刻な労働力不足を補うため、「学徒勤労令」と「女子挺身隊勤労令」(ク)が公布され、学徒動員が強化された。

1944年、政府は戦局の悪化により、本土への空襲が増えたことから、「学童疎開促進要綱」を発出して「特ニ国民学校初等科児童(以下学童ト称ス)ノ疎開ヲ左記ニ依リ強度ニ促進スル」こととした。さらに1945年3月には、子どもたちを戦禍から遠ざけるため「学童集団疎開強化要綱」を定めて子どもたちの疎開(ケ)を進めた。

問6　(カ)は、従来の学校が改組されてできたものである。この従来の学校として当てはまる学校の範囲をA～Dの中から1つ選び、その記号をマークしなさい。

A　尋常小学校、高等小学校

B　尋常小学校、高等小学校、中学校、女学校

C　尋常小学校、高等小学校、中学校、女学校、高等学校、専門学校

D　尋常小学校、高等小学校、中学校、女学校、高等学校、専門学校、実業学校、大学

問 7　(キ)の年にあった出来事をA～Dの中から1つ選び、その記号をマークしなさい。

A　張鼓峰事件勃発

B　中国共産党が抗日救国統一戦線を提唱(八・一宣言)

C　西安事件

D　日ソ中立条約の調印

問 8　(ク)に関連して、女子挺身隊に関する正しい説明文をA～Dの中から1つ選び、その記号をマークしなさい。

A　女子挺身隊は従軍して、兵士のための炊事洗濯や身の回りの世話を行った。

B　女子挺身隊は主に戦地で傷病兵の看護にあたり、なかでも沖縄のひめゆり部隊がよく知られている。

C　女子挺身隊は主に25歳未満の独身の女性を組織し、軍需工場などに動員するものだった。

D　女子挺身隊は、学徒出陣の際に女性兵の部隊として再編され、約3ヵ月の戦闘訓練を受けてから戦地に派兵された。

問 9　(ケ)について正しい文をA～Dの中から1つ選び、その記号をマークしなさい。

A　疎開の対象となった子どもは、当初6歳から18歳までであったが、戦局の悪化に伴って未就学児にも対象が広げられた。

B　集団疎開した小学生は実家を離れて、両親とともに疎開先で身を隠すように暮らしていた。

C　農村から大都市に疎開した子どもが大半を占めていたが、彼らは主に軍需工場で勤労奉仕した。

D　沖縄戦を控え、沖縄から鹿児島に疎開する学童を乗せた「対馬丸」が航行中、アメリカの潜水艦の攻撃により沈没した。

【3】

第二次世界大戦の終戦後、1945年10月に連合国軍総司令部（ＧＨＱ）が五大改革指令を出し、その中に教育制度の自由主義的改革が盛り込まれていたことはよく知られている。教育の民主化改革の流れをもう少し詳しく見ると、講和条約による主権回復までのごく短期間に急激な改革が行われたことがわかる。

1945年10月～12月にかけて、ＧＨＱは日本政府に対して<u>4つの教育指令</u>(コ)を出したが、これは一般に「教育の四大指令」と呼ばれている。1946年に入ると、戦後の日本社会を担う人材育成のため、マッカーサーから要請された教育使節団が来日し、1カ月間の日本での調査を経て、<u>アメリカ教育使節団報告書</u>(サ)を提出した。教育使節団の来日に際しては、日本側は1947年に（　シ　）を委員長とする教育家委員会を組織して協力した。この教育使節団報告書は、戦後日本がめざすべき教育制度は個人の価値の尊厳を認識し、各人の能力と適性に応じて、教育の機会を与えるよう組織され、個人の持つ力を最大限に伸ばすよう民主主義を基調とすることが基本であると勧告した。この報告書の勧告のほとんどは、その後の教育改革の中で実現されていった。

1946年の日本国憲法公布に続き、<u>1947年には教育基本法と学校教育法が公布された</u>(ス)。教育基本法は、法律の理念を示す「前文」を持つ異例の法律であった。この前文には以下のように記され、立法の志の高さがうかがわれる。

「われらは、さきに、日本国憲法を確定し、民主的で文化的な国家を建設して、世界の平和と人類の福祉に貢献しようとする決意を示した。この理想の実現は、根本において教育の力にまつべきものである。」

戦後は労働運動が解禁され、労働組合法が制定されて、数多くの労働組合が誕生したが、その中に教職員の労働組合もあり、その影響力は大きなものがあった。最大の規模を誇ったのは、1947年6月結成の（　セ　）で、全国の教職員労働組合連合体として結成された。（　セ　）は、「教え子を再び戦場に送るな」をスローガンにして運動を展開した。

1950年代に入ると、<u>「教育二法」、教育委員会法の改正、教員の勤務評定などの施策</u>(ソ)が相次いで導入され、文部省と（　セ　）の対立が激化した。

問10　(コ)に含まれる指令の内容をA～Dの中から1つ選び、その記号をマークしなさい。

A　修身と軍事教練と地理の授業停止

B　国家主義的・軍国主義的な教師の追放

C　既存の教科書全てへの墨塗り

D　あらゆる宗教と教育との完全な分離

問11　(サ)の報告書が勧告した内容として当てはまらないものをA～Dの中から1つ選び、その記号をマークしなさい。

A　小学校6年・中学校3年・高等学校3年の6・3・3制の単線型学校教育制度

B　公選制の教育委員会制度の導入

C　教育勅語の即時廃止

D　男女共学制の導入

問12　(シ)の人物は1945年12月に東京帝国大学総長に就任、1946年3月には貴族院勅選議員に任ぜられた。サンフランシスコ講和条約をめぐって単独講和と全面講和の論争が起きた時に、(シ)は全面講和を主張し、当時の首相吉田茂から「曲学阿世の徒」と名指しで批判された。この人物名をA～Dの中から1つ選び、その記号をマークしなさい。

A　森戸辰男　B　南原繁　C　矢内原忠雄　D　大河内一男

問13　(ス)とあるが、教育基本法と学校教育法が公布された当時の内閣が行った政策をA～Dの中から1つ選び、その記号をマークしなさい。

A　金融緊急措置令の公布　B　第一次農地改革

C　第二次農地改革　D　政令201号の公布

問14　(セ)に当てはまる名称をA～Dの中から1つ選び、その記号をマークしなさい。

A　全国教員組合連合会　B　全日本教職員組合

C　日本教職員組合　D　日本教員組合連盟

問15　(ソ)に関して、正しい説明文をＡ～Ｄの中から１つ選び、その記号をマークしなさい。

Ａ　1954年に公布された「教育二法」は、全ての教員に政治教育を禁止するもので、違反した場合は刑事処分にするというものであった。

Ｂ　教育委員会法の改正は、これまで任命制であった教育委員会を、住民による公選制に切り替え、教育委員会の権限を縮小するものであった。

Ｃ　「教育二法」には、教員を教唆せん動して特定の政治教育を行わせることを禁止する内容が盛り込まれていた。

Ｄ　教育委員会法の改正は、勤務状況が極めて悪いと評定された教員に対して、教育委員会が解雇できる規定を盛り込んだ。

〔Ⅲ〕　以下の史料は、1946年にアメリカで出版された*The Chrysanthemum and the Sword: Patterns of Japanese Culture*の邦訳(『菊と刀　日本文化の型』社会思想社　定訳版、1967年)の抜粋である。これを読んで、問いに答えなさい。

日本がその戦争を正当化するために用いた前提そのものが、アメリカのそれとは正反対であった。日本は国際情勢を異なった仕方で規定した。アメリカは枢軸国の侵略行為が戦争の原因であるとした。日本、イタリア、ドイツ(ア)の三国はその征服行為によって、不法にも国際平和を侵害した。枢軸国が権力を握った所が満州国にせよ、エチオピアにせよ、ポーランドにせよ、それは彼らが弱小民族を抑圧する邪悪な進路に乗り出したことを証明する。彼らは「共存共栄」、あるいは少なくとも自由企業に対する「門戸開放」の国際間の掟に対して罪を犯したのである。日本は戦争原因について別な見方をしていた。各国が絶対的主権をもっている間は、世界に無政府状態がなくなるためしはない。(イ)日本は階層的秩序(ハイアラキー)を樹立するために闘わねばならない。この秩序の指導者は――それはむろん日本である。何となれば、日本は上から下まで真に階層的に組織されている唯一の国であり、従っておのおのがその「所」を得ることの必要を最もよく理解しているからである。日本は(ウ)国内の統一と平和とを達成し、(エ)暴徒を鎮圧し、道路や(オ)電力・鉄鋼産業を建設し、公表数字によれば、その公立学校において青少年の九九・五パーセントに教育を授けた。だからそのおくれた弟である中国を引き上げてやらなければならない。日本は「大東亜」諸国と同一人種であるからして、世界のこの地域からまずアメリカ、次いで英国とロシアを駆逐して、「自らの所を得」なければならない。万邦は国際的階層組織の中にそれぞれ一定の位置を与えられて、一つの世界に統一さるべきである。われわれは次章において、かように階層制度に高い価値が置かれたことが、日本文化においていかなる意味をもったか、という問題を検討してみるつもりである。

（略）

まだ日本が勝っていた時でさえ、日本の政治家も、大本営も、軍人たちも、くり返しくり返し、この戦争は軍備と軍備との間の戦いではない、アメリカ人の物に対する信仰と、日本人の精神に対する信仰との戦いだ、と言っていた。われわれの方が勝っていた時にも、彼らは幾度も幾度も、このような戦いにおいては、必ず物質力が負けるにきまっている、と言っていた。この信条はサイパン(カ)や硫黄島の敗北(キ)のころには、たしかに都合のよい言逃れになった。しかしそれは敗北の言逃れとして捏造されたものではない。それは日本軍が連戦連勝を誇っていた何か月間か(ク)を通じて進軍ラッパの役割を演じたものであるし、真珠湾奇襲のずっと以前から公認されていたスローガンであった。

長谷川松治訳

問１　(ア)に関する記述のうち、正しいものをＡ～Ｄの中から１つ選び、その記号をマークしなさい。

Ａ　ドイツは1864年、イギリス・フランス・アメリカとともに、下関の砲台を攻撃した。

Ｂ　ドイツのジーメンス社から海軍高官が賄賂を受け取っていた事件は、大隈重信内閣が失脚するきっかけとなった。

Ｃ　ともに軍人であった阿部信行、米内光政の２つの内閣は、ドイツとの軍事同盟を積極的に推し進めた。

Ｄ　明治政府によってドイツから招聘されたナウマンは、地質学に大きな貢献を残した。

問２　(ア)について、日清戦争の後の中国分割で、ドイツが租借した地域を図１のＡ～Ｄの中から１つ選び、その記号をマークしなさい。

図1

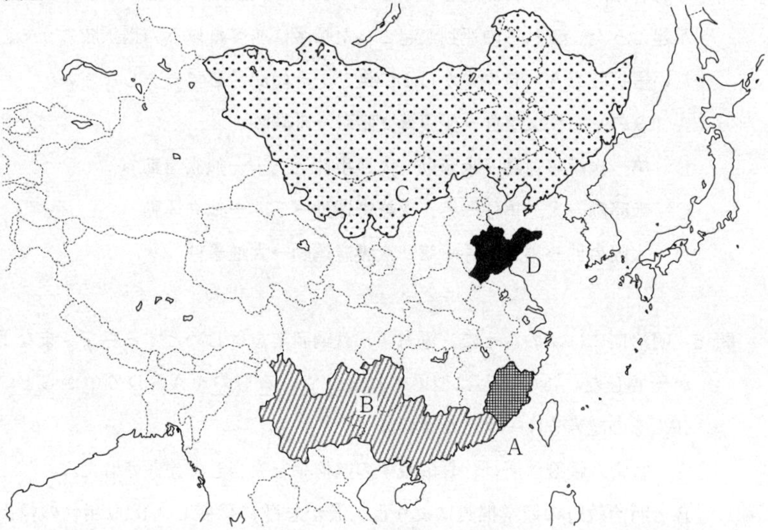


問3　(イ)の階層的秩序を築こうとした試みの一つである大東亜会議について、この会議に参加した国をA～Dの中から1つ選び、その記号をマークしなさい。

A　タイ　　　　B　ベトナム

C　インドネシア　　　　D　カンボジア

問4　(ウ)について、明治時代初期に政府が国内統一のために行なったことに関する記述のうち、正しいものをA～Dの中から1つ選び、その記号をマークしなさい。

A　1868年の五榜の掲示によってキリスト教が解禁された。

B　戊辰戦争では、榎本武揚らが会津の五稜郭に最後まで立て籠ったが、1869年5月に降伏した。

C　1869年の版籍奉還により、徴税と軍事の両権は府・県に移り、府知事・県令が行政にあたることになった。

D　国民を統一的な戸籍に編成する戸籍法を定め、壬申戸籍を作成した。

問５　著者は(エ)のように記述しているが、明治・大正期にはさまざまな抵抗運動が起こった。これらの運動が起こった順序に並べた以下の選択肢のうち、正しい選択肢をＡ～Ｄの中から１つ選び、その記号をマークしなさい。

Ａ　萩の乱→秩父事件→伊藤博文暗殺→米騒動

Ｂ　第一次護憲運動→米騒動→大逆事件→三・一独立運動

Ｃ　米騒動→大逆事件→第一次護憲運動→三・一独立運動

Ｄ　大阪事件→福島事件→第一次護憲運動→大逆事件

問６　明治期には(オ)のように、電力業、鉄鋼産業をはじめとするさまざまな工業が発展した。このことについて、誤っているものをＡ～Ｄの中から１つ選び、その記号をマークしなさい。

Ａ　官営八幡製鉄所は、日清戦争の賠償金を充当して建設された。

Ｂ　明治政府の産業振興により重工業が急激に発展し、1890年代の輸出品目の第一位は鉄鋼であった。

Ｃ　産業を振興するために、明治政府はいくつかの特殊銀行を設立したが、その中には台湾銀行も含まれる。

Ｄ　明治期には電力事業が勃興し、大都市ではガス灯に代わって電灯が普及した。

問７　(カ)の場所を図２のＡ～Ｄの中から１つ選び、その記号をマークしなさい。

図2

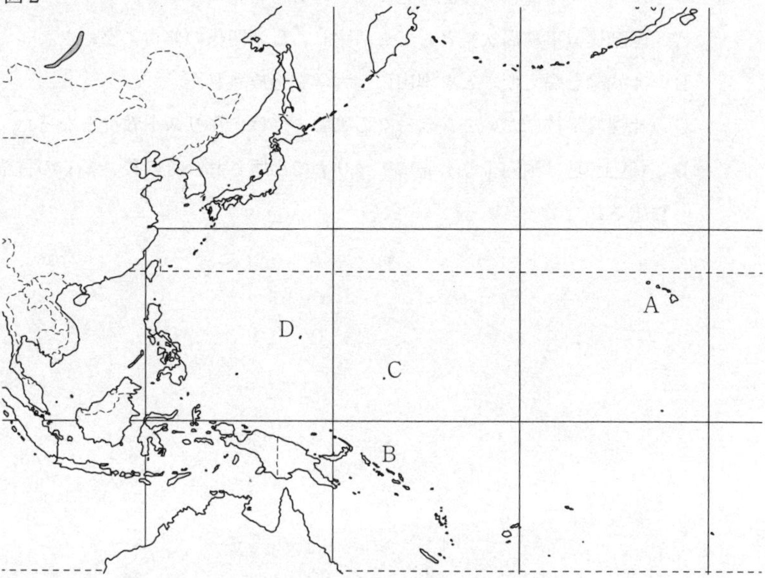


問 8　次の選択肢のうち、㈭より後に起こった出来事はどれか。A～Dの中から1つ選び、その記号をマークしなさい。

A　ドイツ降伏　　B　サイパン島陥落

C　マリアナ沖海戦　　D　イタリア降伏

問 9　㈹を太平洋戦争開戦からミッドウェー海戦までの間とするならば、この間に起こった出来事をA～Dの中から1つ選び、その記号をマークしなさい。

A　マリアナ沖海戦

B　火野葦平の『土と兵隊』が発刊された。

C　坂口安吾の『白痴』が発刊された。

D　東条英機内閣が5年ぶりの総選挙を実施した。

問10　『菊と刀』は、アメリカ人の文化人類学者であるルース・ベネディクトによって書かれた、日本人の精神構造に関する著作である。日本人によって書かれた、日本人の精神構造に関する著作では、『武士道』も有名である。その著者である新渡戸稲造に関する次の記述のうち、誤っている選択肢を、A～D

の中から1つ選び、その記号をマークしなさい。

A　国際連盟事務局次長としても活躍し、日米関係の修復に努めた。

B　非戦論を唱えたことを理由に、大学を追放された。

C　札幌農学校においてクラークの影響を受け、キリスト教徒となった。

D　『武士道』は国内よりも先にアメリカで出版され、その後、多くの言語に翻訳された。

# 世界史

（60分）

〔Ⅰ〕　次の文章を読んで、以下の設問に答えなさい。

中央ユーラシアに広がる広大な草原地帯は、古くから遊牧民(1)の生活の場となってきた。その東部のモンゴル高原を中心に、前3世紀末には匈奴(2)が遊牧帝国を形成した。草原地帯の南に広がる砂漠地帯にはオアシス都市が点在していた。

草原地帯と砂漠・オアシス地帯は、それぞれ「草原の道」「オアシスの道」と呼ばれる交易路となり、ここを経由して活発な隊商交易(3)が展開された。特にイラン系のソグド人(4)は中継貿易において重要な役割を果たし、広範囲で活躍した。中国では、オアシスの道が通る地域は西域(5)と呼ばれた。

遊牧民は、強力な指導者や集団の下では大帝国を築いたが、その指導力が失われた場合には国家は急速に解体し、その勢力は別の国家に引き継がれた。こうしてモンゴル高原では2世紀頃から激しい興亡が繰り返されるようになった。また、モンゴル・トルコ系遊牧民の君主の称号としてはカガン(可汗)(6)が用いられるようになり、これが後のハン(カン)という称号のもとになった。

6世紀以降の草原地帯は、主にトルコ系の諸民族(7)が活躍する場となり、突厥、次いでウイグルが大帝国を築いた(8)。また、7世紀にはチベット高原に吐蕃(チベット)(9)が成立し、ウイグルや唐と並び立つ勢力となった。ウイグルは9世紀に消滅したが、ウイグル人の一部はタリム盆地のオアシス都市に定着し、この地は東トルキスタンと呼ばれるようになった。

8世紀以降、西側からイスラーム勢力が内陸アジアに進出し始め、しだいにこの地をイスラーム化していった。10世紀にはトルコ系騎馬遊牧民がイスラーム教を受け入れる動きが始まった(10)。また、トルコ系の人々がアム川以北のオアシス都市に定着することにより、この地は西トルキスタンと呼ばれるようになった。

設問 1. 下線部(1)に関する説明として、適切でないものを一つ選んでマークしなさい。

A. 血縁的なまとまりを持つ氏族・部族集団を単位として活動した。

B. 羊・牛・馬・豚《ぶた》などの家畜を主要な財産とした。

C. 前9～前8世紀頃、青銅製の馬具や武器を持った騎馬遊牧民が草原地帯に登場した。

D. 前2千年紀に、戦闘用や車両牽引《けんいん》のために馬を調教する技術が開発された。

設問 2. 下線部(2)に関する説明として、適切でないものを一つ選んでマークしなさい。

A. 成立直後の漢を破って、貢納を課した。

B. 漢の高祖は、匈奴の東部勢力を攻撃するために衛氏朝鮮を攻略した。

C. 武帝の死後、漢と匈奴は共存関係に入った。

D. 分裂を重ねた後、一部は黄河上流域から華北に定住して、五胡の一部となった。

設問 3. 下線部(3)を通じて西方から東方へもたらされた主要な商品として、もっとも適切なものを一つ選んでマークしなさい。

A. 染料　　B. 生糸

C. 綿布　　D. ガラス製品

設問 4. 下線部(4)に関する説明として、適切でないものを一つ選んでマークしなさい。

A. カシュガル、クチャなどの都市およびその周辺を故地とする。

B. アラム文字をもとにソグド文字をつくった。

C. 唐の長安にも住み、胡人と呼ばれた。

D. ソグド語は、中央ユーラシアの共通語として広く使用された。

設問 5. 下線部(5)に関連して、後漢の時代に西域都護としてタリム盆地の支配を確立させた人物名を一つ選んでマークしなさい。

A. 張騫　B. 甘英　C. 班超　D. 李斯



設問 6. 5世紀初めに、君主を下線部(6)の称号で呼ぶようになった遊牧民として、もっとも適切なものを一つ選んでマークしなさい。

A. 烏孫　B. 氐　C. 大月氏　D. 柔然

設問 7. 下線部(7)に関連して、トルコ系遊牧民の一部で、西進して7世紀にドナウ川下流域に建国した人々として、もっとも適切なものを一つ選んでマークしなさい。

A. ブルガール人　B. アヴァール人
C. マジャール人　D. ハザール人

設問 8. 下線部(8)に関する説明として、適切でないものを一つ選んでマークしなさい。

A. 突厥は、ササン朝ペルシアや東ローマ帝国とも外交関係を持った。
B. 東突厥は、唐の建国を支援した。
C. ウイグルは、モンゴル高原に城塞都市を築いて繁栄した。
D. ウイグルは、騎馬遊牧民としてはじめて文字をつくった。

設問 9. 下線部(9)に関する説明として、適切でないものを一つ選んでマークしなさい。

A. ソンツェン＝ガンポが7世紀前半にラサを都として建国した。
B. インド文字をもとにチベット文字がつくられた。
C. 上座部仏教と、チベット固有の民間宗教が融合してチベット仏教がつくられた。
D. 安史の乱の終結直後、長安を一時占領した。

設問10. 下線部(10)に関連して、10世紀半ばに成立し、建国後にイスラーム教に改宗したトルコ系騎馬民族の王朝としてもっとも適切なものを一つ選んでマークしなさい。

A. サーマーン朝　B. ゴール朝

C．セルジューク朝　　　　　　D．カラ＝ハン朝

〔Ⅱ〕　次の文章を読んで、以下の設問に答えなさい。

4世紀末に東西に分割されたローマ帝国のうち、コンスタンティノープルを首都とする東側の帝国は、7世紀までには新たな国家体制を築いていった。この帝国はビザンツ帝国(1)と呼びならわされている。西側の帝国は5世紀末には消滅し、その領域にはゲルマン人による多数の国家が成立した。

ローマの教会は、当初は東側の皇帝に従属していたが、しだいに自立の動きを見せ始めた。そして800年にカロリング家のフランク王カールに帝冠を授けることによって、西ローマ皇帝権を復活させた。教皇を中心としてローマ教皇庁(2)の組織・体制が整備され、12世紀から13世紀にかけてその権威は頂点を迎えた。この間、11世紀末には、ビザンツ皇帝の要請をもとに聖地回復を目的とする十字軍遠征(3)が行われ、これは約200年間、ヨーロッパ全体を巻き込む大きな運動となった。また、一般民衆にキリスト教の信仰が普及したことを背景に、各地で新たな聖地が生まれ、巡礼(4)の対象となった。

11世紀以降のヨーロッパでは、十字軍遠征も一つのきっかけとして商業活動がさかんになり、特にイタリアでは地中海交易によって豊かな富を蓄積する都市が現れた。北方では、バルト海や北海(5)を舞台とする交易によってやはり多くの都市が発展した。都市はしばしば、共同で利益を守るために同盟を結び、特に北方で結成されたハンザ同盟(6)は君侯とならぶ政治勢力となった。各地の都市では、その繁栄の象徴として、ロマネスク様式やゴシック様式(7)による壮麗な教会が建てられた。

経済的な活性化は、知的活動も促すことになった。長い間、修道院が学問や教育のセンターとしての役目を果たしてきたが、11世紀以降、外部の世界との接触をきっかけに、キリスト教の教義と信仰が新たな議論の対象となり、中世ヨーロッパ独特の学問体系(8)が発達した。そしてその中心として、各地の都市に大学が誕生していった。

中世ヨーロッパの農村(9)においては、多くの農民は貴族や修道院などの領主のもとで生活していた。11世紀以降、社会の安定を背景に、耕地の拡大や技術の向

上により徐々に生産性が高まっていった。

中世の後半になると、社会的・経済的成長を背景に、各国で国王を頂点とする統治機構の整備が進むようになった。特にフランスとイングランド(10)においてその動きは顕著であったが、王朝の関係や領土に関して複雑な問題を抱えており、14世紀に両者は衝突することになった。



設問 1. 7世紀までの下線部(1)に関する説明として、適切でないものを一つ選んでマークしなさい。

A. ギリシア語が公用語となった。

B. ローマ帝国のソリドゥス金貨を継承させた貨幣として、ノミスマ金貨を流通させた。

C. シリア・エジプトを一時奪回した。

D. 国家が軍事奉仕を条件として貴族に土地管理を委ねるプロノイア制がしかれた。

設問 2. 下線部(2)に関する説明として、もっとも適切なものを一つ選んでマークしなさい。

A. ヴォルムス協約により、皇帝の聖職叙任権が認められた。

B. グレゴリウス7世は、アルビジョワ十字軍を呼びかけた。

C. ボニファティウス8世は、聖職者への課税をめぐってフランス王と対立した。

D. 教会大分裂の解消を目的として、トリエント公会議が開催された。

設問 3. 下線部(3)に関する説明として、もっとも適切なものを一つ選んでマークしなさい。

A. 第3回十字軍は、アイユーブ朝のサラディン(サラーフ=アッディーン)に奪われた聖地の回復を目的とした。

B. 第4回十字軍は神聖ローマ皇帝フリードリヒ1世が率いた。

C. 第6回十字軍は、ヴェネツィア商人の要求にしたがい、コンスタンティノープルを占領した。

D. 1291年にイェルサレムが陥落したことにより、十字軍遠征への熱意は失われた。

設問 4. 下線部(4)に関連して、イベリア半島にあり、多くの巡礼を集めた聖地として、もっとも適切なものを一つ選んでマークしなさい。

A. サンチャゴ(サンティアゴ)＝デ＝コンポステラ

B. リスボン

C. マドリッド

D. トレド

設問 5. 下線部(5)でおこなわれた貿易の主要な品目として、もっとも適切なものを一つ選んでマークしなさい。

A. 絹織物　　B. 木材　　C. 香辛料　　D. 陶磁器

設問 6. 下線部(6)の盟主となった都市として、もっとも適切なものを一つ選んでマークしなさい。

A. ブレーメン　　B. アウクスブルク

C. ガン　　D. リューベック

設問 7. 下の①から④までの4つの建築のうち、下線部(7)によるものはどれとどれか、正しい組み合わせを一つ選んでマークしなさい。

①　ピサ大聖堂　　②　ケルン大聖堂

③　シャルトル大聖堂　　④　ローマの聖ピエトロ大聖堂

A. ①　②　　B. ②　③　　C. ③　④　　D. ①　④

設問 8. 下線部(8)に関連して、中世ヨーロッパの学問に関する以下の説明のうち、適切でないものを一つ選んでマークしなさい。

A. シチリア島やイベリア半島を経由して、古代ギリシアやローマの古典およびアラビアの学術書が伝わった。

B. アリストテレスの哲学が導入されてスコラ学が発達した。

C. 実在論を支持するウィリアム＝オブ＝オッカムは、信仰と理性の分離を唱えた。

D. 11世紀後半にボローニャ大学が成立し、主に法学で知られた。

設問 9. 下線部(9)に関する説明として、適切でないものを一つ選んでマークしなさい。

A. 農民は結婚税や死亡税の納入の義務を負った。

B. 水車や鉄製農具が普及した。

C. 重量有輪犂の導入により、開放耕地が普及した。

D. フランチェスコ修道会が開墾運動を積極的に指導した。

設問10. 下線部(10)の二国に関する説明として、もっとも適切なものを一つ選んでマークしなさい。

A. プランタジネット朝により、イングランドに封建制が導入された。

B. 教皇と対立したフィリップ2世は、聖職者・貴族・平民の代表からなる三部会を召集した。

C. 1346年に、イングランドはクレシーにおいてフランス軍を破った。

D. 百年戦争の結果、イングランドは大陸のすべての領土を失った。

〔Ⅲ〕 次の文章を読んで、以下の設問に答えなさい。

ヨーロッパ諸国による植民地支配下にあった東南アジア地域は、住民構成や宗教分布が複雑であったが、しだいに各地で植民地支配に抵抗する民族運動が高まった。それらの多くは弾圧を受けて挫折したが、第一次世界大戦以降、国際的環境の変化などに伴い、宗主国は民族自立の要求に対する譲歩を余儀なくされていった。

スペインによって住民がカトリックに強制改宗させられていたフィリピンでは、18 世紀後半になると、商品作物生産が広がり、世界市場に組み込まれた。(1)商品経済の発達によって成長した新興地主や知識人により、民衆の啓蒙活動が活発になり、しだいに自立を求める運動へと展開していった。

インドネシアでは、19 世紀初め、オランダの植民地政庁が本国の財政危機を救うため、(2)強制栽培制度(政府栽培制度)を実施した。作物の買い上げ価格は政庁によって一方的に定められ、不利な立場に置かれた生産者の困窮化がすすんだ。(3)そのため植民地政策の見なおしが求められ、また植民地の人々の間にも民族的自覚が生じていった。(4)1920 年代からは、地域や宗教の枠をこえたインドネシアとしての統合をめざす運動が展開されたが、宗主国側の弾圧を受けた。

18 世紀末からマレー半島に進出したイギリスは、オランダと協定を結んで、マレー半島を勢力圏におさめ、(5)海峡植民地を成立させた。また、イギリスは 3 回にわたるビルマ戦争でコンバウン朝を滅ぼし、ビルマをインド帝国に併合させた。しかし(6)20 世紀に入ってビルマでも民族の独立を求める運動が展開され、第二次世界大戦後にビルマ連邦共和国として独立を果たした。

ベトナムでは 19 世紀初めに(7)阮朝が成立し、全土が統一された。(8)20 世紀に入るとベトナムでも独自の啓蒙活動や民族自立をめざす動きが活発になった。第二次世界大戦後にベトナム民主共和国の成立が宣言されたが、フランスはこれを認めず、ベトナム国を発足させて交戦を続けた。この戦争は 1954 年のジュネーヴ休戦協定で終結した。しかしアメリカ合衆国はこれを認めず、東南アジアにおける共産主義勢力の拡大を阻止するために(9)東南アジア条約機構(ＳＥＡＴＯ)を結成した。そして翌年、合衆国に支援されたベトナム共和国が南部に成立し、1975 年に再び全土が統一されるまでの長期にわたる戦争状態となった。

18世紀の終わりにラタナコーシン朝が成立したシャム(タイ)では、貿易は王室が独占していたが、ラーマ4世の時代に自由貿易・開放政策に転じた。ついで(10)ラーマ5世(チュラロンコン)は、中央集権的な近代国家の確立に努め、チャクリ改革と呼ばれる近代化政策をすすめた。有利な国際環境にもたすけられ、シャムは植民地化を回避することに成功した。

設問 1. 下線部(1)に関する説明として、適切でないものを一つ選んでマークしなさい。

A. 19世紀後半から「フィリピン人」としての意識が高まった。

B. ホセ＝リサールを指導者としてフィリピン革命が起こった。

C. アギナルドがフィリピン(マロロス)共和国成立を宣言した。

D. アメリカによる植民地統治に対して、南部のムスリムを中心に抵抗が続いた。

設問 2. 下線部(2)の対象となった主要な作物として、適切でないものを一つ選んでマークしなさい。

A. サトウキビ　　B. 藍　　C. コーヒー　　D. 胡椒

設問 3. 下線部(3)に関する説明として、適切でないものを一つ選んでマークしなさい。

A. 倫理政策により、キリスト教の布教や住民への福祉、現地への権力の委譲がうたわれた。

B. 貴族の子弟を中心に、オランダ語の教育や専門教育がほどこされた。

C. 社会主義革命を目的として、サレカット＝イスラーム(イスラーム同盟)が結成された。

D. カルティニが女性の自立と解放をめざして活動した。

設問 4. 下線部(4)に関する説明として、適切でないものを一つ選んでマークしなさい。

A. インドネシア共産党が蜂起した。

B. 完全独立を意味するプールナ＝スワラージが宣言された。

C. インドネシア国民党が結成され、ムルデカ(独立)運動を提唱した。

D. 第二次世界大戦中、日本の軍政下でスカルノが独立運動を指導した。

設問 5. 下線部(5)を構成する地域として、適切でないものを一つ選んでマークしなさい。

A. ジャワ　　B. マラッカ

C. ペナン　　D. シンガポール

設問 6. 下線部(6)に関する説明として、もっとも適切なものを一つ選んでマークしなさい。

A. 穏健な啓蒙主義団体としてタキン(主人)党が結成された。

B. ビルマ統治法が施行され、自治を完全に失った。

C. アウン=サンは、反ファシスト人民自由連盟を組織した。

D. サヤ=サンは、ラングーン大学の学生を率いて蜂起した。

設問 7. 下線部(7)に関する説明として、もっとも適切なものを一つ選んでマークしなさい。

A. 広南王国の阮福暎が、西山の乱をおこし、黎朝を滅ぼした。

B. 清朝から冊封を受けた阮朝は、国号を越南国に改めた。

C. 都をフエからハノイに移した。

D. 清仏戦争に勝利したフランスは、1887年に、ベトナム・カンボジア・ラオスを合わせたフランス領インドシナ連邦を成立させた。

設問 8. 下線部(8)に関する説明として、もっとも適切なものを一つ選んでマークしなさい。

A. ファン=チュー=チンは、独立を目指す秘密結社として維新会を組織した。

B. ファン=ボイ=チャウは、中国への留学をすすめるドンズー運動を展開した。

C. ドンズー運動は、中国の国民党の助力を得て組織されたベトナム光復会に引き継がれた。

D. ホー＝チ＝ミンはベトナム国民党を率いてフランスに対して蜂起した。



設問 9. 下線部(9)の加盟国として、適切でないものを一つ選んでマークしなさい。

A. マレーシア　　B. タイ

C. パキスタン　　D. ニュージーランド

設問10. 下線部(10)に関する説明として、適切でないものを一つ選んでマークしなさい。

A. 行政・司法・軍事の西欧化を進めた。

B. 不平等条約の改正に尽力し、治外法権の撤廃に成功した。

C. 非自由民を解放した。

D. イラワディ川下流部を輸出向け稲作地帯として開発した。

〔Ⅳ〕 次の文章を読んで、以下の設問に答えなさい。

20世紀初頭のロシアに生じた二度にわたる革命は、国内外に大きな影響をもたらした。とりわけ、十月革命の過程で誕生した政権による戦時共産主義の実施は、国民経済に大きな混乱をもたらしたため、レーニンは(1)経済政策の転換を余儀なくされた。その後国内経済はしだいに回復し、4つのソヴィエト共和国で構成されるソヴィエト社会主義共和国連邦(ソ連)の結成に向かうことになる。

レーニンの後継者となったスターリンは、(2)社会主義建設を推し進めた。第二次世界大戦直前の1937年には、工業生産高でアメリカ合衆国についで世界第2位となるなど、(3)世界恐慌で動揺する世界から注目を集めることになった。

第二次世界大戦後、世界情勢はソ連と西側諸国の対立を軸に複雑に推移した。アメリカはヨーロッパにおける左翼勢力の拡大防止に力を注ぎ、西側陣営の結束強化に努めた。(4)フルシチョフは平和共存路線を採用して緊張緩和を模索したが、その一方で(5)中国との対立はしだいに深刻化していった。

新たに書記長となった(6)ブレジネフも同様に緊張緩和を推進し、(7)東欧諸国に対しても関係改善の試みが続けられた。1975年にはブレジネフの提案により全欧安全保障協力会議(8)が開催され、ヨーロッパの緊張緩和についての意見が交わされた。また、核兵器開発競争が進むなかで、その危険性を訴える声もしだいに強まり、軍縮に関する議論が徐々に進むようになった。他方で、国内経済の立ち遅れが目立ち、西側諸国との格差は大きく開いていった。

1985年に政権についたゴルバチョフ(9)は、社会の活性化のための改革に着手し、また経済的負担の原因となっている冷戦構造を終わらせるべくアメリカとの交渉を進めた。この結果、1989年に冷戦の終結が確認された。しかし急激な改革によって社会は大きく動揺し、ソ連は1991年に消滅した(10)。また、強力な社会主義政権のもとで抑え込まれていた地域紛争が深刻化した。

設問 1. 下線部(1)に関する説明として、適切でないものを一つ選んでマークしなさい。

A. 銀行・外国貿易を自由化した。

B. 中小企業による私的営業が自由化された。

C. 1927年、農業生産は戦前の水準にまで回復した。

D. レーニンの死後、スターリンによって事実上否定された。

設問 2. 下線部(2)に関する説明として、適切でないものを一つ選んでマークしなさい。

A. 土地・家畜・農具が共有化された。

B. コルホーズ(集団農場)やソフホーズ(国営農場)の建設が強行された。

C. 農業生産物の強制供出が実行された。

D. 一国革命論を主張したトロツキーが追放された。

設問 3. 下線部(3)の時期以降のソ連に関する説明として、適切でないものを一つ選んでマークしなさい。

A. スペイン内戦に際し、不介入の立場をとった。

B. ソ連を構成する一共和国であったザカフカース連邦が、民族別に、グルジア・アルメニア・アゼルバイジャンの3つの共和国に分離した。

C. 国際連盟に加入した。

D．全市民の平等な権利などをうたったスターリン憲法が発布された。



設問 4．下線部(4)が共産党第一書記であった時期のソ連に関する説明として、適切でないものを一つ選んでマークしなさい。

A．コミンフォルムを解散した。

B．チェコスロヴァキアの民主化運動に対して軍事介入をおこなった。

C．西ドイツおよび日本との国交を回復させた。

D．大陸間弾道ミサイルを開発した。

設問 5．下線部(5)に関する説明として、適切でないものを一つ選んでマークしなさい。

A．中ソ技術協定が破棄された。

B．ウスリー川の珍宝島(ダマンスキー島)で国境紛争が起きた。

C．東欧の社会主義国のうち、ハンガリーが中国の立場を支持した。

D．1989年のゴルバチョフ訪中によって終止符がうたれた。

設問 6．下線部(6)に関する説明として、適切でないものを一つ選んでマークしなさい。

A．ブレジネフ＝ドクトリンにより、社会主義国の主権の制限を正当化した。

B．ソ連＝西ドイツ武力不行使条約を結んだ。

C．アフガニスタンの社会主義政権支援を理由に軍事介入をおこなった。

D．パリにおける第1回サミット(先進国首脳会議)に参加した。

設問 7．第二次世界大戦後の下線部(7)に関する説明として、もっとも適切なものを一つ選んでマークしなさい。

A．自主路線をとったルーマニアは、1948年にコミンフォルムから除名された。

B．1956年にポーランドのポズナニで民衆の抗議行動が発生したが、ソ連の軍事介入によって鎮圧された。

C．1980年代、ブルガリアで自主管理労組「連帯」が結成された。

D．1999年、民族浄化などの行為を阻止するために、ＮＡＴＯは国連決議なしにセルビアを空爆した。

設問 8．下線部(8)が開催された都市名を一つ選んでマークしなさい。

A．ヘルシンキ　　B．ウィーン

C．アムステルダム　　D．ワルシャワ

設問 9．下線部(9)が指導者であった時期以降のソ連およびロシアに関する説明として、もっとも適切なものを一つ選んでマークしなさい。

A．1991年に保守派がクーデタに失敗し、ソ連共産党は解散した。

B．アメリカのレーガン大統領との間で、戦略兵器削減条約について合意した。

C．ロシア・ウクライナ・ベラルーシ・バルト三国など11カ国からなる独立国家共同体が成立した。

D．ロシア連邦のエリツィン大統領はアフガニスタンからの撤退を実現させた。

設問10．下線部(10)に関連して、ソ連消滅以降の情勢に関する説明として、適切でないものを一つ選んでマークしなさい。

A．ウクライナのＥＵおよびＮＡＴＯ加盟問題をきっかけに、ロシアがクリミアを併合した。

B．2000年のロシア大統領選挙で、エリツィンが再選された。

C．ロシア政府によってチェチェン共和国の独立派武装組織はほぼ制圧され、反テロ作戦の終了が宣言された。

D．2009年、グルジア(ジョージア)が独立国家共同体から脱退した。

# 政治・経済

**（60 分）**

〔Ⅰ〕 次の文章を読み、下記の設問に答えなさい。(a)〜(f)の【　　　】に入る最も適切な語句を①〜⑤から選び、マークしなさい。また、[ 1 ] 〜 [ 3 ] の空欄に入る最も適切な語句を記入しなさい。

国家主権と「法の支配」は欧州の中世から近代にかけて成立した仕組みである。国家主権は、王への権力の集中によって実現されたが、他方で、王の権力を制限する幾多の試みが「法の支配」の礎ともなった。中世において封建諸侯などが(a)【①チャールズ1世　②チャールズ2世　③エドワード1世　④エリザベス1世　⑤ジョン王】に対してマグナ・カルタを認めさせた例もあったが、絶対王政期の思想家で『国家論』を著した(b)【①ボーダン　②マキャベリ　③コーク　④モンテスキュー　⑤モンテーニュ】は、立法権は主権者の一方的な命令であるとの考えを示している。16世紀以降、ホッブズ、ロック、ルソーらの思想家は自然権の発想に基づき、国家や政治権力は自由で平等な個人が自分たちの生活の安全や豊かさのために人為的につくるものであるとする [ 1 ] 説を唱えるようになった。ホッブズは、[ 1 ] 説について論じた初期の思想家である。彼の代表的著作のタイトルでもある「リヴァイアサン」とは、(c)【①国家　②人民の反乱　③万人の病　④国際条約の締結　⑤平等な自然状態】の事を指す。また、ルソーはその著作の中で、一般意志という概念を提示し、(d)【①イギリスの産業革命を支援した　②直接民主制を支持した　③王による恩寵の優越性を説いた　④社会主義を否定した　⑤三権分立概念を確立した】。

産業革命によって人類は高い生産力を獲得し、一国の経済力の拡大は封建的国家体制を徐々に議会制民主主義へと移行させる原動力のひとつとなった。高い生産性と経済力を持つ主権国家の成立は、同時に、国家間紛争の大規模化をも招くこととなった。

17世紀から19世紀のヨーロッパでは、国家間の力関係を均衡させることで侵略を防ぐ勢力均衡の考え方が広まっていたが、第一次世界大戦後には、国際連盟が創設され、これを通じて軍事侵略をおこなう加盟国に対して、他の全ての加盟国が共同して制裁を加えるとする［ 2 ］の考え方があらわれた。しかし第二次世界大戦の勃発と拡大は、国際連盟の限界を明らかにしたため、第二次世界大戦中に、連合国首脳のチャーチル、ルーズベルト、(e)【①ド・ゴール　②蔣介石　③毛沢東　④レーニン　⑤スターリン】でおこなわれたヤルタ会談において国際連合の設立と運営原則を取り決め、1945年に国際連合が成立した。

このような国際情勢の中、日本は1945年に連合国のポツダム宣言を受け入れ、第二次世界大戦が終結することとなった。連合国は日本を占領し、マッカーサーを最高司令官とする連合国軍最高司令官総司令部（GHQ／SCAP）が戦後日本の政治・経済体制の方向性を決めることとなった。GHQ／SCAPは民主化の一環として大日本帝国憲法の改正を日本政府に要求したが、(f)【①近衛文麿　②鈴木貫太郎　③東久邇宮稔彦王　④吉田茂　⑤幣原喜重郎】内閣の憲法問題調査委員会は天皇制国家体制を守るいわゆる「［ 3 ］」の方針を維持していた。このためGHQは、憲法草案を日本政府に示し、日本政府との交渉の結果、1946年に日本国憲法案が帝国議会に提出された。

〔Ⅱ〕 次の文章を読み、下記の設問に答えなさい。(a)～(e)の【　　　】に入る最も適切な語句を①～⑤から選び、マークしなさい。また、［ 1 ］～［ 5 ］の空欄に入る最も適切な語句を記入しなさい。

ドイツは現在、EU(欧州連合)における最大の経済大国であり、かつ、政治的にもEUを主導する中核国となっている。しかしながら、このようなドイツの政治経済上の立場が確立するまでには、多くの歴史的な紆余曲折があった。

現在のドイツの基礎となった、そして中世以降のヨーロッパの歴史展開のうえで大きな影響力を持った国家として、神聖ローマ帝国(Heiliges Römisches Reich)があげられる。しかしながら、同帝国は、(a)【① 1617年～1647年　② 1618年～1648年　③ 1619年～1649年　④ 1620年～1650年　⑤ 1621年～1651年】の間に行われた三十年戦争において、多大な被害を被った。これに加えて、同戦争の終結の際に締結されたウェストファリア講和会議ののちに、同帝国は事実上、分立した複数の領邦国家の連合とされたことで、政治経済の中央集権的な近代化には出遅れることとなった。

1889年に制定された大日本帝国憲法は、君主権の強い国であった［ 1 ］が1850年に制定した憲法を参考にしてつくられた欽定憲法であることは知られているが、この［ 1 ］が中心となり、1871年にドイツ帝国(Deutsches Kaiserreich)を成立させたことにより、ドイツは統一された国民国家の道を歩むことになった。ドイツ帝国の宰相であったビスマルク(Otto von Bismarck)は、社会主義者鎮圧法により労働運動の弾圧を行う一方で、疾病保険法などの社会保障制度を設けることで、労働者保護に努めた。ドイツ帝国においては、化学産業を中心に、企業が大規模な研究開発投資に努めることで技術力を高めた結果、国内経済が急速に成長し、ドイツは世界の列強としての地位を獲得することになった。

第一次世界大戦の敗北により、ドイツ帝国が崩壊し、ヴァイマル共和国(ドイツ共和国)が成立した。(b)【① 1917年　② 1918年　③ 1919年　④ 1920年　⑤ 1921年】に制定されたヴァイマル憲法では、自由権・財産権・生存権・団結権・経営参加権などを包括した［ 2 ］権が、基本的人権の一つとして、世界で初めて憲法で保障されることとなった。だが、ヴァイマル共和国は、第一次世界大戦の敗北により戦勝国から課された巨額の賠償金に苦しんだ。これに加え、1923

年のフランスによるルール地方(Ruhrgebiet)の占領に関連して引き起こされた生産低下を契機として、(c)【①デフレスパイラル　②ハイパーインフレーション　③スタグフレーション　④クリーピング・インフレーション　⑤ディマンド・プル・インフレーション】が発生し、ドイツの国民生活は窮地に陥った。

1929年のニューヨーク株式市場の暴落を契機として世界恐慌が発生すると、ドイツの国内経済は深刻な経済危機に陥った。この状況のもとで当時の政治体制に不満を高めたドイツ国民の民族意識をあおりつつ人気を高めたナチス党の指導者ヒトラー(Adolf Hitler)は、選挙により政権を握ると1933年の [ 3 ] 法の制定を通じてナチス党の一党独裁体制への道を開いた。これ以降、ドイツの政治体制は総統(Führer)としての地位を獲得したヒトラーによる独裁体制へと移行し、ヴァイマル憲法のもとで実現していた議会政治は、ひとまず終末を迎えた。世界恐慌以降、(d)【①ソビエト連邦　②米国　③フランス　④英国　⑤イタリア】がスターリング＝ブロックを形成したように、ドイツも東欧・東南欧を含む地域で、マルク＝ブロックと呼ばれる広域経済圏を形成した。一方で、ドイツの国内経済は、ヒトラーによる戦争経済体制の推進を通じて失業率が改善するなどの成功を体験したが、第二次世界大戦の敗北により、再び、壊滅的な打撃をこうむった。

第二次世界大戦後、ドイツは、資本主義陣営に属し、西ドイツとも呼ばれたドイツ連邦共和国と、社会主義陣営に属し、東ドイツとも呼ばれた [ 4 ] 共和国の二か国に分断された。(e)【① 1948年　② 1951年　③ 1958年　④ 1960年　⑤ 1961年】には、ベルリンを東西に分断する「ベルリンの壁(Berliner Mauer)」が設置されるなど、ドイツは政治的に、東西冷戦の象徴となった。だが、ドイツ連邦共和国は、1948年の通貨改革を契機として、「経済の奇跡(Wirtschaftswunder)」と呼ばれる高度経済成長期に入り、比較的短期のうちに戦前をしのぐ経済大国としての地位を獲得した。そして、1968年に [ 5 ] にその座を明け渡すまで、米国に次ぐ世界第二位の国民総生産(GNP)を誇った。特に、高い技術力を背景として、化学・自動車・工作機械・電機の各産業の企業が大きく輸出を伸ばしたことが、同国の経済力の強化をもたらした。

このような経済力の基礎の上に、ドイツ連邦共和国は国際社会での地位向上を持続し、1990年に [ 4 ] 共和国を吸収してドイツ再統一を実現することとなった。

〔Ⅲ〕 次の文章を読み、下記の設問に答えなさい。(a)〜(f)の【　】に入る最も適切な語句を①〜⑤から選び、マークしなさい。また、[ 1 ]〜[ 4 ]の空欄に入る最も適切な語句を記入しなさい。

経済活動とは、生産や消費およびそれらに関連した取引のことである。経済活動をする主体は経済主体とよばれ、活動内容から大きく家計・企業・政府の3つに分類されている。家計は、みずから企業や政府に労働力を提供して得た労働所得である賃金、過去に蓄積した資産を運用して得た資産所得である利子・配当などの形で所得を得て、税や社会保険料を払った残りの可処分所得のなかから家族の暮らしを向上させるために消費支出を行なっている。消費は、所得の増加に加えて、(a)【①依存効果　②アンダーマイニング効果　③デモンストレーション効果　④カリギュラ効果　⑤資産効果】といわれる、家計が保有する株や土地などの価格が上がると増える傾向がある。企業は、家計から提供される労働者を雇い、土地・設備・原材料などを使って、財やサービスを生産し、利潤を得る。生産活動の成果である売上は、労働力の対価である賃金や原材料費などの費用が差し引かれ、残りは利潤として出資者に分配される。ただし、多くの企業では、利潤の一部を、家計に分配せず、[ 1 ]として企業内部に蓄えられて「投資」の源泉にする。政府は、家計や企業から税金や保険料を徴収し、様々な支出を通じて政策を実施して、経済活動が円滑に循環するように調整している。経営学と呼ばれる学問領域では、こうした経済主体の中でも、営利や非営利にかかわらず、企業に関わる研究がされている。その基盤となる研究テーマとしては、企業のヒト、モノ、カネ、情報／知識の各側面に関するマネジメント、企業全体のマネジメントに関わる経営戦略と経営組織といったものがある。

企業は、ヒトを雇い、働いてもらうことで経営活動を進めていく。このヒトという経営資源もまた、モノなどの取引のように、市場における需要と供給の関係からまとめた需給曲線から考えることができる。ヒトの経営資源の取引は、ある決まった時間に労働力を使用して、働いてもらう権利を売買していると捉えることができる。例えば、完全競争下において、その権利を販売したいと考える人にくらべ、購入したいと考える企業が少ないような超過供給状態においては、価格は下がることが想定される。あるいは、技術イノベーションによってロボットやセンサーが労働力を代替して生産性の向上が生じた場合、その需給曲線上で示される変化として、(b)【①需要曲線が右にシフト　②需要曲線が左にシフト　③供給曲線が右にシフト　④供給曲線が左にシフト　⑤需要・供給曲線がともに下にシフト】することが考えられる。ただし、現実の世界においては、こうした理論的な市場メカニズムによる効率的な資源配分が常に実現できているわけではない。実際には、［　2　］と呼ばれる価格の自動調節機能による資源配分の効率性が損なわれる状況が生じるため、政府が介入し調整していく。戦後、日本の大企業は、ヒトをマネジメントしていく中で、終身雇用制、年功制、企業別組合といった日本的雇用慣行を形成して、日本経済の強みとされた安定した雇用形態を生み出し、上記の理論的な想定とも、あるいは単に政府による調整とも違った状況の中で経営活動を行っていた。

企業の経営活動においてヒトと同様に重要な経営資源としてモノがある。企業は、設備投資や研究開発投資、原材料の購入、販売活動など広い意味でのモノのマネジメントを通じて財やサービスを生産している。よりいえば、企業は、市場で他の企業と競争しながら、より良い製品やサービスの開発に取り組んでいる。そうした競争のあり方には種類がある。例えば、製品の品質やデザイン、あるいは宣伝や広告など価格以外の面で製品を差別化／差異化して販売を伸ばそうとする［　3　］競争というものがある。近年、企業がブランド構築のためのマーケティングをより重視する背景には、こうした競争に向けた対応という側面もある。バブル崩壊後の日本は、デフレ状況に苦しみ、その過程で1994年度以降には、(c)【①実質経済成長率が名目経済成長率と同一になる　②実質経済成長率が名目経済成長率を割る　③名目経済成長率が実質経済成長率を上回る　④実質経済成長率が名目経済成長率を下回る　⑤名目経済成長率が実質経済成長率を下回る】状態が生じ、この状態がその後約20年間も続いた。

資金が不足している経済主体と、資金に余剰がある経済主体との間で、資金を融通しあうことを金融といい、経済主体のひとつである企業も金融活動をおこなっている。企業にとって多数の家計と金融取引をおこなうことは大変であるため、それを仲介する機関である金融機関が必要となる。企業が株式や社債を発行して家計から資金を調達することを直接金融といい、証券会社がその販売を取り扱っている。家計が株式や社債に投資することが不安な場合は、銀行に預金し、銀行が企業に融資することが有利であり、それを間接金融という。企業にとって、どのように資金を調達するかを決めることもまた、経営活動上の重要なマネジメントのひとつである。日本では、証券取引所に上場されている企業の大株主は、戦後ではバブル経済期まで銀行や企業などの法人が占める比率が高く、個人の比率が低下するという特徴があった。その後、そうした株式の相互持ち合いの解消が進み、個人株主の比率と事業法人株主の比率はあまり変わらないものの、投資利回り以外に会社との取引をも重視する銀行や生命保険会社の比率が低下し、投資利回りを重視する外国人や年金基金などの機関投資家の比率が上昇している。

こうした経営資源のマネジメントに加えて、ICTの発展や経済のグローバル化の進展と共に、企業は、これまでにもまして情報や知識に関するマネジメントを求められている。知的財産は、そのマネジメントの対象の中でも中心的なものの一つとして捉えられる。なぜなら、現代社会では、モノとして形がない情報やデザイン、アイデアなどの知的財産が大きな価値を生み出すからである。これらについて、他人がみだりにそれを盗用したり濫用したりすることを許せば、知的財産をつくる動機が失われかねない。しかし、それは企業単体での対応には限界があるため、政府もまた法的な側面から知的財産権の保護を進めてきた。例えば、自由貿易を促進するための国際機関としてマラケシュ協定に基づいて設立されたWTOには、知的財産権保護に関わる協定である(d)【①DSU　②TRIPS　③TPRM　④GATS　⑤GATT】も加わった。また、最近の生成系AIのニュースの中でたびたび言及される著作権や特許権の扱いについて、日本では、2002年に制定された【 4 】法が中核的な法律の一つであり、それをもとに各関連法の審議で様々に議論されている。

このように企業は各経営資源に関わるマネジメントを遂行しながら企業活動を展開している。企業の経営者たちは、これらマネジメントに対して全体的な方針や目的を示すための経営戦略を検討し、またその目的達成に向けて企業活動を遂行するために全社的な分業・協業の体制として企業の組織を作り上げていく。

現代の企業は、その多くが株式会社という会社形態をとっている。株式会社の最高議決機関は株主総会であり、そこで任命された経営者が会社の経営にあたる。株式会社においては、経営者が株主の利益を損ねないよう、企業の意思決定を制御し、企業活動を律する仕組みであるコーポレート・ガバナンスの強化が求められ、企業の経営内容に関するディスクロージャーの適正化や、経営陣を監督する役割を担う社外取締役の設置が進められた。このような株主の利益にとどまらず、経営者は、従業員、顧客、取引先、地域住民、地球環境などを含めた多様な利害関係者の利益を勘案して経営にあたることが求められており、経営者の完全自由な意思の中で経営戦略を立てていくわけではない。最近では、経営者は自社の存在意義や目的を明確にし、いかに社会に貢献するかを定め、それを経営の軸として事業をおこなう(e)【①ソーシャル　②データ　③バリュー　④パーパス　⑤アメーバ】経営に高い注目が集まっている。

経営戦略と呼ばれる経営者の示した全社的な方針・目的は、経営組織という全社的な分業・協業の体制を通じた企業活動として遂行されていく。分業とは、生産過程を役割分担することであり、協業とは複数の労働者が協働して生産をおこなうことである。企業活動の分業・協業は、ひとつの企業を超えて遂行されることが多い。たとえば、日本の自動車や電機産業などの製造企業の間でみられた系列取引は、大企業とその下請けとして生産活動をする中小企業との長期的な分業関係と捉えることができる。戦後の日本の大企業は、株式保有、金融、人的結合、技術指導、販売契約などを通じて、企業間関係の結びつきを強める系列化をはかった。しかし、1989年から90年にかけて開かれた(f)【①日米構造協議　②日米自動車協議　③日米包括経済協議　④日米貿易協定　⑤日米相互協力】では日本の内外価格差、流通制度の非効率性に加えて、こうした系列企業の排他的な取引慣行が問題となった。どのような組織体制で企業活動を遂行していくかという課題を考えていくこともまた、経営者の重要な仕事といえる。

このように企業の経営活動は様々な要素から成り立つため、それを研究対象とする経営学は、多面的・立体的に研究を進めていき、各マネジメントに関わる知識を生み出しながら、ミクロな視点から現代の経済・社会を考えていく学問領域と捉えることができる。多くの人々が何かしらのかたちで企業と関わりながら経済活動をおこなう現代社会において、企業の経営について理解し、自ら考えることは、経営者になるならないに関わらず、これからの未来の社会を描いていく上での色々な示唆を得る大切な時間といえるだろう。

# 数　学

（60 分）

〔Ⅰ〕 0から9までの数字がひとつずつ書かれた10枚のカードがある。
以下の問に答えなさい。空欄内の各文字に当てはまる数字を所定の解答欄にマークしなさい。

(1) 6枚を選んで一列に並べるとき，偶数と奇数が交互になる場合は全部で $\boxed{\text{アイウエ}}$ 通りある。

(2) 奇数のカード2枚以上を含む5枚を選んで一列に並べるとき，奇数どうしが隣り合わせにならない場合は全部で $\boxed{\text{オカキク}}$ 通りある。

(3) 偶数のカード2枚，奇数のカード2枚を選んで一列に並べるとき，1000以上の偶数となる場合は全部で $\boxed{\text{ケコサシ}}$ 通りある。

(4) 4枚を順に選んでその数字を $a, b, c, d$ とするとき，$ab - bc - cd + da = 1$ となる $a, b, c, d$ の組合せは全部で $\boxed{\text{スセ}}$ 通りある。

(5) 2枚を順に選んでその数字を $a, b$ とするとき，$\displaystyle\int_b^a (3x^2 - 2ax - b)dx = 0$ となる $a, b$ の組合せは全部で $\boxed{\text{ソタ}}$ 通りある。

(6) 3枚を順に選んでその数字を $a, b, c$ とするとき，
$\log_5 3^{ab} \cdot \log_7 4 = \log_5 2 \cdot \log_7 27^{bc}$ となる $a, b, c$ の組合せは全部で $\boxed{\text{チツ}}$ 通りある。

〔Ⅱ〕　座標平面上の放物線 $y = x^2 - 3x + 6$ に点 P(1, 0) から 2 本の接線を引き，それらの接点のうち，$x$ 座標が正の接点を A，$x$ 座標が負の接点を B とする。また，この放物線の頂点を Q とし，直線 PQ と線分 AB の交点を R とする。

以下の問に答えなさい。空欄内の各文字に当てはまる数字を所定の解答欄にマークしなさい。ただし，分数はすべて既約分数にしなさい。根号を伴う空欄は，根号の中に現れる自然数が最小となる形で答えなさい。

(1)　$\overrightarrow{\mathrm{PA}} = (\boxed{\text{テ}}, \boxed{\text{ト}})$，$\overrightarrow{\mathrm{PB}} = (-\boxed{\text{ナ}}, \boxed{\text{ニヌ}})$ である。

(2)　$\cos\angle\mathrm{APB} = \dfrac{\boxed{\text{ネ}}\sqrt{\boxed{\text{ノハ}}}}{\boxed{\text{ヒフ}}}$ であり，三角形 APB の面積は $\boxed{\text{ヘホ}}$ である。

(3)　$\overrightarrow{\mathrm{PR}} = \dfrac{\boxed{\text{マミ}}}{\boxed{\text{ムメ}}}\overrightarrow{\mathrm{PQ}} = \dfrac{\boxed{\text{モヤ}}\overrightarrow{\mathrm{PA}} + \boxed{\text{ユ}}\overrightarrow{\mathrm{PB}}}{\boxed{\text{ヨラ}}}$ である。

(4)　三角形 BPR の面積は $\dfrac{\boxed{\text{リルレ}}}{\boxed{\text{ロワ}}}$ である。

〔Ⅲ〕　次の条件によって定められる数列 $\{a_n\}$ を考える。

$a_1 = 1,\ a_2 = -2,\ a_{n+2} = -2a_n \quad (n = 1, 2, 3, \cdots)$

この数列 $\{a_n\}$ を用いて，座標平面上に点 $\mathrm{P}_1(a_1, a_2), \mathrm{P}_2(a_2, a_3), \cdots, \mathrm{P}_n(a_n, a_{n+1}), \cdots$ をとる。

以下の問に答えなさい。設問 (1) は空欄内の各文字に当てはまる数字を所定の解答欄にマークしなさい。設問 (2)，(3)，(4) は裏面の所定の欄に解答のみ書きなさい。

(1)　数列 $\{a_n\}$ の第 20 項は $\boxed{\text{あいうえ}}$ であり，初項から第 20 項までの和は $\boxed{\text{おかき}}$ である。

(2)　$n$ を用いて，点 $\mathrm{P}_n$ の座標を表しなさい。ただし，$n$ が奇数の場合と偶数の場合に分けて書きなさい。

(3)　3 点 $\mathrm{P}_{2k-1}$，$\mathrm{P}_{2k}$，$\mathrm{P}_{2k+1}$ (ただし，$k$ は自然数) を頂点とする三角形の面積を $\mathrm{S}_k$ とする。$k$ を用いて $\mathrm{S}_k$ を表しなさい。

(4)　(3) の $\mathrm{S}_k$ について，$100 < \sum_{k=1}^{n} \mathrm{S}_k < 10000$ をみたす自然数 $n$ をすべて書きなさい。

4 即座に死ぬるわけもない

問4 傍線②の現代語訳として、もっとも適切なものを次の中から一つ選び、その番号をマークせよ。

1 心に愛くるしさがなく、顔を合わせるのが辛いので
2 心に可愛げがなく、世話をするのに困っているので
3 心に愛嬌がなく、姿を見せないので
4 心に敬愛の情がなく、直接話すのも嫌なので

問5 傍線X、Y、Zは誰のことか。もっとも適切なものをそれぞれ次の中から一つ選び、その番号をマークせよ。同じ番号を二度以上使ってもよい。

1 落窪の君　2 少将　3 北の方　4 おとど

問6 傍線③を適切な漢字一字で書け。

問7 『落窪物語』と同じく、「継子いじめ」を題材にしている作品を次の中から一つ選び、その番号をマークせよ。

1 一寸法師　2 文正草子　3 酒呑童子　4 物くさ太郎　5 鉢かづき

B
1　言うまでもなく
2　反論できないほど
3　自分の意見がなく
4　これ以上ないほど

C
1　怠けている
2　性格が悪い
3　取り柄がない
4　不器用な

D
1　さらに何か言いかけたが
2　そのように言いつけて
3　早口で言いつけて
4　去りぎわに言いかけたが

E
1　今すぐに死んでしまいたい
2　今にも死んでしまいそうだ
3　ただちに死んでしまうほどもがいて

a　いかで、さる田舎人の住むあたりに、かかる人落ちあぶれけん
b　あてなるも、賤しきも、いかでこのかぐや姫を得てしかな、見てしかなと
c　鶯の声なかりせば雪きえぬ山里いかで春を知らまし

1　ア―a、イ―b
2　ア―a、イ―c
3　ア―b、イ―a
4　ア―b、イ―c
5　ア―c、イ―a
6　ア―c、イ―b

問3　傍線A～Eの意味としてもっとも適切なものをそれぞれ次の中から一つ選び、その番号をマークせよ。

A　1　反抗せずに
2　気持ちを落ち着けて
3　雑にならないように
4　無我夢中で

ぬ。おとど、Dさ言ひかけて帰り給ひぬ。

人の聞くに恥づかしく、恥の限り言はれ、言ひつる名を、Y我と聞かれぬることと思ふに、Eただ今死ぬるものにもがなと、縫ひ物はしばし押しやりて、火の暗き方に向きて、いみじう泣けば、少将、あはれに、ことわりにて、いかに、③げに、恥づかしと思ふらむと、Z我もうち泣きて、「しばし入りて臥し給へれ」とて、せめて引き入れ給ひて、よろづに言ひ慰め給ふ。

注1　落窪の君。
注2　反物に折り目をつけること。
注3　平安時代に成立した歌集『古今和歌六帖』に収載されている「世の中をうしといひてもいづこにか身をば隠さむ山なしの花」の引き歌。「どこにも行く場所がないので」の意。
注4　北の方の夫。落窪の君の父。

問1　傍線①が「お縫いになりますな」という意味になるよう、（　Ⅰ　）にあてはまる平仮名一字を書け。歴史的仮名遣いが必要な場合には、それを用いよ。

問2　傍線ア、イの「いかで」と、次のa、b、cの文章の「いかで」が、同様の意味になる組み合わせとしてもっとも適切なものを一つ選び、その番号をマークせよ。

## （二）

次の古文は『落窪物語《おちくぼ》』の一節である。この直前の場面において、落窪の君は密かに恋人である少将と過ごしていたため、北の方（落窪の君の継母）から依頼された縫い物が遅れ、厳しく叱責されてしまった。これを読んで後の問に答えよ。

（注1）女、Aあれにもあらで、（注2）物折る。少将、衣の裾をとらへて、「まづおはせ」と引き責むれば、わづらひて入りぬ。「憎し。①（　Ⅰ　）縫ひ給ひそ。今少し、荒立てて惑はし給へ。この言葉は、なぞ。この年ごろは、かうや聞こえつる。アいかで堪へ侍らむ」とのたまへば、女、「（注3）山なしにてこそは」と言ふ。

暗うなりぬれば、格子下ろさせて、灯台に火灯させて、いかで縫ひ出でむと思ふほどに、北の方、縫ふやと見に、みそかにいましにけり。見給へば、縫ひ物はうち散らして、火は灯して、人もなし。入り臥しにけりと思ふに、大きに腹立ちて、「（注4）おとどこそ。この落窪の君、②心の愛敬なく、見わづらひぬれ、これいましてのたまへ。かくばかり急ぐものを、いづこなりし几帳にかあらむ、持ち知らぬ物設けて、衝《っ》い立てて、入り臥し入り臥しすること」などのたまへば、おとどは、「近くおはしてのたまへ」とのたまへば、いらへ遠くなりぬれば、果ての言葉は聞こえず。

少将、「落窪の君」とは聞かざりければ、「何の名ぞ、落窪」と言へば、女、いみじく恥づかしくて、「いさ」といらふ。「人の名に、いかにつけたるぞ。B論なう、屈したる人の名ならむ。きらぎらしからぬ人の名なり。北の方、さいなみだちにたり。Cさがなくぞおはしますべき」と言ひ臥し給ひけり。

袍《うへのきぬ》たちておこせたり。また遅くもぞ縫ふと思して、よろづのこと、おとどに聞こえて、「行きてのたまへ、のたまへ」と責められて、おはして、遣戸《やりど》を引き開け給ふよりのたまふやう、「否や。この落窪の君の、Xあなたにのたまふことに従はず、悪しかなるは、なぞ。親なかんめれば、イいかでよろしく思はれにしかなとこそ思はめ。かばかり急ぐに、ほかの物を縫ひて、ここの物に手触れざらむや、何の心ぞ」とて、「夜のうちに縫ひ出ださずは、子とも見えじ」とのたまへば、女、いらへもせで、つぶつぶと泣きをマークせよ。

1　自己の人間としての存在理由を明らかにすること。
2　動物との境界を超えることで孤独を解消すること。
3　内なる野生と出会い世界と連続して生きること。
4　有用性の世界を目的—手段関係で再構成すること。
5　全体としての世界は生命と等しい価値をもつこと。

問12　傍線部⑦はどういうことか、本文全体の内容を踏まえて四十字以内で説明せよ。ただし、**「溶解」「関係」の二語を必ず用いて**次の文中の空欄を補う形にすること。（句読点は一字と数える）

動物との交流は、言葉を媒介にしないがゆえに［　　　　　　　　］自己自身を価値あるものと感じさせるということ。

問8　傍線部⑤で述べる「体験」とは、具体的にはどのような体験か。その説明としてもっとも適切なものを次の中から一つ選び、その番号をマークせよ。

1　イマジネーションの力で自分の生きる世界をその外側から見つめ直すような体験。
2　動物と人間とを隔てる種の境界線が溶けて、「かいじゅう」のように異質な自己となる体験。
3　自己が溶解していくことを認識し、その経験を主体的に表現する体験。
4　経験として言語化できない、生きていることの喜びがわきあがるのを全身で表す体験。
5　動物との関わりから生まれる心情の深まりによって高度な社会性を構築する体験。

問9　空欄ロ、ハを補うのにもっとも適切な語句を本文中からそれぞれ十字以内で抜き出せ。（句読点は一字と数えない）

問10　空欄ニを補うのにもっとも適切なもの次の中から一つ選び、その番号をマークせよ。

1　共同体の一員であることを実感
2　大人の体験の先取りを
3　動物との関係を拡張
4　生命へとつながる体験を
5　死を超越する体験すら

問11　傍線部⑥で述べる「答え」とは、具体的にはどのような内容になるか。もっとも適切なものを次の中から一つ選び、その番号

4　絵本の中の動物が服を着て二足歩行していること。

5　人間は互いを名前で呼び合うということ。

問5　空欄Ⅰ～Ⅲを補うのにもっとも適切なもの次の中からそれぞれ一つ選び、その番号をマークせよ。ただし、どの番号も一度しか使えないものとする。

1　勤勉　2　狡猾　3　誠実　4　智恵　5　博愛　6　勇気

問6　傍線部④の例として適切なものを次の中から一つ選び、その番号をマークせよ。

1　「赤い蝋燭と人魚」

2　「蜘蛛の糸」

3　「ごん狐」

4　「大造じいさんとガン」

5　「なめとこ山の熊」

問7　空欄イを補うのにもっとも適切なもの次の中から一つ選び、その番号をマークせよ。

1　価値を失い、ただ生なく滅なき寂滅の

2　感覚を失い、ただジャングルを彷徨する

3　記憶を失い、ただ未来の光を浴びる

4　言葉を失い、ただ咆吼《ほうこう》だけが響く

問1　傍線部①とほぼ同じ意味のことを述べている部分を本文から抜き出したい。次の中からもっとも適切なものを一つ選び、その番号をマークせよ。

1　人間が思考を発展させる
2　ヒトから人間へと変容したと考える
3　人間が人間となる
4　人間と動物との共通性とともに異質性を認識する
5　人間はすべての存在者たちと同等となり、風景の一部となる

問2　傍線部②で述べている「世界を認識する」手段をひとことで言い表している語を、本文の2ページ目の中から抜き出せ。

問3　空欄Aを補うのにもっとも適切な二字の語を本文中から抜き出せ。ただし、空欄Aは二箇所あり、どちらも同じ語がはいる。

問4　傍線部③がいう、動物絵本の「擬人法」における「理解可能な同質性」とはどういうことか。その説明としてもっとも適切なものを次の中から一つ選び、その番号をマークせよ。

1　絵本に描かれても動物性が残ること。
2　性格にはさまざまな差異があっても同じ人間であること。
3　神話や民話では動物も人間語を話すこと。

分の存在の理由を明らかにする、手がかりでした。このことが示すように、子どももまた動物と出会うことによって、人間と動物との境界線を認識するようになります。しかし、動物はそれ以上の存在です。この人間と動物との境界性は両義的であり、動物性は一方で忌避すべきものであると同時に、魅力に満ちたものでもあるのです。動物性がもたらす戦慄や驚異は、日常的な世界を超えた驚嘆を生みだします。子どもは野生の存在と出会うことによって、動物との境界線を越えでて、あたかも動物のように世界との連続的な瞬間を生きることができるのです。そのとき世界との目的―手段関係に限定された有用性のかかわり（このような世界とのかかわりは「人間化」によって可能となったのですが）が破壊され、部分的にではなく全体として世界のうちに溶けることによって、生命に十全に触れることができるのです。

　言葉をもたない動物との交流は、言葉によって作りだされる自己と世界との距離を破壊します。ただ動物は言葉を媒介にしないがゆえに、より直接的に孤独な子どもの生を「癒す」のです。ここでは、動物とは、子どもに有用な経験をもたらす「手段」としてだけではなく、有用性の世界を破壊し仲間で固まった共同体の生を超える、⑦導き手としての「他者」でもあるのです。こうして動物とともに生きる子どもは、動物と出会うことによって「人間になること」と「人間を超えること」という二重の世界を生きることができるのです。

（矢野智司・佐々木美砂『絵本のなかの動物はなぜ一列に歩いているのか』勁草書房より）

＊本文はその一部を、出題用に編集してある。

注　(1)　トーテミズム……世界を認識するために、動物や植物をはじめ自然界のものを分類する体系を作り、社会のしくみの体系と対応させた思考様式。そうして分類した結果のひとつひとつの基本概念が「カテゴリー」である。

うちに溶解し、［ニ］するのです。子どもは、動物絵本によって人間になることだけではなく、人間を超えること（人間でなくなること）を体験するのです。さらに付け加えるなら、絵本は子どもが一人で読むというよりは、大人が子どもに読んであげるものです。したがって、この人間を超える体験は、子どもの体験であるとともに大人の体験でもあるのです。大人は、ちょうど子どもと一緒に動物園や水族館に行くのと同じように、子どもに動物絵本を読んであげることによって、子ども時代の自分の体験を生き直すことができるようになるのです。

この関係は、子どもと動物との具体的な関係にまで拡張することができます。

子どもと動物との関係は、普通、発達の論理で理解されてきました。このとき子どもと動物との関係は、人間関係との関連で理解されているため、人間関係の練習としてとらえられます。ウサギやニワトリといった小動物の世話をすることによって、子どもには生きものを慈しむ心が養われるといいます。このとき動物は子どもの「心情の教育」のための道具です。あるいは親しい動物の死に接することによって、子どもは死とはなにかを知ることができるといいます。このとき動物は「死の準備教育」のための手段です。これらのことは別にまちがっているわけではないし、このような教育的な配慮が不必要なわけでもありません。ただこのとき、社会的な次元で一人前になるための人間関係の育成に重点が当てられ、動物はそのような「人間になること」を実現するための手段とみなされているのです。

しかし、子どもと動物とのかかわりを、発達の論理から離れてとらえ直すなら、子どもと動物との別の次元の事象がみえてきます。子どもが身近にペットとしてさまざまな動物を飼っていること、またアニマル・セラピーにみられるように、子どもは動物に触れることによって癒されること、これらのことは子どもにとっていったい何を意味しているのでしょうか。⑥このような問いに、「人間を超えること」（生成）から答えることによってはじめて、子どもにとっての動物とは何かを語ることができるのです。

人間とは何かの問いは、神話に明らかなように、太古より動物との比較によって論議されてきました。動物は、人間にとって自じゅうの着ぐるみを着て大暴れをし、そのために母親によって罰として自分の部屋に閉じこめられてしまいます。閉じこめられたマックスは、イマジネーションの力で部屋をジャングルに変えてしまい、そのままかいじゅう島に航海することになります。そして、かいじゅう島でかいじゅう（動物の極限の姿）と出会い、［　イ　］エクスタシー（脱自）と歓喜の瞬間を体験することになります。この体験とは、動物が世界との境界をもたず世界と連続して生きているように、マックスの場合も世界との境界が溶解した体験です。この溶解体験の瞬間とは生成の瞬間といい直すことができます。

⑤この自己の溶解という体験は、「私の経験」として知性によってとらえられることを拒否します。深い感動は言葉にはならないですし、驚嘆しているときには言葉を失ってしまいます。「溶解体験」をとらえようとしたときの、表現の困難さは相対的なものではありません。「溶解体験」は主体が溶解するわけですから、既成の言葉によっては言い表すことのできない体験となります。「おお！」「ああ！」の体験です。しかし、このような言語化の困難なところにこそ体験の優れた価値はあるのです。つまり意味として定着できないところに、生成としての体験の価値があります。子どもはこうして、深く体験することによって、自分をはるかに超えた生命と出会い、有用性の秩序を作る人間関係とは別のところで、自己自身を価値あるものと感じることができるようになるのです。未来のためではなくこの現在に生きていることがどのようなことであるかを、深く感じるようになるのです。

しかし、マックスがこのままこの世界に居つづけることは、とても危険なことでもあります。なぜなら、彼自身がかいじゅうとなってしまうからです。マックスは自分の世界である人間世界に戻らなければなりません。人間化を破壊して世界との連続性を回復すること、そしてかいじゅうの世界からふたたびこの人間の世界へともどってくること、この絵本は人間が生きていくもっとも基本的な構造（「［　ロ　］」と「［　ハ　］」の二元性）を描いているのです。

このように動物絵本に登場する動物たちは、しばしば「人間を超える」という生成の体験をもたらす［　A　］として登場します。重要なことは、読者である子どもは、このような動物絵本というメディアをとおして、人間であることの中心性を失い世界のは、動物について考えることからはじまったといってもよいほどです。しかも、人間は自分たちと動物とのつながりと差異とを知ることによって、ヒトから人間へと変容したと考えるとき、動物は人間が人間となるための不可欠な［　A　］であったといえるでしょう。これは人類史において動物が人間の人間化をもたらしたプロセスですが、同じことは個人の発達のプロセスにおいても生じます。

たとえば、動物絵本を作りだしている「擬人法」を考えてみればよいでしょう。絵本では、動物を私たちの仲間として、人間語を話し服を着て二本足で直立歩行をするものとして描きます。擬人法は、動物や異類の存在者がもつ異質性を、③理解可能な同質性へと変換させる魔術的な手法です。私たちには、動物が特別な名前をもっているだけで、理解可能な仲間に見えてきます。それでも、動物絵本では、動物性はさまざまなレベルで残ることになり、動物の種類の違いがそのまま差異となり、ちょうど異なった性格をもつ人間の違いを現すように描くことができるのです。子どもは動物絵本によって、神話や民話がそうであったように、人間と動物との共通性とともに異質性を認識することができるというわけです。ネズミとゾウを知れば大きさのカテゴリーには困らないように、ライオンの「［　Ⅰ　］」、ネズミの「［　Ⅱ　］」、キツネの「［　Ⅲ　］」を知れば徳のカテゴリーには困らないのです。このようにして、動物を抽象的なカテゴリーのかわりに使用することによって、子どもは自己や世界を分節化して認識することができるようになります。

しかし、もう一つ別のタイプの動物絵本が存在します。このタイプの絵本は、最初のタイプの絵本の技法を「擬人法」と呼ぶなら、「逆擬人法」と呼ぶべき技法によって描かれています。登場する動物には、動物性（人間世界の外部）という人間には不透過なものが保持されています。だからこそ、そのような動物との出会いが人間世界の外部への扉を開いてくれるのです。このタイプの絵本では、人間は認識においても価値においても世界の中心ではありません。擬人法のように世界が人間に回収されるのではなく、反対に人間の方が世界化されるのです。人間はすべての存在者たちと同等となり、風景の一部となるのです。④（宮澤賢治の文学が実現している世界は、この「逆擬人法」の世界です）。

たとえば、モーリス・センダックの『かいじゅうたちのいるところ』（冨山房）では、主人公のいたずらな男の子マックスは、かい

（一）　次の文章を読んで、後の問に答えよ。

ビアトリクス・ポターの『ピーターラビットのおはなし』（福音館書店）やディック・ブルーナの『ちいさなうさこちゃん』（福音館書店）、あるいは中川李枝子文／大村百合子絵『ぐりとぐら』（福音館書店）の絵本をみればわかるように、ウサギ、クマ、野ネズミといった多くの動物が絵本には登場します。不思議なことには、幼い子のための絵本は、人間が主人公の絵本よりも動物が「主人公」の絵本の方が圧倒的に多いのです。動物絵本こそが絵本の中心であるとさえいえるほどです。

なぜこれほどまでに動物が繰り返し絵本に描かれることになるのでしょうか。しかも、子どもたちがこのような動物絵本をとおして成長することを考えるとき、子どもは動物を必要としているのではないかと考えたくなります。子どもには、大人のように食料としたり材料としたり使役に使用するようなこととは別に、動物を必要とする深い理由があるのではないでしょうか。このような深い理由とはいったい何でしょうか。

結論を先取りして述べるなら、動物は子どもにとって「人間になること（人間化）」（発達）の「手段」であると同時に、「人間を超えること（脱人間化）」（生成）を可能とする「他者」であるからです。つまり、子どもは動物と出会うことによって人間になるとともに、①人間を超えた存在になることができるのです。

動物絵本が子どもにとって「人間になること」の手段であるという最初の命題を理解するのは、それほど困難なことではありません。

フランスの構造主義が明らかにしたように、人類最初の哲学というべきトーテミズム（注1）は、非論理的な未熟な思考方法などではなく、精密で厳密な論理体系であり、②このような思考方法をもつことによって、人間は世界を認識することができるようになりました。このようなトーテミズムを可能にしたのは、動物や植物の存在です。このことは、人間が思考を発展させるうえで、動物や植物がもっていた重要性を再認識させることになります。

とくに動物は、人間にとって思考の中心テーマでありつづけてきました。人間の思考を形づくるさまざまなカテゴリーの起源

# 国語

（六〇分）

問題は次のページから始まります。

# 解答編

## 英　語

**I　解答**　1．(A)―④　(B)―①　(C)―③　(D)―②　(E)―①
(F)―④　(G)―①　(H)―③　(I)―④　(J)―④
2．(K)―③　(L)―③　(M)―②　(N)―②　(O)―③

**全訳**

**《ビジネススクールと倫理教育》**

**ビジネススクールはカリキュラムに倫理学を取り入れるべきだ**

1　2000年代初めの企業スキャンダルは，ビジネスにおける決定の社会的，環境的，文化的損失を考慮することなく，増大する利益と株価とを重視することから生じた。2000年代初めにおけるスキャンダルの一つに，アメリカのエネルギー企業エンロンがある。エンロンは策略を用いて自社の負債を隠し，業績好調であるかのように見せた。このため，投資家たちはその企業が実際よりも価値があると考えてしまった。そのスキャンダルは，エンロンが自社の財務について不誠実であることに人々が気づいたときに発覚した。エンロンは倒産し，多くの人々が職と金とを失った。ビジネススクールは，将来のリーダーを訓練するための自身の取り組みを支える，その根底にある哲学を調べ，疑問を持ち，個人，企業，社会のレベルでの誠実さに焦点を当てた学習課程を作るべきである。ビジネスは利益と株価だけでなく，ビジネスにおける決定の持つ，より広い社会的影響に対して責任を負わねばならない。

2　過去数年で発覚した悪弊の多くは，ウォールストリートの圧力と業績への期待に対するCEOたちの反応から生じた。企業の社会的責任の支持者たちは，今日の典型的な経営教育は，投資家，社会，自然環境に対する自身の決定が及ぼす影響について，広く考える能力の乏しいリーダーしか育

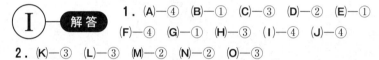

てない，と主張している。ほとんどの経営理論は，主に富の最大化に焦点を当てているため，株主のことしか考えず，自身の決定がもたらす影響について経営者たちを教育していない。実際，ビジネススクールに対する競争的圧力も相まって，ビジネスの教育者たちと企業のリーダーたちは，今日，利益の最大化にかつてよりさらに注意を払うようになった。

3　将来，企業のスキャンダルが繰り返されるのを避けるため，ビジネススクールは将来の経営者たちに，企業と社会との間に存在する一体的な関係について教えなければならない。経営学の教育者たちは，個人，企業，社会のレベルでの誠実さに焦点を当てなければならない―そして彼らは，経済におけるビジネスだけでなく，社会におけるビジネスをも扱うカリキュラムの変化に向けて努力する必要がある。

4　誠実さと個人の倫理観は，家族と幼少期における経験を通して形作られるところが多い，と信じる者もいるが，経営教育はそれでもなお，ビジネスにおいて道徳的と考えられるものに関する視点を伝えるのである。しかし，最近まで，倫理学の教授たちと社会におけるビジネスの教授たちしか，誠実さと責任の問題を大きく扱うことはなかった。経営に関する他の学問分野は，これらの話題について著しく沈黙していたのである。

5　多くの企業リーダーたちには基本的誠実さ，すなわち行動の規律に一貫して従うことが欠けているように思われる。ビジネスにおいては，この規律は明文化されていてもいなくても，取引の間に個人と組織との間に信頼を育むことによって，組織を円滑に機能させる。投資家たちは経営陣がその受託者責任を果たすだろうと信頼し，顧客たちは製品とサービスとが妥当な価値を提供するだろうと信頼し，被雇用者たちは自分たちの職の安定を信頼する。信頼はマーケットが効果的に働くために極めて重要である。

6　トップ経営者の大多数は，誠実さを持ち，個人的規範を保持する立派な個人である。しかし，彼らは内省の欠如と，自分たちの組織内での利益中心経営に代わるものを持たないため，堕落している。さらに，彼らの受けたビジネススクールでの教育は，彼らを別の行動方針に触れさせてくれなかった。もし我々が誠実さを持って行動できる経営者を得たければ，我々は彼らに意識を高くするよう教えねばならない―すなわち，彼らの信念体系を意識し，結果を意識し，自分たちの行動と決定の影響について広く考えられるように教育しなければならない。彼らの選択は人々，組織，地域共同体，そして環境に影響を及ぼす。倫理は経営とリーダーシップの重要な一部である。残念なことにビジネススクールはしばしば，倫理と経営との関係を見落とす。

7 今日の経営教育では，学生たちに結果とさまざまな視点について考えるよう教える授業が，あまり重要視されていない。倫理学，企業責任，公共政策，そして他の関連する話題は，しばしば無視される。さらに，一部の学生は，企業の社会的責任に関する，統合された学習課題と授業の重要性を軽んじる。驚くべきことに，いったんビジネススクールに入学してしまうと，経営学専攻の学生たちは，自分たちの当初持っていた理想を失う傾向がある。最近の研究によると，MBA の学生たちの態度は，顧客と製品の品質に焦点を当てることから株主の利益を最優先するほうへ変わる，ということが明らかになった。

8 さらにより不安になることは，MBA の卒業生たちは，自分たちが企業の文化と価値観に影響を与えられるとは信じていない，ということである。彼らが仕事において倫理的対立に遭遇するとき，彼らは組織内で変化を引き起こそうとするよりも，むしろ辞めてしまう可能性のほうが高い。もし，ビジネススクールが経済的利益の重要性と影響についての本質的な問題についてもっと真剣に考えなければ，我々は，自分たちの目的に関して批判的に考える能力を欠き，ビジネスにおいて問題に取り組もうとせずに簡単にあきらめてしまうリーダーを生み出す恐れがある。

9 もしかすると，現在我々が特定の学問分野と過剰な資本主義を重視していることに問題があるかどうか，については考える価値があるかもしれない。代わりに，我々は企業責任を経営教育の核に据えることによって，社会が真にビジネスリーダーたちに求める種類のスキルを教えるべきなのである。

## 解説

**1.** (A) 空所の後が「未来のリーダーを訓練するための自身の取り組みを支える哲学」となっているため，①「侵害する」，②「徐々に衰えさせる」，③「圧倒的な」は意味が合わない。空所の前には「～を調べ疑う」とあるので，現在すでにあるものが目的語になるはずである。したがって，④「内在する」が正解。

(B) 第１段ではエンロンの不祥事が発覚した経緯について書かれている。

それと文脈的に合わせるには，空所を含む箇所が「過去数年で発覚した悪弊の多く」となるのがよい。したがって，①「発見された，暴露された」が正解。②と④はともに「未知の」の意味。③は「説明されていない」の意。

(C)　空所を含む文（Because most management …）は「ほとんどの経営理論は，主に富の最大化に焦点を当てているため」と始まる。したがって，その後の文は「株主のことしか考えず，自身の決定が持つ影響について経営者たちを教育していない」となると文脈に合うので③が正解。fail to *do*「～しない」 ①「努力する」 ②「試みる」 ④「退却する」

(D)　下線部を含む文（From other management …）とその前文（Yet until recently, …）は「最近まで，倫理学の教授たちと社会におけるビジネスの教授たちしか，誠実さと責任の問題を大きく扱うことはなかった。他の経営に関する学問分野からはこれらの話題について著しい沈黙があった」という意味である。「これらの話題」とは下線部直前の文中「誠実さと責任の問題」のことであるので②が正解。①「経営学の分野」 ③「社会の教授たち」 ④「倫理学の教授たち」

(E)　本文では終始，利益中心の経営が批判されている。したがって，「彼らは内省の欠如と，自分たちの組織内での利益中心経営に代わるものを持たないため堕落している」という意味になるように①を入れる。②「誠実さ」は空所を含む文（However, they have …）の前文（The majority of …）で「トップ経営者の大多数は誠実さを持ち」と書かれているため不適当。③「基準，規範」も同文に，トップ経営者の大多数は「個人的な規範を保持する立派な個人である」とあるので同じく不適当。④「行動」も本文の内容に合わない。

(F)　誠実な経営者を育てるために，教えなければならない心の在り方が3つ述べられている。「彼らの信念体系を意識し，(　　　)を意識し，自分たちの行動と決定の影響について広く考えられる」の空所に入るのは④「結果，影響」である。①「建設」 ②「仲間」 ③「考慮」

(G)　空所を含む文の前文（Ethics is a …）から「倫理は経営とリーダーシップとの重要な一部である。残念なことに…」とつながる。逆接であるので「ビジネススクールはしばしば倫理と経営との関係を見落とす」という意味になる①が正解。②「尊敬する」 ③「～に焦点を当てる」 ④「価値を置く」

(H)　空所を含む文（Furthermore, some students…）はその前文（Subjects like ethics, …）から「倫理学，企業責任，公共政策，そして他の関連する話題はしばしば無視される。さらに…」とつながる。前文と順接なので「一部の学生は企業の社会的責任に関する統合された学習課題と授業の重要性を軽んじる」という意味になるように③を入れる。①「～を拡大する」　②「～を過度に一般化する」　④「～を認識する」

(I)　MBA の学生たちの態度は，顧客と製品の品質に焦点を当てることから株主の（　　　）を最優先するほうへ移る，という文脈なので「株主の利益」という意味になる④が正解。①「背景」　②「倫理学」　③「情報」

(J)　(J)______ capitalism を，私たちが現在重視していることには問題がある，という文脈。本文の主旨から適当なのは「過剰な資本主義」という意味になる④が正解。①「立派な」　②「厳格な」　③「有益な」

**2.** (K)「2000 年代初期の企業スキャンダルの主な原因の一つは何だったか」

①「企業のリーダーたちのためにやりがいを作り出すビジネススクール」

②「社会的，環境的損失の過度な重視」

③「より広い影響を無視する一方で利益を増やそうとする欲望」

④「企業の価値を過剰評価する投資家たち」

第1段第1文（The corporate scandals…）に「2000 年代初めの企業スキャンダルは，ビジネスにおける決定の社会的，環境的，文化的損失を考慮することなく，増大する利益と株価とを重視することから生じた」とあるので③が正解。

(L)「なぜ本文は経営学教育の変化を支持する主張を行うのか」

①「富の最大化の重要性を強調するため」

②「株主利益の重視が欠如していることを述べるため」

③「ビジネスにおける誠実さと社会的説明責任を促進するため」

④「ビジネススクールに対する競争的圧力を減らすため」

第3段第2文（Management educators must…）に「経営学の教育者たちは，個人，企業，社会のレベルでの誠実さに焦点を当てなければならない―そして彼らは，経済におけるビジネスだけでなく社会におけるビジネスをも扱うカリキュラムの変化に向けて努力する必要がある」とあるので③が正解。

(M)「どれが経営者にとっての意識の高い習慣ではないか」

①「自身の信じるものを意識すること」

②「経営と倫理との結びつきを見過ごすこと」

③「自身の行動のより広い影響について深く考えること」

④「人々と社会とに影響を及ぼす，自身の行う選択について考えること」

第6段第4文（If we want to …）に意識の高い状態として「彼らの信念体系を意識し，結果を意識し，自分たちの行動と決定の影響について広く考えられるように」することとあり，さらに次の文に「彼らの選択は人々，組織，地域共同体，そして環境に影響を及ぼす」とある。したがって，①・③・④はすべて当てはまり②が正解となる。

(N)「どの点が記事の中で言及されていないか」

①「学生たちの考え方は品質の重視から株主の重視へと変わりつつある」

②「経営学のクラスを教える教授たちは今，個人，企業，社会という3つの異なるレベルで誠実さに焦点を当てている」

③「競争のために，学校は以前よりも金を稼ぐことに，より焦点を当てるようになっている」

④「ビジネススクールの卒業生たちは，自分たちには企業の運営方針を変える能力が欠けていると感じている」

①は第7段最終文（A recent study …）に「MBA の学生たちの態度は，顧客と製品の品質に焦点を当てることから株主の利益を最優先するほうへ移る」とあるので言及されている。③は第2段最終文（Indeed, competitive pressures …）に「ビジネススクールに対する競争的圧力も相まって，ビジネスの教育者たちと企業のリーダーたちは，過去よりも今日，利益の最大化にさらにより多くの注意を払うようになった」とあるので言及されている。④は第8段第1・2文（Even more alarming … within an organization.）に「MBA の卒業生たちは，自分たちが企業の文化と価値観とに影響を与えられると信じていないのである。彼らが仕事において倫理的対立に遭遇するとき，彼らは組織内で変化を引き起こそうとするよりも，むしろ辞めてしまう可能性のほうが高い」とあるので言及されている。②については，第1段最後から2文目（Business schools should …）と第3段第2文（Management educators must …）で「ビジ

ネススクールは個人・企業・社会のレベルでの誠実さに重きをおいた教育をしなければならない」とあり，現実にはそうではない，ということであるので，②は本文の内容と逆である。したがって②が正解。

(O) 「この記事の主旨は何か」

①「エンロンのような企業が，いかにして非道徳的な慣行に関わるかを述べること」

②「学生たちに株主関係を管理する彼らの責任を示すこと」

③「読者に企業責任を強調する教育の必要性を納得させること」

④「誠実さと個人の道徳とが，今日の企業には大いに欠けていることをはっきりと示すこと」

これは本文のタイトル「ビジネススクールはカリキュラムに倫理学を取り入れなければならない」を見てもわかるとおり③が正解である。企業経営には誠実さと倫理観が必要であり，それを教える教育が必要であることを読者に訴えるのが本文の主旨。①のエンロンは企業不祥事の一例として挙げられているにすぎず，主旨ではない。

## Ⅱ 解答

**1.** (A)—① (B)—② (C)—③ (D)—④

(ア)(1) given (2) matters (3) than (4) give (5) better

(E)—①

**2.** (F)—② (G)—② (H)—① (I)—② (J)—④

### 全訳

**《不安にどう対処するか》**

**不安にどう対処するか**

1 不安は単に自然なものであるだけでなく，役に立つ場合もある。不安を覚えることで，あなたの体は逃避する，あるいは闘えるようにすることによって，行動する心構えができる。さらに，それはときにはあなたに知らせてくれる。あなたは自分の体の反応に気付くかも知れない—あなたが脅威に完全に気付く前に。不安は，あなたに問題が存在することを教えるので，あなたはそれについてさらに知るため，周囲の環境を細かく調べることができる。あなたが不安と学習について考えるとき，あなたはおそらくまず初めに，テスト不安，つまり，内容をよく知っているのに緊張のため試験でそれを示せない者のことを思うだろう。試験を受けている間に何らかの不安を感じるのは典型的である。それほど一般的ではないのは，不安が圧倒的に感じられ，試験のときだけでなく，本を読んでいるときやメモを取っているときのような，他の学習作業を行っているときにも，あなたに影響を及ぼすことである。

[2]　不安は，あなたが今そこにありもしない脅威のために，周囲の環境を確認することに時間と精神のエネルギーを常習的に費やすとき，「有益な」ものから「有害な」ものになる。有害な不安は注意力を消耗し，会話をしたり考えたりすることさえも難しくする。そして不安は思考のみならず，行動にも影響を及ぼし得る。蜘蛛恐怖症の人は，以前そこで蜘蛛を見たからと言って，自身の居間に入ることを拒むかもしれない。この異常な不安はどこからくるのだろうか？　まあまあの比率―ひょっとしたら３分の１―の原因が，我々の遺伝子にあることはほとんど疑いがない。それは，あなたのDNAがあなたが不安になるかどうかを決定する，ということではない。それはただあなたにはある性質がある，もしくはその性質を持たない他者よりも不安になりやすい，ということである。

[3]　２つの理論がある。一つは，不安というものは，パブロフの犬で観察されたのと同じ種類の学習の産物である，というものである。あなたがベルを鳴らす，それから犬に餌を与える。それを十分な回数繰り返しなさい。そうしたらその犬は，ベルの音を聞いたときに餌を与えられることを期待し，したがって口にだ液を出す。同じ過程があなたを学習に関して，不安にさせ得る。例として数学を使おう。授業中に黒板の前で数学の問題を解くように頼まれたとしよう。あなたにはそれが解けず，恥をかいたと感じる。それを数回繰り返すとしよう。そうしたらあなたは，ちょうど犬がベルの音を聞くと餌を与えられると期待するように，黒板の前へ行って数学の問題を解くよう頼まれるたびに，恥をかくことを予期するのである。恥をかくと予期することがあなたを不安にさせるのだ。しかし，それはそこで終わらない。あなたは数学の授業が，問題を解くために黒板の前へ行くよう頼まれるかもしれない場だとわかっているので，あなたは数学のクラスに歩み入った瞬間に，緊張するのである。そして，家で数学の問題に取り組むと，黒板の前でそれらに取り組むのを思い出すので，あなたはそれをするときに不安になるのだ。数学に関係するものは何でも，不安の原因となり得る。この不安の理論によって，普通のもの（数学）として始まっ

たことが，否定的なもの（失敗と恥）に結び付けられる様子が浮かび上がる。

[4]　もう一つの理論によって，不安がどのようにして制しきれなくなるかを我々は理解しやすくなる。不安の感情はあまりにも不快なので，あなたは自分が脅威と感じるもののために，常に周囲の環境を監視する。この監視の過程は無意識のものであるが，無意識でないのは緊張，すなわち，あなたが恐れるものに遭遇するかもしれないと予期する感情である。だからあなたはこう思う。「事態は本当に悪いに違いない，なぜなら自分はとても緊張しているのに，自分を緊張させるものが見つからないのだから」と。そのような考えはあなたをさらに一層，脅威に対して不安にさせるので，あなたはさらに一層それらのために辛そうな様子になり，あなたはそれらがそこにあると思っているのに，それらが見つからない，そうして悪循環は続く。

[5]　さて，あなたは我々が不合理な不安と呼んでいるものには，実は合理的な部分があることに気付いただろう。私の挙げた例では，数学の不安は黒板の前で問題に取り組む困難から始まった。我々は「数学が苦手であるせいであなたは数学をすることに関して不安になる」と言うべきではないだろうか。研究はそれが一因であると示しているが，それは完全な説明とはなり得ない。数学に不安を持つ人々の中には，実は数学がかなりできる者もいるのだ。そして，数学がひどくできないのに不安にならない者もいる。出来事の解釈が重要であるように思われる。もし失敗した試験が，あなたに関して何か重要で変えることのできないものを伝える，とあなたが考えるのであれば，数学に関してはるかに不安に感じる可能性が高い。もし数学が重要でないならば，悪い成績でもあなたは不安にはならない。もしあなたが数学に関して本当に気にしていて（だからあなたは当然，自身の悪い試験の点数について動揺している），しかし，もっと一生懸命に勉強すれば改善できると思っているならば，やはり大丈夫である。あなたが心配し，かつ無力であると感じるときのみ，不安になるのである。

[6]　我々の関心を不安の軽減に向けるとき，2つのことが明らかになる。まず，実際に起こることよりも出来事についての解釈のほうがもっと重要であるとしたら，我々がすべき主なことは，何が起こるかについてのより良い考え方を示すことであろう。第二に，我々は不安がすぐに消えてなくな

ると期待すべきではない。出来事について，より良い考え方があっても，人々は古い連想と考え方を忘れる必要がある。それは他のあらゆる難しい作業とも似ている。競技場に出た初日に，マラソンを走れるとは予想しないだろう。あなたはそれに取り組み，適度な進歩を期待する必要がある。実際のところ，不安を取り除くことは大半の心理学者が，それはあなたの目標にするべきではない，と言うであろうほどに，時間がかかるものなのである。たとえあなたが試験を受けるときに不安になっても，大事なのはその試験を受けられることである。あなたの目標は自身の不安の管理であるべきなのだ。「自分はもう不安を感じなくなるまでその仕事はできない」と思うのはやめよう。あなたの目標は，不安であるにもかかわらずその仕事をできることなのである。

## 解説

**1.** **(A)**　空所を含む文の前文（There's little doubt …）に「まあまあの比率―ひょっとしたら３分の１―の原因が，我々の遺伝子にあることはほとんど疑いがない」とあるので「あなたの DNA があなたが不安になるかどうかを決定する」という意味になる①が正解。②「～を作り出す」　③「～を尋ねる」　④「～かなと思う」

**(B)**　第３段第９文（Repeat that …）には「ちょうど犬がベルの音を聞くときに餌を与えられると予期するように」とあり，同文中の you expect to feel「感じることを予期する」が空所と対になっているので②が正解。①「～を必要とする」　③「～を後悔する」　④「～を提案する」

**(C)**　空所を含む段落ではなぜ私たちが不安を感じてしまうかを説明する２つ目の説が書かれている。「不安がどのようにして制しきれなくなるか」という意味になる③が正解。out of control で「手に負えない，制御不能な」という状態を表す。①「～から逃げる」　②「～を片付ける」　④「～を鎮圧する」

**(D)**　空所を含む文には「研究はそれが一因であると示しているが」とあるので，「それは完全な説明とはなり得ない」という意味になる④が正解。①「部分的な」　②「表面的な」　③「重要でない」

**(ア)**　完成する英文は以下のとおり。First, (1)given that your interpretation of events (2)matters more (3)than what actually happens, it would seem that the main thing we need to do is (4)give you a

(5)better way to think about what happens.

(1) given that で「～とすれば」の意味。

(2)「重要である」という意味の自動詞。

(3) 比較級 more があるので「～よりも」を表す than が入る。

(4) 空所の後に you と a … way to think「考え方」があるので第4文型を作る give が入る。

(5)「より良い」なので good の比較級 better が入る。

(E) 文脈から「それ（マラソン）に取り組む」という意味になる①が正解。work at ～「～に取り組む」 ②「(説明，冗談など）を効果を狙って挿入する」 ③「～に従ってする，～に沿って作業する」 ④は特に熟語ではない。

**2．** (F)「"abnormal anxiety" という言葉で筆者は何を意味しているか。
＿＿＿種類の不安」

①「恐怖症と密接に関係する」

②「日常生活において人々の行動を妨げる」

③「危険のために自身の周囲の環境を習慣的に確認するのを可能にする」

④「人の DNA によってあらかじめ決定されている」

abnormal anxiety については第2段第5文（Where does this …）にあり，その前の部分で説明されている。同段第2文（Damaging anxiety consumes …）に「有害な不安は注意力を消耗し，会話をしたり考えたりすることさえも難しくする」とあるのが②の内容と一致するので正解。①は，蜘蛛嫌いの話はその例だが，恐怖症と密接に関係するという記述はない。③は allows が「～を可能にする」という肯定的な意味なので文脈に合わない。④は第2段第7文（That doesn't mean …）に「DNA があなたが不安になるかどうかを決定する，ということではない」とあるので不適当。

(G)「黒板に向かって数学の問題を解く例を含めている目的は何か」

①「恥辱が人々に不安である状態を思い起こさせるのを例示するため」

②「未来の恥辱について考えることがいかに不安を作り出し得るかを例示するため」

③「いかに不安が家での不安感と結び付き得るかを例示するため」

④「いかに数学と結び付いた恥辱のみが不安を作り出すかを例示するた

め」

第3段第6文（I'll use …）から数学の問題を解く場面の例が始まる。何回か解けずに恥をかく場面が続くと，同段第10文に The anticipation of humiliation makes you anxious. とあるこの文が，②の thinking about future humiliation can create anxiety と同義である。「恥をかくのではないかと思うと不安になる」という未来のことであることがポイント。①の「恥をかくことで不安だったことを思い出す」というのは過去のことなので不適切。③「家での不安感」は第3段第13文（And working math …）に言及があるが，これは過去の恥を思い出す場面の一例であって，黒板の前で数学の問題を解く例を挙げた目的ではない。④は内容一致問題に典型的な選択肢で「数学と結び付いた恥辱のみ」というのが言い過ぎなので不適当。「のみ」「すべて」「完全に」「必ず」などの意味の極端な言葉には注意が必要である。

(H)「次のどれが不安の原因となる一因として言及されていないか」

①「教師からの否定的な反応」

②「以前の経験と連想」

③「出来事の解釈」

④「特定の分野における知識やスキルの欠如」

本文には黒板の前で数学の問題を解かされて恥をかいたと感じる例は書かれているが，教師は登場しない。したがって①が正解。②は第3段で数学の問題が解けずに恥をかく経験について述べられている。③は第5段第7文（It appears that …）および第6段で不安を軽減するために大事なこととして述べられている。④は第3段の数学の問題を解く場面で述べられている。

(I)「どの理論が，普通の経験と否定的な感情とを結び付けた結果として不安を説明しているか」

①「遺伝的性質理論」

②「パブロフの実験による理論」

③「無意識の監視理論」

④「出来事の解釈理論」

第3段第2文（One suggests that …）に「不安というものは，パブロフの犬で観察されたのと同じ種類の学習の産物である」，また，同段最終文（This theory …）に「この不安の理論は，普通のもの（数学）として始まったことが否定的なもの（失敗と恥）に結び付けられる様子を強調する」とある。「この不安の理論」とはパブロフの犬の理論と同じく，繰り返された行為，学習が不安を生み出す，という内容なので②が正解。

(J) 「不安にうまく対処することに関して，薦められる目標は何か」

①「不安を誘発する状況を避けること」

②「不安を完全に取り除くこと」

③「不安な思考を置き換えることを学ぶこと」

④「不安に感じても作業を行えること」

最終段最終文（Your target is …）に「あなたの目標は，不安にもかかわらずそれ（＝その仕事）をできることなのである」とあるので④が正解。

## III 解答

(A)—③ (B)—② (C)—② (D)—④ (E)—③ (F)—④ (G)—③ (H)—④ (I)—① (J)—③ (K)—① (L)—① (M)—④ (N)—① (O)—③

## 解説

(A) 「ケンはこの3カ月間，毎日勉強をした。それにもかかわらず彼は試験で失敗した」

空所の前後の文の意味が逆接の関係になっているので，③「それにもかかわらず」が正解。①「対照的に」 ②「したがって」 ④「一方」

(B) 「天気が良くなかったので遠足は中止になった」

空所を含む文は主節の理由になっているので，②が正解。①「～だが」 ③「もし」 ④「いったん～したら」

(C) 「その減税は貧困層を犠牲にして富裕層を利するだろう」

at the expense of ～ は「～を犠牲にして」という意味の熟語。①「暴露，発覚」 ③「膨張，増大」 ④「支出，経費」

(D) 「金銭の問題を抱えた政府は経済的問題を持っている」

problemsという名詞を修飾する形容詞を入れるので，名詞の②「経済」は除外する。③は「経済的な，安上がりな」の意味であるので注意。正解は④「経済の」になる。①は「高価な」の意。

(E) 「Cuiは韓国語を習いたいのでSeo-yoonにそれに取りかかる最善の方法を尋ねた」

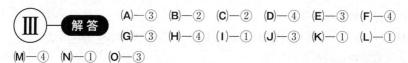

選択肢は go と組み合わされて，それぞれ①「～の周りを回る」，②「～に沿って行く」，③「～に取りかかる」，④「～を追いかける」となり，③が最も文脈に合うので正解。

(F)「ダニーは数日間学校を休んだので，勉強の遅れを取り戻さなければならない」

④ catch up on ～ は「(勉強など) の遅れを取り戻す」という意味の熟語。文脈的に最も適当なので正解。①「～を我慢する」 ②「～を利用する」 ③「～を見つけ出す」

(G)「先週，東京支店に移動するまで，彼女は 10 年間，大阪で働いていた」

Before 節の時制が過去形で，主節ではそれより以前のことを言うため過去完了形を用いる。③が正解。

(H)「部長は，今日不在のスタッフが多すぎるので，会議を来週まで延期することに決めた」

①「～をすらすら書き上げる」，②「～を一時解雇する」，③「～を脱ぐ」，④「～を延期する」の中では④が最も文脈に合うので正解。

(I)「最近の景気後退のため，売り上げはいつもより低調だが，業績は次の四半期には回復しそうだ」

Sales are slow. で「売り上げが悪い，低調だ」という意味になる。名詞と形容詞のコロケーション，組み合わせを問う問題で①が正解。②は「より活発な」という意味で売り上げに対して使えるが「最近の景気後退のため」という文脈には合わない。

(J)「放課後，彼女は宿題に関してアドバイスを求めたかったが，緊張しすぎていて先生に話しかけられなかった」

③「～を求める」が最も文脈に合うので正解。①「～に尋ねる」 ②「～について尋ねる」 ④「尋ねる」

(K)「彼はいつも上司を尊敬していて彼女の率直な意見を尊重していた」

「彼女の率直な意見を尊重していた」という文脈から①「～を尊敬する」が正解。③は「～を軽蔑する」で逆の意味になる。④は「～を楽しみにする」の意。②は熟語ではない。

(L)「クリスはその会議に 20 分遅れた。上司はため息をつき『まあ，君は少なくともここにいる。遅れても来ないよりはましだ』と言った」

①は「遅くとも何もしないよりはまし」という意味の慣用句。文脈に合うので正解。

(M)「ひどく疲れた。私はこの試験のために3カ月ずっと勉強してきた」

時制が現在完了で「3カ月連続して」とあるので「～の間」と期間を表す前置詞④が正解。①「～以内に」 ②「～へ」 ③「～以来」

(N)「ヨシは課題を提出するのが遅れたことの言い訳をしようとしたが，先生は彼を信じなかった」

make an excuse は「言い訳をする」という意味の熟語。文脈に合うので①が正解。

(O)「やあ，ジェインおかえりなさい。あなたが外出中に，お客様があなたに会いに立ち寄ったよ」

空所の後にＳＶが続くので接続詞を入れる。そのため前置詞の②「～の間」，名詞の④「時間」は除外する。①「～以来」と③「～の間」では文脈に合う③が正解となる。

## Ⅳ　解答　(A)―①　(B)―③　(C)―⑥　(D)―⑧　(E)―⑦

### 全訳

**《日本でのビジネスエチケットについての会話》**

ジョーンズ氏はカナダのトロント出身で，東京に仕事で出張中である。彼はエレベーターの中で東京支社の部長であるイトウ氏に会う。

イトウ氏　　：おはようございます！　東京での時間をお楽しみですか？

ジョーンズ氏：はい。この街はすばらしいです。見るもの，することがとてもたくさんあります！

イトウ氏　　：それを聞けて嬉しいです。今日のご予定は？

ジョーンズ氏：今日はお客様になるかもしれない方と後で会うことになっています。でも少し緊張しています。

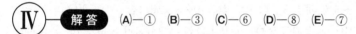

イトウ氏　　：心配しないで。まあ，日本のビジネスエチケットは覚えておいてください。お辞儀をすること，名刺を交換すること，直接の対決を避けることです。ここでは調和がすべてですから。

ジョーンズ氏：調和ですね，わかりました。でも，偶然誰かを侮辱してしまったらどうしますか？　例えば，私が何か間違ったことを言ったらどうしましょう？

イトウ氏　　：発言には気をつけてください。小さな間違いでも大きな誤解につながることがあります。一つ例を挙げますね。もしあなたが「わかります」と言いたいなら「ワカリマス」と言うでしょう。でももしあなたがちょっと間違えて発音したら「ワカリマセン」になります。それは「わからない」という意味です。

ジョーンズ氏：うわあ！　私にはもう自分が最悪なときに間違ったことを言うのが見えます。

イトウ氏　　：あんまり心配しすぎないで。日本人は寛大です。特にあなたが一生懸命やっているならば。もし物事が気まずくなったら，ただ微笑んでお辞儀をしてください。そして覚えておいてください。少しのユーモアが張り詰めた状況を鎮めるのに役立ちます。

ジョーンズ氏：それはいいアドバイスです。商談中は常にユーモアの感覚を保つようにします。ありがとうございます！

イトウ氏　　：どういたしまして。そして他のすべてが失敗したら，ただ「スミマセン」（すみません）と言ってお辞儀をしてください。それが究極の日本式問題解決のテクニックです。

ジョーンズ氏：わかりました！　私は万一に備えて，そのフレーズをいつでも使えるようにしておきます。重ねがさねありがとうございます！

イトウ氏　　：どういたしまして。面会がうまくいきますように，そして東京での時間を楽しんでください！　お帰りになる前に寿司を食べてみるのをお忘れなく。

ジョーンズ氏：もちろん！　寿司は欠かせません。さようなら！

## 解説

(A)　イトウ氏はジョーンズ氏に東京を楽しんでいるかと尋ね，ジョーンズ氏からとても楽しんでいる様子の返事を受ける。したがって，「それを聞けて嬉しいです」という意味になる①が正解。

(B)　発言を受けてジョーンズ氏は「調和ですね，わかりました」と答えている。「ここでは調和がすべてです」の意味になる③が正解。

(C)　イトウ氏は続けて「ワカリマス」を「ワカリマセン」と言い間違えないように注意を促している。「発言には気をつけてください」の意味になる⑥が正解。

(D)　ジョーンズ氏はイトウ氏からユーモアが緊張した場をほぐすとアドバイスを受ける。「それはいいアドバイスです」の意味になる⑧が正解。

(E)　ジョーンズ氏から「重ねてありがとうございます」と言われたのを受ける発言なので「どういたしまして」の意味になる⑦が正解。イトウ氏の6番目の発言に You're welcome. というフレーズがあるが，これも同意表現。

## 講評

長文読解問題に関して，2022・2023年度は人文系の文章も出題されたが，2024年度は社会科学系と精神医学系であった。Ⅰの社会科学系の英文ではエンロン社による不祥事や株主利益など，経済，経営について普段から読み聞きしているほうが理解しやすい内容，語句が含まれるが，2023年度で「ソフトパワー」という専門用語がわからなくても正解を導けたように，基本的な英文読解力があれば文脈はつかめる。Ⅱの不安の対処法に関しても，パニック障害の療法として一般的な内容が書かれているが，それを聞いたことがなくても英文読解力があれば問題ない。単語や熟語などの知識を増やし，文法や構文をしっかりと理解し，さまざまなジャンルの英文を読む，という正攻法の勉強を行ってほしい。

文法・語彙問題では2024年度もこれまでどおり空所補充型の設問が15問出題された。単語，熟語，コロケーション，慣用句，文法と多岐にわたる出題がされているが，特に熟語が目立ち，中には難度の高いものも含まれる。しかし，基本的な知識があれば消去法で正解を導けるだろう。ただコロケーションはかなり難しく，正解できなかった受験生も多かったのではないか。sales「売り上げ」に関するコロケーションなので，経営学部の学生として経営に関わる英語表現を見知っているかが問われているのかもしれない。

会話文問題に関しては，英文量が大幅に増えた2023年度よりも若干ボリュームは減ったものの，ほぼ2023年度どおりであった。5問中3問は会話の流れから容易に正解を見つけられるだろうが，他の2問は会話表現を知らないと難しいかもしれない。

# 日本史

## I　解答

問1．B　問2．D　問3．B　問4．C　問5．D
問6．D　問7．D　問8．A　問9．C　問10．B
問11．D　問12．D　問13．B　問14．B　問15．C

### 解説

**《2人の早川徳次の生涯からみる近現代史》**

**問1．** B．正解。1927年3月に大蔵大臣片岡直温が，実際はまだ休業していなかった東京渡辺銀行を「破綻した」と言ってしまったことをきっかけにして，金融恐慌が発生した。

A．誤り。ウォール街の株式暴落に端を発する世界恐慌が発生したのは1929年である。

C．誤り。三井合名会社の団琢磨らが暗殺された血盟団事件が起こったのは1932年である。

D．誤り。日本は1933年に国際連盟から脱退を通告した（1935年発効）。

**問2．** D．正解。富岡製糸場が民間に払い下げられたのは1893年である。払い下げ先は三井であった。

A．誤り。鹿鳴館が建設されたのは1883年である。

B．誤り。明治法律学校が創設されたのは1881年である。1903年に明治大学と改称された。

C．誤り。台湾総督府が設置されたのは1895年である。

**問5．** D．正解。横浜正金銀行は1880年，貿易金融を目的として設立された。1931年の金本位制離脱後は外国為替統制の中心機関となった。1946年に普通銀行に改組し，東京銀行として再発足した。

**問6．** D．誤文。甘粕正彦大尉によって殺害されたのは，大杉栄と伊藤野枝である。小林多喜二は1933年，特別高等警察に逮捕され，拷問により死亡した。

**問7．** D．誤り。治安維持法が公布されたのは1925年である。普通選挙法を施行することで共産主義者や無政府主義者の台頭につながることを恐れたという要因があった。

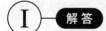

**問8．** A．正解。美濃部達吉の憲法学説が，反国体的であると貴族院で非難された事件（天皇機関説事件）は，1935年の出来事である。

B．誤り。矢内原忠雄が，反戦思想の持ち主として，大学教授の職を追われた事件（矢内原事件）は，1937年の出来事である。

C．誤り。自由主義学説を唱えていた滝川幸辰が，鳩山一郎文部大臣の圧力で休職処分を受けた事件（滝川事件）は，1933年の出来事である。

D．誤り。共産党幹部の鍋山貞親・佐野学らが獄中で「転向」を声明したのは1933年である。

**問9．** C．正解。対米開戦を決定した東条英機内閣であったが，1942年のミッドウェー海戦で日本軍が大きな損害を受けたことで，戦局が転換した。

A．誤り。大政翼賛会は1940年，挙国一致の体制を強化するために，第2次近衛文麿内閣の下で成立した。

B．誤り。帝国国策遂行要領は1941年，第3次近衛文麿内閣の下で決定され，日米交渉が妥結しない場合の対米（英・蘭）開戦を決意した。

D．誤り。戦局が転換するなかで，東条英機内閣は1943年に東京で大東亜会議を開催し，占領地の人々の対日協力を確保しようとした。

**問10．** B．正解。大学・高等学校および専門学校に在学中の徴兵適齢文科系学生を軍に入隊させる学徒出陣は，1943年に行われた。

A．誤り。1946年，第二次世界大戦後の幣原喜重郎内閣の下で金融緊急措置令が出され，預金封鎖が行われたことで従来の旧円の流通が禁止され，新円の引き出しが制限された。

C．誤り。重要産業統制法が制定されたのは1931年（浜口雄幸内閣）である。

D．誤り。ロンドン海軍軍縮条約が結ばれたのは1930年（浜口雄幸内閣）である。

**問11．** D．誤文。ドッジ=ラインによって，経済安定九原則にもとづき財政赤字を許さない予算が作成され，インフレ抑制につながった。

**問12．** D．誤文。朝鮮戦争の休戦協定が結ばれた場所は板門店である。

**問13．** B．正解。テレビ放送は1953年2月，NHKが東京地区で本放送を開始した。同年8月，民間放送もそれに続いた。当初は街頭や店頭に設置されたテレビが人気を集めた。

**問14.** B．正文。1960年代末以降に新たな耐久消費財の普及の中心となった「新三種の神器」は「3C」（カー・クーラー・カラーテレビ）とも呼ばれた。

A．誤文。カラーテレビの普及率が白黒テレビの普及率を抜いたのは1970年代である。

C．誤文。カラーテレビの普及率は1970年代に9割を突破したが，ルームエアコンの普及率が9割に到達するのは21世紀に入ってからである。

D．誤文。カラーテレビの放送は1960年から始まった。

**問15.** C．誤文。渋沢栄一らが設立した大阪紡績会社は，イギリス製機械を導入して1万錘規模で操業を開始した。



## Ⅱ　解答

**問1．** C　**問2．** A　**問3．** D　**問4．**（設問省略）
**問5．** C　**問6．** A　**問7．** A　**問8．** C　**問9．** D
**問10.** B　**問11.** C　**問12.** B　**問13.** C　**問14.** C　**問15.** C

## 解説

**《大正・昭和の教育史》**

**問1．** C．誤文。吉野作造は主権在民を訴えたわけではなく，大日本帝国憲法の天皇主権の枠内で，政策決定において民衆の意向を重視すべきだとする民本主義を唱えた。

**問2．** A．正解。1903年に家庭生活誌『家庭之友』を創刊した羽仁もと子は，1921年には自由学園を創設し，生活即教育をモットーに自由主義教育を行った。

**問3．** D．正文。第一次世界大戦の間にアジア・太平洋地域で膨張に成功した日本は，アメリカから反発を受けていた。アメリカ大統領ハーディングの提唱で開かれたワシントン会議では，欧米諸国と日本の海軍力拡大を制限し，アジア・太平洋問題を協議した。

A．誤文。日本の全権は加藤友三郎・徳川家達・幣原喜重郎であった。

B．誤文。四カ国条約は，日・米・英・伊ではなく，日・米・英・仏の間で1921年に締結された。

C．誤文。九カ国条約は，英・米・日・仏・伊の5カ国にポルトガル，オランダ，ベルギー，中国を加えて締結した。

**問5．** C．正解。昭和初期の恐慌を契機に，生活をありのまま作文にすることによって社会の現実を探る教育運動（生活綴方運動）が発展した。

**問8．** C．正文。1943年，戦局の悪化とともに，14歳以上25歳未満の未婚女性が女子挺身隊として工場などへ勤労奉仕に動員された。

A．誤文。女子挺身隊は軍需産業などの労働力として動員されており，従軍する部隊ではない。

B．誤文。沖縄のひめゆり隊は女子学徒隊として看護要員などに動員された。

D．誤文。1944年，女子挺身隊勤労令により全員が工場へ配置された。戦地に派兵されてはいない。

**問9．** D．正文。サイパン島陥落後の1944年7月，政府は沖縄県から本土や台湾への疎開計画を緊急決定した。しかし，8月に学童疎開者を乗せた対馬丸がアメリカ潜水艦の魚雷攻撃により沈没すると（対馬丸事件），沖縄県民は疎開に消極的になっていった。

A．誤文。学童疎開の学童とは国民学校の初等科（就業年限は6歳から6年間）に通っていた児童のことである。疎開は当初，国民学校初等科3年以上6年までを対象としていた。

B．誤文。教員に引率された児童が集団で疎開することを集団疎開と呼び，両親と離れて疎開先で暮らす児童が増えた。

C．誤文。大都市から農村に疎開した子どもが大半を占めていた。

**問10．** B．正解。4つの教育指令の内容は，軍国主義的な思想の教育や軍事教育の禁止，軍国主義者や国家主義者の教育からの追放，旧軍人の教職従事の禁止，学校からの国家神道教育の排除，修身・日本歴史・地理の授業の停止と教科書の回収，といったものであった。

A．誤り。軍事教練ではなく日本歴史の授業停止が指令された。

C．誤り。教科書全てへの墨塗りが指示されたわけではなく，軍国主義を賛美する部分や戦争にかかわる不都合な部分への墨塗りが行われた。

D．誤り。国家神道と教育の分離には言及しているが，あらゆる宗教への言及はない。

**問11．** C．誤り。教育勅語は1948年，国会決議で失効した。

**問12．** B．正解。南原繁は1945年に東大総長となり，1946年には教育家委員会委員長としてアメリカ教育使節団に教育改革を建議した。サンフランシスコ講和条約をめぐる論争では，安倍能成・大内兵衛・矢内原忠雄らとともに，ソ連・中国を含む全連合国と条約を締結すべきとする全面講和論を主張し，吉田茂首相から「曲学阿世の徒」と批判された。

**問13.** C．正解。教育基本法と学校教育法は第1次吉田茂内閣の下で1947年に公布された。第二次農地改革は1946年10月，GHQの勧告で第1次吉田茂内閣が行った。

A．誤り。金融緊急措置令の公布は1946年2月（幣原喜重郎内閣）。

B．誤り。第一次農地改革の実施は1945年12月（幣原喜重郎内閣）。

D．誤り。政令201号の公布は1948年7月（芦田均内閣）。

**問14.** C．正解。都道府県教職員組合の連合体として1947年に結成された日本教職員組合（日教組）は，反戦運動と民主主義教育の中心となり，保守政権下の文部省と1970年代まで対立した。

**問15.** C．正文。「教育二法」には，特定政党の支持または反対の教育を行うことを禁止する「義務教育諸学校における教育の政治的中立の確保に関する臨時措置法」が含まれる。

A．誤文。全ての教員ではなく，義務教育諸学校の教員を対象とした。

B．誤文。住民による公選制であった教育委員会が，任命制に切り替えられたことで，教育委員会の権限が縮小した。

D．誤文。教育委員会法を改正したのではなく，教育委員会法を廃止し，新たに「地方教育行政の組織及び運営に関する法律」（新教育委員会法）を公布した。

## Ⅲ 解答

**問1.** D　**問2.** D　**問3.** A　**問4.** D　**問5.** A
**問6.** B　**問7.** D　**問8.** A　**問9.** D　**問10.** B

### 解説

**《『菊と刀』からみる日本の戦争と近代史》**

**問1.** D．正文。1875年に来日したドイツ人地質学者のナウマンは，各地の地質調査を実施し，フォッサ=マグナ（中央大地溝帯）を指摘した。ナウマンゾウはナウマンに因んで命名された。

A．誤文。1864年，四国艦隊下関砲撃事件でイギリス・フランス・アメリカとともに砲台を攻撃したのは，ドイツではなくオランダである。

B．誤文。ジーメンス事件は第1次山本権兵衛内閣が失脚するきっかけとなった。

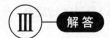

C．誤文。ドイツとの軍事同盟を積極的に推し進めたのは第2次近衛文麿内閣である。

**問2．** D．正解。ドイツは山東半島の膠州湾を租借した。Aは福建省であり，日本が他国への不割譲を清に確約させた。Bはフランスの勢力範囲，Cはロシアの勢力範囲である。

**問3．** A．正解。東京で開催された大東亜会議には，汪兆銘政権，「満洲国」，タイ，フィリピン，ビルマ，自由インド仮政府の代表が参加した。

**問4．** D．正文。1871年，戸籍法を公布した。1872年には全国的に統一された戸籍（壬申戸籍）を作成した。

A．誤文。1868年の五榜の掲示ではキリスト教が禁じられた。

B．誤文。榎本武揚らが立て籠った五稜郭は，会津ではなく箱館にあった。

C．誤文。1869年の版籍奉還では，徴税と軍事の両権は藩に残り，旧藩主がそのまま知藩事に任命されて行政にあたった。

**問5．** A．正解。萩の乱は1876年。→秩父事件は1884年。→伊藤博文暗殺は1909年。→米騒動は1918年。

**問6．** B．誤文。1890年代の輸出品目の第一位は生糸である。開港後，製糸業は最大の輸出産業として成長し，生糸は近代日本の最も重要で，その占める割合が高い輸出品となった。

**問9．** D．正解。太平洋戦争開戦からミッドウェー海戦までの間とは，1941年12月から1942年6月までの期間である。東条英機内閣が5年ぶりの総選挙（翼賛選挙）を実施したのは1942年4月である。Aのマリアナ沖海戦は1944年6月，Bの火野葦平の『土と兵隊』の発刊は1938年，Cの坂口安吾の『白痴』の発刊は1947年である。

**問10．** B．誤文。新渡戸稲造は札幌農学校でキリスト教に入信し，1899年に『武士道』を英文で発表して日本文化を紹介した。1920〜26年には国際連盟事務局次長として活躍した。第一次上海事変勃発の際に軍閥や軍国主義を批判する発言をしたことはあるが，非戦論を唱えて大学を追放されたという事実はない。札幌農学校で新渡戸とともに学んだ内村鑑三は，日露戦争前に非戦論を主張している。

## 講評

大問数は3題で例年と変わりなく，解答個数は2023年度から4個減少して40個だった。2021年度までは記述問題が数問出題されていたが，2022年度以降はすべて選択問題となり，全問マークシート方式での解答となった。2023年度のⅢではリード文がなかったが，2024年度はリード文のある形式に戻った。

難易度は全体的にやや難である。正文・誤文選択問題の割合が高く，その中にいくつか難問がみられる。正確な年代の知識を必要とする設問や，時事的な知識を必要とする設問などが出題されている。

時代・分野別ではⅠが近現代の社会経済・政治・外交，Ⅱが近現代の文化・外交・政治，Ⅲが近代の政治・外交となっている。時代別では，ほとんどが近現代からの出題だが，2022・2023年度は近世からの出題もみられる。過去には古代・中世から出題されたこともあるため，全時代・全分野の学習をしっかりしておきたい。分野別では社会経済史の比重が高いので，時間をかけて学習しておく必要がある。また，近年は文化史からの出題も目立っている。

**Ⅰ**　「2人の早川徳次の生涯からみる近現代史」というテーマで，近現代の設問に答えることが求められた。年代を意識しながら文章の正誤を判断させる設問が多かった。

**Ⅱ**　「大正・昭和の教育史」というテーマで，近現代の文化史を中心に出題された。問10ではGHQが日本政府に対して出した4つの教育指令の内容が問われており，難問である。問11ではアメリカ教育使節団の報告書の内容が問われており，やや難問である。近現代の教育史は，明治大学の日本史では頻出のテーマなので，細かいところまでしっかり学習しておきたい。

**Ⅲ**　「『菊と刀』からみる日本の戦争と近代史」というテーマで，近代の政治・外交史を中心に出題された。地図を使った設問が2問出題されたので，今後も注意が必要である。

教科書に記載のないような難問がいくつか出題されているが，問題の多くは教科書の内容を基礎として出題されている。近現代史を中心に，教科書の範囲内で解ける問題を取りこぼさないように学習することを心がけたい。

# 世界史

## I　解答

**設問1．** B　**設問2．** B　**設問3．** D　**設問4．** A
**設問5．** C　**設問6．** D　**設問7．** A　**設問8．** D
**設問9．** C　**設問10．** D

### 解説

**《10世紀までの遊牧騎馬民族史》**

**設問1．** B．誤文。「羊・牛・馬・豚」とあるが，遊牧民は普通，豚は飼育しない。遊牧民の飼育の対象となる主な家畜は，羊・牛・馬・ヤギ・ラクダである。

**設問2．** B．誤文。衛氏朝鮮は，漢の高祖ではなく武帝に，前108年に滅ぼされた。

D．正文。匈奴は，前1世紀中頃東西に分裂し，さらに東匈奴は1世紀中頃に南北に分裂した。五胡のひとつに数えられたのは南匈奴である。

**設問4．** A．誤文。ソグド人の故地は，「カシュガル，クチャなどの」現在の新疆ウイグル自治区ではなく，中央アジアのアム川とシル川にはさまれた，サマルカンドを中心とするソグディアナとよばれた地方である。

**設問7．** Aのブルガール人が正解。先住民のスラブ人と同化して現在のブルガリア人の先祖となった。Bのアヴァール人は6世紀にパンノニア（現在のハンガリー）平原に侵入・定着した遊牧民族。そのアヴァール人に代わって10世紀にパンノニアに定住したのが，ウラル語族系のCのマジャール人（ハンガリー人の自称）である。Dのハザール人は，6～10世紀にカスピ海・黒海北岸の草原地帯で活動し，ユダヤ教に改宗したことでも知られるトルコ系遊牧民族である。

**設問8．** D．誤文。「騎馬遊牧民としてはじめて文字をつくった」のは，ウイグルではなく突厥である。

**設問9．** C．誤文。チベット仏教は，上座部仏教ではなく大乗仏教の系統である。

**設問10．** Dのカラ=ハン朝は，10世紀半ばに中央アジアに成立した最初のトルコ系イスラーム王朝。Cのセルジューク朝もトルコ系イスラーム王朝であるが，成立したのは 11 世紀である。



Ⅱ 解答 **設問1．** D　**設問2．** C　**設問3．** A　**設問4．** A
**設問5．** B　**設問6．** D　**設問7．** B　**設問8．** C
**設問9．** D　**設問10．** C

## 解説

**《中世ヨーロッパ史》**

**設問1．** 7 世紀までのビザンツ帝国の説明として適切でないものを選ぶ設問。D．誤文。プロノイア制がビザンツ帝国でしかれたのは 11 世紀以降のこと。

**設問2．** A．誤文。1122 年のヴォルムス協約で，皇帝ではなく教皇の聖職叙任権が認められた。

B．誤文。グレゴリウス 7 世ではなく，インノケンティウス 3 世が，南フランスへのアルビジョワ十字軍を呼びかけた。

D．誤文。「教会大分裂の解消を目的として」開催されたのは，トリエント公会議ではなく，コンスタンツ公会議（1414～18 年）である。

**設問3．** B．誤文。神聖ローマ皇帝フリードリヒ 1 世は，第 4 回ではなく第 3 回十字軍に参加した。

C．誤文。コンスタンティノープルを占領したのは，第 6 回ではなく第 4 回十字軍である。

D．誤文。1291 年に陥落したのはイェルサレムではなくアッコンである。

**設問4．** Aのサンチャゴ=デ=コンポステラは，スペインの西北端のガリシア州の州都であり，イエスの使徒の一人のヤコブの墓が見つかったとされる地で，イェルサレム・ローマとともにキリスト教の三大巡礼地に数えられている。なお，サンチャゴはスペイン語で聖ヤコブのこと。

**設問6．** Aのブレーメンもハンザ同盟の有力な加盟都市であったが，Dのリューベックが盟主格であった。

**設問8．** C．誤文。ウィリアム=オブ=オッカムは，普遍的なものは実在するとみなす実在論ではなく，普遍的なものは実在しないとする唯名論を支持する学者であった。

**設問9．** D．誤文。11 世紀後半から 13 世紀前半にかけては大開墾時代とよばれ，西ヨーロッパでは開墾が進んだ。ベネディクト派やシトー派の修道院がその推進役であった。フランチェスコ修道会は，13 世紀にできた修道会で，11・12 世紀には存在していない。

**設問10.** A．誤文。イングランドの封建社会は，北フランスのノルマンディー公がイングランドを支配してノルマン朝（1066～1154 年）を興したことから始まった。プランタジネット朝はその次の王朝である。

B．誤文。三部会を 1302 年に招集したのは，フィリップ 2 世ではなく，フィリップ 4 世である。

D．誤文。百年戦争の結果，「イングランドは大陸のすべての領土を失った」わけではなく，カレーだけがイングランド領として残った。

**Ⅲ 解答** **設問 1．** B **設問 2．** D **設問 3．** C **設問 4．** B **設問 5．** A **設問 6．** C **設問 7．** B **設問 8．** C **設問 9．** A **設問10.** D

## 解説

**《18 世紀以降の東南アジア史》**

**設問 1．** B．誤文。19 世紀末に，ホセ=リサールが民族主義的な啓蒙運動を始めて，フィリピン民族同盟を結成したが，1896 年の武装組織カティプーナン党の決起から始まるフィリピン革命には指導者として直接関わったわけではないので誤文と判断できる（ただ彼は，この蜂起に関与したとして 1896 年に銃殺されている）。

**設問 3．** C．誤文。サレカット=イスラーム（1911 年に結成され翌 1912 年にこの名称になる）は，当初は相互扶助的な性格の組織で，「社会主義革命を目的」としたものではなかった。

**設問 4．** B．誤文。「プールナ=スワラージが宣言された」のは，インドネシアではなく，イギリス統治下のインドである。

**設問 6．** C．正文。アウン=サンは，1944 年に「反ファシスト人民自由連盟を組織」し，抗日運動を展開した。

A．誤文。タキン党は，「穏健な啓蒙主義団体として」ではなく，ビルマの完全独立をめざす結社として結成された。

B．誤文。1935 年に制定された新インド統治法で，ビルマはインドから分離され，ビルマ統治法が 1937 年から施行された。この結果，「自治を完全に失った」わけではなく，自治権は以前より拡大した。

D．誤文。1930 年にサヤ=サンは，学生ではなく農民を率いて蜂起した。

**設問 7．** B．正文。越南とはベトナムのこと。それ以前の国号は大越。

A．誤文。西山（タイソン）の乱が黎朝を滅ぼして西山政権（1778～1802 年）が成立するが，広南王国阮氏の血をひく阮福暎が西山政権を倒し，阮朝を建てた。

C．誤文。阮朝は都をベトナム中部のフエにおいた。

D．誤文。フランスは，1887 年にベトナム・カンボジアを合わせてフランス領インドシナ連邦を成立させ，1899 年にはラオスをこれに加えた。

**設問 8．** C．正文。ドンズー（東遊）運動を組織したファン=ボイ=チャウは，1912 年に「中国の国民党の助力を得て」，ベトナム光復会を組織した。

A．誤文。ファン=チュー=チンではなく，ファン=ボイ=チャウが 1904 年に「維新会を組織した」。

B．誤文。ファン=ボイ=チャウは，中国ではなく，日本への留学をすすめるドンズー運動をおこなった。

D．誤文。ベトナム国民党が間違い。ホー=チ=ミンは 1930 年にベトナム共産党（同年にインドシナ共産党と改称）を結成した。

**設問 9．** 1954 年に，アメリカ・イギリス・フランス・オーストラリア・ニュージーランド・タイ・フィリピン・パキスタンが加盟する東南アジア条約機構が成立した（1977 年解散）。

**設問10．** タイのラーマ 5 世に関する設問。D．誤文。イラワディ川はタイではなくビルマを流れる川である。タイを流れる大河はチャオプラヤ川。

**Ⅳ　解答**

**設問 1．** A　**設問 2．** D　**設問 3．** A　**設問 4．** B
**設問 5．** C　**設問 6．** D　**設問 7．** D　**設問 8．** A
**設問 9．** A　**設問10．** B

## 解説

**《ロシア革命から 21 世紀までのロシア史》**

**設問 1．** A．誤文。1921 年からの新経済政策（ネップ）においても，銀行・外国貿易の国家管理は維持された。

**設問 2．** D．誤文。一国革命論ではなく，世界革命論を主張したトロツキーが追放された。一国革命論はスターリンの主張である。

**設問 3．** A．誤文。スペイン内戦（1936～39 年）が起こると，ソ連は人民戦線政府を援助した。「不介入の立場をとった」のは，イギリス・フランスである。

**設問4．** B．誤文。フルシチョフが共産党第一書記であったのは，スターリンが死去した1953年から，失脚した1964年まで。ソ連がチェコスロヴァキアに軍事介入をしたのは1968年で，ブレジネフの時代である。

**設問5．** C．誤文。中ソ対立で中国を支持したのは，ハンガリーではなく，アルバニアである。

**設問6．** D．誤文。フランス大統領のジスカールデスタンの提唱で，1975年に，アメリカ・イギリス・フランス・西ドイツ・イタリア・日本の6カ国が参加して，フランスのランブイエで第1回サミット（先進国首脳会議）が開催された。ソ連は参加していない。

**設問7．** D．正文。コソヴォ自治州のアルバニア人に対するセルビアによる「民族浄化などの行為を阻止するため」として，1999年にNATO軍によってセルビアに対する空爆がおこなわれた。

A．誤文。ルーマニアではなくユーゴスラビアが，1948年にコミンフォルム（共産党情報局）から除名された。

B．誤文。1956年にポーランドのポズナニで民衆の抗議運動が起こるが，ポーランド政府がこの運動を鎮圧した。一方，同年にハンガリーでは，全国的な反ソ運動が起こり，これにはソ連が軍事介入して鎮圧した。

C．誤文。「連帯」が結成されたのはブルガリアではなく，ポーランド。

**設問9．** B．誤文。ゴルバチョフは，アメリカのレーガン大統領ではなく，ブッシュ大統領（父）との間で，「戦略兵器削減条約について合意した」。

C．誤文。1991年に成立した独立国家共同体（CIS）に，エストニア・ラトビア・リトアニアのバルト三国は入っていない。

D．誤文。1989年，エリツィン大統領ではなくゴルバチョフが，ソ連軍のアフガニスタンからの撤退を実現した。

**設問10．** B．誤文。2000年のロシア大統領選挙では，エリツィン再選ではなく，その後継者となったプーチンが当選した。

A．正文。2014年にウクライナで，親ロシア派の政権が反ロシア派の勢力に倒されて新政権が成立し，新政権がEUやNATO加盟の意向を示すと，これに対してロシアはクリミア半島を併合した。

D．正文。グルジア領内の南オセチア・アブハジア両自治州をめぐる紛争から，2008 年 8 月にロシアとグルジアの戦争が起こり，このときにグルジア大統領が独立国家共同体からの脱退を表明した。そして翌 2009 年にこれを議会が可決承認し，正式に脱退が決まった。



## 講評

2023 年度同様に全 40 問すべて 4 択問題で，2024 年度は，うち約 7 割の 27 問が正文・誤文選択問題である。正解となる選択肢は，教科書に記載されている標準的なレベルの知識で対応できるものが多いとはいえ，かなり詳細な知識が要求される設問も少なくはない。難度は全般的に高いが，ただ 2023 年度と比較すると易しくなった印象を受ける。なお，2024 年度は，Ⅰが遊牧騎馬民族史，Ⅲが近現代の東南アジア史，Ⅳがロシア革命から 21 世紀までのロシア史からの大問で，学習が手薄になりがちな地域と時代から多く出題されている。大問Ⅰ・Ⅱに比べて，大問Ⅲ・Ⅳの難度が高い。

**Ⅰ**　10 世紀までの遊牧騎馬民族史の大問である。特に難問といえる設問はない。設問 9 は，チベット仏教に関する教科書の記述が頭に入っていれば，Cの上座部仏教が誤りだと判断できるはずである。

**Ⅱ**　中世ヨーロッパの，政治・経済・文化にわたる総合問題である。2024 年度の大問 4 題のなかでは難度は比較的低く，基礎的ないしは標準的な問題がほとんどである。設問 4 のサンチャゴ=デ=コンポステラは有名な巡礼地であるが，教科書によっては記載されていない。

**Ⅲ**　18 世紀以降の東南アジア史の大問である。ほとんどが標準的な知識で対応できるが，一部に教科書によっては記載されていないものもみられる。設問 1 のBの文の正誤の判断は難しい。また，設問 6 はやや難。設問 8 は，正解となる短文に出ている「ベトナム光復会」を知らなくても，この設問の他の選択肢は比較的誤文と判断しやすいので，消去法で対応できる。

**Ⅳ**　ロシア革命から 21 世紀に至るまでのロシア史の大問で，ロシア=グルジア戦争やロシアによるクリミア併合まで問われている。難しそうにみえても正解となる短文の正誤の判断は比較的容易な設問が多い。難度はそれなりに高い問題が多いが，特に難問とまでいえるものはない。

# 政治・経済

## I 解答

(a)―⑤ (b)―① (c)―① (d)―② (e)―⑤ (f)―⑤

**1．** 社会契約 **2．** 集団安全保障 **3．** 国体護持

### 解説

**《主権国家の成立と展開》**

(a) ⑤ジョン王が正解。マグナ・カルタによって，諸侯の権利を国王が認め，また，王権の制限が認められるなど，法の支配やのちの立憲主義の源流となった。

(b) ①ボーダンが正解。フランス絶対王政期の政治史思想家であり，『国家論』のなかで主権概念を提唱しているが，王権神授説を擁護する立場であった。

(c) ①国家が適切。リヴァイアサンは旧約聖書に登場する海の怪物に例えられ，人民が自然権を主権者に譲渡することで，リヴァイアサンを最強のものとし，これを国家とした。

(d) ②「直接民主制を支持した」が適切。ルソーは一般意志によって，共同体の人民が自発的に従う人民主権を唱えた。間接民主制では一般意志を実現することはできないとし，直接民主制を支持した。

(e) ⑤スターリンが正解。ヤルタ会談は1945年2月に開催され，英・米・ソの首脳が集まり，戦後処理構想について話し合われた。国際連合の常任理事国となる五大国に拒否権が付与されることが決定した。

(f) ⑤幣原喜重郎が正解。幣原内閣のもとで，松本烝治国務大臣を委員長とする憲法問題調査委員会の設置が決定された。松本案は天皇主権と国体護持を唱えた内容であったため，GHQに拒否された。

**1．** 社会契約（説）が正解。社会契約説は，人間が生まれながらに持つ自然権を保障するために，自由で平等な個人が相互に契約を結ぶことによって国家を樹立するという考え方。この契約によって，国家の権力行使が可能となる。

**2．** 集団安全保障が正解。軍事力のバランスが崩れたことで第一次世界大戦が勃発し，その反省から平和維持の考え方が戦力均衡から集団安全保障

に変わり，これが国際連盟や国際連合の基本原理となった。

**3．** 国体護持が正解。国体は国家体制を意味する。大日本帝国憲法で天皇は元首であり，統治権の総攬者として規定された。この国家体制を維持する国体護持を大日本帝国憲法改正案の柱とした。



## Ⅱ 解答

(a)―②　(b)―③　(c)―②　(d)―④　(e)―⑤

**1．** プロイセン　**2．** 社会　**3．** 全権委任　**4．** ドイツ民主　**5．** 日本

### 解説

**《ドイツ政治史》**

(a)　②「1618年～1648年」が正解。三十年戦争は，神聖ローマ帝国内で発生した宗教戦争である。国内でのカトリック勢力とプロテスタント勢力の対立が拡大し，ヨーロッパ各国が介入することで国際戦争に発展した。

(b)　③ 1919年が正解。ヴァイマル憲法は社会権が憲法で初めて規定され，男女平等の普通選挙制度や労働者の権利などが明記された先進的な内容で，民主的憲法といわれる。

(c)　②ハイパーインフレーションが正解。インフレの速度が極めて速く，急激な物価上昇と通貨価値の下落が起こる現象。第一次世界大戦後のドイツや終戦直後の日本が代表例。

(d)　④英国が正解。世界恐慌後，イギリスが連邦内の貿易を優先するためにポンドを基軸通貨とする排他的なブロック経済圏を形成した。連邦外との貿易には高い関税をかけて，保護貿易策を推進した。

(e)　⑤ 1961年が正解。米・英・仏・ソの管理下に置かれたベルリンでは，西独地域の通貨改革がきっかけとなってベルリン封鎖（1948年）が起こる。この封鎖問題は協定成立により解決するが，その後，分断を象徴するベルリンの壁が構築される。

**1．** プロイセンが正解。普仏戦争に勝利したプロイセンは，ドイツの諸邦で構成されるドイツ帝国を成立させ，プロイセン王がドイツ皇帝を兼任した。

**2．** 社会権が正解。生存権・団結権などを包括していること，「世界で初めて憲法で保障」から判断できる。

**3．** 全権委任（法）が正解。ヴァイマル共和国で成立した法律。この法律

により，ヒトラーの独裁体制が確立し，立法権が議会から政府に委ねられ，政府の制定した法律が有効となった。

**5．**日本が正解。当時，日本は高度経済成長期にあり，いざなぎ景気のもとで耐久消費財の需要が拡大し，それにともなって設備投資を拡大した。その結果，1968 年に GNP 総額が西ドイツを抜いて資本主義国で第 2 位となった。

**Ⅲ　解答**　(a)―⑤　(b)―②　(c)―⑤　(d)―②　(e)―④　(f)―①

**1．**内部留保　**2．**見えざる手　**3．**非価格

**4．**知的財産基本

## 解説

**《企業の経済活動と経営活動》**

(a)　⑤資産効果が正解。資産効果とは，株価などの資産価格の上昇が，個人消費を増加させる効果をいう。直後の「株や土地など」から資産と判断できる。

(b)　②「需要曲線が左にシフト」が正解。労働市場は，労働力を購入する企業（需要）と労働力を売る労働者（供給）が取り引きをする場である。労働市場で生産性が向上するとロボットなどが生産を行うため，企業は労働力を購入することを減らすため，需要曲線が左にシフトする。

(c)　⑤「名目経済成長率が実質経済成長率を下回る」が正解。生産された GDP の伸び率のうち，物価変動を考慮に入れず算出したものを名目経済成長率，物価変動を考慮して算出したものを実質経済成長率という。デフレ経済のもと物価が下落を続ける状態では，実質経済成長率が名目経済成長率を上回る。

(d)　② TRIPS が正解。GATT のウルグアイ=ラウンドで知的財産権の交渉も対象となり，交渉の結果，1994 年に TRIPS 協定が成立した。

(e)　④パーパス（経営）が正解。直前の「自社の存在意義や目的を明確に」から判断が可能である。これからの経営には利益を上げるだけでなく，社会課題の解決も求められているため，パーパス経営は注目を集める経営モデルとなっている。

(f)　①日米構造協議が正解。日米貿易摩擦で問題となった日米間の貿易不均衡の原因である構造面での障壁をなくし，市場の解放をめざすために協

議が開かれた。

**1．** 内部留保が正解。直後の「企業内部に蓄えられて『投資』の源泉に」から判断できる。これによって自己金融の原資が増える。

**2．**「見えざる手」が正解。個人の利益追求が結果として社会全体に利益をもたらし，その背後に働いている市場メカニズムの価格の自動調節機能を，アダム=スミスは「見えざる手」と表現した。

**3．** 非価格（競争）が正解。直前の「価格以外の面で製品を差別化／差異化」から判断できる。

**4．** 知的財産基本（法）が正解。知的財産の創造，保護および活用に関し，基本理念とその実現を図るために基本となる事項が定められている。

## 講評

2023年度同様，大問3題構成であった。解答個数は2023年度より1個減って29個であった。各大問のリード文が長く，その中で選択・記述双方で空所補充が求められている。

**Ⅰ**　主権国家の歴史的展開と国家間紛争についての出題である。特に第二次世界大戦中の会談や憲法問題調査委員会発足時の内閣など，「世界史」や「日本史」において現代史に目を向けていない受験生には厳しく感じられたことだろう。

**Ⅱ**　ドイツ政治史からの出題である。ある程度「世界史」の知識がなければ解答できないものもあった。「歴史総合」の近現代史で大きな流れをつかんでいなければ厳しかったのではないか。

**Ⅲ**　企業の経済活動や経営活動について，特に経営やマネジメントの観点から問う形式が多かった。昨今重視されているテーマも扱われ，ニュースや新聞などから企業動向が理解できているかが問われた。リード文は長いが，空所部分は教科書の内容が多く，配慮された問題といえる。

# 数 学

## I 解答

(1)アイウエ．7200 (2)オカキク．8400

(3)ケコサシ．1120 (4)スセ．14

(5)ソタ．18 (6)チツ．93

### 解説

**《場合の数，整数，定積分，対数関数》**

(1) 5つの偶数から3つ選んで並べる並べ方は　${}_5P_3$ 通り

5つの奇数から3つ選んで並べる並べ方は　${}_5P_3$ 通り

偶数と奇数が交互になる場合，偶数が先頭である場合と奇数が先頭である場合の2通りあるから，求める場合の数は

$${}_5P_3\times{}_5P_3\times2=7200 \text{ 通り}$$ →ア～エ

(2) 条件を満たすようにカードを並べるとき，奇数のカードの枚数は2枚または3枚であり，奇数のカードは，列の両端または偶数のカードの間に1枚ずつ並べる。

(i) 奇数のカードが2枚のとき

3枚の偶数のカードの並べ方は　${}_5P_3$ 通り

奇数のカードを並べる場所は　${}_4C_2$ 通り

2枚の奇数のカードの並べ方は　${}_5P_2$ 通り

よって，このときのカードの並べ方は　${}_5P_3\times{}_4C_2\times{}_5P_2=7200$ 通り

(ii) 奇数のカードが3枚のとき

2枚の偶数のカードの並べ方は　${}_5P_2$ 通り

奇数のカードを並べる場所は　1通り

3枚の奇数のカードの並べ方は　${}_5P_3$ 通り

よって，このときのカードの並べ方は　${}_5P_2\times1\times{}_5P_3=1200$ 通り

以上，(i)，(ii)より，求める場合の数は　$7200+1200=8400$ 通り

→オ～ク

(3) (i) 選んだカードに0が含まれないとき

偶数のカードの選び方は　${}_4C_2$ 通り

奇数のカードの選び方は　${}_5C_2$ 通り

どのように並べてもその数は1000以上の数となることから，条件を満たすには一の位が偶数となるように並べればよい。

そのような並べ方は　$2\times 3!$ 通り

よって，このときのカードの並べ方は　${}_4C_2\times{}_5C_2\times 2\times 3!=720$ 通り

(ii)　選んだカードに0が含まれるとき

偶数のカードの選び方は　${}_4C_1$ 通り

奇数のカードの選び方は　${}_5C_2$ 通り

一の位が0であるカードの並べ方は　$3!$ 通り

一の位が0以外の偶数である並べ方は，千の位が0以外の数であることに注意して　$2\times 2\times 1$ 通り

よって，このときのカードの並べ方は

$${}_4C_1\times{}_5C_2\times(3!+2\times 2\times 1)=400 \text{ 通り}$$

以上，(i)，(ii)より，求める場合の数は　$720+400=1120$ 通り

→ケ～シ

**(4)**　$ab-bc-cd+da=1$ より

$$a(b+d)-c(b+d)=1 \qquad (a-c)(b+d)=1$$

$a$，$b$，$c$，$d$ は0以上9以下の整数であるので，$a-c$，$b+d$ は $-9\leqq a-c\leqq 9$，$1\leqq b+d\leqq 17$ を満たす整数である。

よって　$(a-c,\ b+d)=(1,\ 1)$

$b+d=1$ を満たす $(b,\ d)$ の組は $(b,\ d)=(0,\ 1)$，$(1,\ 0)$ の2組。

0，1を用いずに $a-c=1$ を満たす $(a,\ c)$ の組は $(a,\ c)=(3,\ 2)$，$(4,\ 3)$，…，$(9,\ 8)$ の7組。

よって，求める組合せは　$2\times 7=14$ 通り　→スセ

**(5)**

$$\begin{aligned}\int_b^a(3x^2-2ax-b)\,dx&=\Big[x^3-ax^2-bx\Big]_b^a\\&=(a^3-b^3)-a(a^2-b^2)-b(a-b)\\&=(a-b)\{(a^2+ab+b^2)-a(a+b)-b\}\\&=(a-b)(b^2-b)=(a-b)b(b-1)\end{aligned}$$

よって，$\displaystyle\int_b^a(3x^2-2ax-b)\,dx=0$ となるのは，$a\neq b$ であることから，$b=0$ または $b=1$ のとき。

ゆえに，$(a,\ b)$ の組合せは　$2\times 9=18$ 通り　→ソタ

(6)　$\log_5 3^{ab}\cdot\log_7 4=\log_5 2\cdot\log_7 27^{bc}$ が成り立つとき

$$ab\log_5 3\cdot\log_7 4=\log_5 2\cdot bc\log_7 27$$

$$ab\log_5 3\cdot\frac{\log_5 4}{\log_5 7}=\log_5 2\cdot bc\cdot\frac{\log_5 27}{\log_5 7}$$

$$ab\log_5 3\cdot\frac{2\log_5 2}{\log_5 7}=\log_5 2\cdot bc\cdot\frac{3\log_5 3}{\log_5 7}$$

よって　$2ab=3bc$　すなわち　$b(2a-3c)=0$

∴　$b=0$　または　$2a=3c$

$b=0$ のとき

$(a,\ c)$ は 0 以外の異なる任意の数をとり得るので，その組合せは

$9\times 8=72$ 通り

$b\neq 0$ のとき

$2a=3c$ を満たす $(a,\ c)$ の組は $(a,\ c)=(3,\ 2),\ (6,\ 4),\ (9,\ 6)$ の 3 組。

よって，$(a,\ b,\ c)$ の組合せは　$3\times 7=21$ 通り

したがって，求める $(a,\ b,\ c)$ の組合せは全部で　$72+21=93$ 通り

→チツ

## II　解答

**(1)テ．** 2　**ト．** 6　**ナ．** 2　**ニヌ．** 10

**(2)ネ．** 7　**ノハ．** 65　**ヒフ．** 65　**ヘホ．** 16

**(3)マミ．** 32　**ムメ．** 17　**モヤ．** 25　**ユ．** 9　**ヨラ．** 34

**(4)リルレ．** 200　**ロワ．** 17

## 解説

**《接線，平面ベクトル，2次関数》**

(1)　放物線 $y=x^2-3x+6$ 上の点 $(t,\ t^2-3t+6)$ における接線の方程式は，$y'=2x-3$ より

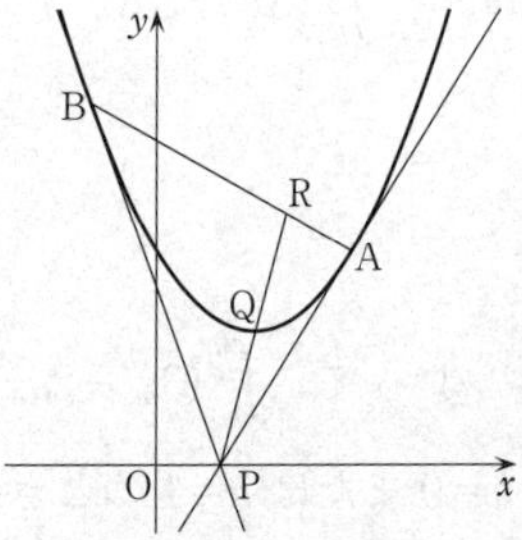


$$y-(t^2-3t+6)=(2t-3)(x-t)$$

これが $\mathrm{P}(1,\ 0)$ を通るとき

$$0-(t^2-3t+6)=(2t-3)(1-t)$$

$$t^2-2t-3=0\qquad (t+1)(t-3)=0$$

∴　$t=-1,\ 3$

よって，$\mathrm{A}(3,\ 6)$，$\mathrm{B}(-1,\ 10)$ であるから

$\overrightarrow{PA}=\overrightarrow{OA}-\overrightarrow{OP}=(3,\ 6)-(1,\ 0)=(2,\ 6)$　→テ，ト

$\overrightarrow{PB}=\overrightarrow{OB}-\overrightarrow{OP}=(-1,\ 10)-(1,\ 0)=(-2,\ 10)$　→ナ〜ヌ

**(2)**　$\overrightarrow{PA}=(2,\ 6)$ より　　$|\overrightarrow{PA}|=\sqrt{2^2+6^2}=2\sqrt{10}$

$\overrightarrow{PB}=(-2,\ 10)$ より　　$|\overrightarrow{PB}|=\sqrt{(-2)^2+10^2}=2\sqrt{26}$

$\overrightarrow{PA}\cdot\overrightarrow{PB}=(2,\ 6)\cdot(-2,\ 10)=2\cdot(-2)+6\cdot10=56$

よって，$\overrightarrow{PA}\cdot\overrightarrow{PB}=|\overrightarrow{PA}||\overrightarrow{PB}|\cos\angle APB$ より

$$\cos\angle APB=\frac{\overrightarrow{PA}\cdot\overrightarrow{PB}}{|\overrightarrow{PA}||\overrightarrow{PB}|}=\frac{56}{2\sqrt{10}\cdot2\sqrt{26}}=\frac{7\sqrt{65}}{65}$$ →ネ〜フ

また，$0<\angle APB<\dfrac{\pi}{2}$ より　　$\sin\angle APB>0$

よって　　$\sin\angle APB=\sqrt{1-\cos^2\angle APB}=\sqrt{1-\left(\dfrac{7\sqrt{65}}{65}\right)^2}=\dfrac{4}{\sqrt{65}}$

ゆえに　　$\triangle APB=\dfrac{1}{2}PA\cdot PB\sin\angle APB=\dfrac{1}{2}\cdot2\sqrt{10}\cdot2\sqrt{26}\cdot\dfrac{4}{\sqrt{65}}=16$

→ヘホ

**別解**　$\overrightarrow{PA}=(x_1,\ y_1)$，$\overrightarrow{PB}=(x_2,\ y_2)$ であるとき，$\triangle PAB=\dfrac{1}{2}|x_1y_2-x_2y_1|$ であることを用いると，$\overrightarrow{PA}=(2,\ 6)$，$\overrightarrow{PB}=(-2,\ 10)$ より

$$\triangle PAB=\frac{1}{2}|2\cdot10-(-2)\cdot6|=16$$

**(3)**　$y=x^2-3x+6=\left(x-\dfrac{3}{2}\right)^2+\dfrac{15}{4}$ より　　$Q\left(\dfrac{3}{2},\ \dfrac{15}{4}\right)$

点Rは直線PQ上にあるので，$k$ を実数として，$\overrightarrow{PR}=k\overrightarrow{PQ}$　……①とおける。

よって，$\overrightarrow{PQ}=\overrightarrow{OQ}-\overrightarrow{OP}=\left(\dfrac{3}{2},\ \dfrac{15}{4}\right)-(1,\ 0)=\left(\dfrac{1}{2},\ \dfrac{15}{4}\right)$ より

$$\overrightarrow{PR}=k\left(\frac{1}{2},\ \frac{15}{4}\right)=\left(\frac{k}{2},\ \frac{15}{4}k\right)$$ ……②

また，点Rは線分AB上にあるので，$t$ を実数として，$\overrightarrow{PR}=(1-t)\overrightarrow{PA}+t\overrightarrow{PB}$　……③とおける。

よって　　$\overrightarrow{PR}=(1-t)(2,\ 6)+t(-2,\ 10)=(2-4t,\ 6+4t)$　……④

②，④より　$\begin{cases} \dfrac{k}{2}=2-4t \\ \dfrac{15}{4}k=6+4t \end{cases}$　これを解くと　$\begin{cases} k=\dfrac{32}{17} \\ t=\dfrac{9}{34} \end{cases}$

ゆえに，①，③より

$$\overrightarrow{PR}=\frac{32}{17}\overrightarrow{PQ}\quad \to マ〜メ$$

$$=\left(1-\frac{9}{34}\right)\overrightarrow{PA}+\frac{9}{34}\overrightarrow{PB}=\frac{25\overrightarrow{PA}+9\overrightarrow{PB}}{34}\quad \to モ〜ラ$$

**(4)**　$t=\dfrac{9}{34}$ より　$AR:RB=\dfrac{9}{34}:\dfrac{25}{34}=9:25$

よって　$\triangle BPR=\dfrac{25}{34}\triangle APB=\dfrac{25}{34}\cdot 16=\dfrac{200}{17}$　→リ〜ワ

## III　解答　**(1)あいうえ．** 1024　**おかき．** 341

**(2)** $n$ が奇数の場合　$\left((-2)^{\frac{n-1}{2}},\ (-2)^{\frac{n+1}{2}}\right)$

$n$ が偶数の場合　$\left((-2)^{\frac{n}{2}},\ (-2)^{\frac{n}{2}}\right)$

**(3)** $S_k=9\cdot 4^{k-1}$　**(4)** $n=3,\ 4,\ 5$

## 解説

**《漸化式と数列》**

$$a_1=1,\ a_2=-2,\ a_{n+2}=-2a_n\quad (n=1,\ 2,\ 3,\ \cdots)$$

**(1)**　$n$ が偶数のとき，$n=2k$（$k=1,\ 2,\ 3,\ \cdots$）とおくと

$a_{2k+2}=-2a_{2k}$ より　$a_{2(k+1)}=-2a_{2k}$

よって　$a_{2k}=a_2\cdot(-2)^{k-1}=-2\cdot(-2)^{k-1}=(-2)^k$

ゆえに　$a_{20}=a_{2\cdot 10}=(-2)^{10}=1024$　→あ〜え

$n$ が奇数のとき，$n=2k-1$（$k=1,\ 2,\ 3,\ \cdots$）とおくと

$a_{2k+1}=-2a_{2k-1}$ より　$a_{2(k+1)-1}=-2a_{2k-1}$

よって　$a_{2k-1}=a_1\cdot(-2)^{k-1}=1\cdot(-2)^{k-1}=(-2)^{k-1}$

したがって

$$a_1+a_2+a_3+\cdots+a_{20}=(a_1+a_3+\cdots+a_{19})+(a_2+a_4+\cdots+a_{20})$$

$$=\sum_{k=1}^{10}a_{2k-1}+\sum_{k=1}^{10}a_{2k}$$

$$=\sum_{k=1}^{10}(a_{2k-1}+a_{2k})$$

$$=\sum_{k=1}^{10}\{(-2)^{k-1}+(-2)^{k}\}$$

$$=\sum_{k=1}^{10}\{-(-2)^{k-1}\}$$

$$=-\frac{1-(-2)^{10}}{1-(-2)}=341\quad\to お〜き$$

**(2)**　$n$ が奇数の場合，$n=2k-1$ とおくと，$k=\dfrac{n+1}{2}$ であるので，点 $\mathrm{P}_n$ の座標は

$$(a_n,\ a_{n+1})=(a_{2k-1},\ a_{2k})=((-2)^{k-1},\ (-2)^{k})$$

$$=((-2)^{\frac{n+1}{2}-1},\ (-2)^{\frac{n+1}{2}})$$

$$=((-2)^{\frac{n-1}{2}},\ (-2)^{\frac{n+1}{2}})$$

$n$ が偶数の場合，$n=2k$ とおくと，$k=\dfrac{n}{2}$ であるので，点 $\mathrm{P}_n$ の座標は

$$(a_n,\ a_{n+1})=(a_{2k},\ a_{2k+1})=((-2)^{k},\ (-2)^{k})=((-2)^{\frac{n}{2}},\ (-2)^{\frac{n}{2}})$$

**(3)**　(2)より　$\mathrm{P}_{2k-1}((-2)^{k-1},\ (-2)^{k})$，$\mathrm{P}_{2k}((-2)^{k},\ (-2)^{k})$，$\mathrm{P}_{2k+1}((-2)^{k},\ (-2)^{k+1})$

よって，$\triangle\mathrm{P}_{2k-1}\mathrm{P}_{2k}\mathrm{P}_{2k+1}$ は $\angle\mathrm{P}_{2k-1}\mathrm{P}_{2k}\mathrm{P}_{2k+1}=\dfrac{\pi}{2}$ である直角三角形で

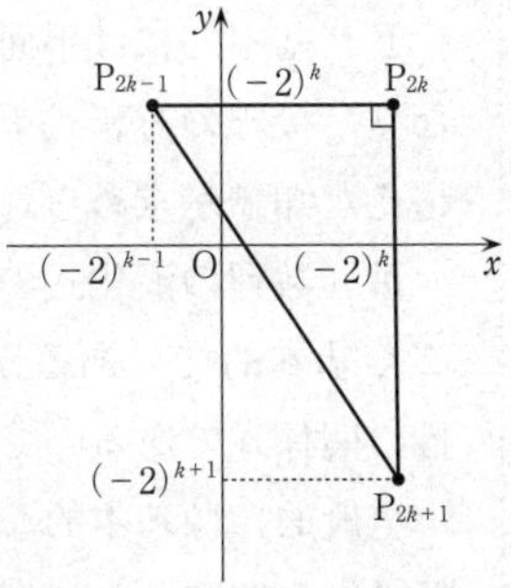


$$\mathrm{P}_{2k-1}\mathrm{P}_{2k}=|(-2)^{k}-(-2)^{k-1}|$$

$$=|(-2)^{k-1}(-2-1)|$$

$$=3\cdot 2^{k-1}$$

$$\mathrm{P}_{2k}\mathrm{P}_{2k+1}=|(-2)^{k+1}-(-2)^{k}|$$

$$=3\cdot 2^{k}$$

ゆえに

$$S_k=\frac{1}{2}(\mathrm{P}_{2k-1}\mathrm{P}_{2k})\cdot(\mathrm{P}_{2k}\cdot\mathrm{P}_{2k+1})=\frac{1}{2}\cdot(3\cdot 2^{k-1})\cdot(3\cdot 2^{k})$$

$$=9\cdot 2^{2k-2}=9\cdot 4^{k-1}$$

**(4)**　$\displaystyle\sum_{k=1}^{n}S_k=\sum_{k=1}^{n}9\cdot 4^{k-1}=9\cdot\frac{4^n-1}{4-1}=3(4^n-1)$

よって，$100<\sum_{k=1}^{n} S_k<10000$ が成り立つとき

$$100<3(4^n-1)<10000$$

$$103<3\cdot 4^n<10003$$

$3\cdot 4^2=48<103$，$3\cdot 4^3=192$，$3\cdot 4^4=768$，$3\cdot 4^5=3072$，

$3\cdot 4^6=12288>10003$ であるから，$100<\sum_{k=1}^{n} S_k<10000$ を満たす自然数 $n$ は

$$n=3,\ 4,\ 5$$

## 講評

大問３題の出題で，「数学Ⅰ・Ａ」からの出題が１題，「数学Ⅱ・Ｂ」からの出題が２題であった。

**Ⅰ**　０から９までの数字がひとつずつ書かれた10枚のカードから何枚かを選んだとき，条件を満たすような場合の数を求める問題である。(1)〜(3)は典型的な場合の数の問題であるが，(4)は整数，(5)は定積分，(6)は対数関数を条件に用いているため，場合の数だけでなく，幅広い知識が求められる。

**Ⅱ**　基本的には平面ベクトルの問題であるが，題材が２次関数であったり，接線の方程式を求める必要があったりするなど，ここでも分野を超えた知識が求められている。

**Ⅲ**　数列の漸化式の問題で，扱っている数列は等比数列であるので，ごく基本的ではあるが，与えられている漸化式が $n$ 番目と $(n+2)$ 番目の関係式であるので，その処理がきちんとできるかがポイントである。

全般的には基本的な問いが多いが，一つの分野に留まらず，複数の分野の融合問題として幅広い知識が問われている。

君に対して「も」としていることから、落窪の君に同情した結果、少将自身も泣いたのである。

**問6**　「げに」は〝ほんとうに〟の意味で、漢字では「実に」と表記する。

**問7**　1、御伽草子の一つで、出世物語。2、主人公が立身出世する話。3、酒呑童子は酒好きの鬼。さまざまな伝説がある。4、御伽草子の一つ。怠け者が実は皇族とわかり、出世する話。5、鉢をかぶせられて育った女性が、継子いじめにあうも最終的には鉢も取れ、幸せな結婚をする話。

## 講評

例年同様、現代文と古文が一題ずつ出題されている。どちらも文章自体の難度としては高くないが、特に選択式の問題では判別しづらい選択肢もある。なるべく本文を素早く読み、解答を熟考するようにしたい。また二〇二四年度は、現代文・古文ともに一般教養に近いような設問が一問ずつ出されていた。知識・理解だけでなく、教養の高い学生を募集したいという大学の意図を感じる。ただあくまでも一問ずつであり、知識・理解分野がメインではある。

現代文は問題文が長文である。空所補充が多く、前後の文脈を正確に理解することが求められる。記述問題では四十字と字数こそ短いものの、適切に言い換えを行い、かつ文章の中で違和感なくおさめる力が要されるので、容易ではない。

古文は『落窪物語』からの出題。単語や文法は比較的容易な問題。現代語訳が多めに出題され、単語・助詞・助動詞といった知識が選択肢判別の決め手となるので、確実に身につけておきたい。人物指摘問題では文脈把握の力が問われる。知識から文脈把握・心情理解まで、問題演習を重ねておくべきだろう。

ない)〟という意で、c同様に、反語。

イ、「にしかな」と願望の助詞を伴っているので、b同様に、〝なんとかして〟という意味。

**問3** **A**、「あれにもあらず」は、〝夢中である、我を忘れている〟という意味。

**B**、「論なし」は〝言うまでもない、もちろんだ〟等の意。

**C**、「さがなし」は〝性質がよくない、いたずらだ、口が悪い〟等の意。

**D**、「さ」は〝そう〟という意味の指示語なので2が正解。3の「早く」の意味になるには「と」を付けて「さと」とする必要がある。逆接の要素はないので1・4は不可。

**E**、「もがな」は願望の終助詞。〝〜があればいいなあ〟などと訳す。

**問4** 北の方の発言の一部である。「愛敬」は〝かわいらしさ、敬愛〟の意。「見わづらひ」なので「わづらひ」は補助動詞だが、補助動詞の「わづらふ」は〝〜するのに苦労する〟という意味。この時点で2を選んでもよいが、落窪の君の様子を見に行った北の方が「のたまへ」と、おとどに落窪の君を叱るよう依頼しており、その後実際におとどが叱っていることから、〈顔を合わせるのが辛いから〉叱れということではなく、〈世話をするにも困るほどの問題児だから〉叱れと言っている、と考えるとよい。「見る」には〝世話をする〟という意味もあることは覚えておきたい。

**問5** **X**、おとどが北の方に「責められ」て落窪の君に対して発言した内容である。「あなたにのたまふ」としていることから、4のおとど自身は除外できる。「落窪の君の(=落窪の君が)……従はず」であるから、北の方に頼まれていた縫い物を仕上げないことについて述べていると考えられる。

**Y**、直前の「言ひつる名」について、第三段落で少将は「落窪」というのは何の名かと落窪の君に尋ねていたが、落窪の君は「いさ」つまり〝さあ〟とはぐらかしており、知られたくないのだということがうかがえる。それを、おとどによって、「落窪」が自分のことだとわかるように名を呼ばれてしまったので、「いみじう泣」いたのである。

**Z**、「我も」の「も」に注目。少将の心内表現は「あはれに、……思ふらむ」の箇所と言えるが、泣いている落窪のさまざまなことを、殿に申し上げて、「（落窪のもとへ）行って叱ってやってください、叱ってやってください」と（北の方に）責め立てられて、（殿は落窪の君のもとへ）いらっしゃって、遣戸を引き開けなさると同時におっしゃることには、「いやはや。この落窪の君が、北の方のおっしゃることに従わず、根性が悪いと噂があるのは、どういうことだ。（落窪の君は）母親がいないようだから、どうにかして（北の方に）まずまず悪くないと思われたいと思うのが普通であるのに。これほど急いでいるのに、ほかの物を縫って、ここの物に手をつけずにいるというのは、どういうつもりだ」と言って、「今夜中に縫いあげなければ、（お前を私の）子とは思わないつもりだ」とおっしゃるので、落窪の君は、返事もしないで、しくしくと泣いた。殿は、そう言い捨ててお帰りになった。

少将が聞いているので（落窪の君は）恥ずかしく、この上なく恥ずかしいことを言われ、（落窪と）言った名を、私の名だと聞かれてしまったことだと思うと、今すぐに死んでしまいたいと、縫い物をしばらく横に置いて、灯が暗いほうに向かって、ひどく泣くので、少将は、かわいそうに、（泣くのも）当然で、どれほど、本当に恥ずかしいと（落窪の君は）思っているだろうと（思うと）、自身も泣いて、「しばらく（几帳の中に）入って横になっていなさい」と言って、無理やり（落窪の君を）引き入れなさって、あれこれと言って慰めなさる。

## 解説

**問1** 「な」は終助詞「そ」を伴って禁止を表す陳述の副詞。指定されている「なりますな」という意味からも、禁止の意味と判断できる。

**問2** a、〝どうして……このような人が〟と不思議に思っているので、疑問。

b、「てしかな」と希望の助詞を伴っているので、〝なんとかして〟と訳す。

c、〝もし鶯の声がなかったなら……春を知ることはできるだろうか（いやできない）〟という反語。

ア、少将は落窪の君の行動について尊敬語を伴って話しているが、傍線部アは「侍らむ」と丁寧語のみであるので、ここは落窪の君への質問ではなく、少将自身の感想とみることができる。〝どうして辛抱できましょうか（いやでき

## 全訳

落窪の君は、無我夢中で、反物に折り目をつける。少将は、（落窪の君の）衣の裾をつかんで、「まあまずいらっしゃい」と無理やり引き寄せるので、（落窪の君は）困って（几帳の中へ）入った。（少将は）「いやなことだ。お縫いになりますな。もう少し、（事を）荒立てて（北の方を）困らせておやりなさい。（北の方の）言い草は、なんです。この何年間も、あのように（あなたに）申し上げていたのですか。（私なら）どうして辛抱できましょうか、いいえ辛抱できないでしょう」とおっしゃると、落窪の君は、「私は（古歌の）『山なし』（のように身寄りのない身）ですもの（辛抱するしか生きる術がないのです）」と言う。

暗くなったので、（落窪の君は）格子を下ろさせて、灯台に火をともさせて、どうやって縫いあげようかと思っているうちに、北の方が、（落窪の君は）縫っているかと見に、ひそかにおでましになった。ご覧になると、縫物は散らかしてあり、火はともして（あるものの）、人はいない。（落窪の君は）寝てしまったのだと思うと、大いに腹が立って、（夫に）「殿。この落窪の君は、心に可愛げがなく、世話をするのに困っているので、ここへいらっしゃってお叱りになってくださいな。これほど急いでいるのに、どこにあった几帳かしら、使い慣れないものを持ってきて、衝立をして、入っては寝てを繰り返すことよ」などとおっしゃると、殿は、「（よく聞こえないので、私の）近くにいらっしゃってお話しください」とおっしゃると、（北の方が殿のほうへ行き）返事は遠く聞こえ（るようになっ）たので、終わりの言葉は（落窪の君と少将には）聞こえない。

少将は、「落窪の君」とは（恋人の名を）聞かなかったので、「何の名です、落窪というのは」と言うと、落窪の君は、ひどく恥ずかしくて、「さあ」と答える。「人の名に、どうして（そんなひどい名を）つけたのでしょう。言うまでもなく、気が滅入っている人の名でしょう。きらめいたところのない人の名です。北の方は、きっと（その落窪という人を）いじめているのですね。（北の方は）性格が悪い方でいらっしゃるでしょう」と言い横におなりになった。

（北の方は、今度は）袍（＝貴人の男子の上着）を裁断してよこした。また縫うのが遅れたら困るとお思いになって、として世界のうちに溶けることによって、生命に十全に触れる」とあるので、価値の比較の問題ではない。境界を失って世界に溶けることで、生命に触れることができるという理屈であろう。最終段落「孤独な子どもの生を『癒す』」に合致する2が適当。

**問12** まず、空欄直後の「自己自身を価値あるものと感じさせる」については、第十段落に「有用性の秩序を作る人間関係とは別のところで、自己自身を価値あるものと感じる」とあることをおさえる。次に空欄の前の「言葉を媒介にしないがゆえに」は、最終段落にある文言だが、同じ段落の「言葉によって作りだされる自己と世界との距離を破壊」あたりが「溶解」につながりそうだと見当がつく。第九・十段落から読み取れるように、言葉があるから自己と世界は境界線で隔てられているのであり、言葉を媒介にしなければその境界は破壊され、自己は世界に溶解できるということである。このあたりをまとめて、日本語表現にエラーのないように記述できるとよい。

## 二

**出典** 『落窪物語』

**解答**

**問1** な
**問2** 6
**問3** A—4 B—1 C—2 D—2 E—1
**問4** 2
**問5** X—3 Y—1 Z—2
**問6** 実
**問7** 5

**問8**　第九段落の「世界との境界が溶解」、第十段落の「主体が溶解する」「既成の言葉によっては言い表すことのできない」「有用性の秩序を作る人間関係とは別のところ」に注目することができれば、4が正解として選べる。
1、「外側から」が誤り。世界との境界は溶解しているので、内／外という区別はなくなる。
2、「動物と人間とを」が誤り。世界と自己の境界線が溶ける体験である。
3、「主体的に表現する」が誤り。主体は溶解しているので、主体性をもつことはできない。
5、「高度な社会性を構築する」が誤り。社会性とは有用性の秩序をもつ人間関係が構築するものである。

**問9**　「二元性」とは〝（多くの場合、異なるまたは相反する）二つの面が同時に存在するという性質〟の意。空欄ロ・ハは同文の「人間化を破壊して……もどってくること」を抽象化したものと考えられるが、「人間化を破壊」は第三段落「人間を超えること」に対応し、「人間の世界へともどってくること」は同じく第三段落「人間になること」に対応すると言える。「人間になること」と「人間を超えること」は相反する二つの面であり、動物絵本はそれらを子どもに感得させる、というのが本文の主旨である。

**問10**　空欄ニを含む第十二段落では「人間を超える」ということが話題となっている。「世界のうちに溶解」することが何をもたらすかは第十段落で述べられているが、最終文で「現在に生きていることがどのようなことであるかを、深く感じるようになる」と総括されている。よって「生きている」ことと関わりのある4が適当。5と迷うが、「死」については「未来」のことと言えてしまう。第十段落最終文では「未来のためではなくこの現在」とあるので、「死」は不適当。あくまで今における生命の躍動、ということである。

**問11**　「人間を超えること」から答えるのだから、「人間になること」を表している1・4は除外できる。特に4については、「人間を超えること」とは逆である。問8の解説も参照のこと。3、「内なる野生」が誤り。最後から二段落目では「野生の存在と出会うことによって」とあるが、それがイコール子どもの中の野生との出会いも意味すると断定できる根拠はない。5、「生命と等しい価値」が誤り。これは迷うところだが、最後から二段落目の最終文では「全体ま差異とな」ることと合致するが、子どもが動物絵本の動物に同質性を感じられるのは、人間のように名前があったり服を着ていたりということが原因なのであって、差異が残ることで可能となるのは「異質性を認識すること」である。

2、「同じ人間」が誤り。あくまでも傍線部③があることで、「ちょうど異なった……現すように描く」（二文後）、つまり比喩・示唆的な描き方をするというだけであって、人間だとまでするのは言い過ぎである。

3、前の文に「絵本では……人間語を話し」とはあるが、「神話や民話」では「人間と動物との共通性とともに異質性を認識することができる」としか述べられていない。

5、擬人法によって可能になるのは「動物や異類の存在者がもつ異質性を」傍線部③へと変換させることなので、人間同士の話ではそもそもない。人間同士の話であれば「擬人法」ではない。

**問5**　これは本文根拠をとらない設問。これまでにどの程度、絵本や児童文学をはじめとした文学、また文学に限らず芸術作品に親しんできたかが鍵となる。各動物が描かれがちなイメージをもてるとよい。例えば、ライオンは『オズの魔法使い』ではライオン〈なのに〉勇気がない、という描かれ方をする。これは通常、ライオンとは勇敢なものとして認識されているからこそのことである。ネズミは『トムとジェリー』でもよいだろうし、キツネは『平成狸合戦ぽんぽこ』でもよいだろう。キツネに関して言えば、日本では〈化けるなどして人を騙す〉イメージもある。いずれにせよ、それぞれの動物がよく描かれるイメージというものが自分の中にあるかどうかが問題である。

**問6**　1、小川未明の作品。2、芥川龍之介の作品。3、新美南吉の作品。4、椋鳩十による作品。2・3・4は小学校で読んだことがある受験生も多いと思われるので、これらが宮沢賢治の作でないことは知っておきたい。

**問7**　空欄イ直後には「エクスタシー（脱自）と歓喜の瞬間を体験」とあるが、これについて次の文では「世界との境界が溶解した体験」と表現されている。さらに、次の段落ではその「溶解体験」について、「既成の言葉によっては言い表すことのできない体験」と説明されている。よって「言葉を失い……」とする4が適当。

序をもつ社会としての世界との関わり方を学ぶ。また子どもは、動物のように世界との境界をもたない体験を絵本を通じて疑似的に行うことで人間を超えて脱人間化し、社会の秩序とは別のところで、今現在を生きることの本質とその価値を感得するようになる。子どもにとって動物とは、世界の有用性を知る手段でもあり、その有用性を破壊することで生命とは何たるかを教える導き手でもある。

## 解説

**問1** 傍線部①は「人間を超えた存在になる」ことであるが、第四～七段落では「人間になること」について説明されている。それに対して第八段落では「しかし、もう一つ別のタイプの動物絵本が存在します」「最初のタイプの絵本の……『逆擬人法』と呼ぶべき技法によって」とあることから、第八段落以降で「人間を超えること」について説明されると考えられる。よって、第八段落の「反対に人間の方が世界化される」をより詳しく述べた、同じく第八段落にある5が適当。

**問2** 傍線部②「このような思考方法」とは、直前の「トーテミズム」を指す。これは語注にあるとおり、「分類する体系を作」ることである。したがって、傍線部②は〈トーテミズムが手段となって、人間は世界を認識する〉と言い換えられる。これをふまえると、第七段落最終文の「世界を分節化して認識する」の「分節化」が「トーテミズム」の言い換えとして成立する。「分節化」とは、〝カテゴリーや単位を区分し、切り分けること〟の意。

**問3** 第三段落によれば動物とは「人間になること」の「手段」であり、「人間を超えること」を可能とする「他者」である。一つ目の空欄Aは「人間になること」についての説明の中に存在するが、二つ目のAは「人間を超えること」の説明の中で登場する。よって「手段」は、「人間になること」に関わるものなので選べない。では「他者」はどうかというと、一つ目のAを含む第六段落では「人間は自分たちと動物とのつながりと差異とを知ることによって」とあるので、差異を認識できる対象と考え、「他者」とあてはめても問題ない。

**問4** 直前の一文に合致する4が正解。1、「動物性が残る」ことは、傍線部③の二文後の「動物の種類の違いがそのま

# 国語

## 一

**出典**　矢野智司・佐々木美砂『絵本のなかの動物はなぜ一列に歩いているのか―空間の絵本学』（勁草書房）

**解答**

**問1**　5

**問2**　分節化

**問3**　他者

**問4**　4

**問5**　**Ⅰ**―6　**Ⅱ**―4　**Ⅲ**―2

**問6**　5

**問7**　4

**問8**　4

**問9**　**ロ**、人間になること　**ハ**、人間を超えること

**問10**　4

**問11**　2

**問12**　言葉が作る自己と世界の境界を溶解させ、有用性に基づく人間関係とは別のところで（四十字以内）

**要旨**

子どもは絵本のなかで、動物という他者を通じて自己や世界を分節化し、共通性と差異を認識することで人間化し、秩

////////////////////// · memo · //////////////////////

////////////////////// · memo · //////////////////////

· memo ·

//////////////////// ・memo・ ////////////////////

////////////////////// · memo · //////////////////////

////////////////////// · memo · //////////////////////

//////////////////// · memo · ////////////////////

# 2023年度

# 問題と解答

■学部別入試

# 問題編



▶試験科目・配点

| | 教　科 | 科　　　目 | 配　点 |
|---|---|---|---|
| 学部別3科目方式 | 外国語 | 「コミュニケーション英語Ⅰ・Ⅱ・Ⅲ，英語表現Ⅰ・Ⅱ」，ドイツ語（省略），フランス語（省略）から１科目選択 | 150点 |
| | 選　択 | 日本史Ｂ，世界史Ｂ，政治・経済，「数学Ⅰ・Ⅱ・Ａ・Ｂ」から１科目選択 | 100点 |
| | 国　語 | 国語総合（漢文を除く） | 100点 |
| 英語4技能試験活用方式 | 外国語 | 「英語４技能資格・検定試験」のスコアを利用 | ― |
| | 選　択 | 日本史Ｂ，世界史Ｂ，政治・経済，「数学Ⅰ・Ⅱ・Ａ・Ｂ」から１科目選択 | 100点 |
| | 国　語 | 国語総合（漢文を除く） | 100点 |

▶備　考

- 「数学Ｂ」は「数列，ベクトル」から出題する。
- 英語４技能試験活用方式では，実用英語技能検定（英検），TEAP，TOEFL iBT®，IELTS™（アカデミックモジュールに限る），TOEIC® L&R & TOEIC® S&Wのいずれかにおいて，そのスコアが所定の基準（詳細は省略）を満たす者については，出願時に所定の証明書類を提出することによって入試当日の「外国語」の試験を免除する。さらに所定の基準（詳細は省略）を満たす者については，スコアに応じた得点（20点または30点）を「国語」，「地理歴史，公民，数学」の２科目の合計得点に加算し，総合点で合否を判定する。

# 英語

（70 分）

Ⅰ　次の英文を読んで設問に答えよ。

## What Should Students Learn?

The questions, and the controversies, over what students should learn are as old as schooling itself. One straightforward answer is that students should simply learn what is "useful." A less straightforward answer is that students should be taught to ask, "useful for what?" The first answer gives us an applied approach; the second, a (A)________ one. The applied approach has been ascendant in university education in recent years.

One of the mechanisms by which today's colleges have repackaged their discipline-specific course offerings into "programs in general education" is by shifting the focus of requirements away from content and toward skills-based "learning outcomes" — shifting their focus, that is, from things to know to ways of knowing, from knowledge to (B)________. This brings the added benefit of allowing institutions to sidestep the difficult and contentious questions of what an educated person should know.

But approaching college education in purely (C)________ terms can never address the underlying concern of liberal education as expressed by the Zen master Shunryu Suzuki: "The most important thing is to find out what is the most important thing." Likewise, Aristotle wrote that "a complete community… comes to be for the sake of living, but it remains in existence for the sake of living well." Once safety and food are reasonably assured, the questions of living shift and we begin to concern ourselves not just with survival but with existence. How do we live well? What kind of knowledge best guides life? What are the sources of

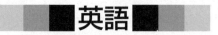

human (D) ______ and meaning? What is the good of beings constituted as we are?

But do these kinds of questions belong in a college education? And if they do, how can one approach them in an intellectually rigorous way? It has been understood that they belong in a complete education (E) ______ the beginning of education for the young. Some 2300 years ago, Aristotle put it this way: "It is evident, then, that there is a certain kind of education that children must be given, not because it is useful or necessary, but because it is noble and suitable for a free person." Some centuries later, Cicero insisted, (K)「真実の探求とその研究は、とりわけ、人間に特有のものである」 "(F) ______, whenever we are free from necessary business and other concerns, we are eager to see or to hear or to learn, (G) ______ that the discovery of obscure or wonderful things is necessary for a blessed life." A liberal education is a structured exercise in "the discovery of obscure or wonderful things," not because they are useful, but because they satisfy our thirst for wonder and self-knowledge.

But the question remains, beyond these inspiring formulas, what should students learn in a college curriculum? The best answer I know revolves around the study of what is sometimes called "Great Books." Other names have been used: classics, core texts, foundational texts, transformative texts, masterpieces, the canon, or important books.

What constitutes such a book? And who decides? To my eye, no one has done better for a (H) ______ definition than John Erskine, who faced the question when designing Columbia's first Great Books course. Erskine immediately discovered "that the faculty could not define a great book; at least they couldn't agree on a definition." The disagreement nearly ruined his whole plan. The Committee on Instruction, "worn out by futile talk," ultimately returned the task to Erskine himself, who drew up a list of about 75 books, guided by the principle that "a great book is one that has meaning and continues to have meaning for a variety of people over a long period of time." We may not want to follow this definition that in order to be "great" a writer must be dead. But the definition captures something essential: “Great Books” have a demonstrated capacity to speak to many different kinds of people in many different historical circumstances. Such books can only do so by reaching for some common base of humanity that (I) ________ the conditions of their own creation. What makes, for example, Toni Morrison a great writer is not her rootedness in the African American experience but her ability to make that reality accessible to her readers regardless of their connection to the experience.

More important than a definitive (J) ________ for “greatness” in a book is the process of building a working consensus within a faculty about what books and works from the past are most suited to the general education of undergraduates. In the US, a historically African American college or university might arrive at a different set of works than a Catholic university, or a community college serving a Latin American community. There is no final list of “Great Books,” but there is also no shortage of works that illuminate our common humanity and inspire reflection about fundamental human concerns. Shared encounters with great works is a time-tested way of delivering the kind of transformative education that college, at its best, is capable of.

Adapted from “What Should Students Learn?” by Roosevelt Montás in *The Point Magazine*, August 15, 2021.

1　次の各問の答えを①～④の中から選び、その番号をマークせよ。なお、(K)については、その指示に従って答えること。

(A)の空欄に入れるべき最も適切なものは次のどれか。

① scientific
② conservative
③ liberal
④ modern

(B)の空欄に入れるべき最も適切なものは次のどれか。

① controversies

② competencies

③ contentiousness

④ competitiveness

(C)の空欄に入れるべき最も適切なものは次のどれか。

① practical

② material

③ philosophical

④ abstract

(D)の空欄に入れるべき最も適切なものは次のどれか。

① beings

② destruction

③ maintenance

④ fulfillment

(E)の空欄に入れるべき最も適切なものは次のどれか。

① since

② due to

③ as demonstrated by

④ also known as

(F)の空欄に入れるべき最も適切なものは次のどれか。

① However

② Therefore

③ In addition

④ Whereas

(G)の空欄に入れるべき最も適切なものは次のどれか。

① consider

② considered

③ considering

④ have considered

(H)の空欄に入れるべき最も適切なものは次のどれか。

① work

② works

③ worked

④ workable

(I)の空欄に入れるべき最も適切なものは次のどれか。

① transcends

② transcribes

③ translations

④ transportations

(J)の空欄に入れるべき最も適切なものは次のどれか。

① creativity

② criminal

③ criterion

④ criticism

(K)　下線部「真実の探求とその研究は、とりわけ、人間に特有のものである」(K)を英訳すると、たとえば次のような英文になる。

> The search ( 1 )( 2 ) and its investigation are, ( 3 ) ( 4 ), ( 5 ) to man.

上記の英文には空所が5つある。適切な語で空所を補うこと。ただし、次の〔　　　〕内の単語は、必ずそのままの形で一度使うこと。なお、解答は解答用紙の(1)～(5)の場所に1語ずつ記入すること。

〔for, peculiar, all〕

2 本文の内容に照らし、次の各問の答えを①～④の中から選び、その番号をマークせよ。

(L) What is the author's final answer to the question posed by the title?

① Students should study "Great Books."

② Students should learn about transformative education.

③ Students should learn what is "useful."

④ Students should be taught to ask "useful for what?"

(M) According to the writer, how has university education changed in recent years?

① It has changed from ways of knowing things to being skills-based.

② It has added the benefit of avoiding contentious questions.

③ It has repackaged courses as discipline specific knowledge.

④ It has shifted from a focus on knowledge to competencies.

(N) According to the writer what is NOT an underlying concern of liberal education?

① To discover obscure or wonderful things

② To satisfy our thirst for wonder and self-knowledge

③ To ensure that we have enough knowledge for survival

④ To find out what is most important in life

(O) Which of the following would the writer probably consider a great author?

① a famous ancient writer

② a recent bestseller writer

③ a writer who died a few years ago

④ an African American writer

(P) What would the writer probably agree with? Choose the best answer to complete the following:

University should be a place…

① that helps us find the best paying job.

② where we can be taught mainly useful skills.

③ that develops our understanding of what it means to be human.

④ where we can learn what is meant by "greatness."

（以下の問題Ⅱ、Ⅲ、Ⅳについては、解答用紙の裏面にマークすること。）

Ⅱ　次の英文を読んで設問に答えよ。

著作権の都合上，省略。

著作権の都合上，省略。

著作権の都合上，省略。

Adapted from *The UK's Global Future* available at britishcouncil.org September 2016

1　次の各問の答えを①～④の中から選び、その番号をマークせよ。

(A)の it を他の英語で書き換える場合、最も適切なものは次のどれか。

① education
② the UK
③ soft power
④ future

(B)の空欄に入れるべき最も適切なものは次のどれか。

① enclose
② enhance
③ enquire
④ envision

(C)の空欄に入れるべき最も適切なものは次のどれか。

① costs

② spends

③ exchanges

④ returns

(D)の空欄に入れるべき最も適切なものは次のどれか。

① culture

② business

③ tourism

④ trust

(E)の空欄に入れるべき最も適切なものは次のどれか。

① excited

② happy

③ relieved

④ disappointed

2 本文の内容に照らし、次の各問の答えを①～④の中から選び、その番号をマークせよ。

(F) What is the main purpose of the article?

① To describe different kinds of power in Britain

② To tell the story of British soft power

③ To persuade the reader that Britain needs soft power

④ To explain the limitations of soft power

(G) What example of soft power is NOT mentioned?

① higher education

② sport

③ popular music

④ literature

(H) What is the purpose of paragraph 2?

① To demonstrate that the UK still plays a major role in different fields in the world

② To argue that the UK is going to be the greatest country in the world again

③ To criticise the UK as not being the best in the world in many areas

④ To show that the UK should remain in the EU to lead other countries

(I) Who commissioned the study on cultural and educational programmes and business?

① The British Government

② The British Council

③ IpsosMori and YouGov

④ 10 strategically important countries

(J) What is implied by the comment that cultural engagement is a two-way street?

① Cultural engagement depends on understanding both science and literature.

② Cultural engagement is needed before a marriage of cultures can take place.

③ Cultural engagement can be an experience of both love and disappointment.

④ Cultural engagement requires people to learn about each other's cultures.

Ⅲ　以下の空欄に入れるべき最も適切なものは次のどれか。

(A)　I didn't expect so ＿＿＿＿＿ people to be at the conference.

①　couple

②　few

③　little

④　low

(B)　If you have lunch there, I highly ＿＿＿＿＿ the garlic soup.

①　favorite

②　promote

③　recommend

④　suggest

(C)　I still think the product ＿＿＿＿＿ have been successful if we'd marketed it more.

①　can

②　will

③　ought

④　would

(D)　A. How were the negotiations? Did you get those changes in the contract that you wanted?

B. Yes, in the end, I was able to ＿＿＿＿＿ our partners to make the changes.

①　conceive

②　convey

③　convince

④　cooperate

(E) ＿＿＿＿ it were up to me, I'd go with the second proposal.

① If
② Leave
③ Was
④ Were

(F) My theory is that if Molly ＿＿＿＿ studied as hard as she did, she would not have passed the test.

① hadn't
② hasn't
③ had
④ has

(G) ＿＿＿＿ the course of the one-day conference, she ran into several of her colleagues.

① Among
② During
③ While
④ Since

(H) The meeting dealt with many complicated issues, so the managers ＿＿＿＿ time. Therefore, they decided to schedule another one for next week.

① ran into
② ran out of
③ ran away from
④ ran towards

(I) We had a costly third quarter this year so it looks like we will have to be on a ＿＿＿＿ budget for a little while to reduce company spending.

① closed
② generous

③ surplus

④ tight

(J) This restaurant serves delicious pasta and risotto, ________ I like very much.

① both of which

② which of both

③ both which

④ which both

(K) We went to the famous restaurant ________ his car.

① by

② in

③ on

④ with

(L) Switzerland lies ________ France, Germany, Italy and Austria.

① among

② between

③ on

④ through

(M) His explanation is ________ my understanding.

① beyond

② of

③ over

④ under

(N) We are looking forward to ________ you this summer.

① see

② seeing

③ seen

④ sees

(O) Todaiji Temple, ＿＿＿＿ is considered one of the largest wooden structures in the world, is in Nara.

① that

② who

③ where

④ which

Ⅳ 次の(A)〜(E)の空欄に入れるものとして、①〜⑧の中から適切な文を選んで、その番号をマークせよ。ただし、同じ文を２度以上使ってはならない。

*Taiga and Yip are students studying in Tokyo taking a trip together in Iwate over the summer. They have just stopped at a small town for lunch.*

Conversation

Yip: It's that song again. They seem to be playing it everywhere we go. Is it some kind of a hit?

Taiga: (A)＿＿＿＿ It's the bear song.

Yip: What? You mean like Teddy Bears' Picnic?

Taiga: Teddy Bears' Picnic? What's that?

Yip: You don't know Teddy Bears' Picnic? It's the one that goes, "If you go down in the woods today, you're bound for a big surprise. For every bear that ever there was, today's the day the teddy bears have their picnic..."

Taiga: Ha, ha! That sure is a cute song!

Yip: Anyway, that is a children's classic. I doubt anyone has made it into a rock song, but it might be kind of fun if someone did.

Taiga: Maybe. But this isn't anything like that. It's actually a song that was written to raise people's awareness of the dangers of bears.

Yip: (B)__________ Not teddy bears then.

Taiga: Exactly! It's about real bears and real dangers. I read somewhere that it was written by a couple of aging rock and rollers about what you should do if you see a bear.

Yip: (C)__________ I heard there have been quite a few attacks by bears.

Taiga: Exactly! Pretty much every year there are people in this area who encounter bears and a few of them end up dead. Supposedly, these attacks could have been avoided with the right precautions.

Yip: Like what? Not going down to the woods today?

Taiga: I guess, that would be the safest, of course. But, yeah, according to the song, if you are out in the woods and do encounter a bear it is not a good idea to run away because this will make the bear chase you. And they can move pretty fast.

Yip: Really, well that would be my first instinct, for sure. So, what should you do?

Taiga: I'm not sure if the song says specifically but it is said that slowly back away without turning your back on the bear is the safest thing to do. It's a strategy that the guy who wrote the song says he put into practice himself in the past, probably saving his life.

Yip: (D)__________ So how does he know that running away is the wrong thing? Did he try that too?

Taiga: I don't know but presumably he might not have lived to tell the tale if he had done.

Yip: Does the song offer any other good tips, then?

Taiga: Yeah, like you shouldn't run away but it is also dangerous to play dead.

Yip: I see, well that all sounds like good information. Do you think that is why it became so popular?

Taiga: Oh, well, I don't know if it is popular or not, but the prefecture kind of adopted the song to help raise awareness of bears and what used to be common knowledge about how to coexist with them.

Yip: I see, well I heard that bears are actually pretty timid, so I can imagine playing this kind of loud rock and roll might have them retreating deeper into the woods.

Taiga: ＿＿＿＿＿(E) I mean, with lunch, and you look finished too. Do you fancy a stroll in the woods?

Yip: Um, well I know we know what to do now. But, I really don't like the idea of ending up as some teddy bears' picnic, so perhaps we could stay out of the woods today!

* * * * * * * * * * * * * * * * * * * * * * * * * * * * * * * *

① What's this?

② That makes sense.

③ Lucky him!

④ Right, well I'm done.

⑤ Real ones.　Yeah, I see.

⑥ I'm just kidding.

⑦ Oh, that?

⑧ Not a chance.

# 日本史

(60 分)

〔Ⅰ〕 次の文章を読み、設問に答えなさい。

渋沢栄一は、1840 年(ア)に現在の埼玉県深谷市に生まれた。従兄の尾高惇忠(イ)のもとで学問の素養を身につける。渋沢栄一は、少年時代から藍玉の商いも経験した。1861 年、江戸に出て儒学者の塾や剣道場に通った。その後、尊皇攘夷(ウ)の思想に傾倒し、高崎城の乗っ取りや横浜焼き討ちを計画するが中止し、京都に逃れた。

一橋慶喜(エ)に仕官した渋沢栄一は、1866 年に慶喜が 15 代将軍(オ)となったことにともない幕臣となった。1867 年、万国博覧会(カ)に出席する徳川昭武に随行してパリに行き、昭武の欧州各国の歴訪にも従った。栄一は、経理と庶務が主な担当であったが、進んだ西洋の産業や金融の知識に接することになった。

日本に戻った渋沢栄一は、慶喜が蟄居していた静岡を訪れ、静岡藩に下付される太政官札(キ)を民間資金と「合本」させて、商事会社の構想を実現させた。それが 1869 年に設立された静岡商法会所である。渋沢栄一は、まもなく新政府の役人に抜擢され、1871 年に会社のあり方や設立の方法などを解説した『立会略則』を刊行させた。1873 年に官を辞した渋沢栄一は、この年に開業した第一国立銀行(ク)の総監役として初期の経営の舵取りを担い、その後、同銀行の頭取となった。1876 年に、国立銀行に関する条例が改正され、全国に多くの国立銀行が設立された(ケ)。渋沢栄一は、その後、岩崎弥太郎(コ)の創業した海運事業と競う立場に立つことになった(サ)。また、製紙、鉄道(シ)、紡績(ス)、セメントなど多くの産業の会社経営に関わっていった。

一方、渋沢栄一は拓善会(銀行業者の組織)や東京商法会議所(後の東京商業会議所)の設立にも関わり、経済人の組織化にも貢献した。さらに、1879 年のグラント前大統領(アメリカ第 18 代大統領)の訪日に際しては、接待役を務めた。

(セ)1902年、渋沢栄一はアメリカを訪問し、(ソ)セオドア・ルーズベルト大統領に謁見した。アメリカでは、ロックフェラーの事業所も訪問し、アメリカの経済人からも影響を受けた。これより先、(タ)渋沢栄一は、韓国も訪問している。他方で、渋沢栄一は、商法講習所や日本女子大学校など教育機関の創設にも協力した。

問1　(ア)に関して、この年、三方領知(地)替えが命じられた。これに関する記述として正しいものをA～Dの中から1つ選び、その記号をマークしなさい。

A　三方領知(地)替えに対して、領民の反対は一切なかった。

B　背景には、財政難の打開をはかる川越藩の意図があった。

C　三方領知(地)替えは、川越藩の松平家を長岡藩に転封させるという内容であった。

D　三方領知(地)替えは、幕府の命令通り実施された。

問2　(ア)の翌年から行われた天保の改革の記述として正しくないものをA～Dの中から1つ選び、その記号をマークしなさい。

A　歌舞伎(三座)を場末に移転させた。

B　人返しの法を発した。

C　出版統制令によって出版元の蔦屋重三郎らが弾圧された。

D　株仲間の解散を命じて、自由な取引による物価の引下げをはかった。

問3　(イ)の尾高惇忠が経営に関わった富岡製糸場に関して、正しい記述をA～Dの中から1つ選び、その記号をマークしなさい。

A　設立されたのは、工部省が設けられた1870年であった。

B　フランスの先進技術が導入された。

C　働いている工女のなかには、士族の子女はいなかった。

D　この製糸場で生産された綿糸は、世界の各国に輸出された。

問4　(ウ)に関して、正しい記述をA～Dの中から1つ選び、その記号をマークしなさい。

A　薩摩藩は、攘夷決行期日に下関の海峡を通る諸外国船を砲撃した。

B　これは、水戸藩の調所広郷が主に唱えたものであった。

C　薩摩・会津の両藩は、1865年8月20日、三条実美ら尊攘派の公家を京都から追放した。

D　イギリス・フランス・アメリカ・オランダの四国連合艦隊が下関の砲台を攻撃した。

問5　(エ)に関して、正しい記述をA～Dの中から1つ選び、その記号をマークしなさい。

A　第13代将軍から14代将軍への継嗣問題で、彦根藩主井伊直弼に推薦された。

B　水戸藩の徳川頼房の子である。

C　土佐藩の建議を受けて、1867年に朝廷に大政奉還を申し出た。

D　文久の改革の際、京都守護職に任命された。

問6　(オ)に関して、室町幕府の15代将軍に関する正しい記述をA～Dの中から1つ選び、その記号をマークしなさい。

A　京都に詳しい今川義元に擁立されて将軍となったが、織田信長に討ち取られた。

B　上杉謙信に擁立されて将軍となり、織田信長にも信頼された。

C　織田信長に擁立されて将軍となったが、信長と敵対したため京都から追放された。

D　織田信長に擁立されて将軍となったが、豊臣秀吉によって滅ぼされた。

問7　(カ)の100年余り後の1970年に開かれた日本万国博覧会に関する記述として正しいものをA～Dの中から1つ選び、その記号をマークしなさい。

A　辰野金吾がつくった「太陽の泉」がシンボルタワーとなった。

B　開催地は名古屋市であった。

C　一日平均約35万人が会場を訪れた。

D　「科学の進歩と地球環境の調和」をテーマとして開催された。

問8　(キ)に関する説明として正しい記述をA～Dの中から1つ選び、その記号をマークしなさい。

A　金額の単位は円・銭・厘であった。

B　1877年に初めて発行された。

C　新貨条例によって発行された。

D　不換紙幣であった。

問 9　(ク)に関する説明として正しいものをA～Dの中から1つ選び、その記号をマークしなさい。

A　イギリスの銀行制度にならって設立された。

B　1876年の国立銀行条例改正前は、第一国立銀行を含めて4行が設立された。

C　太政官の全額出資によって設立された。

D　住友両替店の経営者が最初の頭取であった。

問10　(ケ)の改正国立銀行条例に関する説明として正しくないものをA～Dの中から1つ選び、その記号をマークしなさい。

A　不換紙幣の発行が認められなかった。

B　第十五国立銀行は、華族による出資が中心の銀行であった。

C　この改正条例にもとづく、国立銀行の設立は1879年頃まで続いた。

D　この改正条例にもとづいて、第百五十三国立銀行まで設立された。

問11　(ケ)の翌年に勃発した西南戦争の際に、負傷者の救護に従事した人々を中心として、博愛社が創立された。博愛社は後に日本赤十字社と改称された。渋沢栄一は博愛社の社員として、同社の運営に関わったとされている。博愛社の創立者として当てはまる人物を、選択肢A～Dの中から1人を選び、その記号をマークしなさい。

A　山室軍平　　B　石井十次

C　桜井錠二　　D　佐野常民

問12　(コ)の説明として、誤った記述をA～Dの中から1つ選び、その記号をマークしなさい。

A　土佐藩の出身であった。

B　海運事業で明治政府の手厚い保護を受けた。

C　台湾出兵の際に必要な輸送を政府から請け負った。

D　1834年から2年間、密航して海外を視察した。

問13　(サ)に関して渋沢栄一が関わった共同運輸と岩崎弥太郎の郵便汽船三菱が合併して設立された会社の説明として正しいものを、A～Dの中から1つ選び、その記号をマークしなさい。

A　この会社の名称は大阪商船三井会社といった。

B　日清戦争前後にインド、ヨーロッパ、北米、オーストラリアなどへと航路を拡げた。

C　この会社は、三井財閥の傘下に入った。

D　この会社は、国営企業となった。

問14　(シ)に関する記述で正しいものをA～Dの中から1つ選び、その記号をマークしなさい。

A　華族の出資を中心として、1885年に日本鉄道会社が設立された。

B　日本鉄道会社は1891年に上野～青森間を全通させた。

C　1889年に官営鉄道の営業キロ数が民営鉄道の営業キロ数を上回った。

D　1910年公布の鉄道国有法により民営鉄道17社が国有化された。

問15　(ス)に関する記述として正しいものをA～Dの中から1つ選び、その記号をマークしなさい。

A　大阪紡績会社は、1880年に開業した。

B　大阪紡績会社は、ドイツ製の機械を導入した。

C　大阪紡績会社は、設立当初から2千錘規模の大規模工場であった。

D　大阪紡績会社は、電灯を設置して昼夜2交代制で操業した。

問16　(セ)の年にあった事実として、正しいものをA～Dの中から1つ選び、その記号をマークしなさい。

A　日英通商航海条約の調印　B　第一次日英同盟協約の締結
C　第二次日英同盟協約の締結　D　第一次日韓協約の締結

問17　(ソ)が仲介した講和会議で結ばれたポーツマス条約(日露講和会議)の内容に関して、ロシアが日本に対して認めた事項として正しくないものを、A～Dの中から一つ選び、その記号をマークしなさい。

A　清国からの旅順・大連の租借権
B　戦費18億円分のロシアからの賠償金の支払い
C　沿海州の漁業権
D　北緯50度以南のサハリンの譲渡

問18　(タ)に関して、渋沢栄一は、1898年に大韓帝国を訪問し皇帝に謁見した。この皇帝について、正しい記述を選択肢A～Dの中から1つ選び、その記号をマークしなさい。

A　日本による保護国化の不当を訴えるために、パリに使節団を送った。
B　韓国併合に強く反対したため、桂太郎内閣によって退位させられた。
C　この皇帝の父親は壬午軍乱に荷担したため、清によって逮捕された。
D　この皇帝の母親は三国干渉の後、ロシアに接近したが、暗殺された。

〔Ⅱ〕 以下の文章を読み，問いに答えなさい。

明治時代以降，日本の学校教育はどのように変遷してきたのだろうか。

明治政府は，文部省設置の翌年，学制(ア)を公布した。学制の序文にあたる「学事《がくじ》奨励《しょうれい》に関する被仰出書《おおせいだされしょ》」は，全ての国民が男女とも学ぶ国民皆学を理念に掲げており，まさに日本の近代教育の夜明けを告げるものであった。しかし，学制による近代的な学校教育の普及は容易ではなく，就学率は全国的に低く，学制反対一揆も起きた(イ)。

学制の政策に対する人々の不満や自由民権運動(ウ)の高まりを背景に，明治政府は1879年に学制を廃止し，教育令を公布した。これは(　エ　)の制度をもとに，地方分権的な教育制度を示したもので，自由教育令とも呼ばれたが，「自由放任」と受け止められ，学校閉鎖や不就学児童が増加することにもつながった。

この教育令はすぐに改正される。翌1880年(オ)，明治政府は教育令を改正し，改めて国家が普通教育に干渉する内容に置き換えるとともに，修身を筆頭科目に位置づけたのである。さらにその10年後には，教育勅語(カ)が発布された。

初期の度重なる制度改正による混乱に終止符を打ち，ようやく安定を取り戻したのは学校令(キ)の公布によってであった。学校令の中でも，帝国大学令(ク)が最初に公布された。帝国大学令は，帝国大学しか制度上の大学として認めないという立場をとっていたが，実際にはいくつかの私立の専門学校が大学を名乗っていた(ケ)。政府がそれらの私立専門学校を正式に大学として認めたのは，(　コ　)年公布の大学令においてであった。

朝鮮における教育の動向に目を転じると，日本は(　サ　)年に韓国を併合して植民地化してから，憲兵警察制度(シ)によって民族的抵抗を抑圧したが，三・一独立運動後，朝鮮総督府は統治政策を修正し，日本語教育などを通じた同化政策を進めた。

日本語教育などによる同化政策は朝鮮だけでなく，台湾(ス)や満州(セ)，北海道などでも行われた。沖縄(ソ)では皇民化教育の一環として方言撲滅運動や改姓改名運動も進められた。

問１　(ア)を公布した年にあった出来事を，選択肢Ａ～Ｄの中から１つ選び，その記号をマークしなさい。

A　戊辰戦争　B　民撰議院設立の建白

C　田畑永代売買の解禁　D　立憲政体樹立の詔

問 2　(ア)の趣旨に合う内容を、選択肢A～Dの中から1つ選び、その記号をマークしなさい。

A　教育は、職業生活を通じて自らの人生を豊かにするためのものである。

B　国民は富国強兵のために教育を受ける義務があり、義務を果たさない者は罰せられる。

C　儒教的な寺子屋教育はもはや時代遅れで、近代的な学校教育に取って代わるべきだ。

D　全ての国民に教育を保障するため、学費は無償とし、公費で賄うこととする。

問 3　(イ)について、学制による教育の普及が容易でなかった理由としてふさわしくないものを、選択肢A～Dの中から1つ選び、その記号をマークしなさい。

A　女子には学校教育は無用であるとの考えがまだ根強かったから。

B　保護者にとって授業料の負担が重かったから。

C　農繁期に子どもを労働力として当てにできなくなってしまうから。

D　日常生活に即した伝統的な農村の知識・技能が教育内容の中心であったから。

問 4　(ウ)の中心人物であった板垣退助について、正しい記述を選択肢A～Dの中から1つ選び、その記号をマークしなさい。

A　後藤象二郎や江藤新平らとともに、1874年に愛国公党を結成した。

B　征韓論に敗れたため、副島種臣や大久保利通らとともに政府を去った。

C　1874年に高知で愛国社を設立し、翌1875年には大阪で立志社を設立した。

D　1880年に自由党を結党し、アメリカ流の急進論を主張した。

問５　(エ)に当てはまる国名を、選択肢Ａ～Ｄの中から１つ選び、その記号をマークしなさい。

Ａ　ドイツ　　Ｂ　オランダ

Ｃ　アメリカ　　Ｄ　フランス

問６　(オ)の時点で、日本領となっていた島を選択肢Ａ～Ｄの中から１つ選び、その記号をマークしなさい。

Ａ　南鳥島　　Ｂ　得撫島

Ｃ　澎湖諸島　　Ｄ　硫黄島

問７　(カ)の文章の抜粋として当てはまるものを、選択肢Ａ～Ｄの中から１つ選び、その記号をマークしなさい。

Ａ　常ニ國憲ヲ重シ國法ニ遵ヒ一旦緩急アレハ義勇公ニ奉シ以テ天壤無窮ノ皇運ヲ扶翼スヘシ是ノ如キハ獨リ朕カ忠良ノ臣民タルノミナラス又以テ爾祖先ノ遺風ヲ顯彰スルニ足ラン

Ｂ　必ス邑ニ不學ノ戸ナク家ニ不學ノ人ナカラシメン事ヲ期ス人ノ父兄タル者宜シク此意ヲ體認シ其愛育ノ情ヲ厚クシ其子弟ヲシテ必ス學ニ従事セシメサルヘカラサルモノナリ

Ｃ　実語教ニ、人学バザレバ智ナシ、智ナキ者ハ愚人ナリトアリ。サレバ賢人ト愚人トノ別ハ学ブト学バザルトニヨリテデキルモノナリマタ世ノ中ニムズカシキ仕事モアリ、ヤスキ仕事モアリ

Ｄ　我國ノ軍隊ハ世々天皇ノ統率シ給フ所ニソアル昔神武天皇躬ツカラ大伴物部ノ兵トモヲ率ヰ中國ノマツロハヌモノトモヲ討チ平ケ給ヒ高御座ニ即カセラレテ天下シロシメシ給ヒシヨリ

問８　(キ)に関する説明に合致するものを、選択肢Ａ～Ｄの中から１つ選び、その記号をマークしなさい。

Ａ　学校令は、小学校令と帝国大学令の２つから構成されていた。

Ｂ　学校令が公布されたのは、教育令改正の２年後のことだった。

Ｃ　尋常科と高等科から成る計６年間の小学校教育が義務教育とされた。

Ｄ　教育目的が啓蒙主義から国家主義重視へと変わった。

問 9　(キ)の公布に関与した森有礼について、正しい記述を選択肢A～Dの中から1つ選び、その記号をマークしなさい。

A　長州藩出身の森有礼は、若い頃に藩校の興譲館で学び、同学の伊藤博文とともに明治政府の中心的な存在となった。

B　福沢諭吉、中村正直、西周、津田真道、加藤弘之らとともに、明六社に参加して『明六雑誌』を発刊した。

C　森有礼は1929年に83歳で老衰により死去するまでの間、文部大臣のほか内務大臣、外務大臣、逓信大臣、農商務大臣、司法大臣等を歴任し、貴族院議員を計3期務めた。

D　森有礼は藩命により五代友厚らとドイツに留学した。この五代友厚は、後に古河財閥の経営者として北海道開拓使官有物払い下げ事件に関わった人物である。

問10　(ク)に関する記述として正しいものを選択肢A～Dの中から1つ選び、その記号をマークしなさい。

A　帝国大学令公布の前年に、開成所・医学所を母体とした東京大学が設置された。

B　帝国大学令公布の翌年に、帝国大学令に基づき、北海道、東北、東京、名古屋、京都、大阪、広島、九州の各帝国大学が設置された。

C　国家に有用な人材を育成することを理念に掲げ、帝国大学を官吏養成の機関として位置づけた。

D　朝鮮と台湾にも帝国大学を設置する計画があったものの、現地住民の抵抗が強く、けっきょく設置は実現できなかった。

問11　(ケ)について、主な設立者と、設立当時の学校名、現在の大学名の組み合わせとして正しいものを、選択肢A～Dの中から1つ選び、その記号をマークしなさい。

A　津田梅子・女子英才塾・津田塾大学

B　大隈重信・東京専修学校・早稲田大学

C　新島襄・日本法律学校・中央大学

D　岸本辰雄・明治法律学校・明治大学

問12　(コ)の年に起きた出来事として正しいものを、選択肢Ａ～Ｄの中から１つ選び、その記号をマークしなさい。

A　シベリア出兵中に尼港事件が起き、日本軍は撤退した。

B　憲政会の原敬が内閣を組織し、平民宰相と呼ばれた。

C　米価高騰に対して、漁村の主婦たちによる越中女房一揆が起きた。

D　日本は中国に対し、対華二十一カ条の要求を突きつけた。

問13　大学令が公布された(コ)の時期の教育制度について、正しい記述を選択肢Ａ～Ｄの中から１つ選び、その記号をマークしなさい。

A　この時期、幼稚園はまだ存在しておらず、保育園しかなかった。

B　中学校や高等学校のほかに、高等女学校、師範学校、高等師範学校、実業学校、実業補習学校、徒弟学校などもあった。

C　当時は尋常小学校を卒業した後、高等小学校、中学校、高等学校、大学の順に進学する制度になっていた。

D　高等学校令が(サ)の年に出された翌年、日本で最初の高校である第一高等学校が設立された。

問14　(サ)年にある雑誌が創刊された。この雑誌は、人間の可能性を信じる理想主義・人道主義の立場をとった。この雑誌の名称を選択肢Ａ～Ｄの中から１つ選び、その記号をマークしなさい。

A　『青鞜』　　B　『種蒔く人』

C　『白樺』　　D　『スバル』

問15　(シ)についての正しい説明を選択肢Ａ～Ｄの中から１つ選び、その記号をマークしなさい。

A　甲午農民戦争を鎮圧して秩序を維持するために創設した制度である。

B　西園寺内閣が韓国併合後、武断統治の一環として創設した制度である。

C　朝鮮独立運動の武装蜂起を鎮圧して治安を維持するために創設した制度

である。

D　三・一独立運動後、武断統治への批判を受けて山県内閣が廃止した制度である。

問16　(ス)について、台湾総督府の初代総督を選択肢A～Dの中から1人選び、その記号をマークしなさい。

A　寺内正毅　　B　児玉源太郎

C　後藤新平　　D　樺山資紀

問17　(セ)について、満州国の皇帝となった溥儀に関する正しい説明を、選択肢A～Dの中から1つ選び、その記号をマークしなさい。

A　溥儀は1932年の満州国建国とともに、初代国務院総理に就任した。

B　溥儀は清朝最後の皇帝(宣統帝)で、1910年の辛亥革命により廃帝となった。

C　満州国は1934年に帝政に移行し、溥儀は皇帝に即位した。

D　溥儀は第二次世界大戦後、日本に亡命したが、1946年に暗殺された。

問18　太平洋戦争末期の(ソ)での戦争に関する誤った記述を、選択肢A～Dの中から1つ選び、その記号をマークしなさい。

A　アメリカ軍は1945年3月に沖縄本島に上陸し、6月に守備軍が全滅するまで、戦闘は約4カ月間続いた。

B　日本軍は多くの一般住民を召集して防衛隊などに組織し、中学校などの生徒を鉄血勤皇隊や女子学徒隊に編成した。

C　沖縄の住民は戦闘に加えて、マラリア・飢餓による犠牲もあり、10万人以上が亡くなったとされる。

D　日本軍により、戦闘の妨げになるなどの理由で住民が集団自決を迫られたり、幼児を殺されたりする事件が多発した。

〔Ⅲ〕

問１　以下の記述のうち、正しいものをA～Dの中から１つ選び、その記号をマークしなさい。

A　日清戦争の際に大本営が下関に移されたため、下関で講和条約が結ばれた。

B　山本作兵衛が筑豊炭田の様子を記録した絵画は、ユネスコの世界記憶遺産に登録された。

C　1988年には関門トンネルと瀬戸大橋が開通し、本州と四国・九州が陸路で結ばれた。

D　大井憲太郎らは朝鮮に渡って保守党を支援し、独立を目指す政府を倒そうと計画したが、事前に発覚し、検挙された。

問２　以下の記述のうち、正しいものをA～Dの中から１つ選び、その記号をマークしなさい。

A　1886年に山梨県の製糸工場の女工たちがストライキを起こした。

B　1900年には伊藤博文を中心とした憲政党が結成されたが、幸徳秋水はこれを『万朝報』の紙面で批判した。

C　日本列島改造論を掲げて内閣を組織した田中角栄が金脈問題で失脚した後、クリーンな政治を掲げた福田赳夫が後継の総理大臣となった。

D　1949年に福島県で起こった列車転覆事故は、当時人員整理を強行していた国鉄総裁の名から「下山事件」と呼ばれている。

問３　以下の文ア～エのうち、誤文はいくつあるか。誤文の数をA～Dの中から１つ選び、その記号をマークしなさい。

ア　日比谷焼き討ち事件では、ポーツマス条約に反対する新聞社や警察署などが暴徒に襲われた。

イ　1895年に横浜市で路面電車が開通した。これは日本で最初の路面電車である。

ウ　1876年に現在の長野県松本市に建てられた開智学校の校舎は、日本人棟梁が洋風建築を学んで創意を加えた建物である。

エ　秩父事件とは1882年、農民を中心に組織されていた困民党が借金の据え置きと減税を叫んで蜂起したが鎮圧された事件である。

A　0　　B　1
C　2　　D　3

問4　以下の文ア～エのうち、正しい内容の文はいくつあるか。その数をA～Dの中から1つ選び、その記号をマークしなさい。

ア　1875年、板垣退助は郷里の高知にて愛国社を結成した。

イ　第1回原水爆禁止世界大会は被爆地である長崎市で開催された。

ウ　1891年、ロシア皇太子が沿道警備の巡査に負傷させられた。

エ　石牟礼道子は神通川流域の住民を見つめ、『苦海浄土』を記した。

A　0　　B　1
C　2　　D　3

問5　GHQの占領期に著された文学作品とその作者の正しい組み合わせを、A～Dの中から1つ選び、その記号をマークしなさい。

A　松本清張 ―『仮面の告白』　　B　坂口安吾 ―『飼育』
C　野間宏 ―『真空地帯』　　D　大江健三郎 ―『太陽の季節』

問6　以下の出来事ア～エを左から古い順に並べたときに正しいものを、A～Dの中から1つ選び、その記号をマークしなさい。

ア　江藤新平らが佐賀で不平士族とともに決起した。

イ　帯刀禁止令と家禄の支給打ち切りを不満とした反乱が熊本で起こった。

ウ　『横浜毎日新聞』が横浜にて創刊された。

エ　韓国併合を強行して、韓国を植民地とした。

A　ア ― ウ ― イ ― エ　　B　ア ― イ ― ウ ― エ

C　イ ― ア ― エ ― ウ　　　　D　ウ ― ア ― イ ― エ

問 7　作品に関する以下の文ア～エのうち、誤文はいくつあるか。誤文の数をA～Dの中から1つ選び、その記号をマークしなさい。

ア　杉山元治郎による『死線を越えて』は自らの神戸における活動をもとにした小説である。

イ　『人間失格』は、太宰治が郷土・盛岡市での若き日の苦悩を描いた小説である。

ウ　樋口一葉による『たけくらべ』は、遊郭に近い東京の下町における少年少女の日常を描いた小説である。

エ　スマイルズの『西国立志編』は福沢諭吉の翻訳によるもので、欧米人の成功談を集めた本である。

A　0　　　　B　1

C　2　　　　D　3

問 8　以下の出来事A～Dは1つを除き、すべて同じ年に起こったものである。異なる年に起こった出来事を1つ選び、その記号をマークしなさい。

A　軽井沢で「あさま山荘事件」が起きた。

B　ベトナム和平協定が成立した。

C　スーパーマーケットのダイエーの売上高が老舗百貨店の三越を抜いて小売業のなかで1位となった。

D　前年に調印された返還協定により、沖縄が日本に復帰した。

# 世界史

（60分）

〔Ⅰ〕 次の文章を読んで、以下の設問に答えなさい。

ナイル川中流域に成立したクシュ王国(1)は、エジプトを除いて、もっとも古いアフリカ人の国として知られている。またナイル川上流のエチオピア高原(2)でも、紀元前後から国家形成が始まった。

アフリカ北部には広大なサハラ砂漠が広がっているが、4世紀ごろからラクダの利用により、地中海沿岸とニジェール川中流域にいたる交易路が発展した。このサハラ砂漠の交易(3)を基盤に、8世紀以降の西アフリカにはいくつかの王国が登場した(4)。

地中海に面した北アフリカのマグリブ地方(5)は、8世紀初めにイスラーム教徒の支配下に入り、ベルベル人のイスラームへの改宗も進んだ。

アフリカの東海岸部(6)は、インド洋の海域世界(7)に属しており、10世紀ごろまでにイスラーム化が進行し始め、独自の都市文化が形成された。

こうしたアフリカ各地の交易においては、古い時代から奴隷(8)が売買されていたが、アメリカ大陸においてヨーロッパ人によるプランテーション経営が拡大したことから、奴隷の需要は急速に拡大した。多くの奴隷が送り出された地域では、伝統社会が大きな被害を被った。

19世紀なかばまで、ヨーロッパ人の勢力がおよんでいたのはアフリカの沿岸地域にすぎなかった。しかし1884年から85年にかけて開かれたベルリン会議(9)をきっかけに、ヨーロッパ各国の帝国主義的膨張はアフリカ大陸全体で急速に進められた(10)。

設問 1. 下線部(1)に関する説明として、適切でないものを一つ選んでマークしなさい。

A．エジプト新王国が滅亡した後、ヌビアに成立した王国である。

B．前8世紀にエジプトに進出し、テーベを都に王朝をたてた。

C．エジプトからの撤退後、メロエを中心に製鉄と商業で栄えた。

D．ローマ帝国により征服され、消滅した。

設問 2. 下線部(2)に関する説明として、適切でないものを一つ選んでマークしなさい。

A．農耕民と、牛を飼う牧畜民が混じって暮らしていた。

B．セム語系のアクスム人が王国をたてた。

C．6世紀前半にアクスム王国は、イエメンにも支配をおよぼして紅海交易の利益を得た。

D．ネストリウス派の系統をひくコプト派のキリスト教文化が発展した。

設問 3. 下線部(3)の交易品として、もっとも適切なものを一つ選んでマークしなさい。

A．陶磁器　　B．染料　　C．岩塩　　D．絹

設問 4. 下線部(4)に関連して、14世紀にイブン＝バットゥータが訪れた西アフリカの国を一つ選んでマークしなさい。

A．マリ王国　　B．ガーナ王国

C．ソンガイ王国　　D．モノモタパ王国

設問 5. 下線部(5)に関する説明として、もっとも適切なものを一つ選んでマークしなさい。

A．11世紀にシーア派の改革運動を背景にムラービト朝が成立した。

B．ムラービト朝とムワッヒド朝の交易活動により、サハラ砂漠以南やスーダンのイスラーム化が進行した。

C．モロッコのトンブクトゥなど多くの都市が繁栄した。

D．ベルベル人のイスラーム教徒はイベリア半島に進出し、ハフス朝、マリーン朝などをたてた。

設問 6. 下線部(6)に関する説明として、適切でないものを一つ選んでマークしなさい。

A. モガディシュ、マリンディ、モンバサ、ザンジバル、キルワなどの港市にアラビア半島やイラン出身のムスリム商人が住みついた。

B. 象牙や金をイスラーム世界にもたらした。

C. ヒンディー語とバントゥー系言語の混交により、共通語としてのスワヒリ語が形成された。

D. ザンベジ川とリンポポ川に挟まれた地域では、11世紀ごろからショナ人による都市文化が形成された。

設問 7. 下線部(7)に関連して、インド洋およびその周辺の海洋交易に関する説明として、適切でないものを一つ選んでマークしなさい。

A. 8世紀からムスリム商人が交易活動にのりだし、中国南部にまで進出して居留地を作った。

B. 10世紀後半以降、紅海ルートがアラビア海域の主要航路になった。

C. 12世紀に、中国商人は南インドにまで進出した。

D. アラビア海やインド洋西部では、ジャンク船がおもに利用された。

設問 8. 下線部(8)に関する説明として、適切でないものを一つ選んでマークしなさい。

A. スペインは、ポルトガル、オランダ、フランス、イギリスなどの商人と奴隷貿易の請負契約を結んだ。

B. ベニンやダホメなどの王国が、大量の奴隷をアメリカに送り出した。

C. 17世紀から18世紀にかけて、西ヨーロッパから武器、綿製品、工業製品が西アフリカに輸出され、奴隷と交換された。

D. フランスは1833年に植民地における奴隷制廃止を決定した。

設問 9. 下線部(9)およびその前後に関する説明として、適切でないものを一つ選んでマークしなさい。

A. マラリアの特効薬が開発されたことで、ヨーロッパ人によるアフリカ奥地への進出が可能となった。

B．リヴィングストンは、コンゴ(ザイール)川流域を探検して、その経済的重要性を指摘した。

C．ベルリン会議はアフリカを「無主の地」とみなし、最初に占領した国が領有できることを定めた。

D．ベルリン会議の結果、コンゴ自由国が成立した。

設問10．下線部(10)に関する説明として、もっとも適切なものを一つ選んでマークしなさい。

A．イギリスは、1910年に自治領として南アフリカ連邦を発足させ、アフリカーナーとの協力体制を可能にした。

B．西アフリカでは、ドイツ軍に対するイスラーム国家サモリ帝国の抵抗が続いた。

C．南西アフリカでは、フランス人による土地の強奪に対して、ヘレロ人が蜂起した。

D．アドワの戦いに敗れたイタリアは、ソマリランドから撤退した。

〔Ⅱ〕　次の文章を読んで、以下の設問に答えなさい。

唐王朝が滅亡し、中国が分裂時代を迎えた10世紀初めには、朝鮮半島でも各地に自立した武装勢力が現れた。半島で最初の統一王朝であった新羅(1)は分裂し、918年に成立した高麗(2)が再統一を実現させた。この新たな王朝のもとで、朝鮮では、文化的にも独自の発展がみられ、諸外国との交易もさかんになった(3)。しかし13世紀にはモンゴル軍が朝鮮半島に進出し、高麗はモンゴルの属国(外藩国)になった(4)。

14世紀後半になると、高麗にかわって朝鮮王朝が成立した。朝鮮王朝は明と冊封関係を結び、官僚制を整備するなど内政改革を積極的におこなった。また文化事業も推進され、明との貿易(5)も活発化した。朝鮮半島と日本との間にも、古くからさまざまな交流と対立の歴史が繰り返された(6)。

19世紀以降、朝鮮の社会は大きく変動し、それは文化や思想などの方面にもあらわれた(7)。19世紀後半には外交をめぐって日本との対立が生じ、1876年には開国を余儀なくされた。その後、清と日本はあいついで朝鮮に介入し、ついに1894年に、朝鮮半島を主要な舞台とする日清戦争(8)がおこった。この戦争で勝利をおさめた日本は、さらに朝鮮半島に対する影響力を拡大させた。1897年には大韓帝国(韓国)が成立したが、1910年に日本はこの国を併合した(9)。韓国という国号は廃止され、朝鮮が正式な呼称となった。こうして朝鮮(韓国)は第二次世界大戦の終了まで日本の植民地支配を受けることになった(10)。

設問 1. 下線部(1)に関する説明として、もっとも適切なものを一つ選んでマークしなさい。

A. かつての弁韓の地を中心に成立した。

B. 百済を滅ぼすことで、最終的に半島の統一を達成した。

C. 首都の慶州を中心に仏教文化が栄えた。

D. 骨品制を採用し、社会から広く人材を登用した。

設問 2. 下線部(2)に関する説明として、適切でないものを一つ選んでマークしなさい。

A．平壌を都として建国された。

B．中国の五代の各王朝や宋の冊封を受けた。

C．科挙を採用し、唐・宋の制度を参考に官僚制を整備した。

D．両班と呼ばれる官僚層は、土地所有をすすめてしだいに貴族化していった。

設問 3．下線部(3)に関する説明として、適切でないものを一つ選んでマークしなさい。

A．独特の技法の青磁を完成させた。

B．訓民正音が制定された。

C．仏教経典を集成して作られた『大蔵経』は、日本の有力者からも求められた。

D．世界最初の金属活字が作られた。

設問 4．下線部(4)の時期以降の高麗に関する説明として、適切でないものを一つ選んでマークしなさい。

A．モンゴル軍の侵攻に際し、文官の崔氏は江華島に遷都して抵抗を続けた。

B．元の冊封を受け、元帝室と姻戚関係を結んだ。

C．14世紀には、倭寇の侵入のため国力が衰えた。

D．親元派と反元派が対立した。

設問 5．下線部(5)によって明からもたらされたものとして、もっとも適切なものを一つ選んでマークしなさい。

A．銀　B．刀剣　C．穀物　D．磁器

設問 6．下線部(6)に関する説明として、もっとも適切なものを一つ選んでマークしなさい。

A．高麗と日本との間に正式な国交が結ばれた。

B．応永の外寇の後、朝鮮は懐柔策として対馬に交易上の特権を与えた。

C．文禄・慶長の役(壬辰・丁酉の倭乱)において、亀甲船を率いる李自成の水軍が大きな役割を果たした。

D．江戸幕府と朝鮮王朝の間に外交が再開した後、ソウルに倭館が設置された。

設問 7．下線部(7)に関する説明として、適切でないものを一つ選んでマークしなさい。

A．清への朝貢を通じて、西洋の学問・思想が導入された。

B．自然科学・社会・歴史・文化面にわたる新しい学問が形成され、のちに近代志向の「実学」として脚光を浴びた。

C．特定の家柄の両班が国王の外戚として実権をにぎった。

D．没落した両班の全琫準が率いる農民反乱がおこった。

設問 8．下線部(8)にいたるまでの朝鮮に関する説明として、適切でないものを一つ選んでマークしなさい。

A．日朝修好条規(江華条約)により、釜山、仁川、元山の開港が決められた。

B．開化派がおこした壬午軍乱が鎮圧された結果、閔氏が主導権を獲得した。

C．金玉均らが閔氏政権打倒のクーデタをおこしたが、袁世凱が率いる清軍に鎮圧された。

D．日清戦争を背景に、朝鮮政府は、清との宗属関係廃止の明言などを含む、近代化の改革をおこなった。

設問 9．下線部(9)までの韓国(朝鮮)の状況に関する説明として、適切でないものを一つ選んでマークしなさい。

A．高宗が、ロシアの影響下で政治をおこない、韓国内でのロシア・アメリカ・日本の勢力の均衡をめざした。

B．義兵闘争や愛国啓蒙運動がおこった。

C．日本は第１次日韓協約により、韓国(朝鮮)の軍隊を解散させた。

D. ハーグ密使事件のあと、日本は第3次日韓協約を強制した。

設問10. 下線部(10)の時期の朝鮮(韓国)の状況に関する説明として、適切でないものを一つ選んでマークしなさい。

A. アメリカ大統領ウィルソンによる民族自決主義の影響を受け、独立宣言が発表された。

B. 独立運動諸団体を統合して、上海で大韓民国臨時政府が結成された。

C. 三・一独立運動の鎮圧の後、総督府は武断政治へと転換した。

D. 日本は、朝鮮で米を増産し、日本へと移出したが、昭和恐慌で米価が暴落すると中止された。

〔Ⅲ〕 次の文章を読んで、以下の設問に答えなさい。

19世紀後半のイギリスは、ヴィクトリア女王の治世のもとで繁栄した。トーリーは保守党、ホイッグは自由党と呼ばれて二大政党による議会政治(1)が定着し、諸改革が実現した。一方、連合王国にくみこまれていたアイルランド(2)では厳しい差別がおこなわれていたため、イギリスに対する不満が高まった。

フランスでは、第二帝政期に産業革命が完成し、経済が発展したが、言論統制や議会政治の軽視に対する自由主義者らの不満は根強かった。そして対外政策の失敗などにより帝政は崩壊した。その後、第三共和政のもとでしだいに国民統合が進められていった。(3)

ドイツでは19世紀に入っても政治的分裂状態が続いていたが、しだいに統一の機運が高まった。統一の主導権は、自由主義者から、しだいにプロイセンの保守的なユンカー層に移り、1871年にプロイセン王をドイツ皇帝とする帝国が発足した(4)。この帝政(5)のもとで、ドイツは、内部に多くの対立を抱えつつも、産業資本家とユンカーの結束により、強国への道を歩んでいった。

こうして各国で国力の増強が求められる中で、その基盤としての科学技術の開発が国の主導で進められ、重化学工業・電機工業・石油産業を中心とする新しい産業が誕生した(6)。また人文・社会科学の各分野でも近代的な学問としての体系化(7)

が進められた。こうした変化は、都市の環境(8)を一変させ、人々の生活にも大きな影響をあたえた。

大国への道をめざし、植民地獲得競争にのりだしていたヨーロッパ諸国は、勢力均衡の原則にもとづいて表面的な安定を保っていた。しかし1914年6月のサライェヴォにおける事件を発端にこれは一挙に崩れ去った。ヨーロッパは、ドイツ・オーストリアを中心とする同盟国側と、イギリス・フランス・ロシアを中心とする協商国側に分かれて争う第一次世界大戦(9)に突入した。当初の予想に反する長期戦となったこの戦争は、それまでの戦争とは異なる新たな性格を帯びた(10)。また列強諸国の植民地などを巻き込んで、前例のない大きな被害を人類にもたらした。

設問 1. 下線部(1)に関連して、イギリスの議会政治の発展に関する説明として、もっとも適切なものを一つ選んでマークしなさい。

A. 1867年の第2回選挙法改正によって、腐敗選挙区が廃止された。

B. 1884年の第3回選挙法改正によって、都市労働者が選挙権を獲得した。

C. フェビアン協会などによって結成された労働代表委員会は、1906年に労働党と改称した。

D. 1911年の議会法によって、上院と下院の平等が定められた。

設問 2. 下線部(2)に関する説明として、適切でないものを一つ選んでマークしなさい。

A. クロムウェルによる征服以降、土地の8割以上がイギリス人不在地主に占有された。

B. アイルランドの政治家オコンネルの運動により、宗教差別は緩和された。

C. 1840年代なかばに始まったジャガイモ飢饉により、約100万人が犠牲となった。

D. グラッドストン内閣によりアイルランド自治法案が提出され、可決された。

設問 3. 下線部(3)の時期のフランスに関する説明として、もっとも適切なものを一つ選んでマークしなさい。

A. 普仏戦争の早期講和を求めるパリ民衆が蜂起し、パリ＝コミューンが樹立された。

B. 1875 年の共和国憲法により、直接選挙による任期 7 年の大統領が元首となった。

C. 第三共和政のもとで、7 月 14 日が国民祝祭日に定められた。

D. 1880 年代に、労働組合の合法的活動による社会改革をめざすサンディカリズムが登場した。

設問 4. 下線部(4)にいたるまでのドイツに関する説明として、もっとも適切なものを一つ選んでマークしなさい。

A. 1834 年に、オーストリアを含む大多数のドイツ諸邦からなるドイツ関税同盟が発足した。

B. 三月革命において、ベルリンで国民会議が開かれ、ドイツ統一がめざされた。

C. プロイセンは 1864 年に、シュレスヴィヒ・ホルシュタイン問題をめぐって、オーストリアとともにデンマークと開戦した。

D. プロイセンは 1870 年に、アルザスとロレーヌの帰属問題をきっかけにフランスと開戦した。

設問 5. 下線部(5)の時期のドイツに関する説明として、適切でないものを一つ選んでマークしなさい。

A. イギリスを孤立させる目的で、オーストリア・イタリアと三国同盟を結んだ。

B. 南ドイツで優勢なカトリック教徒に対して、「文化闘争」がおこった。

C. 疾病保険など社会保険制度が整えられた。

D. 社会主義労働者党は社会民主党と改称し、1912 年に帝国議会で第一党となった。

設問 6. 下線部(6)に関連して、19世紀の自然科学上の発見や発明に関する説明として、もっとも適切なものを一つ選んでマークしなさい。

A. マイヤーとヘルムホルツが電磁誘導の法則を発見した。

B. ジーメンス(兄)が発電機や電車を発明した。

C. モールスにより電話機が発明された。

D. パストゥールがコレラ菌を発見した。

設問 7. 下線部(7)に関する説明として、もっとも適切なものを一つ選んでマークしなさい。

A. ショーペンハウアーやキェルケゴールは、理性と論理を重んじる哲学を主張した。

B. スペンサーは、進化論の概念を道徳や社会の諸分野に適用した。

C. サヴィニーは、自然法を重視する法学を提唱した。

D. コントは、実証主義による近代歴史学を確立させた。

設問 8. 下線部(8)に関連する次の事項のうち、もっとも後の時期のものを一つ選んでマークしなさい。

A. リュミエール兄弟による映画の上映

B. オスマンによるパリ改造

C. ロンドンにおける地下鉄の開通

D. ロンドンにおける第1回万国博覧会の開催

設問 9. 下線部(9)に関連して、1914年8月にドイツ軍がロシア軍をやぶった場所を一つ選んでマークしなさい。

A. ライプツィヒ　　B. ヴェルダン

C. ソンム　　D. タンネンベルク

設問10. 下線部(10)に関する説明として、<u>適切でないもの</u>を一つ選んでマークしなさい。

A. イギリス軍によって戦車がはじめて用いられた。

B．ドイツ軍によって毒ガスがはじめて用いられた。

C．イギリスが無制限潜水艦作戦を開始した。

D．マルヌの戦い以降、ドイツとフランスは西部戦線における塹壕戦にはいり、膠着状態におちいった。

〔Ⅳ〕　次の文章を読んで、以下の設問に答えなさい。

第一次世界大戦で戦場となったアラブ地域は、(1)オスマン帝国の領土分割をねらうヨーロッパの列強に翻弄された。(2)これに対し、それぞれの地域では自立への歩みが進められた。

第二次世界大戦で疲弊したイギリスとフランスは、戦後、西アジア地域から退くことになった。パレスティナはイギリスの委任統治領であったが、(3)1947 年の国連総会において、委任統治の終了とともに、ユダヤ・アラブ両国家への分割が決定された。この決議を受け入れたユダヤ人はイスラエルの建国を宣言したが、反対するアラブ諸国との間でパレスティナ戦争(第 1 次中東戦争)となった。国際連合の調停によってイスラエルは独立を確保したが、イスラエル軍が占領した領域は国連分割決議案の 1.5 倍に達し、100 万人を超えるパレスティナ難民が生み出された。

(4)19 世紀から列強の介入を受けていたイランでも、第一次世界大戦後には自立の動きが高まった。(5)第二次世界大戦後には、民族主義の高まりにより、国民議会において石油の国有化が決議されたが、イギリスやアメリカの介入で挫折し、親米路線を強めていった。

イギリスの保護国となっていた(6)エジプトでは、第二次世界大戦後、国政に対する民衆の不満が高まり、自由将校団によるクーデタによって国王が追放され、エジプト共和国が成立した。その他のアラブ諸国でも、(7)1950 年代から 60 年代初めにかけて民族運動が高揚した。

イスラエルとアラブ諸国の抗争はその後も続いた。パレスティナ解放機構(ＰＬＯ)が組織されて武装闘争を展開すると、イスラエル軍はエジプト・シリア・ヨルダンを奇襲した(第 3 次中東戦争)。この結果、イスラエルは支配地域を 5 倍に増やし、さらに多数のパレスティナ難民が発生した。1973 年、シリアとエジプトは、第 3 次中東戦争で失った領土を回復するため、共同してイスラエルを攻撃した(第 4 次中東戦争)(8)。

イランでは、世俗主義に対するムスリムの批判が高まり、1979 年に王政が打倒された。このシーア派によるイラン＝イスラーム革命に対し、他のスンナ派諸国は、革命の波及を警戒した(9)。

イスラエル占領下におかれていたパレスティナ人は、基本的な生活環境が改善されないため、1987 年からインティファーダと呼ばれる民衆蜂起をおこした。その後、冷戦の終結や国際情勢の変化にともない、1993 年にパレスティナ暫定自治協定(10)が結ばれた。

設問 1．下線部(1)に関する説明として、もっとも適切なものを一つ選んでマークしなさい。

A．フランス・イギリス・ロシアは、フサイン＝マクマホン協定を結び、各国の戦後の勢力範囲を確定させ、パレスティナの国際管理を定めた。

B．イギリスは、バルフォア宣言でアラブ住民の独立を約束した。

C．イギリスは、サイクス＝ピコ協定でユダヤ人の「民族的郷土」建設への支持を約束した。

D．フランスは、シリアとレバノンを委任統治領とした。

設問 2．下線部(2)に関する説明として、もっとも適切なものを一つ選んでマークしなさい。

A．パレスティナがイラクから分離され、ユダヤ人の入植が認められた。

B．イブン＝サウードはメッカ地方を征服した。

C．エジプトでは、ワッハーブ派による独立運動が展開された。

D．シーア派が多数を占めるクルド人は、少数民族としてあつかわれた。

設問 3．下線部(3)に関する説明として、適切でないものを一つ選んでマークしなさい。

A．分割案では、人口の 3 分の 1 を占めるユダヤ人に56.5 ％の領土が認められていた。

B．イギリスは紛争を解決せず、一方的に撤退した。

C．分割決議の後、武装したユダヤ教徒によるムスリムの村に対する襲撃事件が生じた。

D．分割決議を受け、イスラエルに対抗するために、アラブ連盟が結成された。

設問 4．下線部(4)に関連して、この当時のイランについての説明として、適切でないものを一つ選んでマークしなさい。

A．第一次世界大戦中、中立を宣言したが、ロシアとイギリス両軍に分割占領された。

B．ロシア革命以降は、事実上イギリスの支配下におかれた。

C．1925年にレザー＝ハーンがカージャール朝をひらき、立憲君主政を導入した。

D．1935年に国号をアーリヤ人の国を意味する「イラン」に正式に改めた。

設問 5．下線部(5)に関する説明として、適切でないものを一つ選んでマークしなさい。

A．モサデグ首相は国際石油合弁会社を接収した。

B．アメリカの介入で、国王を支持する将校たちがクーデタをおこした。

C．中東条約機構（バグダード条約機構）に加盟した。

D．「白色革命」とよばれる上からの近代化がすすめられた。

設問 6．下線部(6)に関する説明として、適切でないものを一つ選んでマークしなさい。

A．1936年のエジプト＝イギリス条約により、イギリスはスエズ運河一帯における軍の駐屯権を残して撤退した。

B．ナセルは、アスワン＝ハイダムの建設資金確保のためにスエズ運河の国有化を宣言した。

C．スエズ運河国有化に反発して、アメリカはイスラエルとともにエジプトに侵攻した。

D．1958 年に、シリアとともにアラブ連合共和国を成立させた。

設問 7．下線部(7)の時期に革命によって王政が廃止され、共和政となった国を一つ選んでマークしなさい。

A．ヨルダン　B．イラク

C．モロッコ　D．レバノン

設問 8．下線部(8)およびそれ以降の状況に関する説明として、もっとも適切なものを一つ選んでマークしなさい。

A．アラブ産油国は、反アラブの立場をとる国への石油供給を制限し、石油価格を大幅に引き上げた。

B．アメリカのクリントン大統領の仲介により、エジプト＝イスラエル平和条約が結ばれた。

C．平和条約の締結により、ゴラン高原が返還された。

D．エジプトのムバラク大統領は、和平に不満を持った過激なイスラーム主義者によって暗殺された。

設問 9．下線部(9)およびそれ以降の状況に関する説明として、適切でないものを一つ選んでマークしなさい。

A．革命によって成立したイラン＝イスラーム共和国では、憲法により、イスラーム法学者が最高指導者となった。

B．イランにおける革命を契機に第 2 次石油危機がおこった。

C．シーア派が人口の多数を占めるイラクのフセイン大統領は、1980 年に国境問題を理由にイランに侵攻した。

D．イランとの戦争で経済が疲弊したイラクは、1990 年に産油国カタールに侵攻した。

設問10．下線部(10)に関する説明として、もっとも適切なものを一つ選んでマークしなさい。

A．イスラエル側はシャロンが、パレスティナ側はアラファトが代表となった。

B．暫定的な自治は、ガザ地区に限定して認められた。

C．1994年に、ＰＬＯ主導の自治政府が誕生した。

D．暫定自治協定の成立により、イスラエルは占領地への入植を停止した。

# 政治・経済

（60分）

〔Ⅰ〕 次の文章を読み、下記の設問に答えなさい。(a)～(f)の【　　　】に入る最も**適切**な語句を①～⑤から選び、マークしなさい。また、［ 1 ］～［ 4 ］の空欄に入る最も**適切**な語句を記入しなさい。

産業革命によって新しい生産様式が用いられるようになると、人々の働き方と社会のあり方が徐々に変化していった。これにともない、近代的な生産様式に対する抵抗としてのラッダイト運動や労働者の政治参加を要求するチャーチスト運動などがみられるようになり、労働者の組織的な動きが顕著となっていった。産業革命期においては機械化された工場内の環境は劣悪で、低賃金、長時間労働、児童労働などが大きな社会問題となった。このような状況の中で、イギリスをはじめとした各国では労働者保護の立法化や団結権を公認する動きがみられるようになった。イギリスでは(a)【① 1802　② 1824　③ 1834　④ 1836　⑤ 1844】年に最初の工場法とされる「工場徒弟の健康および道徳のための法律(The Health and Morals of Apprentices Act)」が制定された。その後、団結禁止法が廃止され労働組合が結成できるようになった。

このような動きは、イギリス以外の国へも広がっていった。アメリカでは、1890年に制定された［ 1 ］法によって労働者の団結権が制約されていたが、1935年に、［ 2 ］法が制定され、労働者の団結権と団体交渉権が保障された。日本についてみると、政府は明治期から労働者保護立法の準備を進めていたものの、日本の資本家層は経営の観点から、労働者保護立法に反対の立場を示していた。そのため日本の工場法は、制定された年には施行されず、(b)【① 1908　② 1910　③ 1911　④ 1915　⑤ 1916】年になって施行された。

日本では労働運動や労働組合の結成は厳しい取り締まりの対象となっていた。日清戦争前後から日本の労働運動が盛んになり、1897年には、(c)【①友愛会

②労働組合期成会　③日本労働総同盟　④協調会　⑤日本労働組合総評議会】が組織されたが、政府は1900年に(d)【①治安警察法　②治安維持法　③国家総動員法　④賃金統制令　⑤国民徴用令】を制定して、この動きを弾圧した。

日本が戦時体制になると1940年には戦争協力のために政府などによって組織された労働団体の全国組織である［ 3 ］が結成された。このような動きの中で、それまで存在していた労働組合は(e)【①下部組織として加盟する　②産業別組織に統合される　③ナショナルセンターに発展的に解消される　④認可団体として存続する　⑤解散する】こととなった。

敗戦後、連合国軍最高司令官総司令部(SCAP／GHQ)は、占領政策によって日本の社会制度を大きく変えることになり、労働政策は戦前から大きく転換した。労働三法の中で労働組合法は最も早く制定され、労働者の団結権が保障された。同法は、労働組合の正当な行為について、刑事・民事上の免責を規定している。また、使用者による団結権の侵害、正当な組合活動の妨害、正当な理由のない団体交渉の拒否などのいわゆる［ 4 ］の禁止を定めている。戦後に形成された日本的労使関係では、企業別組合が活動の中心となっているが、1955年頃から本格化した産業ごとに賃金などの労働条件について共同して交渉をおこなう(f)【①産業懇談会　②経営協議会　③統一労組懇　④春闘　⑤生産管理闘争】も大きな特徴のひとつである。

〔Ⅱ〕 次の文章を読み、下記の質問に答えなさい。(a)〜(g)の【　　　】に入る最も**適切**な語句を①〜⑤から選び、マークしなさい。また、［ 1 ］〜［ 3 ］の空欄に入る最も**適切**な語句を記入しなさい。

歴史的に、ヨーロッパの広範な領域を支配する国家を建設した例は、ローマ帝国、ビザンツ帝国、神聖ローマ帝国など、いくつか挙げられる。しかしながら、国民国家としてのヨーロッパ諸国を政治的・経済的に統合しようとする構想は、第一次世界大戦の後に初めて、具体的な理念をともなって打ち出された。この背景には、ヨーロッパ諸国が第一次世界大戦の主戦場として特に大きなダメージを受けたことに起因するヨーロッパの国際的な地位低落があった。

ヨーロッパ諸国の統合構想を最初に示したのは、東京で生まれたオーストリアの思想家・政治活動家である、リヒャルト・クーデンホフ・カレルギー(Richard Nikolaus Coudenhove-Kalergi)とされる。カレルギーは、1920年代に汎ヨーロッパ主義(Paneuropeanism)を提唱し、ヨーロッパ地域全体を地理・文化の両面で一体的にとらえ、これにより、国際社会における同地域の地位の維持向上を図るべきであることを説いた。この構想は、国際汎ヨーロッパ連合(International Paneuropean Union)に象徴される欧州統合運動につながったが、統合構想の具体的な実現のためには、ヨーロッパ各国の政府による具体的なイニシアチブが必要であった。

第二次世界大戦はヨーロッパ諸国に再び甚大な被害をもたらした。そのため、米国の経済援助である(a)【①シューマン・プラン　②シュリーフェン・プラン　③モネ・プラン　④マーシャル・プラン　⑤ブレィディ・プラン】による復興を図る一方で、戦後の平和を守るため、そして戦争で破壊された経済を迅速に立て直すために、各国が経済活動でも協力する道をとり始めた。その最初の成果が、(b)【①スウェーデン　②ノルウェー　③スペイン　④ポルトガル　⑤イタリア】を含む欧州の6か国がエネルギーと鉄鋼の生産を国際的に管理するために、［ 1 ］を1952年に発足させたことだった。

1958年には、(c)【①パリ　②ローマ　③ヘルシンキ　④ウィーン　⑤ロンドン】条約に基づき、EEC(欧州経済共同体)が発足した。1967年には、EEC、

[ 1 ]、EURATOM(欧州原子力共同体)が合同し、[ 2 ]が成立した。[ 2 ]は、1992年に調印された[ 3 ]条約によって、1993年にEU(欧州連合)へと発展し、共通通貨への移行、共通外交の実施、安全保障政策の協働など、政治統合を深めた。EUはその後も加盟国を増やし続け、2004年には、(d)【①アンドラ　②キプロス　③バチカン　④サンマリノ　⑤モナコ】を含む、10か国が新たに加盟した。また、2013年には、(e)【①ポーランド　②チェコ　③スロバキア　④クロアチア　⑤ブルガリア】が新たに加盟し、28か国となった。2020年にイギリスがEUを離脱することにより、この加盟国拡大の動きには、一時歯止めがかかることになった。

経済・通貨統合も具体的な進展を見せ、EUに加盟する国の金融政策を集中的に実施する(f)【①欧州復興開発銀行　②欧州金融安定ファシリティ　③欧州為替相場メカニズム　④欧州理事会　⑤欧州中央銀行】が業務を開始し、1999年には共通通貨であるユーロが導入された。

しかしながら、このような経済・通貨統合も、常に問題なく維持されたわけではない。例えば、2009年にはユーロ圏に属するギリシアなどの財政危機が表面化し、ユーロの通貨不安、およびユーロ圏の金融不安の発生が懸念された。

これに対し、2010年以降にEUおよびIMF(国際通貨基金)が危機救済のための金融支援を行うことになったが、当初は、この支援に対し難色を示す声が一部のEU加盟国では強かった。というのも当時のEUは、ユーロに参加するための条件として、参加を希望する国の財政赤字がGDPの3％以下、公的債務残高がGDPの(g)【①60％　②120％　③180％　④240％　⑤300％】以下、などの基準すべてを満たす必要があることを定めていたが、特にギリシアはこれを満たさないまま参加したことが発覚し、他の加盟国の不信を招いたためである。一方、金融支援を受けたギリシアに対しては、増税や年金改革などの厳しい緊縮財政を伴う財政再建が求められた。同国はこれを受け入れたものの、国民がその負担に苦しむこととなり、大規模な反対運動が発生した。この影響で政権交代が繰り返されることとなり、財政再建をめぐるEUとの交渉も難航が続いた。

〔Ⅲ〕 次の文書を読み、下記の設問に答えなさい。(a)～(f)の【　　】に入る最も**適切**な語句を①～⑤から選び、マークしなさい。また、[ 1 ]～[ 4 ]の空欄に入る最も**適切**な語句を記入しなさい。

人間は生存をはかり、生活を快適にするために、農業、工業、商業などの産業を営みながら、有形の財から無形のサービスにいたるまで多くのものを商品として生産している。このような人間生活の基礎である財・サービスの生産・分配・消費の過程と、それによって形成される人と人との社会的関係を経済という。その中で、金銭的な契約や取引が生じるのは、財・サービスやそのほかの資源に希少性があるためである。資源に限りがある以上、何かを得るためには他の何かを犠牲にしなければならず、この犠牲が何かを得るための費用となる。その際、実際の費用だけではなく、あることを選択したとき、ほかの何かを諦めたために失われた最大の便益を(a)【①平均費用　②限界費用　③トレードオフ　④取引費用　⑤機会費用】という。こうしたさまざまな費用を見比べ、限られた資源を多様な人間に効率的に配分することが重要な経済活動の一つとなる。多くの社会では、この資源配分を、市場という場の中で、多数の家計と企業が独自に意思決定して行動した結果として経済全体の資源が配分される市場経済(資本主義経済)というシステムが採用されている。市場経済では、大きく家計と企業、そして政府の3つの主体間で取引が行われて、経済が循環し再生産されている。こうしたシステムを基盤にした経済発展にともなって、産業のウェイトや就業人口が、第一次産業から第二次産業、さらには第三次産業へと移っていくことを経済のサービス化、あるいは提唱者たちの名にちなんで[ 1 ]の法則という。

経済主体の一つである企業は、投資をして工場などの生産設備を保有し、労働者を雇用することで生産をおこない、さらに生産した商品を売ることで収入を得て、給料や配当を分配する。企業は、企業規模、活動地域、企業統治、所有形態などから様々に分類することができる。現代経済においては、多数の中小企業が存在し、国民経済の中で大きな地位を占めており、日本においては企業全体の99％以上が中小企業であるとされている。どの範囲の企業を中小企業と呼ぶかは国によって異なり、日本では、中小企業基本法において業種ごとに定められた定義が一般的に広く用いられている。例えば、小売業は、資本金5000万円以下、従業員(b)【① 300　② 250　③ 200　④ 100　⑤ 50】人以下とされる。

こうした中小企業の中から、事業の拡大を経て、大企業に成長する企業が現れてくる。その過程で、成長に向けてこれまで以上に大規模な設備投資が必要となると、その膨大な資金を個人が準備することが難しくなってくる。そのため多くの企業は、必要な資金を複数の人が出資する会社組織に移行する。その中でも、今日の大規模な企業活動に適した仕組みとして中心的な役割を果たしているのが株式会社である。株式会社となった企業は、企業成長に向けた様々な経営活動を行うために、多額の資金を調達することができる。そうした資金には、社債発行や金融機関からの借り入れによって調達した資金からなる(c)【①内部留保　②他人資本　③自己資本　④流動資本　⑤資本剰余金】や、株式発行によって調達した資金がある。企業は、それらを利用して設備投資などの経営活動を行いながら、事業を拡張して、大企業へと成長していくのである。

こうした企業が、その規模を拡大させるにつれて必要資金を増大させ、公開会社となり、さらに発行株式を増やしながら成長していくと、企業の経営は専門的な知識や能力をもつ専門経営者にゆだねられる。一般的には、この状況は次のように生じたと説明される。まず株主側では、発行株式の増加の中で、大株主が減少する一方、数が増えた株主たち同士で、経営の細部にわたって協議をおこない、企業を経営することが困難になり、株主支配力の低下につながる。かたや経営面では、企業規模が拡大することで、より複雑な経営を求められることから、企業において専門的な経営管理能力の必要性が増大し、それを専門におこなう専門経営者の支配力が増大する。そして、この状態は「所有（資本）と経営の分離」と呼ばれ、これによって経営の(d)【①自律性　②依存性　③積極性　④公平性　⑤能動性】が保たれている点が株式会社の一つの特徴とされている。しかし、現在では機関投資家の台頭を背景にして、株主の支配権が再び強くなっていることが指摘されている。

株式会社をめぐる日本の最近の変化としては、財閥の復活を阻止するため独占禁止法第9条で禁止されてきた [ 2 ] の設置の解禁や、自社株保有に対する規制の緩和などがある。直近では、企業の経営内容に関するディスクロージャーを促進し企業統治を強化するために、コーポレートガバナンス・コードが策定・改訂された。例えば2021年6月の改訂コードでは、プライム市場上場会社は、企業の適切な経営に向けて、外部の視点から経営陣を監督する役割を担う［ 3 ］を従来の「2人以上」から「3分の1以上」選任するというより厳しい基準が設けられた。

大企業は、さらなる成長をもとめて事業を国際化させることがある。複数の国に拠点を置いて事業を展開する企業のことを多国籍企業と呼ぶ。この多国籍企業の国際展開と自由貿易の進展により工業製品が工程ごとに分業されるなど国際的な貿易や分業にいくつかのパターンがみられるようになった。例えば、先進国同士で工業製品を輸出し合う(e)【①垂直的分業　②垂直統合　③水平的分業　④水平統合　⑤垂直貿易】がそのひとつである。多国籍企業の活動は、相手国の生産力増大につながり、技術力の向上などに寄与するなどのメリットもあるが、相手国の政治・経済政策との対立、本国の雇用機会の減少、そして産業の空洞化をまねくおそれもある。そうした多国籍企業に対する国際的な規制は、幾度も試みられている。例えば、発展途上国が、1974年の国連資源特別総会において(f)【①経済協力開発機構（OECD）　②新国際経済秩序（NIEO）　③開発援助委員会（DAC）　④石油輸出国機構（OPEC）　⑤国連貿易開発会議（UNCTAD）】樹立を求める宣言の中にも多国籍企業の規制に関する内容が含まれている。しかし、こうした多国籍企業の国際的な規制は、十分に達成しているとはいえない。最近では、多国籍企業が、［ 4 ］と呼ばれる非課税ないし税率の低い国や地域を利用して節税や徴税逃れをしており、税負担の公平性の観点から大きな問題となっている。ビジネス環境のグローバル化とともに企業活動も様々に発展する中で、経済秩序をどのようにして維持し、経済発展につなげていくかが課題となっている。

# 数学

（60分）

〔Ⅰ〕　正六面体のサイコロがあり，1から6までの数字が各面にひとつずつ書かれている。このサイコロを2回投げて出た目の数を順に $a, b$ とする。

以下の問に答えなさい。空欄内の各文字に当てはまる数字を所定の解答欄にマークしなさい。ただし，分数はすべて既約分数にしなさい。

(1)　$\dfrac{a}{b}$ が整数となる確率は $\dfrac{\boxed{ア}}{\boxed{イウ}}$ である。

(2)　$2^{a-b}$ が整数となる確率は $\dfrac{\boxed{エ}}{\boxed{オカ}}$ である。

(3)　$\log_2 \dfrac{a}{b}$ が整数となる確率は $\dfrac{\boxed{キ}}{\boxed{クケ}}$ である。

(4)　$\displaystyle\int_b^a x\,dx$ が整数となる確率は $\dfrac{\boxed{コ}}{\boxed{サ}}$ である。

(5)　$\sin\dfrac{\pi}{a} + \cos\dfrac{\pi}{b}$ が整数となる確率は $\dfrac{\boxed{シ}}{\boxed{スセ}}$ である。

ただし，$\sin\dfrac{\pi}{5} = \dfrac{\sqrt{10-2\sqrt{5}}}{4}$，$\cos\dfrac{\pi}{5} = \dfrac{1+\sqrt{5}}{4}$ である。

〔Ⅱ〕　平面上の3点O, A, Bを頂点とする三角形OABがある。辺OAの長さは2，辺OBの長さは2，辺ABの長さは$\sqrt{5}-1$である。辺OAを$\sqrt{5}-1:3-\sqrt{5}$に内分する点をC，線分BCを$2:3-\sqrt{5}$に外分する点をDとする。辺ABの中点をMとし，直線OMに関して点Dと対称な点をE，直線OMと直線DEの交点をP，直線OMと直線AEの交点をQとする。

$\overrightarrow{OA}=\vec{a}$, $\overrightarrow{OB}=\vec{b}$とし，以下の問に答えなさい。空欄内の各文字に当てはまる数字を所定の解答欄にマークしなさい。ただし，分数はすべて既約分数にしなさい（根号を含む分数については，分母が最小の自然数となるように答えなさい。）。

(1)　$\cos\angle AOB=\dfrac{\boxed{ソ}+\sqrt{\boxed{タ}}}{\boxed{チ}}$であり，

三角形OABの面積は$\dfrac{\sqrt{\boxed{ツテ}-\boxed{ト}\sqrt{\boxed{ナ}}}}{\boxed{ニ}}$である。

(2)　$\overrightarrow{OD}=\vec{a}+\dfrac{\boxed{ヌ}-\sqrt{\boxed{ネ}}}{\boxed{ノ}}\vec{b}$であり，

$\overrightarrow{OP}=\dfrac{\boxed{ハ}-\sqrt{\boxed{ヒ}}}{\boxed{フ}}\vec{a}+\dfrac{\boxed{ヘ}-\sqrt{\boxed{ホ}}}{\boxed{マ}}\vec{b}$である。

(3)　$\overrightarrow{OQ}=\dfrac{\boxed{ミ}-\sqrt{\boxed{ム}}}{\boxed{メ}}\vec{a}+\dfrac{\boxed{モ}-\sqrt{\boxed{ヤ}}}{\boxed{ユ}}\vec{b}$であり，

三角形OAQの面積は三角形OABの面積の$\dfrac{\boxed{ヨ}-\sqrt{\boxed{ラ}}}{\boxed{リ}}$倍である。

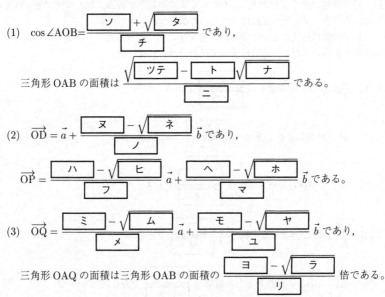

〔Ⅲ〕　座標平面上で，円 $x^2+y^2-2ax-4by-a^2+8a+4b^2-10=0$ を $C_1$ とし，円 $x^2+y^2+2x-4y+3=0$ を $C_2$ とする。ただし，$a, b$ は定数である。

以下の問に答えなさい。ただし，分数はすべて既約分数にしなさい。設問 (1) は空欄内の各文字に当てはまる数字を所定の解答欄にマークしなさい。設問 (2),(3),(4) は裏面の所定の欄に解答のみ書きなさい。

(1)　円 $C_1$ が点 $(1, 0)$ と点 $(1, 6)$ と点 $(3, 2)$ を通るとき，

円 $C_1$ は中心が点 $\left( \boxed{\text{ル}}, \boxed{\text{レ}} \right)$，半径が $\sqrt{\boxed{\text{ロワ}}}$ の円である。

(2)　円 $C_1$ の中心が直線 $y=x+3$ 上にあるとき，$b$ を $a$ を用いて表した式を書きなさい。

(3)　$a, b$ が (2) の式をみたすとき，円 $C_1$ と $C_2$ が異なる 2 点で交わる $a$ の範囲を書きなさい。

(4)　$a, b$ が (2) の式をみたし，$a$ が (3) の範囲にあるとき，円 $C_1$ と $C_2$ の 2 つの交点を通る直線を $l$ とする。円 $C_1$ の中心と直線 $l$ の距離が $\dfrac{5\sqrt{8}}{8}$ であるとき，直線 $l$ の方程式を書きなさい。

問5　二重傍線X、Yを本文に即して適切に活用させ、それぞれ解答欄に書け。歴史的仮名遣いが必要な場合にはそれを用いよ。

問6　傍線④を適切な漢字一字で書け。

問7　『徒然草』にもっとも近い時期に成立した文学作品を次の中から一つ選び、その番号をマークせよ。

1　風姿花伝　2　とはずがたり　3　方丈記　4　新古今和歌集　5　とりかへばや

E
1　ひねくれた
2　つまらない
3　根拠がない
4　口うるさい

F
1　ほとんど劣らない
2　おそらく劣らない
3　細やかに見れば劣らない
4　近頃の感覚では劣らない

問3　傍線②は、桜に対する心情を述べた箇所である。この内容と同様の心情を詠んだ和歌として、もっとも適切なものを次の中から一つ選び、その番号をマークせよ。

1　いにしへの奈良の都の八重桜けふ九重ににほひぬるかな
2　桜花散りぬる風のなごりには水なき空に波ぞ立ちける
3　願はくは花の下にて春死なんその如月のもちづきのころ
4　世の中にたえて桜のなかりせば春の心はのどけからまし

問4　傍線③の読みを平仮名四字で書け。歴史的仮名遣いが必要な場合にはそれを用いよ。

A
1　言ってほしいが
2　言うようだが
3　言うにちがいないが
4　言うかもしれないが

B
1　上品な
2　柔らかい
3　素朴な
4　おぼろげな

C
1　みすぼらしい
2　狭苦しい
3　騒々しい
4　薄暗い

D
1　きらびやかなものである
2　優雅なものである
3　無邪気なものである
4　厳かなものである

く、春のいそぎにとりかさねて催しおこなはるるさまぞいみじきや。

注

(1) 花橘は名にこそ負へれ……花橘は、和歌や物語において、「昔を思い出させるもの」と捉えられていた。

(2) 灌仏のころ、祭のころ……灌仏は、釈迦の降誕日を祝う灌仏会《くわんぶつえ》のこと。また、ここでの祭は賀茂祭《かものまつり》を指す。いずれも陰暦四月の行事。

(3) 水鶏のたたく……水鶏の鳴き声が、戸をたたく音に似ていること。

(4) 六月祓……陰暦六月晦日《みそか》の、罪やけがれをはらう神事。茅《ちがや》の輪をくぐったり、身体をなでた人形《ひとがた》を川へ流したりした。

(5) 野分……秋の台風。

(6) やり水……庭園などに、外から水を引き入れてつくった流れ。

(7) 御仏名・荷前の使……御仏名は、宮中の清涼殿で諸仏の名を唱えること。荷前の使は、天皇や皇室関係の陵墓にその年最初に実った稲の穂を供える勅使。いずれも陰暦十二月の行事。

問1　傍線①は、本文全体の内容を総括する一文である。（　ア　）に入れる言葉としてもっとも適切なものを次の中から一つ選び、その番号をマークせよ。

1　興趣　　2　儀礼　　3　習俗　　4　歳月　　5　折節

問2　傍線A～Fの意味としてもっとも適切なものをそれぞれ次の中から一つ選び、その番号をマークせよ。

## （二）

次の古文は『徒然草』の一節である。これを読んで後の問に答えよ。

①（　ア　）のうつりかはるこそ、ものごとにあはれなれ。

「もののあはれは秋こそまされ」と人ごとにA言ふめれど、それもさるものにて、今一際《ひときは》心もうきたつものは、春の気色《けしき》にこそあめれ。鳥の声などもことのほかに春めきて、のどやかなる日影《ひかげ》に、垣根の草萌えいづるころより、やや春ふかく霞みわたりて、②花もやうやう気色だつほどこそあれ、折しも雨風うちつづきて、心あわたたしく散り過ぎぬ。青葉になり行くまで、よろづにただ心をのみぞ悩ます。(注1)花橘は名にこそ負へれ、なほ梅の匂ひにぞ、いにしへの事も立ちかへり恋しう思ひ出でらるる。山吹のきよげに、B藤のおぼつかなきさましたる、すべて、思ひ捨てがたきこと多し。

「(注2)灌仏《くわんぶつ》のころ、祭《まつり》のころ、若葉の、梢涼しげに茂りゆくほどこそ、世のあはれも、人の恋しさもXまさる」と人のおほせられしこそ、げにさるものなれ。五月、あやめふくころ、早苗《さなへ》とるころ、(注3)水鶏《くひな》のたたくなど、心ぼそからぬかは。六月のころ、Cあやしき家に夕顔の白く見えて、③蚊遣火ふすぶるもあはれなり。(注4)六月祓《みなつきばらへ》またをかし。

七夕まつるこそDなまめかしけれ。やうやう夜寒になるほど、雁《かり》鳴きてくるころ、萩《はぎ》の下葉色づくほど、早稲田《わさだ》刈り干すなど、とり集めたることは秋のみぞ多かる。また、(注5)野分《のわき》の朝《あした》こそをかしけれ。

言ひつづくれば、みな源氏物語・枕草子などにこと④ふりにたれど、同じこと、また今さらに言はじとにもあらず。おぼしきこと言はぬは腹ふくるるわざなれば、筆にまかせつつ、Eあぢきなきすさびにて、かつ破《や》り捨《す》つべきものなれば、人の見るべきにもあらず。

さて冬枯れの気色こそ秋にはFをさをさおとるまじけれ。汀《みぎは》の草に紅葉の散りとどまりて、霜いと白う置ける朝《あした》、(注6)やり水より煙《けぶり》の立つこそをかしけれ。年の暮れはてて、人ごとに急ぎあへるころぞ、またなくあはれなる。すさまじきものにして見る人もなき月の、寒けく澄める廿日《はつか》あまりの空こそ、心ぼそきものなれ。(注7)御仏名《おぶつみやう》・荷前《のさき》の使《つかひ》たつなどぞ、あはれYにやんごとなし。公事《くじ》どもしげ問12　傍線部⑤の「開き直った感じ」とは、本文では、どのようなことを指して述べていることになるか。もっとも適切なものを次の中から一つ選び、その番号をマークせよ。

1　現実よりも虚構の方がリアルであることを受け容れること。
2　社会は虚構のアクチュアリティに満ちているとふざけてみせること。
3　歴史が終わったという考え方を否定し、社会の土台はリアルな現実であると信じること。
4　現実を虚構とみなすような皮肉な時代感覚によって失われたリアリティをとりもどすこと。
5　虚構がそれ自体でアクチュアリティを生み出すならば、そこに現実と変わらぬリアリティを認めること。

問13　傍線部⑥の「そうした」が指し示している部分を、「という現実感覚の変容」に続けることができる七十字程度で文中から抜き出し、最初と最後の三文字を書け。（句読点は一字と数えない）

問14　傍線部⑦「〈一〉になった世界」を本文全体の議論にあてはめると、人々が「社会の地形」をどのように意識している状況といえるか。**「資本主義」「現実」の二語を必ず用いて**、二十五字程度で答えよ。（句読点は一字と数える）

〔解答欄〕二十七字

っとも適切なものを次の中から一つ選び、その番号をマークせよ。

1　デジタル情報ネットワークの閉鎖性
2　民衆にわかりやすいリアリズム的な手法
3　矛盾や抑圧を覆い隠す形式主義
4　思考と行動を制約する見えざる結界
5　日常生活と社会的諸活動に内在する広告

問11　傍線部④の「永遠の現在」とはどういうことか。その説明としてもっとも適切なものを次の中から一つ選び、その番号をマークせよ。

1　現実の不都合な部分を隠蔽し、〈いま・ここ〉に〈あること〉のすべてが〈あるべきこと〉の実現であると規定して、社会の地形から未来の方向への時間性を捨象してしまった様態のこと。
2　資本主義社会のみが〈あるべきこと〉を唯一実現できる社会であるとすることで、社会主義のイデオロギーを否定し、新しい理想主義が〈あるべきこと〉を与えてくれると人びとが信じている状態のこと。
3　新自由主義とグローバリズムが〈いま・ここ〉を未来を予見している可能性として可視化し、それが資本主義社会のリアルなイメージとして表象されている社会のこと。
4　広告が本来のプロモーションとしての機能を逸脱し、〝その都度限り〟のユートピアを普遍性のある現実として広く浸透させているメディア空間のこと。
5　資本主義の代替物を見いだせない状況で、社会の地形を無意味化し、つねに〈いま・ここ〉における消費活動の反復を人々に強いている経済のこと。

5　自家撞着

問8　空欄イ～ニを補うのにもっとも適切なものをそれぞれ次の中から一つ選び、その番号をマークせよ。ただし、同じものを複数回用いてもよいこととする。

1　あるもの
2　あるべきもの
3　あるものではないもの
4　あり続けるもの

問9　空欄Ⅵを補うのにもっとも適切なものを次の中から一つ選び、その番号をマークせよ。

1　流行やトレンドを超える本来性をもつものとして、人間や社会の〈あること〉を意味づけ、方向づける必要はない
2　人びとのノスタルジアに訴える商品のもつ消極的な懐旧性は社会にとって好ましくないという意味で、実際には〈あるべきもの〉とはいえない
3　〈あるべきもの〉がすべて手に入ってしまうユートピアの実現は、資本主義経済の発展を妨げ、社会にとっては、かえって好ましくない
4　人間や社会の多様性を押しつぶしてまでも、グローバルで〈あること〉を実現させる必要はない
5　人によって〈あるべきもの〉としてのユートピアが異なるということそれ自体がリアルなわけではない

問10　傍線部③で「グローバルな資本主義の空間」を「唯一のメタ現実」のように人びとに感覚させる作用をもたらすものは何か。も

4　インターネットの動画投稿サイトが世界のあらゆる地域の人どうしの出会いを可能にしたことから、たんなる私生活の公開すら、再生回数と連動して価値を生み出すようになったこと。

5　パンデミックが起こっても、すみやかに国際的な協力態勢がとられ、短期間でのワクチンの開発と、貧困国への分配が可能になるほどに資金が集まったこと。

問5　空欄Ⅲにアルファベット一文字を補え。ただし「i」は除く。また、空欄Ⅲは文中に四箇所あり、すべて同じ文字が入る。

問6　空欄Ⅳを補うのにもっとも適切なものを次の中から一つ選び、その番号をマークせよ。

1　ユートピア
2　地球外文明
3　公共空間
4　新自由主義
5　ヘゲモニー

問7　空欄Ⅴを補うのにもっとも適切なものを次の中から一つ選び、その番号をマークせよ。

1　グローバル化
2　唯一の現実
3　社会主義の理想
4　イデオロギー

2 国際社会によって自由貿易が支持され、地球上のあらゆる場所が資本の活動へと開かれたこと。

3 アメリカがテロの脅威を理由に、イスラム教徒が多数を占める国からの入国を強く制限したこと。

4 ロシアが軍事侵略によってクリミア半島を併合し、国際社会の非難を受けたこと。

5 中国が自らの主導する経済圏を構築しようとして、一帯一路構想を進めていること。

問2 空欄Ⅰを補うのにもっとも適切なものを次の中から一つ選び、その番号をマークせよ。

1 一体　2 功利　3 主体　4 対称　5 超越

問3 空欄Ⅱを補うのにもっとも適切なものを次の中から一つ選び、その番号をマークせよ。

1 局所的　2 支配的　3 周縁的　4 等質的　5 特権的

問4 傍線部②で述べられているのは、たとえばどのようなことか。その例としてもっとも適切なものを次の中から一つ選び、その番号をマークせよ。

1 どこにいてもインターネットを通じて世界中の出来事を知ることが可能になる一方、フェイクニュースも価値ある情報として拡がり、検証されることなく信じられるようになったこと。

2 リモートワークやオンライン授業が、オフィスや学校という特定の空間が生み出していたと思われるアクチュアリティを普遍化し、そういった施設に付随していた物理的制約を無効にしたこと。

3 ほぼすべての国家が資本主義を導入し、ネットワークによって結ばれることで、投資活動のフローが劇的に巨大化して、歴史上かつてないレベルで世界の富が平準化したこと。

は、〈いま・ここ〉のみが唯一の〈あること〉であり、その外部に想定される〈あるべきこと〉の存在が意味をもたない⑦〈　〉になった世界である。

（若林幹夫『ノスタルジアとユートピア』より）

＊本文はその一部を、出題用に編集してある。

注（1）世＝界の体制……時間的な広がりと空間的な広がり、さらに両者の関係とを了解したうえで世界を捉えるよう、人びとの認識のあり方と行為を規定する知の枠組み。
（2）社会の地形……（1）の「世＝界の体制」によって見出される社会のイメージを人びとが共有するために、文化的・社会的な意味も含めて構造化した表現。
（3）ボイム……Svetlana Boym（一九五九～二〇一五）。米国の比較文学者、メディア・アーティスト、作家。
（4）マーク・フィッシャー……Mark Fisher（一九六八～二〇一七）。英国の批評家。
（5）マンハイム……Karl Mannheim（一八九三～一九四七）。ドイツの社会学者。現実への認識を覆い隠し、体制を維持しようとするイデオロギーと、現実を変革し新しい社会を生み出すユートピアとを弁別した。
（6）見田宗介……日本の社会学者（一九三七～二〇二二）。
（7）リオタール……Jean-François Lyotard（一九二四～九八）。フランスの哲学者。
（8）大澤真幸……日本の社会学者（一九五八～　）。

問1　傍線部①の述べる状況とは、たとえばどのようなことか。その例としてもっとも適切なものを次の中から一つ選び、その番号をマークせよ。

1　国連がＳＤＧｓ（持続可能な開発目標）を掲げ、その実現を目指していること。

リアリティが失われ――「理想」も「夢」も、そんな大きな物語の下でリアリティとアクチュアリティをもったのだ――、現実それ自体が虚構的な構成物であるということがリアルであり、またそのような虚構を虚構と知りつつ受け容れ、戯れることがアクチュアルであるという、アイロニカルな社会感覚が拡がった。世界を虚構として感受するこのアイロニカルな社会感覚は、進歩し発展する歴史という大きな物語が終わり、並存する小さな物語群の時代になったという、ポストモダンをめぐるリオタール(注7)の社会認識とも通底する。

　それに対して、「バーチャルの時代」とは、現実の虚構性にアイロニカルに惹きつけられるのではなく、その〝本当らしさ〟に惹きつけられ、それが現実の一部として感受され、受容されてゆく時代であると言えるだろう。「バーチャル virtual」とは、虚像でありながらリアルかつアクチュアルな効果をもつもの、仮想でありながらそのリアリティにおいて現実と同等と見なされるものであるからである。デジタル情報ネットワークが形成する〝バーチャルな空間〟は、先に述べたように、グローバルな資本にとって利益追求がなされるリアルな領域であり、そうであるがゆえに今日の国民国家にとっても無視することのできない現実的な領域である。「仮想現実」と訳されてきた〝VR＝virtual reality〟に代わり、「拡張現実」と訳される〝AR＝augumented reality〟という言葉が今日しばしば使われるようになってきたことも、デジタル情報技術が生み出す情報とイメージの世界のリアリティとアクチュアリティをめぐる、⑥そうした現実感覚の変容に対応している。それはボイムが指摘したように、かつてサイバースペースと呼ばれた、〈いま・ここ〉の外部の〈他の空間〉としてよりも、〝 Ⅲ ー〟の接頭辞で示される、〈いま・ここ〉を包含するグローバルな一つの世界の一部としての側面を強めている。無限の情報とイメージの産出と流通と消費へと開かれた〝 Ⅲ ー〟の空間は、資本主義リアリズムの〈一〉である世界の一部なのだ。

　大澤真幸(注8)はそんな現代の世界を、〈いま・ここ〉にある「現実」を超えるユートピア的なもの――「理想」や「夢」――を反現実として、〈いま・ここ〉に〈あること〉を統一的に理解することがリアリティとアクチュアリティを失って、〈いま・ここ〉の「現実」が「不可能性」を反現実とすることによってしか意味づけられず、それゆえ現実の中の〝まさにこれこそが現実〟という強度をもったものの中に〈あるべきこと〉が希求される、「不可能性の時代」であるとした。現実が「不可能なこと」との対において理解される世界とリアリズム的手法で表現し、それによって現実の社会主義の〈あること〉を覆い隠すもの――(注5)マンハイムの言う意味でのイデオロギー――だったように、資本主義リアリズムも、現実の資本主義の社会の現在の〈あること〉をそのまま反映しているのではない。それは資本主義に内在する構造的問題を矮小化したり、不可視化したりしながら、新自由主義とグローバリズムの下にある現代の資本主義社会こそが〈あるべきこと〉の実現した社会であるとし、〈いま・ここ〉のみならずその先の未来も資本主義の現実の中にあり、あらゆる行為やその選択を、その現実の〝結界〟のうちに閉じ込め、可能な未来をその現実の延長線上にあるものとする点で、可能な未来をすべて現在の延長にする。それは、資本主義を唯一可能な現実であるとすることで、〈あること〉と〈あるべきこと〉を④資本主義の現実の永遠の現在のうちに限定するのだ。資本主義リアリズムは、「ここ〈だけ〉がユートピアだ」という自家撞着的メッセージをささやき続ける、〈ユートピアなきユートピア〉のリアリズムである。それが自家撞着的なのは、ユートピアとは定義上、決して〈ここ〉ではないからである。

(注6)見田宗介は、一九四五年から一九九〇年にいたる戦後の日本社会を、それぞれの時代に相応しい「現実」の反対語に着目し、「理想の時代」、「夢の時代」、「虚構の時代」に分けた。理想の時代とは人びとが理想の社会を建設することをリアルかつアクチュアルに感じた時代、夢の時代とは個人的な幸福の実現を夢見ることにリアリティとアクチュアリティを感じた時代、虚構の時代とは現実自体も虚構のようにリアリティを失ったものと感覚し、そうした虚構に生きることにアクチュアリティを感じた時代である。この三つの時代の区分を提示した後にしばしばなされたという、虚構の時代の次は何なのかという問いに関して見田は、一九九〇年以降は「バーチャルの時代」だが、「バーチャル」もある種の虚構だから、虚構の時代に含まれる、ただし、「虚構」には「嘘のニュアンスが強い感じ」があるのに対して、⑤「バーチャルには開き直った感じ」があるのだ、と述べている。この指摘は、ここまで見てきた二十世紀末から二十一世紀初めの社会の地形と世＝界の体制を理解するうえで示唆的である。

一九七五年以降の日本の「虚構の時代」には、社会の地形の土台が〈進歩としての歴史〉という大きな物語に支えられているというましいとしても、［Ⅵ］ということである。グローバルな資本主義の空間はこうして現代の世界において、その都度の新しさや懐かしさを求め、作り、消費させながら、それだけは変わらない唯一の現実、あるいは、③さまざまに異なる現実をその内部の差異とするような、唯一のメタ現実であるかのように感覚され、生きられるものとなる。

このように、「資本主義が唯一の存続可能な政治・経済的制度であるのみならず、今やそれに対する論理一貫した代替物を想像することすら不可能だ、という意識が蔓延した状態」をマーク・フィッシャー(注4)は「資本主義リアリズム Capitalist Realism」という言葉で表現した。

「資本主義リアリズム」はそもそも、芸術における「社会主義リアリズム Socialist Realism」をもじったパロディとして、一九六〇年代から用いられていた言葉であるという。「社会主義リアリズム」は、芸術作品は社会主義革命が進展しているという〝現実〟を、民衆にわかりやすいリアリズム的な手法で表現し、それによって社会主義革命に貢献すべきであるとする、スターリニズム時代の旧ソ連の公式の芸術理念だった。社会主義の発展が「現実」であることを具象的なリアリズムで表現する社会主義リアリズムは、抽象的表現や前衛的表現を目指す芸術を「形式主義」として批判・抑圧するための論理としても用いられ、「現実の社会主義」がはらむ矛盾や抑圧を覆い隠すものでもあった。

それに対してフィッシャーは、「アートや広告における資本主義の擬似プロパガンダ的な仕組」に限定されない、「むしろ広く染みわたる雰囲気のように、文化の生産だけでなく、教育と労働の規制をも条件づけながら、思考と行動を制約する見えざる結界として働くもの」、それによって資本主義にとって好ましい現実こそが唯一の現実であると人びとに感覚させ、信じさせるものを「資本主義リアリズム」と呼ぶ。その典型はフィッシャーが述べるように広告表現などだが、それらに限定されることなく日常生活と社会的諸活動に内在し、それらを意味づけ、方向づける意味と感覚の編成の様態である。

社会主義リアリズムが、現実の社会主義の社会の〈あること〉をそのまま表象するのではなく、社会主義社会の〈あるべきこと〉を仮想の存在との出合いを可能にし、世界のリアリティとアクチュアリティを変えうる［Ⅳ］的なサイバースペースが現実化する可能性を生み出した。だがそれはまた、利潤を追求して運動を続ける資本と、資本による利益をめぐってヘゲモニー争いを続ける国民国家にとっても、〈現存しない・理想的な・社会についての・イメージ〉を産出し、そこで利益と覇権を追求することが可能なリアルかつアクチュアルな空間でもあったのだ。

ポストユートピア的状況とは、〈いま・ここ〉を超えた〈あるべきこと〉が実現するユートピアが未来において実現しうること、あるいは、それがまさに実現しつつあるのではないかということを、リアルかつアクチュアルなものとして感覚できた時代が終わった、その後の状況のことである。それは、〈いま・ここ〉に〈あること〉とは異なる〈あるべきこと〉が、〈いま・ここ〉を超える社会の地形のどこかに存在しうる、あるいは実現しうるというリアリティとアクチュアリティが低下して、その結果〈いま・ここ〉に〈あること〉と、その〈あること〉の延長線上の〈あり続けること〉が〝［Ｖ］〟であるという現実主義《リアリズム》が、世＝界の体制において支配的になっていく状況である。

資本主義が原理上、〈他の時間〉や〈他の空間〉にあるものと〈いま・ここ〉に［イ］との差異において利潤を追求するものである以上、グローバルな資本主義の空間は、つねに〈［ロ］〉を求め、あるいは産出し続ける。その〈［ハ］〉は、市場において求められ、獲得され、消費されなくてはならないから、それらが求められ、獲得され、消費されるその都度、それを求め、獲得し、消費する者(たち)にとっては〈［ニ］〉としての様相をとる。だからそれらはその都度のユートピアであり、ノスタルジアの商品化と産業化が示すように、その時々にノスタルジアの対象であることもある。けれどもそれらは、求められ、獲得され、消費される〝その都度限り〟でユートピアやノスタルジアの対象であればよく、一定の社会的な広がりをもった人びとにとって共通の〈あるべきこと〉である必要はない。〝流行〟や〝トレンド〟という形でそれらが一定の社会的な広がりをもつことは資本にとっては好見方もできるだろう。ここで〝唯一の現実〟の座を占めるのは、新自由主義的な資本主義とデジタル情報ネットワークの下にある、グローバル化した――地球全体を一体化した――〝一つの世界〟である。

グローバル化した資本主義は国境を越え、地球上のさまざまな土地や場所に利潤獲得の機会を求め、土地や労働力はもちろんのこと、遺伝子《ゲノム》情報からアプリケーション・プログラムにまで及ぶ情報、多様な分野の技術、〝サービス〟と呼び変えられる人間相互間の行為や関係や体験、美や健康などの身体の状態や様相、等々のこれまで商品化の対象とされてこなかったさまざまな事物を商品化し、それらに投資し、生産・流通させ、消費させることで、資本主義的市場を文字通り地球的《グローバル》に拡張していく。十九世紀には地上のあらゆる場所がユートピア建設のために開かれたが、二十一世紀の世界では地球上のあらゆる場所が資本の活動へと開かれ、それによって②世界はその空間性の次元において、資本主義の内部にほぼ閉じられたのである。

今日、デジタル情報のネットワークが、資本主義のこのグローバルな展開を支えると共に、物理的・地理的な空間とは異なる情報とイメージが形成する〈他の空間〉を、(注2)社会の地形の新たな領域として作り出している。インターネットの普及の初期には、SF作家のウィリアム・ギブスンが『クローム襲撃』や『ニューロマンサー』で造語し、その後一般に普及した「サイバースペースcyberspace」という言葉で呼ばれたこの電子的な〈他の空間〉が、地理的世界を支配する国家や資本の覇権から自由な空間たりうるものとして、しばしば論じられてきた。けれどもその後、情報技術のハード・ソフト両面での革新と普及、グローバルな情報産業の展開と社会生活への浸透によって、この〈他の空間〉は物質的な空間の限界を超えて資本主義が展開し、国家の覇権がそこで争われる〝領土〟のごとき側面ももつものとなっていった。(注3)ボイムは、かつてよく用いられた〝cyber-〟ではなく、現代では〝[Ⅲ]-〟という接頭辞がこの空間を指すために一般に用いられるようになったことに注目して、「サイバースペースが開かれた空間とフロンティアの征服という意味を帯びていたのに対して、〝[Ⅲ]-〟は情報ネットワーク上に自分たちの領域を設定して、サイバー空間における人びとの活動をそこに限定しようとする企業に好まれている」と述べている。

デジタル情報ネットワークが生み出した情報とイメージの空間は、物理的・地理的な〈いま・ここ〉に〈あること〉を超える他者や

# 国語

（六〇分）

## （一） 次の文章を読んで、後の問に答えよ。

国民国家間の勢力争いや紛争も、国民国家というユートピアの誇大妄想的拡張への欲望も、現在の人類の社会は克服してはいない。それ以前に、未だ十分に国民国家たりえず、そうなることをめざす国家や民族、そしてまた国家建設《ステイトビルディング》と国民建設《ネーションビルディング》の両方に失敗したと言われる国家や民族が、この地上には数多く存在する。各地の戦争や紛争も絶えず、難民となる人たちも多い。それに対して国連も国際社会も大国も、そうした状況から脱して①共に目指すべき〈あるべきこと〉を提示することができず、〈あること〉の中で有効な対策や対応を模索している。

その一方で、二十世紀末の社会主義体制に対する資本主義の〝勝利〟――それは中国とロシアという、西欧型の資本主義国とは異なる独裁的な資本主義的大国を生み出した――と、デジタル情報テクノロジーの高度化とネットワーク化により、地球的な規模で人類の社会は急速に［Ⅰ］性を高めていった。「グローバル化 globalization」と呼ばれる地球規模での資本・商品・情報・労働力の流通・流動の量的・質的拡大は、国民や国家という枠組みを超えた資本・商品・情報・労働力の交通・交流を可能にする巨大な一つの空間を、現代の世＝界(注1)の体制の基層として形成し、いまや諸国民国家はグローバル化した資本と情報のフローの空間の上に浮かんでいる。あるいはそこでは、土地に根ざした［Ⅱ］な社会の上層を、グローバルなフローの空間が覆っているという

# 解答編

## 英語



**I　解答**　1．(A)—③　(B)—②　(C)—①　(D)—④　(E)—①　(F)—②
(G)—③　(H)—④　(I)—①　(J)—③

(K)(1) for　(2) truth　(3) above　(4) all　(5) peculiar

2．(L)—①　(M)—④　(N)—③　(O)—①　(P)—③

◆全　訳◆

≪一般教養教育において古典を学ぶ意義≫

学生は何を学べばよいのか

学生が何を学ぶべきなのかをめぐる問い，および論争は，学校教育そのものと同じくらい古くからある。単純明快な答えは，学生は「役に立つ」ことを学びさえすればよい，というものである。それほど明快ではない答えとしては，「何の役に立つのか」と問いを発することができるように学生は指導を受けるべきだ，ということがある。前者の答えからは実用的な教授方法が出てくるが，後者は一般教養教育的なものとなる。近年の大学教育では実用的教育のほうが支配的になっている。

今日の大学が学科ごとに履修課程を提供することから「一般教育プログラム」へと再編成する際に用いた仕組みの一つは，単位認定要件の中心を学習内容から技能を土台とした「学習成果」へと移行させることである。つまり，知るべきことから知るための方法へ，知識から技術へと焦点を移す，ということである。このことによって，教育機関は教養ある人間が何を知っておくべきかという厄介で意見が対立しやすい問題を回避できるようになる，というおまけまでついてくるのだ。

しかし，実用性の観点だけで大学教育に取り組むことになれば，禅師の鈴木俊隆によって「最も大切なのは何が最も大切なのかを見出すことである」と表現されているような，一般教養教育の根底にある問題に対応することは決してできない。同様にアリストテレスは「完全なる共同体は生存を目的として形成されるが，善く生きるために存続していくことになる」と書いた。安全と食がある程度確保されれば，生存の問題は変化し，私たちは生存だけでなく生き方にも関心を持ち始める。どうすれば善く生きることになるのか。どのような知識が人生の最善の指針となるのか。人間が感じる充足と意味の根源は何か。私たちのように構成された存在が有する善性とは何のことか。

とはいえ，これらの問題は大学教育の中に存在するのか。そして，そうだとすれば，どのようにして知的に厳密な方法でその問題に取り組むことができるのか。それらの問題が完全なる教育に含まれているということは，若年層に対する教育が始まって以来ずっと理解されてきたことである。2300年ほど前にアリストテレスはそれを次のように表現している。「したがって，子供たちが受けねばならないある種の教育が存在することは明白であるが，それは役に立つとか必要だからではなく，その教育が高貴で自由人にふさわしいからである」と。その数世紀後にキケロは，「真実の探求とその研究は，とりわけ，人間に特有のものである」と主張した。「それゆえ，見えにくいものや優れたものを見出すことが幸福な生に必要であることを考えれば，私たちは，必要な仕事やその他の問題がないときはいつでも，見聞し学ぶことを強く望むものである」 一般教養教育とは「見えにくいものや優れたものを見出すこと」における体系化された訓練であって，それは，そういったものが有用だからではなく，驚きや自己認識への渇望を満たしてくれるからである。

だが，これらの気持ちが高揚するような教えを超えて，学生は大学のカリキュラムで何を学ぶべきかという問題は残されたままである。私の知る最善の答えは，時に「名著」と呼ばれることがあるものの学習を中心に展開する。ほかにも様々な言い方が用いられてきた。例えば，古典，コアテキスト，基礎文献，トランスフォーマティブテキスト，傑作，正典，重要文献などである。

そのような書物を成立せしめるのは何か。そして誰がそう決めるのか。私の眼には，コロンビア大学初の文献学科を設置する際にその問題に直面したジョン=アースキンよりも上手に，実行可能な定義をした人はいないように見える。アースキンは「当学部の教員では名著の定義ができない。少なくとも定義について合意形成ができない」ということにすぐに気がついた。その意見の対立によって彼の計画全体が頓挫しそうになった。指導委員会は，「不毛な議論に疲れ果てた」ため，最終的にはその仕事をアースキン自身に差し戻してしまったのだが，アースキンは，「名著は，様々な人に対して長きにわたって意義を持ち，今後も意義を持ち続ける書物である」という原則に従って 75 冊ほどの目録を作成した。私たちは，「偉大」であるには著者が亡くなっていなければならないというこの定義に従いたくはないかもしれない。しかし，この定義は本質的な部分をとらえている。「名著」は，多くの様々な歴史的状況の中で多くの様々な人々に訴えかける力を持つことを示してきたからである。かかる名著にそのようなことが可能となるのは，それらの書物が自ら創り出した状況を超越して，人間性の何らかの共通基盤をつかもうと手を伸ばすことによってのみである。例えば，トニ=モリソンを偉大な作家たらしめているのは，アフリカ系アメリカ人としての経験に深く根ざしていることではなく，読者にその経験とのつながりがあるかどうかに関係なく，読者がそのような現実に触れるようにできるということなのである。

書物の「偉大さ」を決める明確な基準よりも大切なのは，過去のどのような書物や作品が学部生の一般教養教育に最も適しているかということについて，学部内で実効的な合意を形成する過程である。アメリカでは，歴史的にアフリカ系アメリカ人系である大学は，カトリック系の大学や，ラテンアメリカ人の地域社会に対応するコミュニティカレッジとは異なる作品群に行き着くかもしれない。「名著」の最終的なリストなどはないものの，私たちに共通する人間性を照らし出し，人間たることにかかわる根本的な問題について省察を促す作品に事欠くこともまったくない。優れた作品との出会いを共有することは，一種の変容教育を提供するための時の試練を経た手法であるが，大学が最大限に力を発揮してこそ，その任を果たすことができるのである。

◀解　説▶

1．(A)③が正解。①「科学的な」　②「保守的な」　③「一般教養の，自由主義の，寛容な」　④「現代的な，近代の」　セミコロンの前後で The first answer と the second (answer) が対比されていることを踏まえて解答したい。前者については applied「応用の，実用的な」と説明されていることから，後者は一般教養科目に言及していると判断できる。

(B)②が正解。①「論争」 ②「能力，技術」 ③「論争を呼びやすいこと」 ④「競争力，競争心」 空欄は近年の大学教育がどのように変化しているかを紹介する英文の一部であるが，〈起点〉の from と〈到達〉を示す to / toward / into などの前置詞に注意して〈変化前〉と〈変化後〉をしっかり区別する必要がある。直前に to があるため，空欄は〈変化後〉の内容を描写していると見当がつく。そして，ダッシュの前の部分には，教育の重点が skills-based "learning outcomes"「(特定の) 技能に基づいた『学習成果』」へと移行してきているという〈変化後〉のことが述べられているから，これに類する意味の語を選択肢から選ぶことになる。正解の competency は受験生にあまりなじみのない語であると思われるが，この語を知らなかったとしても消去法によって何とか正答にたどり着きたい。

(C)①が正解。①「実用的な」 ②「物質的な」 ③「哲学的な」 ④「抽象的な」 空欄を含む文が But で始まっていることから，筆者が，前段の教育内容の変化のまとめを踏まえたうえで，ここで大学教育の本質についての自分の考えを展開していこうとしていることを押さえなければならない。前段では技術重視の傾向が紹介されており，これを一般化する表現としては practical「実際的な，実用の」が最も適当である。

(D)④が正解。①「存在」 ②「破壊」 ③「維持，保持」 ④「充足感，達成」 空欄が含まれる文は疑問文であり，前後の疑問文と同様の内容になっている。ここでは「善く生きる」ことや人生の指針となるような知識などについて問いかけられており，さらに空欄が meaning「意味」と並列されていることもあわせて考えたい。

(E)①が正解。①「～以来」 ②「～が原因で」 ③「～によって示されているように」 ④「～としても知られている」 空欄を含む文の直後で2300年ほど前のアリストテレスの主張が引用されていることに着目する。筆者はアリストテレスと同じように実用一辺倒の教育方針には否定的であるから，ここでは，実用偏重ではない教育理念が教育制度の開始以来ずっと続いていると言いたいのである。

(F)②が正解。①「しかしながら」 ②「それゆえ」 ③「さらに」 ④「～だけれども」 空欄を含む英文全体の構造に留意すると，空欄には副詞相当の表現が入ることになるので，まずは接続詞である④を除外する。そのうえで空欄の前後がどのような論理関係になっているかを判断することになるが，空欄直前の下線部(K)の内容は，必要な仕事や心配事がなければ，人間は学ぶことを望むものであるという空欄直後内容と因果関係になっていることを押さえたい。

(G)③が正解。空欄直前の learn までで主節の文構造が完成しており，さらに that 節が後続していることから，considering that ～「～であることを考慮すると」という分詞構文を作る。

(H)④が正解。直前に冠詞があるので，ここは直後の名詞 definition「定義」を修飾することができ，かつ意味的にも自然な形容詞 workable「実行可能な，使用できる」が最もふさわしい。

(I)①が正解。①「～を超越する」②「～を書き写す」③「翻訳物」④「輸送許可証」(「交通機関，輸送」の意味のときは不可算名詞) 文構造をみると，Such books から humanity までの完全文に，that＋空欄(I)＋名詞句が後続している。この文構造と，選択肢の品詞が動詞と名詞であることから，空欄直前の that が主格の関係代名詞であることがわかるので，名詞である③と④は形式面で排除することができる。次に意味内容を吟味することになるが，ここでは筆者が名著の名著たる所以を説明しようとしていることを踏まえて判断したい。筆者によれば，名著とは，the conditions of their own creation「名著の創り出した状況」(物語という虚構の世界) を超えて some common base of humanity「何らかの人間性の共通基盤」を知ろうとする営みである。

(J)③が正解。①「独創性」②「犯人」③「基準」④「批判」 空欄が含まれる最終段は，名著の定義が難しいという前段の内容を受けて，万人が納得する名著の定義が不可能であっても，一般教養教育に適する書物について実効的な合意形成ができればよいという主張を展開している。直後が for “greatness” in a book「書物の『偉大さ』に対する」となっていることから，空欄には criterion「基準」が最も適する。

(K)(1) for，(2) truth，(3) above，(4) all，(5) peculiar が正解。本問のようなタイプの設問では，意味だけでなく品詞や文構造などの形式面にも留意しつつ，空欄が和文のどの部分に対応するかを見極める必要がある。まずは，The search ( 1 ) ( 2 ) で「真実の探求」という主部の前半を形成することになるので，語群の for を利用して The search for truth という名詞句を作ることができる。次に，( 3 ) と ( 4 ) がカンマで挟まれており，さらに語群にallがあることからabove all「とりわけ」という挿入句を構成すればよいと判断できよう。最後に残ったpeculiarを（　5　）に入れてbe peculiar to～「～に特有である」をもとにした述部を完成させる。

2．(L)「見出しに示されている問いに対する筆者の最終的な答えは何か？」

①「学生は『名著』を学ぶべきである」
②「学生は変容教育に関して学ぶべきである」
③「学生は『役に立つ』ものを学ぶべきである」
④「学生は『何に役立つのか』と問えるように指導を受けるべきである」

①が正解。第5段第2文（The best answer …）において，筆者は名著について学ぶべきだと端的に述べている。②の「変容教育」は，それについて学ぶという学習対象ではないので，不適切。

(M)「筆者によれば，近年の大学教育はどのように変化したか？」

①「物事を知る手段から技能を土台とすることに変わった」
②「意見が対立しやすい問題を避けるという利点が加わった」
③「学科に固有の知識として履修課程を再編成した」
④「知識中心から技術中心へと移行した」

④が正解。第2段第1文（One of the …）で大学教育の再編成について詳述されているので，ここを正確に理解したい。1の(B)でも解説したように，大学教育の〈変化前〉と〈変化後〉を分類することになるが，前者を表しているのはcontent / things to know / knowledgeであり，後者はskills-based “learning outcomes” / ways of knowing / competenciesである。したがって，前者から後者への移行を正しく記述している④が正答となる。

(N)「筆者によれば，一般教養教育の根底にある関心事ではないものはどれか？」

①「見えにくいものや優れたものを発見すること」
②「驚きや自己認識への渇望を満たすこと」
③「生存のための十分な知識を確保できるようにすること」
④「人生で何が最も大切なのかを見出すこと」

③が正解。第2段では大学教育が実利重視の方向へ舵を切っていること

が紹介されているが，この潮流に否定的な筆者は，第 3 段第 3 文（Once safety and …）において，食や安全が確保されれば人間は survival「生存」のみならず existence「存在」にも関心を持つようになるものだと述べている。ここでは，ただ生命を維持するだけの「生存」に対して，「存在」は同段第 4 文（How do we …）以降の疑問文の中で様々に言い換えられているように，「生き方，よい人生」といった精神的なあり方を重視する言葉として用いられている。物質的な「生存」と精神的な「存在」を正しく区別し，一般教養教育が担うべきは「存在」のほうだと筆者が考えていることを踏まえたうえで，選択肢を分類しなければならない。①と②は第 4 段最終文（A liberal education …）より，一般教養教育に必要な要素であることがわかる。また，④は第 3 段第 1 文（But approaching college …）で引用されている鈴木俊隆の言葉であるが，実利重視の傾向を否定した直後の記述であることを押さえたい。①，②，④はいずれも実利を超えた「存在」レベルの内容であるから，本問では「生存」の次元にとどまっている③だけが趣を異にする。

(O)「筆者は次のうちいずれを偉大な作家と考えている可能性が高いか？」

①「著名な古代の作家」

②「最近のベストセラー作家」

③「数年前に亡くなった作家」

④「アフリカ系アメリカ人の作家」

①が正解。第 6 段（What constitutes such …）に述べられているように，筆者はジョン=アースキンによる「名著」の定義を高く評価しているが，その定義によれば，名著とは，「様々な人に対して長きにわたって意義を持ち，今後も意義を持ち続ける書物」のこと。長い時の試練を経た本が「名著」であるならば，①の「著名な古代の作家」はそのような「名著」を残した偉大な作家だと考えることができる。また，本文でアリストテレスやキケロなど古代の知識人の言葉が頻繁に引用されていることからも，筆者はこのような先哲に学ぶべきだと考えていると推定できる。その他の選択肢に関しては，②のベストセラー作家についての評価には，本文中にまったく言及がない。③については，第 6 段において「名著」を定義する難しさを述べる文脈で作家の生死が話題になっているが，他界していれば偉大な作家だということではないため不適切。また，④の作家の出自

の問題も，第6段でトニ=モリソンがアフリカ系アメリカ人作家の例として紹介されているにすぎず，その民族的背景をもって偉大な作家の要件としているわけではない。同段最終文（What makes, for …）には「トニ=モリソンを偉大な作家たらしめているのは，アフリカ系アメリカ人としての経験に深く根ざしていることではなく」とあることに注意。

(P)「筆者はどれに同意する可能性が高いか？　次の文を完成させるのに最も適する解答を選べ。『大学は…場所であるべきである』」

①「最も報酬のよい仕事を見つけるのに役立つ」

②「主に実用的な技能を学ぶことができる」

③「人間であるとはどういうことかについての理解を高める」

④「『偉大さ』がどういうことを意味するかを学ぶことができる」

③が正解。一般教養教育における古典学習の意義が本文のテーマであるが，筆者はなぜ実利を離れたこのような教育が重要だと判断しているのかを正確に読み取りたい。空欄(Ｉ)を含む第6段第9文（Such books can …）の some common base of humanity「何らかの人間性の共通基盤」という表現，最終段第3文（There is no …）の our common humanity「私たちに共通する人間性」と reflection about fundamental human concerns「人間たることにかかわる根本的な問題についてよく考えること」などの記述から，古典的名著を学ぶことが人間の内面を深く探求することにつながる，という筆者の考えを読み取ることができる。実利を重視する①と②は本文のテーマに逆行する内容であるし，④については，名著の厳密な定義が困難であることは言及されているものの，学生に書物の卓越性を判断する資質を求めているわけではないので，いずれも筆者の立場にはそぐわないものである。

## Ⅱ　解答

1．(A)―②　(B)―②　(C)―④　(D)―④　(E)―④

2．(F)―③　(G)―③　(H)―①　(I)―②　(J)―④

◆全　訳◆

≪英国が有するソフトパワーの可能性≫

著作権の都合上，省略。

著作権の都合上，省略。

著作権の都合上，省略。

◀解　説▶

1．(A)②が正解。①「教育」 ②「英国」 ③「ソフトパワー」 ④「未来」 本問の it が含まれる文において主節の主語が The UK となっており，さらに as 節内が欧州との関係維持や EU 脱退の話題になっていることを踏まえると，下線部の指示内容は「英国」であると判断することができる。
(B)②が正解。①「～を封入する，～を囲い込む」 ②「～を高める，～を強化する」 ③「～を尋ねる」 ④「～を思い描く，～を予想する」 空欄に入る動詞は，直前の maintain「～を維持する」と並列されつつ，its connections with Europe「ヨーロッパとの関係」を共通の目的語としている。さらに while 以下の「EU という政治的枠組みから離脱しながら」という内容もあわせて解答すればよい。

(C)④が正解。①「～が（費用として）かかる」 ②「～を費やす」 ③「～を交換する」 ④「～を（利益として）もたらす」 主語 Higher education に対する動詞としてふさわしいものが問われているが，この文では and の前後が対応する内容になることを踏まえて選択肢を検討したい。文の後半では「クリエイティブ産業がさらに 200 億ポンドの利益をもたらしている」とあるので，前半部では高等教育が英国にもたらす利益について述べていることがわかる。

(D)④が正解。①「文化」 ②「ビジネス」 ③「観光」 ④「信頼」 直前の第 4 段第 5 文（Higher levels of…）では，信頼感の高さとビジネスへの関心は連動していることが説明されており，空欄を含む文では，このことが，かなり前からある経済学的知見として言い換えられている。したがって，本問では，信頼感が高まれば取引コストが低下して貿易の可能性が高くなる，という流れにするのが正しい論理展開である。

(E)④が正解。①「興奮している」 ②「うれしい」 ③「安心している」 ④「失望している」 ここでは中国の温家宝国務院総理（当時）が 2011 年に英国で会談した際の心情が問われている。選択肢を俯瞰すると④だけが否定的なニュアンスであるから，ある程度の見当はつくものの，空欄が含まれる文の but の前後関係をきちんと把握したうえで解答したい。すなわち，温家宝がシェイクスピアやディケンズなどのイギリスの文豪を愛読していると発言したのにもかかわらず，英国側では中国人作家のことをほとんど知らなかった，という状況に最も妥当する心情を答えればよい。

2．(F)「本文の主たる目的は何か？」

①「英国の持つ様々な力を描写すること」

②「英国のソフトパワーについて語ること」

③「英国にはソフトパワーが必要であると読者にわかってもらうこと」

④「ソフトパワーの限界を説明すること」

③が正解。「文章の内容」ではなく「文章の目的」が問われていること

に注意する。英文の冒頭に「英国は EU を離れて生きていく準備をしているので，ソフトパワーがこれまでにないほど重要になっている」と述べられているように，この英文は，データ等を挙げつつソフトパワーがもたらす好ましい影響を語ることで，英国の未来にとってのソフトパワーの重要性・必要性を読者に説くものとなっている。

(G)「ソフトパワーの例として言及されていないものはどれか？」

①「高等教育」

②「スポーツ」

③「ポピュラー音楽」

④「文学」

③が正解。①と②については，第 2 段第 3・4 文（The UK ranks … unrivalled international popularity.）において，高等教育および五輪のメダル数やプレミアリーグの世界的人気がソフトパワーの例として紹介されている。また，最終段では外交でのエピソードを通じて，文学もソフトパワーとなりうることが示されている。

(H)「第 2 段の意図は何か？」

①「英国は現在でも世界の様々な分野で大きな役割を果たしていると示すこと」

②「英国は再び世界一の大国になると主張すること」

③「多くの分野において世界で最も優れているわけではないとして英国を批判すること」

④「諸外国を牽引するために英国は EU に留まるべきだと示すこと」

①が正解。本文全体の論理展開における第 2 段の役割が問われている。第 1 段で「EU を離脱する英国にとって，ソフトパワーはこれまでにないほど重要となる」「英国は重要なソフトパワーの強みを享受しており，それらは活用されれば同国の将来において大きな役割を果たすことができる」と述べていることを踏まえると，第 2 段は，英国が教育研究，スポーツ，言語などの面でソフトパワー大国であることを確認するためのものであると位置づけることができる。

(I)「文化教育事業とビジネスについての研究を依頼したのは誰か？」

①「英国政府」

②「ブリティッシュ・カウンシル」

③「イプソスモリとユーガブ」

④「戦略上重要な10カ国」

②が正解。第4段第3文（Similarly, research undertaken…）の research undertaken on behalf of the British Council by IpsosMori and YouGov「イプソスモリとユーガブがブリティッシュ・カウンシルの代わりに受諾した研究」という記述により，この研究はブリティッシュ・カウンシルの依頼によりイプソスモリとユーガブが実施したことがわかる。

(J)「『文化的関わりは双方向的なものである』という見解からは，どのようなことが読み取れるか？」

①「文化的関わりは，科学と文学の両方を理解できているかに左右される」

②「文化の融合が生じる前には，文化的関わりが必要である」

③「文化的関わりは，愛情と幻滅の両方の経験である可能性がある」

④「文化的関わりには，相互の文化について知ることが必要となる」

④が正解。下線部の two-way street は，額面通りに読めば「対面交通の道路」ということだが，そこから転じて「双方向的なもの」「互恵的な関係」などの意味を派生する。本問では，文化的関わりがいかなる点で「双方向的」でなければならないのかを正しく読み取りたい。下線部に後続する文では，1の(E)でも解説したように，一方は相手国の文学についてよく知っていたのに，他方はそうではなかったという外交上のエピソードが引用されていることから，ここでの「双方向」とは文化的な相互理解のことにほかならない。

## III　解答

(A)—②　(B)—③　(C)—④　(D)—③　(E)—①　(F)—①
(G)—②　(H)—②　(I)—④　(J)—①　(K)—②　(L)—②
(M)—①　(N)—②　(O)—④

◀解　説▶

(A)「会議にそんなに人が少ないとは思わなかった」

②が正解。空欄には直後の名詞 people を修飾する形容詞が入ることになり，まず名詞である①は排除される。さらに，③は不可算名詞を修飾する語であるため，④は people の何が「低い」のかわからないため，いずれも不適切である。

(B)「そこで昼食をとるなら，ガーリックスープを是非お勧めしますよ」
③が正解。本問では主語Iに対する動詞が必要であるため，形容詞である①以外の，②～④から正答を選ぶことになる。ここは知人にお勧めのメニューを紹介している発話状況であると考えられるので，recommend「～を勧める」が最も自然な表現である。

(C)「私は，もっとしっかり売り込んでいたならばその製品はヒットしていたのに，と今でも思っています」
④が正解。if 節内に過去完了形があることと，空欄に have *done* が後続していることから，仮定法過去完了の文だとわかるので，空欄には助動詞の過去形を入れて，would have *done* の形を作る。

(D)A：「交渉はどうだった？　希望していた契約の変更はできたの？」
B：「うん，最終的には。相手を納得させて変更してもらえたよ」
③が正解。空欄直後の形と内容をあわせて考えると，convince *A* to *do*「*A* を説得して～させる」の語法をとることができる convince が最も適切である。なお，その他の選択肢の意味は，① conceive「～を思いつく」，② convey「～を伝える，～を運ぶ」，④ cooperate「協力する」である。

(E)「それが私次第だとしたら，2つ目の提案を支持します」
①が正解。直後に2組の SV が続いていることから，文構造上，空欄には接続詞が必要となり，選択肢中の接続詞は①のみである。

(F)「私の考えでは，モリーはあれほど熱心に勉強していなければ，試験には合格できなかっただろう」
①が正解。would not have passed から，that 節内が仮定法過去完了の文になっていることを押さえたい。次に文意は「勉強しなかったとしたら…合格しなかっただろう」とするのが最も自然であるから，空欄に適するのは hadn't である。

(G)「ワンデイ・カンファレンスの間に彼女は何人かの同僚に出くわした」
②が正解。「(時・事態の) 経過」という時間的な意味合いの強い名詞 course を目的語にとる前置詞として，本問では② During が最も適切である。なお，③ While は接続詞なので，ここでは文構造が成立しない。

(H)「会議では数多くの複雑な問題を扱ったので，経営陣は時間がなくなった。それで彼らは翌週に再度会議を開くことに決めた」
②が正解。複雑な問題をたくさん処理したという内容を受けており，かつ

翌週に再び会議を開く予定を立てていることから，経営陣は，時間が「なくなった」(ran out of) と考えられる。

(I)「私たちは今年の第3四半期の支出が多かったので，経費を削減するためにしばらくは緊縮予算にせざるを得なくなるようだ」

④が正解。支出を減らさなければならなくなることが話題になっているので，空欄直後の budget「予算」を修飾すべき語としては tight「(お金に) 厳しい，緊縮の」が最も適当である。その他の選択肢の意味を確認しておくと，① closed「閉鎖的な，閉店した，限定された」，② generous「気前がよい，寛大な」，③ surplus「余剰の」となっている。

(J)「このレストランではおいしいパスタとリゾットが出てくるが，私は両方とも大好きだ」

①が正解。関係代名詞 which の用法についての出題であるが，本問の関係詞節は，前提となる文 I like both of them very much において them（＝pasta and risotto）が which となり，さらに both of which というまとまりが文頭に移動した構造になっている。

(K)「私たちは彼の車でその有名なレストランに行った」

②が正解。car を見ると反射的に①を選びたくなるが，〈手段〉の by を用いるなら by car のように目的語となる名詞は無冠詞単数形でなければならない。無冠詞単数形以外の形であれば，car や taxi のように内部を歩いて移動できないような小さな乗り物には in を，bus や train などの大きな乗り物に対しては on を用いるのが原則である。

(L)「スイスはフランス，ドイツ，イタリア，オーストリアに囲まれている」

②が正解。「～の間に」の意味になる前置詞は，対象が二者なら between，三者以上なら among となるのが通例だが，本問ではもっと踏み込んだ理解が求められている。例えば，between Japan and America と among European countries という2つの前置詞句を比較すると，between の目的語には具体的な国名が明示されているのに対して，among の場合は「ヨーロッパ諸国」という漠然とした一つのまとまりになっていることがわかる。本問では空欄直後に具体的な国名が並んでいるので，たとえ三者以上であっても，このような場合は among ではなく between を用いるのが適切である。

(M)「彼の説明は私にはまったく理解できない」
①が正解。直後の understanding が動詞 understand の名詞形であることから，空欄に前置詞 beyond「～を超えて」を入れると自然な文意を形成することができる。一般に，beyond belief「信じられない」のように動詞から派生した名詞を beyond の目的語にすると，「～することを超えている」→「～できない」という意味になる。

(N)「私たちは今年の夏あなたに会えるのを楽しみにしています」
②が正解。look forward to ～「～を楽しみに待つ」は大学入試では確実に知っておくべき表現であるが，ここでの to が前置詞であることまで押さえておく必要がある。動詞の原形を後続させることはできず，動名詞を後続させなければならない。

(O)「世界最大級の木造建築物の一つと考えられている東大寺は奈良にある」
④が正解。関係詞の標準的な問題であるが，まず空欄直前にカンマがあるので非制限用法のない① that は除外する。次に，関係詞節内が is の主語を欠いた不完全文になっていることから，関係副詞③ where も排除することができる。さらに，先行詞が〈人〉ではないため当然ながら② who も正しくない。

## Ⅳ　**解答**　(A)―⑦　(B)―⑤　(C)―②　(D)―③　(E)―④

◆全　訳◆

≪東京の学生が岩手旅行で交わした会話≫

タイガとイップは東京で学ぶ学生であり，夏休みに岩手を旅行している。彼らは昼食をとるために小さな町に立ち寄ったところだ。

イップ：またあの歌だ。行く先々で流れているみたいだけど。何かのヒット曲なの？

タイガ：ああ，あれのこと？　あれはクマの歌だよ。

イップ：どういうこと？　「テディベアのピクニック」みたいなもののことを言っているのかい？

タイガ：「テディベアのピクニック」？　何それ？

イップ：「テディベアのピクニック」を知らないの？　「今日森に入ってい

ったら，きっとびっくりするよ。これまでのテディベアみんなにとって，今日はピクニックをする日なんだ…」という歌だよ。

タイガ：あはは。確かにそれはかわいい歌だな。

イップ：それはともかくとして，童謡の名作なんだ。ロック風にアレンジした人はいなかったと思うけど，誰かがやってくれたらおもしろいかもね。

タイガ：そうだね。でも，この曲はそういうものじゃないんだ。実はクマの危険に注意喚起するために書かれた歌なんだよ。

イップ：本物のクマなのか。なるほどね。テディベアではないわけだ。

タイガ：そういうことだね。本物のクマと本物の危険についてだから。どこかで読んだんだけど，クマに遭遇した時どうすればいいかを年配のロックンローラー数人が書いたということらしい。

イップ：それはもっともなことだね。クマに襲われる被害が多いらしいね。

タイガ：そうなんだよ。ほとんど毎年この地域ではクマに遭遇する人がいて，なかには命を落としてしまう人もいるんだ。おそらく，こういう襲撃事件は適切な予防策があれば避けられたんじゃないかな。

イップ：どんなやつ？　今日みたいな日は森に行かないとか？

タイガ：もちろん，それが一番安全だとは思うよ。うん，でもね，歌詞にあるように，森に行って実際にクマに遭遇したら，走って逃げるのはよくないよ。そうするとクマが追いかけてくるからなんだ。それにクマはものすごく速いし。

イップ：確かに，まあ，直観的には僕もきっとそうだろうと思うよ。それでどうすればいいんだい？

タイガ：その歌の中で具体的に言われているかどうかはわからないけど，クマに背を向けずにゆっくり後ずさりするのが一番安全らしい。それは，歌詞を書いた人がかつて実行した方法で，たぶんそのおかげで命拾いしたそうだ。

イップ：その人は運がよかったね。それでその人は走り去るのがダメだってどうして知ってるの？　それも試してみたのかな？

タイガ：わからないけど，仮にそうやってみたとしたら，生きてそれを伝えることはできなかったかもしれないね。

イップ：そうしたら，その歌には何かほかの対処法も出てくる？

タイガ：うん，走って逃げてはいけないのと同じように，死んだふりをするのも危険だよ。

イップ：なるほど，そうか。みんな役に立ちそうな情報だね。それだからその歌が人気になったと思う？

タイガ：ああ，そうだね，この歌が人気かどうかはわからないけど，岩手県は啓発に役立てようとこの歌を採用したみたいなんだ。クマについてやクマとの共存法に関わる昔の知恵をもっと知ってもらうためにね。

イップ：そうか，なるほどね。クマは実際にはとても臆病らしいから，こういう感じのやかましいロック音楽を流しておけば，森の奥に引きこもってくれそうな気がするよ。

タイガ：その通りだね。それで，僕はお昼食べ終わったけど，君も終わったみたいだね。森の中を散歩してみたい？

イップ：うーん，いま自分たちがすべきことはわかっているけど，最後にテディベアのピクニックみたいになるのだけは本当に避けたいんだ。だから今日はたぶん森から離れていたほうがいいよ。

## ◀解　説▶

(A)⑦が正解。「あの曲は行く先々で流れているみたいだけど，何かのヒット曲なの？」というイップの問いを，⑦「ああ，あれのこと？」と受けて，「あれはクマの歌だよ」と教えている。

(B)⑤が正解。タイガが最初の発言で「クマの歌」をイップに紹介すると，イップは，それが「テディベアのピクニック」の歌のようなものなのかと尋ねている。そして「テディベアのピクニック」を知らないタイガにイップは有名な童謡であることを説明すると，タイガは4番目の発言で「クマの歌」は実際のクマに対する注意喚起のための歌であると応じている。空欄はこの流れを受けてのイップの発言であるが，直後でクマがテディベアのことではないと確認していることから，「クマの歌」の「クマ」を正しく認識できたことを示す⑤「本物のクマなのか。なるほどね」が正しい。ここでは⑤の ones が bears を言い換えたものであることを見抜きたい。

(C)②が正解。空欄直前のタイガの発言内容は「あの歌はクマに遭遇した時にどうすべきかを歌ったものだ」というもので，空欄直後のイップの発言内容は「クマに襲われる被害が多いらしい」というもの。ここで，空欄に②「それはもっともなことだね」を入れると，「クマに襲われた時の対処法を教える歌だよ」→「なるほどね。クマの被害が多いらしいからね」という自然な流れになる。

(D)③が正解。空欄直前のタイガの発言を踏まえると，クマに背を向けずにゆっくり後ずさりするという対処法は，「クマの歌」の作詞者が実際にクマに遭遇した時に実践したものである。この手法によって作詞者は命を失わずに済んだということに対するイップの所感としては，③「彼は運がよかったね」が最も自然な発話である。

(E)④が正しい。④の Right は，クマは臆病なので音楽を流していれば人里には出てきにくいというイップの考えに対して賛意を示す表現と解することができる。そこから well で話題を転換して I'm done へと続くが，これは空欄直後の I mean という挿入的表現を省略すると with lunch につながっており，be done with ～ で「～が終わった，～を済ませた」という意味の重要な成句である。さらに，その直後の and 以下で you look finished <u>too</u>「君<u>も</u>（昼食が）済んだみたいだね」と表現していることからも，タイガは食事の終了に言及していると考えることができる。

❖講　評

長文読解問題に関して，近年は社会科学系の題材が多かったが，2022・2023年度は人文系の文章も出題されている。特に2023年度のⅠは「大学の一般教養課程で古典を学ぶ意義」という受験生にはなじみの薄いテーマを扱っており，さらに筆者の主張が抽象的なことも相まって非常に読みにくい英文であると思われる。そもそも設問にもなっている liberal という語が「一般教養の，人文系の」という意味を持つと知っている受験生自体がそれほど多くないであろう。同様にⅡのテーマである「ソフトパワー」も聞き慣れない言葉であるからとまどった受験生も多かったと思われる（もちろん「ソフトパワー」という専門用語を知らなくても，必要な条件を押さえていけば正解を導くことはできる）。しかし，いくら英文が難解だとしても，解答に必要な知識や考え方は本質的に変わらないということを忘れないでほしい。単語や熟語などの知識を増やし，文法や構文をしっかりと理解し，様々なジャンルの英文を読む，という正攻法の勉強を継続するほかない。

文法・語彙問題では2023年度もこれまでの形式を踏襲しており，空所補充型の設問が15問となっている。形式的には例年通りだが，内容的には語彙問題が減って文法問題が増加した。ただ，文法問題そのものは従来のように標準的なものが多く，地道に受験勉強に取り組んだ受験生なら対応できるものがほとんどである。今後，文法と語彙の比率がどのようになるかは，むろんわからないが，大切なのは，語法などの暗記すべき事項と文法理解をバランスよく学習することである。暗記と理解は相補的な関係にあるので，いずれか一方に偏する勉強では学力向上は望むべくもないことを銘記しておきたい。

会話文問題については，空欄の数こそ変わらないものの，全体の英文量が大幅に増加した。ただ，英文が長くなったといっても，個々の設問の難易度はそれほど変化していない。それゆえ対策も本質的には変わらず，必要なのは，会話特有の言い回しや省略表現に習熟し，前後関係から空欄に必要な情報を導き出す論理的思考力を鍛える，という当たり前のことだけである。

# 日本史

## I

**解答**　問1．B　問2．C　問3．B　問4．D　問5．C
問6．C　問7．C　問8．D　問9．B　問10．A
問11．D　問12．D　問13．B　問14．B　問15．D　問16．B
問17．B　問18．C

◀解　説▶

≪渋沢栄一の生涯≫

問1．B．正文。川越藩主の松平氏が豊かな庄内藩をねらって幕府に働きかけたことがきっかけで，三方領知（地）替えが計画された。

A．誤文。三方領知替えに対して，庄内藩領民の激しい反対行動があった。

C．誤文。三方領知替えは，武蔵国川越藩の松平家を出羽国庄内藩に，庄内藩の酒井家を越後国長岡藩に，長岡藩の牧野家を川越藩へ転封させる計画であった。

D．誤文。三方領知替えは，激しい反対行動が起こったこともあり，翌年に撤回された。

問2．C．誤文。出版統制令によって出版元の蔦屋重三郎らが弾圧されたのは寛政の改革である。

問3．B．正文。富岡製糸場ではフランス人技師ブリューナの指導やフランス製機械により，近代的な熟練工を養成した。

A．誤文。富岡製糸場は1872年に群馬県富岡に設立された。

C．誤文。集めた工女は士族の子女が多く，富岡工女と呼ばれた。

D．誤文。富岡製糸場では生糸が生産された。

問4．D．正文。1863年に長州藩が下関の海峡を通る外国船を砲撃した事件（長州藩外国船砲撃事件）の報復として，翌年，英・仏・米・蘭の四国連合艦隊が下関を砲撃し，下関砲台などを占領した（四国艦隊下関砲撃事件）。

A．誤文。薩摩藩ではなく，長州藩が攘夷決行期日に下関の海峡を通る諸外国船を砲撃した。

B．誤文。調所広郷は薩摩藩の家老。水戸藩主徳川斉昭に重用された藤田東湖らが尊王攘夷論を展開した。

C．誤文。三条実美ら尊王攘夷派の公家が京都から追放されたのは1863年8月18日である（八月十八日の政変）。

問5．C．正文。前土佐藩主山内豊信の建議を受けて，1867年に徳川慶喜が朝廷に大政奉還を申し出た。

A．誤文。13代将軍の後継をめぐる問題では，彦根藩主井伊直弼らは徳川慶福を推薦した。徳川慶喜を推薦していたのは越前藩主松平慶永や薩摩藩主島津斉彬らである。

B．誤文。徳川慶喜は水戸藩の徳川斉昭の子である。1847年に一橋家を継いでいる。

D．誤文。文久の改革の際，徳川慶喜は将軍後見職に任命された。京都守護職に任命されたのは会津藩主の松平容保である。

問6．室町幕府の15代将軍とは足利義昭のことである。

C．正文。足利義昭は13代将軍足利義輝の弟であり，1568年に織田信長に擁立されて入京し将軍となった。やがて反信長勢力の結集を画策するようになり，1573年に京都を追われ，室町幕府は滅亡した。その後，豊臣秀吉が保護した。

問7．C．正文。1970年に開かれた日本万国博覧会は183日間開催され，来場者総数は6421万人以上，一日平均約35万人を記録した。

A．誤文。岡本太郎がつくった「太陽の塔」がシンボルであった。

B．誤文。開催地は大阪府吹田市であった。

D．誤文。「人類の進歩と調和」をテーマとして開催された。

問9．B．正文。国立銀行条例によって民間の資本で兌換紙幣を発行させようとしたが，民間にも正貨は乏しく，設立されたのは4行にとどまった。1876年に条例を改正し，不換紙幣の発行を認めると，1879年の設立打ち切りまでの間に153行が設立された。

A．誤文。アメリカの銀行制度にならって設立された。

C・D．誤文。国立銀行条例により設立された銀行は民間銀行であり，第一国立銀行は三井・小野組を中心に設立された。

問10．A．誤文。1876年の国立銀行条例改正により，正貨兌換義務がのぞかれ不換紙幣の発行が認められた。

問11．D．正解。1877年の西南戦争の際に，傷病者の救済・治療機関として佐野常民らが博愛社を創立した。その後，万国赤十字社に加盟し，1887年に博愛社から日本赤十字社へと改称した。日本赤十字社は陸海軍大臣の監督下に置かれ軍事的性格が強かったが，第二次世界大戦後は一般国民のための医療機関となって再出発した。

問13. B．正文。共同運輸会社と郵便汽船三菱会社が合併して日本郵船会社が成立した。日本郵船会社は日清戦争前にはボンベイ航路，戦後には欧州・北米・豪州の3大航路をひらいた。

A．誤文。会社の名称は日本郵船会社である。

C．誤文。日本郵船会社は2社の合併により成立したが，三菱のカラーが時間の経過とともに強くなり，三菱グループの中核企業となった。

D．誤文。日本郵船会社は民営企業である。

問14. B．正文。日本鉄道会社は1884年に上野～高崎間，1891年には上野～青森間を開通させている。

A．誤文。日本鉄道会社は1881年に設立された。

C．誤文。1889年に民営鉄道の営業キロ数が官営鉄道の営業キロ数を上回った。

D．誤文。鉄道国有法は第1次西園寺公望内閣のもとで1906年に制定された。

問16. B．正解。第一次日英同盟協約の締結は，日露戦争前の1902年である。Aの日英通商航海条約の調印は1894年，Cの第二次日英同盟協約の締結は1905年，Dの第一次日韓協約の締結は1904年である。

問17. B．誤り。ポーツマス条約の内容に賠償金は含まれていなかった。

問18. 皇帝とは高宗のことである。

C．正文。高宗の父親である大院君は壬午軍乱に荷担した。

A．誤文。パリではなく，オランダのハーグに密使を送った。

B．誤文。高宗が退位させられた1907年は，桂太郎内閣ではなく第1次西園寺公望内閣の時期である。

D．誤文。三国干渉後に暗殺されたのは高宗の母親ではなく，王妃であった閔妃である。

## Ⅱ 解答

問1．C　問2．C　問3．D　問4．A　問5．C
問6．B　問7．A　問8．D　問9．B　問10．C
問11．D　問12．C　問13．B　問14．C　問15．C　問16．D
問17．C　問18．A

◀解　説▶

≪近代の学校教育≫

問2．C．正文。学制の序文では，国民皆学，教育の機会均等の原則，実学の理念など，国民の開明化を明示した。しかし，教育の負担が重かったことなどから就学率は容易には高まらず，学制反対一揆も起こった。

問3．D．誤文。学制はそれぞれの地域の実情を考慮しない画一的な制度であった。

問4．A．正文。1874年，前参議の板垣退助・後藤象二郎・江藤新平・副島種臣らが愛国公党を結成し，民撰議院設立の建白書を左院に提出した。その後，江藤新平が佐賀の乱に参加したことなどから愛国公党は解体した。

B．誤文。板垣退助らの征韓論に対して，大久保利通らは内治優先論を説いた。

C．誤文。1874年に高知で立志社を設立し，翌1875年に大阪で愛国社を設立した。

D．誤文。自由党は1881年に結党され，フランス流の急進論を主張した。

問5．C．正解。フランスの制度にならった統一的な学制に対し，1879年に公布された教育令では，アメリカの制度を参考に，地方の自主性を大きく認めた。

問6．B．正解。得撫島は1875年の樺太・千島交換条約により日本領となった。Cの澎湖諸島は1895年の下関条約により日本領となった。Aの南鳥島は1898年，Dの硫黄島は1891年に日本領となっている。

問7．A．正解。教育勅語では忠君愛国の理念を説いている。抜粋された文は，天皇の忠実な臣民として，国の法に従い，国家に尽くし，無限に続く皇室の運命を翼賛すべき，という内容である。

B．学制序文にあたる「学事奨励に関する被仰出書」からの抜粋である。

C．福沢諭吉の『学問のすゝめ』からの抜粋である。

D．軍人勅諭からの抜粋である。

問8．D．正文。学制は啓蒙主義的な教育観であったが，学校令では教育目的が国家主義重視へと変化した。

A．誤文。学校令は，小学校令・中学校令・師範学校令・帝国大学令の4つから構成されていた。

B．誤文。教育令は1879年に公布され，翌年改正された。学校令は1886年に公布された。

C．誤文。小学校は尋常科と高等科に分けられ，尋常科4年間が義務教育とされた。

問9．B．正文。啓蒙思想家の団体である明六社は，森有礼が明治6年に発案したことから明六社と名づけられた。

A．誤文。森有礼は薩摩藩出身である。

C．誤文。森有礼は大日本帝国憲法発布式典の日（1889年2月11日）に国粋主義者に刺され，翌日死去している。

D．誤文。森有礼は五代友厚らとイギリスに留学した。五代友厚は関西貿易社の経営者として開拓使官有物払い下げ事件で非難された。

問10．C．正文。1886年の帝国大学令により，東京大学は主として官吏の養成を目的とする帝国大学と改称された。

A．誤文。東京大学の設置は，帝国大学令が公布された1886年の前年ではなく，1877年である。

B．誤文。1886年に東京大学が帝国大学と改組され，ついで1897年京都，1907年東北，1910年九州など，少しずつ帝国大学が増えていき，最後は9帝大となった。

D．誤文。京城帝国大学と台北帝国大学が設置された。

問11．D．正解。1881年，法学者であった岸本辰雄らが，フランス法によって権利と自由の精神を広めようと考え，明治法律学校を創立した。1903年には明治大学と改称された。

A．誤り。津田梅子は女子英学塾を創立し，のちに津田塾大学となった。

B．誤り。大隈重信は東京専門学校を創立し，のちに早稲田大学となった。

C．誤り。新島襄は同志社英学校を創立し，のちに同志社大学となった。

問12．C．正文。大学令が公布されたのは1918年であり，同じ年に富山県の越中女房一揆にはじまる米騒動が起こっている。

A．誤文。シベリア出兵中に起こった尼港事件は1920年の出来事である。また，日本軍は撤退したのではなく，これを口実に1925年まで北樺太を占領した。

B．誤文。立憲政友会の原敬が内閣を組織した。

D．誤文。日本が中国に対し対華二十一カ条の要求を突きつけたのは1915年である。

問14．韓国併合は1910年。C．正解。雑誌『白樺』は武者小路実篤・志賀直哉らにより創刊され，理想主義・人道主義を基調とする清新な作品が発表された。Aの『青鞜』は1911年に創刊された女性だけの文芸雑誌，Bの『種蒔く人』は1921年に創刊されたプロレタリア文芸雑誌，Dの『スバル』は1909年に創刊された耽美派の文芸雑誌である。

問15．C．正文。日本の朝鮮統治は，朝鮮総督を武官とし，全土に憲兵を主とする警察網をめぐらすなど軍事的性格の強いものであった。

A・B．誤文。憲兵警察制度は，1907年（第1次西園寺公望内閣）と1910年（第2次桂太郎内閣）の勅令により制度として確立した。

D．誤文。山県内閣ではなく，原敬内閣が朝鮮の憲兵警察制度を廃止した。

問16．D．正解。台湾総督府の初代総督は海軍軍人の樺山資紀である。当初は軍政であったが，第4代総督となった児玉源太郎の下で民政局長をつとめた後藤新平を中心に統治体制が整備された。

問18．A．誤文。アメリカ軍は1945年4月に沖縄本島に上陸した。6月23日に南西諸島守備軍の司令官が自決したことで組織的抵抗は終了するが，その後も局地的な戦闘は続き，アメリカ軍による沖縄作戦終了宣言は7月2日，南西諸島の日本軍が正式に降伏文書に調印したのは，9月7日であった。

## Ⅲ　解答

問1．B　問2．A　問3．C　問4．B　問5．C
問6．D　問7．D　問8．B

◀解　説▶

≪近現代の政治・社会経済・文化≫

問2．A．正文。山梨県甲府の雨宮製糸ストの説明である。日本最初の工場労働者のストライキとされ，約100人の女工が職場放棄し，14時間労働や劣悪な労務条件を緩和させた。

B．誤文。1900年に伊藤博文を中心に結成された政党は立憲政友会である。

C．誤文。田中角栄が金脈問題で失脚した後，クリーンな政治を掲げて後継の総理大臣となったのは三木武夫である。

D．誤文。1949 年に福島県で起こった列車転覆事件は，「松川事件」と呼ばれている。

問 3．イ．誤文。日本で最初の路面電車は，1895 年に京都市で開通した。

エ．誤文。秩父事件は 1884 年に起こった。

問 4．ウ．正文。1891 年に起こった大津事件の説明である。政府と国民に大きな衝撃を与え，外務大臣青木周蔵の辞任につながった。

ア．誤文。板垣退助は大阪で愛国社を結成した。

イ．誤文。第 1 回原水爆禁止世界大会は広島市で開催された。

エ．誤文。石牟礼道子の『苦海浄土』は水俣病患者を題材とした作品であり，水俣湾周辺の住民を見つめている。

問 5．C．正解。1952 年に刊行された野間宏の『真空地帯』では，軍隊生活の苛烈な状況が描かれている。A の『仮面の告白』は三島由紀夫，B の『飼育』は大江健三郎，D の『太陽の季節』は石原慎太郎の作品である。

問 6．D．正解。ウ．『横浜毎日新聞』が横浜にて創刊されたのは 1870 年。→ア．江藤新平らが佐賀で不平士族とともに決起した（佐賀の乱）のは 1874 年。→イ．帯刀禁止令と家禄の支給打ち切りを不満とした反乱が熊本で起こった（敬神党の乱）のは 1876 年。→エ．韓国併合を強行して，韓国を植民地としたのは 1910 年。

問 7．ア．誤文。『死線を越えて』は賀川豊彦の小説である。

イ．誤文。太宰治の郷土は岩手県盛岡市ではなく，青森県弘前市である。

エ．誤文。スマイルズの『西国立志編』は中村正直の翻訳によるものである。

問 8．B のベトナム和平協定が成立したのは 1973 年である。A・C・D はすべて 1972 年の出来事である。

❖講　評

大問数は 3 題で例年と変わりなく，解答個数は 2022 年度から 1 個減少して 44 個だった。2021 年度までは記述問題が数問出題されていたが，2022・2023 年度はすべて選択問題となり，全問マークシート法での解答となった。また，2023 年度のⅢにはリード文がなかった。

難易度は全体的にやや難である。正文・誤文選択問題の割合が高く，その中にいくつか難問がみられる。正確な年代の知識を必要とする設問や，時事的な知識を必要とする設問などが出題されている。

時代・分野別ではⅠが近世後期～近代の政治・外交・社会経済，Ⅱが近代の文化・政治・外交，Ⅲが近現代の政治・社会経済・文化となっている。時代別では，ほとんどが近現代からの出題だが，2021 年度以降は近世からの出題もみられる。古代・中世からの出題は小問レベルでみられるため，全時代・全分野の学習をしっかりしておきたい。分野別では社会経済史の比重が高いので，時間をかけて学習しておく必要がある。また，2021 年度以降は文化史からの出題も目立っている。

Ⅰは「渋沢栄一の生涯」というテーマで，近世後期～近代の設問にこたえることが求められた。問 11 では博愛社の創立者である佐野常民が問われたが，やや詳細な知識と言える。

Ⅱは「近代の学校教育」というテーマで，近代の文化史を中心に出題された。問 7 では選択肢で史料の読解が求められた。問 6 では選択肢Aの南鳥島と選択肢Dの硫黄島が日本領となった時期がわからなかったかもしれないが，樺太・千島交換条約によって得撫島を含む千島全島が日本領となったことを知っていれば解答できる。問 11 では明治大学の設立者の名前が問われており，明治大学受験生は知っておきたい知識と言える。

Ⅲはリード文がなく，近現代から 8 問出題された。問 1 では近年の世界遺産登録に関する知識が問われた。

教科書に記載のないような難問がいくつか出題されているが，問題の多くは教科書の内容を基礎として出題されている。近現代史を中心に，教科書の範囲内で解ける問題を取りこぼさないように学習することを心がけたい。

# 世界史

## I

**解答** 設問1．D　設問2．D　設問3．C　設問4．A
設問5．B　設問6．C　設問7．D　設問8．D
設問9．B　設問10．A

◀解　説▶

≪古代から20世紀初めまでのアフリカ史≫

設問1．D．誤文。「ローマ帝国」が誤り。クシュ王国（前920年頃～350年頃）は，エチオピアのアクスム王国に滅ぼされた。

設問2．やや難。D．誤文。「ネストリウス派」が誤り。エジプトやエチオピアで信仰されているコプト派のキリスト教は，イエスの神性のみを認める単性説のキリスト教である。

設問4．やや難。Bのガーナ王国（7世紀頃～13世紀半ば頃）とCのソンガイ王国（1464～1591年）は，イブン=バットゥータが訪れた14世紀には存在していない。Dのモノモタパ王国はアフリカ南部にあった国である。

設問5．A．誤文。ムラービト朝は，スンナ派の改革運動を背景に成立した。

C．誤文。「モロッコ」が誤り。トンブクトゥは，ニジェール川中流域に位置するマリ共和国の都市である。

D．誤文。ハフス朝とマリーン朝はベルベル系の王朝であるが，イベリア半島ではなく，前者はチュニジア，後者はモロッコに成立した。

設問6．C．誤文。「ヒンディー語」が誤り。アラビア語とバントゥー語の混交によりスワヒリ語が形成された。

設問7．D．誤文。アラビア海やインド洋西部で使用されたのはダウ船。ジャンク船は中国の大型木造帆船である。

設問8．D．誤文。イギリスが1833年に植民地における奴隷制を廃止した。

設問9．B．誤文。コンゴ（ザイール）川流域を探検したのは，イギリスのリヴィングストンではなく，アメリカの探検家スタンリーである。

設問10．B．誤文。「ドイツ軍」が誤り。サモリ=トゥーレを指導者とするイスラーム国家サモリ帝国はフランス軍に抵抗した。

C．誤文。「フランス人」が誤り。南西アフリカではドイツ人に対して，ヘレロ人が蜂起した。

D．誤文。「ソマリランド」が誤り。エチオピアに侵入したイタリア軍が1896年のアドワの戦いに敗北して，エチオピアから撤退した。

## II 解答

設問1．C　設問2．A　設問3．B　設問4．A
設問5．D　設問6．B　設問7．B　設問8．B
設問9．C　設問10．C

◀解　説▶

≪古代から20世紀までの朝鮮通史≫

設問1．A．誤文。新羅は弁韓ではなく辰韓の地に成立した。

B．誤文。新羅は唐と同盟を結んで，660年に百済を，次いで668年に高句麗を滅ぼし，676年には唐を排除して朝鮮半島を統一した。

D．誤文。骨品制は新羅の身分制度で，社会秩序に厳しい制約がある。

設問2．A．誤文。高麗の首都は平壌ではなく開城である。

設問3．B．誤文。訓民正音（ハングル）が制定されたのは，高麗の時代ではなく，15世紀の朝鮮王朝第4代国王世宗の時代である。

設問4．A．誤文。崔氏は文官ではなく武官。崔氏政権は，モンゴル軍の侵攻に対し1232年に江華島に遷都して抵抗を続けた。

設問5．D．朝鮮王朝は明から絹織物・磁器・薬材などを輸入した。

設問6．難問。A．誤文。高麗と日本との間には正式な国交はなかった。

B．正文。応永の外冦とは，1419年に朝鮮軍が倭寇の本拠地と考えていた対馬を襲撃した事件。この後，朝鮮は懐柔策として交易上の特権を対馬に与えた。

C．誤文。文禄・慶長の役（壬辰・丁酉の倭乱）において朝鮮水軍を率いたのは李舜臣である。

D．誤文。倭館は朝鮮半島南部の三浦とよばれる3港に置かれた。ソウルには置かれていない。

設問7．難問。B．誤文。「実学」とは，朝鮮で17世紀から18世紀にかけて形成された近代志向の学問・思想の傾向を指す呼称である。下線部は

「19世紀以降」のこととなっているため，誤文と判断した。

設問8．B．誤文。1882年に起こった壬午軍乱は，開化派ではなく攘夷派（保守派）の反乱である。

設問9．C．誤文。日本は日露戦争後の1905年に結んだ第2次日韓協約で韓国の外交権を奪い，ハーグ密使事件後の1907年に結んだ第3次日韓協約で韓国の内政権を握り軍隊を解散させた。

設問10．C．誤文。1919年に起こった三・一独立運動鎮圧後，総督府はそれまでの武断政治とよばれる強圧的な統治から，憲兵警察の廃止や官吏に朝鮮人を採用するなど，文化政治とよばれる統治に転換した。

## Ⅲ 解答

設問1．C　設問2．D　設問3．C　設問4．C
設問5．A　設問6．B　設問7．B　設問8．A
設問9．D　設問10．C

### ◀解　説▶

≪19世紀から第一次世界大戦までのヨーロッパ≫

設問1．A．誤文。1832年の第1回選挙法改正で，腐敗選挙区が廃止された。

B．誤文。1867年の第2回選挙法改正で，都市労働者が選挙権を獲得した。

D．誤文。1911年の議会法で，上院に対する下院の優位が定められた。

設問2．D．誤文。1886年と1893年にグラッドストン内閣によりアイルランド自治法案が提出されたが，成立しなかった。

設問3．難問。A．誤文。普仏戦争での屈辱的な講和条約に反対してパリ民衆が蜂起し，パリ=コミューンが樹立された。

B．誤文。1875年の第三共和国憲法により，任期7年の大統領は，国民による直接選挙ではなく上下両院の議会で選ばれることになった。

D．誤文。サンディカリズムとは，労働組合の非合法な直接行動（ゼネストなど）によって社会変革をめざす思想である。

設問4．A．誤文。1834年に，オーストリアを除いたドイツ関税同盟が発足した。

B．誤文。三月革命において，フランクフルトで国民議会が開かれた。

D．誤文。プロイセンは，スペイン王位継承問題をきっかけにフランスと開戦した。

設問5．A．誤文。1871年に成立したドイツ帝国は，フランスを孤立させる目的で，オーストリア・イタリアと三国同盟を結んだ。

設問6．A．誤文。マイヤーとヘルムホルツはエネルギー保存の法則を発見した。電磁誘導の法則を発見したのはファラデーである。

C．誤文。モールスは電信機を発明した。電話機を発明したのはベル。

D．誤文。コレラ菌を発見したのはコッホである。

設問7．A．誤文。ショーペンハウアーは厭世主義の哲学者。キェルケゴールはキリスト教徒としての生き方を追求した哲学者。ともに「理性と論理を重んじる」当時隆盛であったヘーゲルの哲学を批判した。

C．誤文。ドイツのサヴィニーは，普遍主義的な自然法を重視する法学ではなく，民族精神を重視する歴史法学の創始者である。

D．誤文。フランスのコントは，実証主義による社会学の創始者である。近代歴史学を確立したのはドイツのランケ。

設問8．難問。Aのフランスのリュミエール兄弟による映画の上演は1895年。Bのオスマンによるパリ改造は第二帝政の時期（1852～70年）。Cのロンドンにおける地下鉄の開通は1863年。Dのロンドンにおける第1回万国博覧会の開催は1851年。最も後の時期のものはAである。

設問10，C．誤文。第一次世界大戦において無制限潜水艦作戦を開始したのはドイツである。

## Ⅳ 解答

設問1．D　設問2．B　設問3．D　設問4．C
設問5．A　設問6．C　設問7．B　設問8．A
設問9．D　設問10．C

◀解　説▶

≪20世紀の中近東史≫

設問1．A．誤文。第一次世界大戦中の1916年に，フランス・イギリス・ロシアは，戦後のオスマン帝国領の扱いを定めたサイクス=ピコ協定を結んだ。

B．誤文。イギリスは1915年のフサイン=マクマホン協定で，アラブ人のオスマン帝国からの独立を約束した。

C．誤文。イギリスは1917年のバルフォア宣言で，ユダヤ人のパレスティナにおける「民族的郷土」建設への支持を約束した。

設問2．A．誤文。パレスティナはヨルダンから分離された。

C．誤文。イギリスの保護国であったエジプトでは，第一次世界大戦後，ワフド党による独立運動が展開された。

D．誤文。クルド人はシーア派ではなくスンナ派が多数を占める。

設問3．D．誤文。アラブ連盟は1945年に結成された。国連によるパレスティナ分割案の決議は1947年である。

設問4．C．誤文。レザー=ハーンは，カージャール朝にかわってパフレヴィー朝を開いた。

設問5．A．誤文。1951年に，イランのモサデグ首相はイギリス系のアングロ=イラニアン石油会社を接収し国有化した。しかし1953年に国王派によるクーデタが起こりモサデグは失脚，その後，7つの国際石油資本による国際石油合弁会社がイランの油田を管理することになった。

設問6．C．誤文。ナセルが1956年にスエズ運河の国有化を宣言すると，これに反発して同年にイギリス・フランス・イスラエルはエジプトに侵攻した（スエズ戦争，第2次中東戦争）。

設問7．イラクは1932年に，ハーシム家のフセインの息子のファイサルを国王に王国として独立したが，1958年のイラク革命で共和国となった。

設問8．B・C．誤文。1979年にアメリカのカーター大統領の仲介により，エジプト=イスラエル平和条約が結ばれ，イスラエルは第3次中東戦争で占領したシナイ半島のエジプトへの返還を約束した。

D．誤文。イスラエルと平和条約を結んだエジプトのサダト大統領は，1981年に過激なイスラーム主義者に暗殺された。ムバラクはその後継者。

設問9．D．誤文。イラクは1990年にクウェートに侵攻した。

設問10．A．誤文。パレスティナ暫定自治協定におけるイスラエル側の代表者は首相のラビンである。

B．誤文。暫定的な自治は，ガザ地区とヨルダン川西岸のイェリコ地区に認められた。

D．誤文。パレスティナ暫定自治協定の成立によってもイスラエルの占領地への入植は停止されなかった。

### ❖講　評

2022年度同様，全40問すべて4択問題であった。うち21問は誤文選択である。正解となる選択肢には標準的なレベルの知識で対応できるものが多いとはいえ，選択肢に年代が多く含まれていることから正誤の判定で悩む可能性が高く，全般的に難度は高い。2023年度はⅠがアフリカ史，Ⅱが朝鮮史からの大問で，学習が手薄になりがちな地域ということもあって全体的に難しかったと思われる。

Ⅰ　古代から20世紀初めまでのアフリカ史を中心とした大問で，学習の度合いによって得点差が生じる内容であった。一部選択肢の内容に教科書・用語集以外の内容が含まれているため惑わされやすい。

Ⅱ　古代から20世紀までの朝鮮通史である。教科書の朝鮮史に関する記述量は，教科書全体のごく一部に過ぎないが，全般的に詳細で正確な知識が求められたため受験生には難しかったと思われる。設問5の交易品は失点しやすい。また，設問6と設問7は難問であった。近現代の朝鮮と日本の関係については整理しておきたい。

Ⅲ　19世紀後半のイギリス・フランス・ドイツを中心とした，19世紀から第一次世界大戦までのヨーロッパ史の大問である。教科書レベルの標準的な知識を問う問題が多いが，文化史関連の設問6のジーメンス，設問7のショーペンハウアーは用語集に掲載されていない。消去法を使いながら慎重に正解を絞りたい。設問8の年代関連問題は難問である。

Ⅳ　20世紀の中近東史からの本格的な大問である。第一次世界大戦中のイギリスの中近東外交，第二次世界大戦前後のエジプト・イラン，パレスティナ問題などが取り上げられている。正文・誤文選択問題の選択肢は教科書や用語集に記載されている事項がほとんどであるが，年代の入っている選択肢で正誤の判断に時間がかかるかもしれない。難問とまでいえる問いはないが，現代史ということもあって学習の度合いで得点差が生じる可能性がある。

# 政治・経済

## I 解答

(a)―①　(b)―⑤　(c)―②　(d)―①　(e)―⑤　(f)―④

1．シャーマン〔シャーマン反トラスト〕

2．ワグナー　3．大日本産業報国会　4．不当労働行為

### ◀解　説▶

≪労働運動の展開≫

(a)① 1802年である。英国の労働運動の成果であるが，9歳以下の児童にしか適用されなかった。9歳以下の児童労働を1日12時間までとする内容であった。

(b)⑤ 1916年である。日本の工場法は1911年に公布されているが，英国と同様に年少者や女性の労働を12歳以上とし，彼らの深夜労働の禁止などを謳ったが，製糸業などの資本家の反対により，施行が遅れた。

(c)②労働組合期成会である。これは現代の連合などのようなナショナルセンターではなく，後に結成される鉄工組合などの思想的・組織的バックボーンである。高野房太郎や片山潜が成立に関わっている。

(d)①治安警察法である。年代から判断できる。当時，流行し始めた社会主義思想について，その運動（行為）を規制するものである。

(e)⑤「解散する」が適切。いわゆる1940年体制のもと，全ての生産力は第二次世界大戦に供するものだけが許された。

(f)④春闘が正解。日本の戦後労働運動は，3月から遅くとも5月のメーデーにかけて，ベースアップの見直しなどをおおむね産業別に資本家に要求する。

1．シャーマン法（シャーマン反トラスト法）である。米国の独占禁止法にあたり，一見，労働運動と関係がないようだが，資本家だけでなく，労働者も安くて有能な労働を供給するのが自由な経済社会であるので，シャーマン法により，労働運動も制限された。

2．ワグナー法が正解。米国で労働者の団結権などが認められた。背景としては，1929年の世界恐慌において，ものが売れないのは労働者の購買力の不足，という事実がある。

3．大日本産業報国会が正解。これの結成により，当時の最大の労働組合である全日本労働総同盟も解散を余儀なくされた。

4．不当労働行為が正解。直前の「正当な理由のない団体交渉の拒否」から判断できる。

## Ⅱ 解答

(a)―④　(b)―⑤　(c)―②　(d)―②　(e)―④　(f)―⑤　(g)―①

1．欧州石炭鉄鋼共同体〔ECSC〕　2．ヨーロッパ共同体〔EC〕

3．マーストリヒト

◀解　説▶

≪国際経済における「経済圏」≫

(a)④マーシャル・プランが正解。第二次世界大戦終結時に，米国のマーシャル国務長官が提唱した。1947年から1951年にかけて，ヨーロッパが共産化するのを避けるための食糧等の援助計画。①シューマン・プランは後のECの元となる考え方を提示したもの。石炭や鉄鋼を一元的に管理することで，西欧の発展の基礎となった。

(b)⑤イタリアが正解。ECの母体となるECSCは原加盟国6カ国（フランス，旧西ドイツ，イタリア，ベルギー，オランダ，ルクセンブルク）が基礎を築いている。

(c)②ローマ（条約）が正解。ローマ条約は1957年に調印され，1958年に発効している。

(d)②キプロスが正解。2004年にハンガリー，エストニア，ラトビア，リトアニア，マルタ，スロバキア，スロベニア，チェコ，ポーランド，キプロスが加盟し，EUは25カ国に。2007年にルーマニア，ブルガリアが加盟し，27カ国体制となった。

(e)④クロアチアが正解。2013年には同国1カ国が加盟している。

(f)⑤欧州中央銀行が正解。経済統合はもちろんだが，通貨統合には，各国の中央銀行も協調しなければならず，各国の財政にも一定の条件が課せられた。欧州中央銀行（ECB）にはECB総裁の他，各国の中央銀行総裁も運営に携わっている。

(g)①の60％以下である。共通の中央銀行を持ち，ユーロの信認を維持するため，財政赤字や公債残高の規制が行われる。

1．欧州石炭鉄鋼共同体（ECSC）が正解。1952年の原加盟国6カ国の努力によるところが大きい。EECとEURATOM，ECSCの結びつきという形は，ECが発展的解消に至るまで続いた。

2．ヨーロッパ共同体（EC）が正解。EC成立のための条約がローマ条約なので，EU（欧州連合）成立のマーストリヒト条約を，あえて「改正ローマ条約」ということがある。

3．マーストリヒト条約（欧州連合条約）が正解。なお，このあとにも複数の関連条約が成立するが，2009年のリスボン条約では，EUの「大統領」職や議会などについて踏み込んで規定している。

## Ⅲ 解答

(a)―⑤　(b)―⑤　(c)―②　(d)―①　(e)―③　(f)―②

1．ペティ=クラーク　2．持株会社　3．社外取締役

4．タックス=ヘイブン

◀解　説▶

≪企業の諸問題≫

(a)⑤機会費用が正解。財・サービスの生産を別に振り替えていたら得られたであろうセカンドベストを想定した費用。何も仕事をせずにいた場合は，本来働いていたならば生じたであろう賃金を想定する。

(b)⑤ 50人以下が正解。中小企業基本法によると，小売業では従業員50人以下または資本金5000万円以下である。製造業・運輸業・建設業などでは従業員300人以下または資本金3億円以下である場合を中小企業という。同様に，卸売業では100人以下または1億円以下を，サービス業では100人以下または5000万円以下を中小企業と定義している。

(c)銀行などからの借り入れは②他人資本で，内部留保や株式による資本調達は自己資本である。株式は一見すると他人資本のように思えるが，公開株の場合一度発行すると，自社が買い取らない限り，流通し続ける。

(d)①自律性が正解。直前の「所有（資本）と経営の分離」から判断する。株主主権という言葉もあるが，実際に執行にあたるのは取締役以下の従業員であり，経営は自律的である。

(e)③水平的分業が正解。途上国から原燃料を買い，先進国が完成品を売るという関係は垂直的分業である。

(f)②新国際経済秩序（樹立）が正解。前年の第一次石油危機における産

油国の側からの提案だと推測する。天然資源についての保有国の自由な管理権限などが主な内容だが，国連資源特別総会で，投票もなく採決された。これまでの国際石油資本など産出する側の一方的な権利への抵抗である。
1．ペティ=クラークの法則である。アダム=スミス以前の経済学者ウイリアム=ペティが資本の投下順序（効率性）について，農業，工業，商業の順がよいと指摘し，20世紀になって社会学者C．クラークが第何次産業という言い方で産業史の歴史的傾向としてペティの言説を取りあげた。
2．持株会社である。戦後，日本では財閥の解体の1つの方法として何らの財・サービスの生産をせずに株式の管理だけを行う会社＝持株会社を禁止し，自由競争が一定の効果をあげたが，外国との競争力などの問題や旧財閥のような国家独占資本主義を招くことがないと判断し，国は持株会社を解禁した。現在みられる「～ホールディングス」などは持株会社である。
3．社外取締役が正解。企業の公共性から，2015年に金融庁と東京証券取引所による「コーポレートガバナンス・コード」の企業統治方針としての社外取締役の強化が行われた。
4．タックス=ヘイブン（租税回避地）である。文字通り，法人税が0か0に近い国，地域。こうした場所に本社を置くことで，課税を避けようとする企業がある。

### ❖講　評

例年の大問3題の構成から2022年度には4題構成となったが，2023年度は元の3題構成に戻った。解答個数も大きく減少した。ただ，各大問のリード文が長く，その中で選択・記述双方で空所補充が求められている。

Ⅰは労働問題を歴史的に捉えているかどうかが見られる深い内容の出題である。「政治・経済」での受験だからと「世界史」や「日本史」の近現代に目を向けていない受験生には厳しく感じられたことだろう。資料集でどうにか解答できるレベルである。

Ⅱは国際経済社会における経済圏についての出題。これも，教科書などでEUについての記述は詳しいが，EUの前身であるEC成立の事情などを把握していないと解答に行き着かないものもあった。やはり「世界史」の戦後史の全体像を知らないと厳しいかもしれない。

Ⅲは企業の現在について，日本の企業を経済主体の一つとして認識し，家計，政府，外国という他の主体の影響のもとで変化してきている現状を，ニュースや新聞などで自らの問題として捉えているかどうかが問われる。リード文が長く，高度な一方で，空所部分は教科書的な内容が多く，かなり配慮された問題と言える。

# 数学

## I　解答

(1)ア．7　イウ．18　(2)エ．7　オカ．12
(3)キ．7　クケ．18　(4)コ．1　サ．2
(5)シ．5　スセ．36

◀解　説▶

≪サイコロを2回投げたときの確率≫

(1)　下の表1より，$\frac{a}{b}$ が整数となるのは14通りで，求める確率は

$$\frac{14}{6^2}=\frac{7}{18}\quad \to ア\sim ウ$$

| $a$ ＼ $b$ | 1 | 2 | 3 | 4 | 5 | 6 |
|---|---|---|---|---|---|---|
| 1 | 1 | $\frac{1}{2}$ | $\frac{1}{3}$ | $\frac{1}{4}$ | $\frac{1}{5}$ | $\frac{1}{6}$ |
| 2 | 2 | 1 | $\frac{2}{3}$ | $\frac{1}{2}$ | $\frac{2}{5}$ | $\frac{1}{3}$ |
| 3 | 3 | $\frac{3}{2}$ | 1 | $\frac{3}{4}$ | $\frac{3}{5}$ | $\frac{1}{2}$ |
| 4 | 4 | 2 | $\frac{4}{3}$ | 1 | $\frac{4}{5}$ | $\frac{2}{3}$ |
| 5 | 5 | $\frac{5}{2}$ | $\frac{5}{3}$ | $\frac{5}{4}$ | 1 | $\frac{5}{6}$ |
| 6 | 6 | 3 | 2 | $\frac{3}{2}$ | $\frac{6}{5}$ | 1 |

表1．$\frac{a}{b}$

(2)　$1\leqq a\leqq 6$，$1\leqq b\leqq 6$ より

$$-5\leqq a-b\leqq 5$$

だから，$2^{a-b}$ が整数となるのは，$2^{a-b}=2^0$，$2^1$，$2^2$，$2^3$，$2^4$，$2^5$ で

$$a-b=0,\ 1,\ 2,\ 3,\ 4,\ 5$$

下の表2より

$$6+5+4+3+2+1=21 \text{ 通り}$$

となり，求める確率は

$$\frac{21}{6^2}=\frac{7}{12} \quad \to \text{エ〜カ}$$

| $a$ ＼ $b$ | 1 | 2 | 3 | 4 | 5 | 6 |
|---|---|---|---|---|---|---|
| 1 | 0 | −1 | −2 | −3 | −4 | −5 |
| 2 | 1 | 0 | −1 | −2 | −3 | −4 |
| 3 | 2 | 1 | 0 | −1 | −2 | −3 |
| 4 | 3 | 2 | 1 | 0 | −1 | −2 |
| 5 | 4 | 3 | 2 | 1 | 0 | −1 |
| 6 | 5 | 4 | 3 | 2 | 1 | 0 |

表2．$a-b$

(3)　$$\frac{1}{6} \leqq \frac{a}{b} \leqq 6 \quad \cdots\cdots ①$$

$p$ を整数とすると

$$\log_2 \frac{a}{b}=p \Longleftrightarrow \frac{a}{b}=2^p$$

①より

$$p=-2,\ -1,\ 0,\ 1,\ 2$$

すなわち

$$\frac{a}{b}=\frac{1}{4},\ \frac{1}{2},\ 1,\ 2,\ 4$$

(1)の表1より，順に，1通り，3通り，6通り，3通り，1通りで，求める確率は

$$\frac{1+3+6+3+1}{6^2}=\frac{14}{6\cdot 6}=\frac{7}{18} \quad \to \text{キ〜ケ}$$

(4)　$$\int_b^a x\,dx=\left[\frac{1}{2}x^2\right]_b^a=\frac{1}{2}(a^2-b^2)=\frac{(a+b)(a-b)}{2}$$

これが整数となるので，$a+b$ または $a-b$ が2の倍数である。ただし，$a+b$ と $a-b$ の偶数，奇数は一致するので，この場合，$a+b$ が偶数，すなわち，$a$，$b$ は，ともに奇数かともに偶数であるとよい。よって，求める確率は

$$\frac{3^2+3^2}{6^2}=\frac{18}{6\cdot 6}=\frac{1}{2}$$　→コ，サ

(5)　下の表3より，$\sin\dfrac{\pi}{a}+\cos\dfrac{\pi}{b}$ が整数となるのは5通りで，求める確率は

$$\frac{5}{6^2}=\frac{5}{36}$$　→シ～セ

| $\cos\frac{\pi}{b}$ ＼ $\sin\frac{\pi}{a}$ | $-1$ | $0$ | $\frac{1}{2}$ | $\frac{\sqrt{2}}{2}$ | $\frac{1+\sqrt{5}}{4}$ | $\frac{\sqrt{3}}{2}$ |
|---|---|---|---|---|---|---|
| $0$ | $-1$ | $0$ | $\frac{1}{2}$ | × | × | × |
| $1$ | $0$ | $1$ | $\frac{3}{2}$ | × | × | × |
| $\frac{\sqrt{3}}{2}$ | × | × | × | × | × | × |
| $\frac{\sqrt{2}}{2}$ | × | × | × | × | × | × |
| $\frac{\sqrt{10-2\sqrt{5}}}{4}$ | × | × | × | × | × | × |
| $\frac{1}{2}$ | $-\frac{1}{2}$ | $\frac{1}{2}$ | $1$ | × | × | × |

表3．$\sin\dfrac{\pi}{a}+\cos\dfrac{\pi}{b}$　（×は無理数）

## II　解答

(1)ソ．1　タ．5　チ．4　ツテ．10　ト．2　ナ．5　ニ．2

(2)ヌ．1　ネ．5　ノ．2　ハ．3　ヒ．5　フ．4　ヘ．3　ホ．5　マ．4

(3)ミ．3　ム．5　メ．2　モ．3　ヤ．5　ユ．2　ヨ．3　ラ．5　リ．2

◀解　説▶

≪正五角形とベクトル≫

(1)　△OABで，余弦定理より

$$\cos\angle \mathrm{AOB}=\frac{\mathrm{OA}^2+\mathrm{OB}^2-\mathrm{AB}^2}{2\cdot\mathrm{OA}\cdot\mathrm{OB}}$$

$$=\frac{2^2+2^2-(\sqrt{5}-1)^2}{2\cdot2\cdot2}$$

$$=\frac{1+\sqrt{5}}{4}\quad\rightarrow ソ\sim チ$$

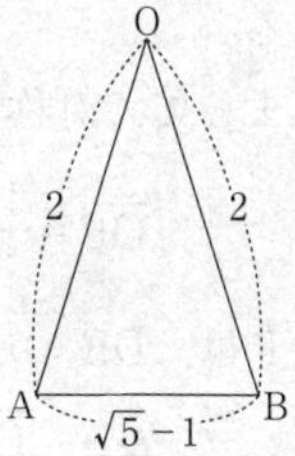


$\sin\angle\mathrm{AOB}>0$ より

$$\sin\angle\mathrm{AOB}=\sqrt{1-\left(\frac{1+\sqrt{5}}{4}\right)^2}=\sqrt{\frac{16-(6+2\sqrt{5})}{16}}$$

$$=\frac{\sqrt{10-2\sqrt{5}}}{4}$$

だから，$\triangle\mathrm{OAB}$ の面積は

$$\frac{1}{2}\cdot\mathrm{OA}\cdot\mathrm{OB}\sin\angle\mathrm{AOB}=\frac{1}{2}\cdot2\cdot2\cdot\frac{\sqrt{10-2\sqrt{5}}}{4}$$

$$=\frac{\sqrt{10-2\sqrt{5}}}{2}\quad\rightarrow ツ\sim ニ$$

(2)　Cは，OA を $\sqrt{5}-1:3-\sqrt{5}$ に内分するので

$$\overrightarrow{\mathrm{OC}}=\frac{\sqrt{5}-1}{(\sqrt{5}-1)+(3-\sqrt{5})}\overrightarrow{\mathrm{OA}}=\frac{\sqrt{5}-1}{2}\vec{a}$$

Dは，BC を $2:3-\sqrt{5}$ に外分するので

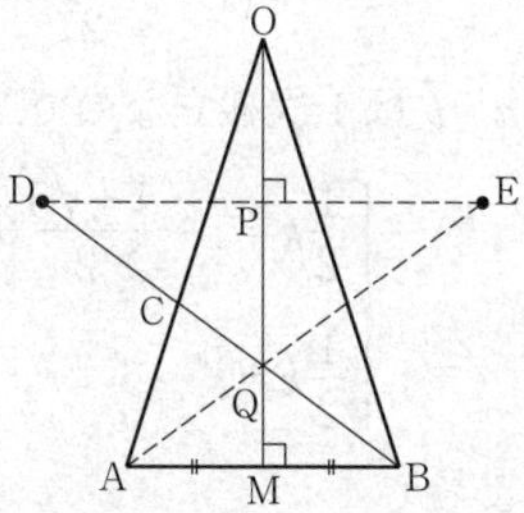


$$\overrightarrow{\mathrm{OD}}=\frac{-(3-\sqrt{5})\overrightarrow{\mathrm{OB}}+2\overrightarrow{\mathrm{OC}}}{2-(3-\sqrt{5})}$$

$$=\frac{-(3-\sqrt{5})\vec{b}+2\cdot\frac{\sqrt{5}-1}{2}\vec{a}}{\sqrt{5}-1}$$

$$=\vec{a}-\frac{3-\sqrt{5}}{\sqrt{5}-1}\vec{b}$$

$$=\vec{a}-\frac{(3-\sqrt{5})(\sqrt{5}+1)}{5-1}\vec{b}$$

$$=\vec{a}+\frac{1-\sqrt{5}}{2}\vec{b}\quad\rightarrow ヌ\sim ノ$$

$\triangle\mathrm{OAB}$ は，$\mathrm{OA}=\mathrm{OB}$ の二等辺三角形であり，Mは AB の中点なので，直線 OM について，点Aと対称な点がBであり，点Dと対称な点がEであ

る。

よって，対称性より

$$\overrightarrow{\mathrm{OE}}=\frac{1-\sqrt{5}}{2}\vec{a}+\vec{b}$$

Pは，DEの中点でもあるので

$$\begin{aligned}\overrightarrow{\mathrm{OP}}&=\frac{\overrightarrow{\mathrm{OD}}+\overrightarrow{\mathrm{OE}}}{2}\\&=\frac{1}{2}\left(\vec{a}+\frac{1-\sqrt{5}}{2}\vec{b}\right)+\frac{1}{2}\left(\frac{1-\sqrt{5}}{2}\vec{a}+\vec{b}\right)\\&=\frac{3-\sqrt{5}}{4}\vec{a}+\frac{3-\sqrt{5}}{4}\vec{b}\quad\rightarrow ハ〜マ\end{aligned}$$

(3)　QはOM上にあるので，$k$を実数として，$\overrightarrow{\mathrm{OQ}}=k\overrightarrow{\mathrm{OM}}$と表せる。

$$\therefore\quad\overrightarrow{\mathrm{OQ}}=k\frac{\overrightarrow{\mathrm{OA}}+\overrightarrow{\mathrm{OB}}}{2}=\frac{1}{2}k\vec{a}+\frac{1}{2}k\vec{b}\quad\cdots\cdots①$$

また，QはAE上にあるので，$l$を実数として，$\overrightarrow{\mathrm{OQ}}=\overrightarrow{\mathrm{OA}}+l\overrightarrow{\mathrm{AE}}$と表せる。

$$\begin{aligned}\therefore\quad\overrightarrow{\mathrm{OQ}}&=\overrightarrow{\mathrm{OA}}+l(\overrightarrow{\mathrm{OE}}-\overrightarrow{\mathrm{OA}})\\&=\vec{a}+l\left(\frac{1-\sqrt{5}}{2}\vec{a}+\vec{b}-\vec{a}\right)\\&=\left(1-\frac{1+\sqrt{5}}{2}l\right)\vec{a}+l\vec{b}\quad\cdots\cdots②\end{aligned}$$

$\vec{a}$，$\vec{b}$は1次独立なので，①，②より

$$\begin{cases}\dfrac{1}{2}k=1-\dfrac{1+\sqrt{5}}{2}l\\[2mm]\dfrac{1}{2}k=l\end{cases}\iff\begin{cases}l=\dfrac{2}{3+\sqrt{5}}=\dfrac{3-\sqrt{5}}{2}\\[2mm]k=3-\sqrt{5}\end{cases}$$

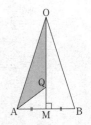

よって

$$\overrightarrow{\mathrm{OQ}}=\frac{3-\sqrt{5}}{2}\vec{a}+\frac{3-\sqrt{5}}{2}\vec{b}\quad\rightarrow ミ〜ユ$$

ここで

$$\frac{\mathrm{AM}}{\mathrm{AB}}=\frac{1}{2},\quad\frac{\mathrm{OQ}}{\mathrm{OM}}=k=3-\sqrt{5}$$

だから

$$\frac{(\triangle\mathrm{OAQ}\text{の面積})}{(\triangle\mathrm{OAB}\text{の面積})}=\frac{\mathrm{AM}}{\mathrm{AB}}\times\frac{\mathrm{OQ}}{\mathrm{OM}}$$

$$=\frac{1}{2}(3-\sqrt{5})$$

よって，$\dfrac{3-\sqrt{5}}{2}$ 倍となる。　→ヨ～リ

## III　解答　(1)ル．0　レ．3　ロワ．10

(2)　$b=\dfrac{1}{2}(a+3)$

(3)　$\dfrac{1}{8}<a<\dfrac{5}{4}$

(4)　$2x+2y-5=0$

◀解　説▶

≪2円の位置関係，共通弦≫

(1)　$k$，$l$，$m$ を実数として，$C_1$ を

$$x^2+y^2+kx+ly+m=0$$

とする。$C_1$ 上に (1，0)，(1，6)，(3，2) があるので

$$\begin{cases}1+k+m=0 & \cdots\cdots① \\ 1+36+k+6l+m=0 & \cdots\cdots② \\ 9+4+3k+2l+m=0 & \cdots\cdots③\end{cases}$$

②－① より　　$36+6l=0$　　$\therefore$　$l=-6$

③－② より　　$2k-4l-24=0$

$l=-6$ より　　$k=0$

①より　　$m=-1$

よって，$C_1$ は

$$x^2+y^2-6y-1=0 \qquad x^2+(y-3)^2=10$$

となり，中心 (0，3)，半径 $\sqrt{10}$ の円となる。　→ル～ワ

(2)　$C_1$ より

$$(x-a)^2+(y-2b)^2=a^2-8a-4b^2+10+a^2+(2b)^2$$

$$=2a^2-8a+10$$

中心をAとすると，A$(a,\ 2b)$，半径 $\sqrt{2a^2-8a+10}$ の円となる。

Aが$y=x+3$上にあるので

$$2b=a+3$$

$$\therefore\quad b=\frac{1}{2}(a+3)\quad\cdots\cdots④$$

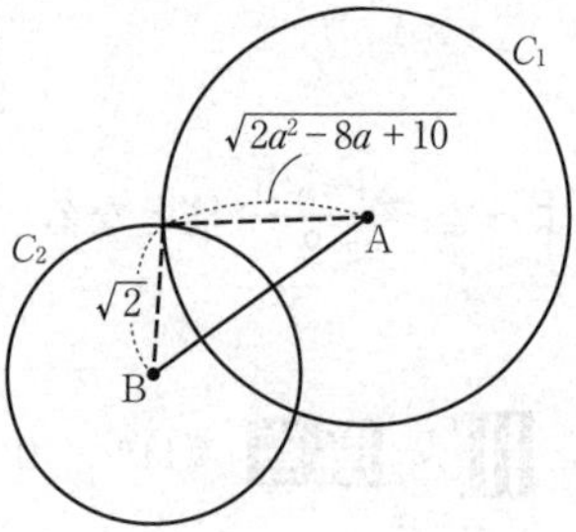


(3)　$C_2$より

$$(x+1)^2+(y-2)^2=-3+1+4=2$$

中心をBとすると，B$(-1,\ 2)$，半径$\sqrt{2}$の円となる。

$C_1$，$C_2$が異なる2点で交わるので

$$\left|\sqrt{2a^2-8a+10}-\sqrt{2}\right|<\mathrm{AB}<\sqrt{2a^2-8a+10}+\sqrt{2}$$

ここで

$$\sqrt{2a^2-8a+10}=\sqrt{2(a-2)^2+2}\geqq\sqrt{2}$$

$$\begin{aligned}\mathrm{AB}&=\sqrt{(a+1)^2+(2b-2)^2}\\&=\sqrt{(a+1)^2+(a+3-2)^2}\quad(\because\ ④)\\&=\sqrt{2(a+1)^2}=\sqrt{2}\,|a+1|\end{aligned}$$

だから

$$\sqrt{2a^2-8a+10}-\sqrt{2}<\sqrt{2}\,|a+1|<\sqrt{2a^2-8a+10}+\sqrt{2}$$

$$\sqrt{a^2-4a+5}-1<|a+1|<\sqrt{a^2-4a+5}+1$$

(i)　$a+1\leqq 0$すなわち$a\leqq -1$のとき

$$\sqrt{a^2-4a+5}-1<-a-1<\sqrt{a^2-4a+5}+1$$

$$-a-2<\sqrt{a^2-4a+5}<-a$$

• $-a-2<0$　すなわち　$-2<a\leqq -1$のときは$\sqrt{a^2-4a+5}<-a$が成り立つとよい。よって，両辺を2乗して

$$a^2-4a+5<a^2\qquad\therefore\quad a>\frac{5}{4}\quad これは不適。$$

• $-a-2\geqq 0$　すなわち　$a\leqq -2$のとき，2乗して

$$(-a-2)^2<a^2-4a+5<(-a)^2$$

$$a^2+4a+4<a^2-4a+5<a^2$$

$$\therefore\quad a<\frac{1}{8}\quad かつ\quad a>\frac{5}{4}\quad 解なし。$$

(ii)　$a+1>0$すなわち$a>-1$のとき

$$\sqrt{a^2-4a+5}-1<a+1<\sqrt{a^2-4a+5}+1$$

$$a<\sqrt{a^2-4a+5}<a+2$$

• $-1<a<0$ のとき，$\sqrt{a^2-4a+5}<a+2$ を考えて

$$a^2-4a+5<(a+2)^2$$
$$a^2-4a+5<a^2+4a+4$$

これは，$a>\frac{1}{8}$ より，不適。

• $0\leqq a$ のとき，2乗して

$$a^2<a^2-4a+5<(a+2)^2$$
$$\therefore\quad \frac{1}{8}<a<\frac{5}{4}$$

(i)，(ii)より

$$\frac{1}{8}<a<\frac{5}{4}\quad \cdots\cdots⑤$$

参考　連立方程式で交点を求めることを考えると，式 $C_1$ より式 $C_2$ を引くことで，(4)の式 $l$ を求めることができるので，$\begin{cases}C_1\\C_2\end{cases}\Longleftrightarrow\begin{cases}l\\C_2\end{cases}$ となる。

2円 $C_1$，$C_2$ が異なる2点で交わることは，直線 $l$ と円 $C_2$ が，異なる2点で交わることと同値なので，求める条件は，$C_2$ の中心Bと $l$ との距離が $\sqrt{2}$ より小さいとき

$$\frac{|-(a+1)+2(a+1)-7a+2|}{\sqrt{(a+1)^2+(a+1)^2}}=\frac{|-6a+3|}{\sqrt{2}|a+1|}<\sqrt{2}$$

を解いてもよい。

(4)　$(x^2+y^2-2ax-4by-a^2+8a+4b^2-10)+k(x^2+y^2+2x-4y+3)=0$

（$k$ は実数）

は，2円 $C_1$，$C_2$ の交点を通る円および直線を表す。求めるのは直線なので，$k=-1$ として

$$x^2+y^2-2ax-4by-a^2+8a+4b^2-10-(x^2+y^2+2x-4y+3)=0$$
$$(2a+2)x+(4b-4)y+a^2-8a-4b^2+13=0$$
$$2(a+1)x+2(a+1)y+a^2-8a-(a+3)^2+13=0\quad(\because\ ④)$$
$$\therefore\quad l:(a+1)x+(a+1)y-7a+2=0$$

これと，A$(a,\ a+3)$ との距離は

$$\frac{|(a+1)a+(a+1)(a+3)-7a+2|}{\sqrt{(a+1)^2+(a+1)^2}}=\frac{|2a^2-2a+5|}{\sqrt{2(a+1)^2}}$$

ここで

$$2a^2-2a+5=2\left(a-\frac{1}{2}\right)^2+\frac{9}{2}>0$$

$$\sqrt{2(a+1)^2}=\sqrt{2}\,|a+1|=\sqrt{2}\,(a+1)>0\quad(\because\ ⑤)$$

だから

$$\frac{2a^2-2a+5}{\sqrt{2}\,(a+1)}=\frac{5\sqrt{8}}{8}$$

$$8(2a^2-2a+5)=20(a+1)$$

$$4a^2-9a+5=0$$

$$(4a-5)(a-1)=0\qquad\therefore\quad a=\frac{5}{4},\ 1$$

⑤より $a=1$ で，$l$ は

$$2x+2y-5=0$$

### ❖講　評

大問3題の出題で，「数学Ⅰ・A」からの出題が1題，「数学Ⅱ・B」からの出題が2題であった。

**Ⅰ**は，サイコロを2回投げる問題である。表にすることですべての事象を表すことができ，「もれなく，重複なく」を考えるには便利である。(1)から(5)までのすべての小問で，$a$ と $b$ の対称性がないので，目的に合わせて考えるとよい。

**Ⅱ**は，長さ，比，面積がいずれも根号を含む値なので，有理化など計算が少し繁雑なところがある。(2)では図形の性質より OM についての対称性が考えられる。結果的には，図形 ODABE は正五角形をなしている。

**Ⅲ**の(1)では，$C_1$ の式を利用せず，一般的な円の式 $x^2+y^2+kx+ly+m=0$ で考えた。(4)では一般的に，$f(x,\ y)=0$，$g(x,\ y)=0$ が2つの図形を表す式とすると，交点が存在するとき，$f(x,\ y)+kg(x,\ y)=0$ は，この交点を通る図形を表す式になる。ここでは，$k=-1$ とすれば，$x^2$，$y^2$ が消えて直線となる。

問7 『徒然草』は鎌倉時代末期から南北朝時代にかけて成立したとされる。1、十五世紀はじめ頃、室町時代の成立。2、鎌倉時代中～後期の成立。3、鎌倉時代初期の成立。4、鎌倉時代初期の成立。5、平安時代後期の成立。

## ❖講　評

大問二題で、現代文はやや難度の高い長文。対して、古文は比較的短めの文章で、難度も高くない。

一の評論は、筆者独自の語が多用された文章。空所補充が設問の多くを占め、筆者の論理を正確に理解しているかどうかが問われた。記述問題は指定字数こそ少ないものの、抽象的な内容を具体化して端的にまとめる力が求められる。問1の具体例を選ぶ設問は難問であろう。

二の古文は、『徒然草』の中でも有名な段からの出題。文章を目にしたことのある受験生もいると思われる。内容についての深い読解を問う設問はなく、全体的に語彙力が求められた。また、和歌解釈についても問われたが、有名な和歌であり、基礎的な文法事項をおさえていれば正答できる。問7の文学史はやや難。

よ。

◀解　説▶

問1　「春の気色」「七夕」「冬枯れ」など、「もののあはれは秋こそまされ」という説以外にも四季折々の趣深いことについて語っている文章である。

問2　A、「めれ」は推定の助動詞「めり」の已然形、「ど」は逆接の接続助詞。

B、〝はっきりしない〟などの意味がある「おぼつかなし」の連体形。

C、〝身分が低い、みすぼらしい〟などの意味がある「あやし」の連体形。〝狭い〟とまで限定した意味はない。

D、〝優雅だ、色っぽい〟などの意味のある「なまめかし」の已然形。

E、〝つまらない、道理に合わない〟などの意味がある「あぢきなし」の連体形。「すさび」は〝慰み〟であり、この文章自体が「あぢきなきすさび」なので3は文脈上不適当。

F、「をさをさ～打消」は〝ほとんど～ない〟という意味であり、陳述の副詞。

問3　4は反実仮想の形をとり、〝もし桜がなかったならば、春（を待つ人）の心は穏やかだろう〟という内容であり、つまり実際には〈桜は人の心を落ち着かなくさせる、惑わせる〉ということ。傍線部②によれば、桜とは咲いたと思えば雨風ですぐに散ってしまうなど、人の心を〈悩ます〉つまり惑わせるものである。

問5　X、文中に「こそ」とあるので文末は已然形。「まさる」は未然形がa音なので四段活用。

Y、文中に「ぞ」があるので文末は連体形。形容詞の連体形は「～き」の形をとる。「～かる」の形をとるのは、主に助動詞に接続する場合。

問6　「古る」は〝年が経つ、年をとる、古びれる、ありふれる〟などの意味。「みな源氏物語・枕草子などにことふりにたれど、同じこと、……」とある。要は、『源氏物語』や『枕草子』ですでに言われていることではあるが、同じことをまた言わないということもできない、という内容である。「古る」は「降る」「経る」との掛詞としても頻出。

「物事の趣深さというのは秋が一番だ」と誰もが言うようだが、それもそれとして、もうひときわ心も浮き立つものは、春の景観であるようだ。鳥の声なども特別春らしくなって、のどかな日の光に照らされて、垣根の草が芽吹き始める頃から、やや春が深くなって一面に霞がかかり、桜の花もようやく咲き始める頃があるが、ちょうどそのときに雨風が続いて、せわしなく花が散ってしまう。（桜というのは）青葉になっていくまで、何事につけてもただ心を悩ませるものだ。花橘は（昔を思い出させるものとして）名高いが、やはり梅の匂いによって、昔のこともその当時に戻ったように恋しく思い出される。山吹が美しく（咲いているのも）、藤がおぼろげな様子をしているのも、何もかも、見捨てがたいことが多い。

「灌仏会の頃、賀茂祭の頃、若葉が、梢も涼しげに茂っていく頃は、世の中の趣も、人恋しさも深まる」とある人がおっしゃったことは、まさしくその通りである。五月の、菖蒲を屋根に葺く頃、早苗を取る頃、水鶏が戸を叩くような声で鳴くのなどは、心寂しくないことがあろうか、いや、心寂しいものである。六月の頃、みすぼらしい家に夕顔が白く咲いているのが見えて、蚊遣火をいぶしているのも趣深い。六月祓もまた趣のあるものだ。

七夕をまつるのは優雅なものだ。だんだんと夜が寒くなる頃、雁が鳴きながら飛んでくる頃、萩の下葉が色づく頃、早稲の田を刈り干すなど、（趣深いことが）集中して起こるのは秋がとりわけ多い。また、台風の翌朝なども趣深い。（こう）言い続けていると、（その内容は）みな『源氏物語』や『枕草子』などに言い古されてしまっているが、同じことを、また新たに言うまいというわけでもない。こうだと思うことを言わないのは腹のふくれるような気がすることなので、筆にまかせながら、つまらない慰みごととして（書き）、そのそばから破って捨てるはずのものであるから、人が見るはずのものでもない。

そして冬枯れの様子は秋にはほとんど劣るまい。水際の草に紅葉が散り落ちてとどまって、霜がとても白くおりている朝、遣水から煙が立っているのは趣深い。年末になって、人々が急ぎあっている頃は、またとなく趣深い。興ざめなものとして見る人もいない月が、寒々と澄んで見える十二月二十日過ぎの空は、心寂しいものである。御仏名・荷前の勅使が出発する様子などは、趣深く尊いものだ。公事なども多く、新春の準備とかさねて行われる様子は素晴らしいものである段落のはじめの一文「現実の虚構性に……受容されてゆく」は、「虚構の時代」から「バーチャルの時代」でどのように変わったのかという説明になっている。句読点を除いて六十四字。「グローバルな資本にとって……現実的な領域」も同程度の字数だが、こちらは「変容」が説明されていないため不適当。

問14 「〈一〉」は完全であるということを示す。傍線部⑦直前の「〈あるべきこと〉の存在が意味をもたない」は、傍線部④の段落「資本主義社会こそが〈あるべきこと〉の実現した社会であるとし」に対応する。また、「資本主義を唯一可能な現実であるとする」からも、資本主義社会では不足がなく、すべてが実現されるということ、またそれが唯一の現実であるということ、そしてそれは「可能な未来をすべて現在の延長にする」ということにも触れながらまとめられるとよい。

# 二

**出典** 兼好法師『徒然草』〈折節のうつりかはるこそ〉

**解答**

問1 5
問2 A―2 B―4 C―1 D―2 E―2 F―1
問3 4
問4 かやりび
問5 X、まされ Y、やんごとなき
問6 古
問7 2

◆全 訳◆

季節が移り変わる様子は、何事につけても趣深いものである。

問9　空欄Ⅵ以前の第七段落の内容は、〈グローバルな資本主義空間では、常にここにないものをあるべきものとして求めるが、それはその都度限りである〉ということである。空欄Ⅵを含む一文が、その前文の「〝その都度限り〟で……必要はない」の言い換えとなっていることに注目。要は、一部の人々に広がるのみで構わず、広い社会性をもつ必要はないということである。流行やトレンドというものがごく一時的なものであり、本来性をもつものではないという語義的な部分もふまえて解答できるとよい。

問10「唯一のメタ現実」は、次の段落にあるように「資本主義リアリズム」という言葉に言い換えることができる。「資本主義リアリズム」に関しては、三つ後の段落において「『……思考と行動を制約する見えざる結界として働くもの』、それによって……信じさせるものを『資本主義リアリズム』と呼ぶ」とある。

問11　まず、傍線部④の前の「資本主義を唯一可能な現実であるとすることで」に注目する。加えて、それは同段落「現実の資本主義の社会の……現在の延長にする」ことで実現されるものである。この内容に合致する1が適当。「未来の方向への時間性を捨象」は「可能な未来をすべて現在の延長にする」の言い換えとして成立する。つまり、現在とは異なる、あるいは進化したものとしての未来ではなく、現在と変わりがないものとして未来を既定するということである。2・4・5は「未来」への言及がないため不適当。3の「予見」は現在と未来を別のものとする態度であり、「延長」といえないため不適当。

問12　傍線部⑤の次の段落によれば、「虚構の時代」とは「虚構を虚構と知りつつ受け容れ、……社会感覚」の時代であるが、その次の段落によれば「バーチャルの時代」とは、そうではなく「その〝本当らしさ〟に惹きつけられ、……受容されてゆく時代」であり、「〝バーチャルな空間〟」とは「利益追求がなされる……現実的な領域」である。この内容を反映した5が適当。「バーチャル」という言葉を用いてはいるが、そこには確かな現実性が存在するということである。

問13「変容」とあるので、どのように変わったのかということを明示した解答である必要がある。すると、傍線部⑥の商品化の……拡張していく」とほぼ同義となる。つまり、これまで商品と考えられていなかった「人間相互間の行為や……様相」までもが商品となるということと考えられるので、これまで商品ではなかった私生活の「様相」も商品価値をもつとしている4が適当。

問5　もともとcyber-で表されていたものは、はじめの二つの空欄の段落にあるように「電子的な〈他の空間〉」である。そのような空間の代表例としてe-メールやe-コマースがある。

問6　同段落「だがそれはまた、……空間でもあったのだ」の「それ」が指しているのは空欄Ⅳであり、空欄Ⅳは「〈現存しない・理想的な・……イメージ〉を産出」するとあるので、「ユートピア」が適当。加えて「リアルかつアクチュアルな空間でもあった」から、空欄Ⅳと「リアルかつアクチュアル」は対概念的なものであることにも気づけるとよい。「ユートピア」は〝理想郷〟という意味。

問7　空欄Ⅴの段落で述べられていることの具体的内容は次の段落で述べられており、それをさらにその次の段落で「資本主義リアリズム」と言っている。この「リアリズム」という言葉は空欄Ⅴの直後に空欄Ⅴを説明する語として登場している。したがって、空欄Ⅴの次の段落の内容をまとめている傍線部③を含む文の「こうして現代の……唯一の現実、あるいは、……となる」をふまえると、空欄Ⅴには「唯一の現実」が当てはまる。

問8　空欄の登場順で解こうとすると難しい。ハ→ロ→ニ→イという順で解答していくとやりやすい。ハ、「その」と指示語があるため、ハにはロと同じ語句が当てはまる。ロ、すでにあるものを「求め、……産出」することはできないので、この時点で2・3に絞られる。このまま、ニを検討する。ニ、〈ロ・ハは求められなくてはならないから、ロ・ハを求める者にとってロ・ハはもはやロ・ハではなく、ニのように感じられる〉という論理関係。したがって、求められなくてはならないという性質上ニには2が当てはまる。この時点で、ロ・ハには3が当てはまる。イ、空欄Ⅵの前文の「〝その都度限り〟で……必要はない」もふまえると、資本主義とは〈いま・ここ〉にあるものとないものの差異で利潤を生み続けるものと考えられるため、1が適当。

◆要　旨◆

現代、グローバル化した資本主義リアリズムは、バーチャルな空間も含めすべてが資本主義のもとでリアルに利益追求される対象であるとみなす。そこでは資本主義社会の問題点は隠され、資本主義社会は〈あるべきもの〉を都度実現し続ける唯一の現実である、と人々に意識させる。その意味において、グローバル化した資本主義リアリズムはその都度限りのユートピアであると見ることもできるが、しかし同時にユートピアはその語義上〝ここにはないもの〟であるため自己矛盾を孕んでいると言える。

▲解　説▼

問1　二つ目の大段落のはじめの段落（第六段落）によれば、「あるべきこと」とは「〈いま・ここ〉に〈あること〉とは異なる」ものである。加えて、「ユートピア」とは、同じ大段落の最後の一文にもある通り「〈ここ〉ではない」。つまり、傍線部①は〈いま・ここ〉にないユートピア的なことを提示せず、〈いま・ここ〉にあることのなかで対策や対応を模索している、ということになる。すると1・4・5は〈いま・ここ〉にないことを目指した、あるいは目指しているという点で不適当。2は「勢力争いや紛争」「国民国家」という段落の話題に無関係で、「有効な対策や対応を模索」とも言えないので不適当。3は国民国家的な住人の統合を行うことで、テロという紛争に対応しようとしたものと見ることができるが、〈いま・ここ〉にないユートピア的な、あるいは新しい解決方法ではなく、すでに〈ある〉入国制限という消極的手段をとっているという点で傍線部①の例として挙げられる。

問2　直後に「グローバル化」「地球規模」「二つの空間」「地球全体を一体化した――〝一つの世界〟」という言葉があることから、1が適当。

問3　「土地に根ざした」という修飾から導かれること、かつここは「グローバル」の対義語として機能することをふまえると、1が適当。

問4　傍線部②直前の「それ」は、その直前の「二十一世紀の……開かれ」を指す。また、この部分は同段落「これまで

# 国語

## 一

**出典** 若林幹夫『ノスタルジアとユートピア』（岩波書店）

**解答**

問1 3

問2 1

問3 1

問4 4

問5 e

問6 1

問7 2

問8 イ−1 ロ−3 ハ−3 ニ−2

問9 1

問10 4

問11 1

問12 5

問13 現実の〜てゆく

問14 資本主義がすべてを実現し続けるという唯一の現実の連続。（二十五字程度）

# 2022年度

# 問題と解答

■学部別入試

# 問題編



▶試験科目・配点

| | 教　科 | 科　　　目 | 配　点 |
|---|---|---|---|
| 学部別3科目方式 | 外国語 | 「コミュニケーション英語Ⅰ・Ⅱ・Ⅲ，英語表現Ⅰ・Ⅱ」，ドイツ語（省略），フランス語（省略）から１科目選択 | 150 点 |
| | 選　択 | 日本史Ｂ，世界史Ｂ，政治・経済，「数学Ⅰ・Ⅱ・Ａ・Ｂ」から１科目選択 | 100 点 |
| | 国　語 | 国語総合（漢文を除く） | 100 点 |
| 英語4技能試験活用方式 | 外国語 | 「英語４技能資格・検定試験」のスコアを利用 | ― |
| | 選　択 | 日本史Ｂ，世界史Ｂ，政治・経済，「数学Ⅰ・Ⅱ・Ａ・Ｂ」から１科目選択 | 100 点 |
| | 国　語 | 国語総合（漢文を除く） | 100 点 |

▶備　考

- 「数学Ｂ」は「数列，ベクトル」から出題する。
- 英語４技能試験活用方式では，実用英語技能検定（英検），TEAP，TOEFL iBT®，IELTS™（アカデミックモジュールに限る），TOEIC® L&R & TOEIC® S&W のいずれかにおいて，そのスコアが所定の基準（詳細は省略）を満たす者については，出願時に所定の証明書類を提出することによって入試当日の「外国語」の試験を免除する。さらに所定の基準（詳細は省略）を満たす者については，スコアに応じた得点（20 点または 30 点）を「国語」，「地理歴史，公民，数学」の２科目の合計得点に加算し，総合点で合否を判定する。

# 英語

（70分）

**I**　次の英文を読んで設問に答えよ。

## The Sapir-Whorf Hypothesis

There is a theory called the Sapir-Whorf hypothesis (named after the researcher Edward Sapir and his student Benjamin Whorf) which makes the claim that the structure of the language one usually uses influences the way in which one thinks and behaves. Whorf is said to have recounted an anecdote that has become famous. He had a job at an insurance company where he assessed the risk of fire. He noticed that the way people behaved towards things was often related to language. (A) ________, the sight of the sign 'EMPTY' on empty gasoline drums would prompt people passing to toss cigarette butts into these drums, not realizing that the remaining gasoline fumes would be likely to cause an explosion. In this case, the English sign 'EMPTY' suggested a space free of danger. Whorf concluded that the reason why different languages can lead people to different actions is because language shapes their perception and the way that they categorize experience.

So, for example, according to Whorf, English speakers conceive of time as a linear, objective sequence of events. Time is encoded in a system of past, present, and future tenses (for example, 'He ran' or 'He will run'), or the numbers used to count days (for example, ten days). However, the Hopi Tribe's (native people of a region in northeastern Arizona) conception of time is different when reporting experience (for example, *wari* = 'He ran' or statement of fact, *warikni* = 'He ran' or statement of fact from memory). (B) ________, 'They stayed ten days' becomes in the Hopi language 'They stayed until the eleventh day' or 'They left after the tenth day'.

Whorf insisted that the English language (C)______ English speakers to a Newtonian view of objectified time, neatly bounded and classifiable, ideal for record-keeping, time-saving, clock-punching, that cuts up reality into 'afters' and 'untils', but is incapable (D)______ expressing time as a cyclic unitary whole. By contrast, the Hopi language does not regard time as measurable, but as a relationship between two events in lateness. 'Nothing is suggested about time [in Hopi] except "getting later"' writes Whorf. Thus, it would be very difficult, Whorf argues, for an English and Hopi physicist to understand each other's thinking, given the major differences between their languages. Despite the ability to translate from one language to another, there will always be some untranslatable meanings associated with the structures of any given language.

The Sapir-Whorf hypothesis, first formulated by Whorf in 1940, has been criticized because it indirectly made the universality of scientific discoveries dependent on the language in which they were expressed. The scientific community of the time rejected the idea that language shaped thought rather than the other way around; the idea that we are prisoners of our language seemed (E)______. And, indeed, it would be unreasonable to suggest that Hopis cannot understand modern scientific thought because their language does not allow them to. After all, it is always possible to translate across languages, and if this were not so, Whorf could never have revealed how the Hopis think. Language structure and cultural world view, it was argued, were not (F)______.

Fifty years later, researchers in the social sciences have become interested in the linguistic relativity principle. However, some researchers still do not accept that cultural difference is caused by language difference. They believe that cultural misunderstanding arises because people who speak different languages do not share the same understanding of the meanings and values underlying the words. In other words, understanding across languages does not depend on the language structure (G)______ on the larger context of human experience in a cultural context.

The strong version of Whorf's hypothesis that claims that language controls the way we think cannot be taken ______(H), but a weak version, supported by the findings that there are cultural differences in the meanings related to words that seem to be the same, is generally accepted today. The way a language represents experience may make some meanings easier to understand than others.

For example, Navajo* children speak a language that has different verbs for 'picking up a solid object' like a stick and 'picking up a flexible object' like a rope. When presented ______(I) a blue rope, a yellow rope, and a blue stick, and asked to choose which object goes best with the blue rope, most Navajo children chose the yellow rope. So, they connected objects on the basis of the form. English speaking children almost always chose the blue stick, so they connected objects on the basis of color. Of course, both groups of children could recognize both shape and color, but shape is more important in Navajo and color more important in English.

This experiment is viewed as supporting the weak version of the Sapir-Whorf hypothesis. (ア)「それは言語使用者が彼らの言語の中で最も明確である意味に従って経験を整理することを示している。」 However, this can only be understood in relation to their experience of language in use. A Navajo child learning English might eventually start organizing experience in the way English speakers do. This suggests that meanings that have become familiar to users of a particular language may change with experience, including learning new languages. Therefore, we are not ______(J) of our language but can enrich the meanings of language through communication with other language users.

Adapted from *Language and Culture*. (1998) by Claire Kramsch.

*Navajo－ナバホ族(北米先住民)；ナバホ語

1 次の各問の答えを①～④の中から選び，その番号をマークせよ。なお，(ア)については，その指示に従って答えること。

(A)の空欄に入れるべき最も適当なものは次のどれか。

① For example

② Therefore

③ In addition

④ However

(B)の空欄に入れるべき最も適当なものは次のどれか。

① Seemingly

② Unfortunately

③ Unexpectedly

④ Similarly

(C)の空欄に入れるべき最も適当なものは次のどれか。

① binds

② lets

③ primes

④ shows

(D)の空欄に入れるべき最も適当なものは次のどれか。

① at

② in

③ of

④ to

(E)の空欄に入れるべき最も適当なものは次のどれか。

① exciting

② invaluable

③ reasonable

④　unacceptable

(F)の空欄に入れるべき最も適当なものは次のどれか。

①　related

②　relative

③　relatives

④　relationship

(G)の空欄に入れるべき最も適当なものは次のどれか。

①　and

②　as

③　but

④　or

(H)の空欄に入れるべき最も適当なものは次のどれか。

①　casually

②　lightly

③　officially

④　seriously

(I)の空欄に入れるべき最も適当なものは次のどれか。

①　as

②　in

③　to

④　with

(J)の空欄に入れるべき最も適当なものは次のどれか。

①　creators

②　prisoners

③　scientists

④　users

(ア)　下線部「それは言語使用者が彼らの言語の中で最も明確である意味に従って経験を整理することを示している。」を英訳すると，たとえば次のような英文になる。

It shows ＿(1)＿ language users ＿(2)＿ experience ＿(3)＿ ＿(4)＿ the ＿(5)＿ that are the clearest in their language.

上記の英文には空所が５つある。適切な語で空所を補うこと。ただし，次の〔　　〕内の単語は，必ずそのままの形で１度使うこと。なお，解答は解答用紙の(1)〜(5)の場所に１語ずつ記入すること。

〔organize, according〕

2　本文の内容に照らし，次の各問の答えを①〜④の中から選び，その番号をマークせよ。

(K)　What is the Sapir-Whorf hypothesis?

①　Language should be structured in order to make claims effectively.

②　People think they behave the same way that they speak but they do not.

③　Language organization affects people's thoughts and how they act.

④　Retelling anecdotes is an effective way to influence people.

(L)　What is the Hopi Tribe used to illustrate in Paragraph 2?

①　There is more than one way of saying something in a language.

②　All languages use tense to distinguish past, present, and future.

③　The Hopi language has some unexpected similarities to English.

④　Time can be represented in different ways in different languages.

(M)　What is a "Newtonian view of objectified time"?

① Treating time as having a measurable length

② A view of time as a relationship between two events in lateness

③ An organic view of time as a cyclic unitary whole

④ A disagreement with Newton's way of viewing time

(N) The Sapir-Whorf hypothesis was criticized by the scientific community because ______.

① they did not like the idea that language shaped thought

② they disagreed with the Hopi cultural world view

③ it was reasonable to negate the universality of scientific discoveries

④ the Hopi language did not have words for science

(O) What does the research with Navajo and English-speaking children illustrate?

① Both groups of children could distinguish color and shape equally well.

② The relative importance of shape and color is different in Navajo and English.

③ English-speaking children will usually choose a stick rather than a rope.

④ Navajo connects the colors blue and yellow more closely than English.

（以下の問題Ⅱ，Ⅲ，Ⅳについては，解答用紙の裏面にマークすること。）

Ⅱ　次の英文を読んで設問に答えよ。

## Mending is a state of mind

Clothes touch us all. We may not all be interested in fashion, but we can't avoid getting dressed, which means that every time we gaze into our wardrobes wondering what to wear, we could be making a choice that has a positive or a negative impact.

The global fashion industry is producing well over a hundred billion clothing items per year (and that's not counting shoes, bags and other accessories), made by a workforce that is often underpaid, in inefficient and unsustainable supply chains, to feed our (A) ______ endless 'consumer demand'.

Judging by how many things are left unused and unloved, the less we know about the clothes we buy, the less we make an emotional connection and the easier it is to get rid of them — discarded items that we once desired but did not cherish.

The fashion supply chain is not a land far, far away; we all become a part of it the moment we decide to buy something. Our responsibility is not limited to making sure that the stuff we buy is ethically and sustainably made, but also that it is ethically and sustainably disposed of — and that means keeping clothes for as long as possible. Basically, we cannot keep buying and throwing, hoping that at some point soon it will all disappear.

The fact that mass production, mass consumption and fast disposal are damaging our planet and our culture is something that (B) ______ people can doubt. And yet, it is so hard to change, as we go about our daily lives. We are weighed down with things: things we don't need, things we might not even really want. Because many of the things we buy are permanent, we should consider carefully before we buy. The materials used to make our clothes were not designed to decompose or biodegrade or turn into something else once their first function is over. Everything else in nature does, including us.

Antoine Delavoisier, considered to be the father of modern chemistry, said that in nature, nothing is created and nothing is destroyed, but everything is transformed. Our clothes keep on living for a long time after we throw them away, because there is no 'away'. In fact, except for the small percentage of fibres that are recycled (one per cent, according to the Ellen MacArthur Foundation), everything you have ever owned is still here. Your clothes may be enriching someone else's life (because it is true that one person's trash can be another person's treasure) or poisoning a landfill.

Maintenance is a word we no longer associate with clothing at all but may be part of the solution to the problem. Repairing an object of value may seem more (C)________ than fixing the hem of a cheap miniskirt, but right now it's the attitude that counts. We shouldn't be measuring a garment's value by its price tag, but by the purpose it has in our life. We should own it because we love it. And, because we love it, we should want to keep it forever, wear it to death.

To counteract disposable consumerism, the only way is to keep. Everything around us tells us to throw, so we should rise ________(D) the challenge and keep. Even if it costs me more to repair something than buying it new, I choose to keep.

The story of poorly made objects is well known. It started in the USA in the 1920s with General Motors. To encourage the buying of more cars, more often, and to increase production and jobs, cars were designed to break sooner. This system is called 'planned obsolescence', and it has now spread to almost everything we buy. Things are not made to last. Once something breaks, it has to be replaced. As anyone with a faulty iPhone or leaking washing machine knows, you can't just call the person down the road to mend your broken object. Only approved technicians are allowed.

This business model, which is directly responsible for our current cheap mass production and overconsumption, denies work to local communities. Repairing is no longer seen as a dignified, viable profession. As the skill to repair is devalued, the skill to repair is also being lost and we are no longer teaching such skills in schools.

The loss of skills and abilities that used to be an important part of our culture isn't just a sad cultural loss; it also has other ＿＿(E)＿＿. Many of the manual skills required to be a surgeon — precision, a steady hand, needlework, accurate cutting — are similar to those needed for making and repairing clothes. These skills will be lost if we continue to nurture future generations that are not able to use their hands for much besides scrolling down the feed on their phones.

Adapted from *Loved Clothes Last: How the Joy of Rewearing and Repairing Your Clothes Can Be a Revolutionary Act*.（2021）by Orsola de Castro.

1　次の各問の答えを①～④の中から選び，その番号をマークせよ。

(A)の空欄に入れるべき最も適当なものは次のどれか。

① apparently

② emotionally

③ positively

④ sustainably

(B)の空欄に入れるべき最も適当なものは次のどれか。

① a few

② few

③ fewer

④ quite a few

(C)の空欄に入れるべき最も適当なものは次のどれか。

① unworthy

② worthless

③ worthwhile

④ worth

(D)の空欄に入れるべき最も適当なものは次のどれか。

① for

② to

③ up

④ with

(E)の空欄に入れるべき最も適当なものは次のどれか。

① circumstances

② consequences

③ factors

④ variations

2 本文の内容に照らし，次の各問の答えを①～④の中から選び，その番号をマークせよ。

(F) What does the writer mean by "Clothes touch us all."?

① We all have to wear clothes.

② We all care about how our clothes look.

③ We are all strongly attached to our clothes.

④ We can wear clothes on every part of our body.

(G) What does "not cherish" mean here?

① never wore

② never wanted

③ never loved

④ never discarded

(H) Why is Antoine Delavoisier mentioned?

① Because he is considered as beginning modern chemistry.

② Because he invented many of the fibres used in modern clothes.

③ Because he said that things are not made and destroyed but change form.

④ Because his ideas have helped to promote the recycling of fibres.

(I) What point is the writer making about people in the future when she mentions "scrolling down the feed on their phones"?

① They may prefer shopping online to going to the shops.

② They may not be able to use their hands to make or repair things.

③ They may do everything using their smartphones.

④ They may spend too much time on social media.

(J) What would the writer probably agree with?

① It is better to recycle clothes than to repair them.

② Repairing things is generally considered valuable.

③ Manual skills should be taught more at school.

④ Mass production of clothes provides work locally.

Ⅲ 以下の空欄に入れるべき最も適当なものは次のどれか。

(A) The company is __________ approval from the board for the planned merger.

① discovering

② finding

③ looking

④ seeking

(B) I just want to make sure we're all on the same __________ with this.

① job

② page

③ train

④ thoughts

(C) Our restaurant would be bankrupt __________ it not for government assistance during the pandemic.

① was

② if

③ were

④ had

(D) Our increased investments in R&D are really starting to pay __________.

① forward

② off

③ in

④ up

(E) It's not __________ when they can get back to us with an estimate.

① certain

② confident

③ positive

④ sure

(F) I wish her ________ in her new job.

① better

② good

③ well

④ best

(G) It ________ at least 15 years since we lost as much as we did this quarter.

① was

② has been

③ had been

④ won't have been

(H) By the time the cyclists reach Souyamisaki, they ________ over 2700 kilometers.

① rode

② had ridden

③ will be riding

④ will have ridden

(I) I am afraid that you cannot delay any longer and must submit the paperwork ________.

① ultimately

② untimely

③ at once

④ at last

(J) I helped my family everyday ________ summer vacation. It was an extremely busy time.

① along

② since

③ during

④ while

(K) Before she graduated, the career advisor helped her to find the ＿＿＿＿ best suited to her qualifications.

① occupation

② limitation

③ production

④ inspiration

(L) The manager requested that Mr. Smith ＿＿＿＿ the new recruits in the next meeting.

① advise

② advises

③ advised

④ advisory

(M) A: Did you hear the news about Grist Enterprises?

B: No. I know they've been losing money for a long time but what happened?

A: They're gone. They ＿＿＿＿ bankruptcy.

① conferred

② declared

③ promoted

④ stated

(N) ＿＿＿＿ students in my class prepare their own lunch boxes every day.

① Most

② Most of

③ Almost

④ Almost the

(O) A: Excuse me, but is Ms. Green there?　I'm ＿＿＿＿ a call.

B: Certainly.　May I ask who's calling?

① answering

② giving back

③ participating

④ returning

Ⅳ 次の(A)～(E)の空欄に入れるものとして，①～⑧の中から最も適当な文を選んで，その番号をマークせよ。ただし，同じ文を２度以上使ってはならない。

*Jin and Hana are both students in the advanced English program.　They were in an online class together last year.　Now they are meeting on campus for the first time. Hana sees Jin walking.*

Hana:　Jin, right?　It's Hana.　Great to meet you!

Jin:　Hana, wow!　I'm really happy to meet you (A)＿＿＿＿.

Hana:　Very!　I'm so glad you could finally (B)＿＿＿＿ to Japan!

Jin:　Yeah, it was so weird last year.　Going to a university in Japan but living at home with my family in Korea and, you know, I would (C)＿＿＿＿ most days with my Korean friends.

Hana:　Yeah, that must have been strange.

Jin:　This feels much more like university!

Hana:　So, are you ready for class?

Jin:　I think so.　But, I kind of let things (D)＿＿＿＿ a little, so, the last few days have been really busy. How about you?

Hana: I think I'm a bit like you. A(n) (E) ________ person! But, I think I've got everything in order. Hey, do you have time now for a coffee? There's a cafeteria on the first floor of the library building, and I'd love to have a chance to talk more with you.

Jin: Sure. Let's go!

＊＊＊＊＊＊＊＊＊＊＊＊＊＊＊＊＊＊＊＊＊＊＊＊＊＊＊＊＊＊＊＊＊＊＊

① face to face
② make time
③ last minute
④ in the bag
⑤ hang out
⑥ pile up
⑦ up to date
⑧ make it

# 日本史

（60 分）

〔Ⅰ〕 次の文章を読み，設問に答えなさい。

先住民族のアイヌは，狩猟・漁労・採集で生活しつつ，自律的な生活民俗を形成していたが，蝦夷地での交易独占権を与えられた蠣崎氏（後の松前氏）はアイヌとの交易で利益を上げた。シャクシャインの戦い以降は(ア)松前藩によるアイヌ支配が強化された。

明治新政府が箱館裁判所（のち箱館府）を設置し，その(イ)翌年に(ウ)開拓使の出張所を置いて「北海道」と命名するまでは，北海道，千島，樺太は(エ)蝦夷地と呼ばれていた。明治政府は，江戸幕府時代からの懸案であったロシアとの国境問題を決着させるため，ロシアと(オ)樺太・千島交換条約を結んだ。この時期は，明治政府が(カ)沖縄に進出し，(キ)小笠原諸島の領有を諸外国に通知するなど，日本の領土拡張に注力していた。

明治政府は(ク)北海道の開拓に力を入れ，(ケ)札幌農学校を開設するとともに，1886 年には(コ)北海道庁を設置した。

北海道の開拓に伴い，先住民族のアイヌは狩猟・漁労や山林伐採の権利を失うとともに，アイヌ固有の文化も尊重されず，日本人への同化を余儀なくされた。明治政府は(サ)北海道旧土人保護法を制定したが，アイヌは依然として貧困と差別に苦しめられた。

(シ)北海道旧土人保護法が廃止され，法律の文言から「土人」の名称がなくなったのは，制定から約 100 年経った 1997 年のことである。その後，2008 年には国会で「アイヌ民族を先住民族とすることを求める決議」が採択された。

問 1　(ア)について，正しい記述をA～Dの中から1つ選び，その記号をマークしなさい。

A　商場あるいは場所と呼ぶ交易地を家臣に知行として与えた。

B　「蝦夷錦」と呼ばれる，アイヌ民族の伝統的な絹織物を取引していた。

C　箱館戦争では居城の五稜郭に立て籠もり，榎本武揚率いる新政府軍と戦った。

D　1886(明治19)年北海道庁の設置とともに松前藩が消滅した。

問2　(イ)の年に起きたできごととしてふさわしいものを，A～Dの中から1つ選び，その記号をマークしなさい。

A　田畑永代売買の禁を解いた。

B　岩倉具視らを米欧に派遣した。

C　民撰議院設立建白書が提出された。

D　版籍奉還が行われた。

問3　(ウ)の説明としてふさわしいものを，A～Dの中から1つ選び，その記号をマークしなさい。

A　屯田兵やお雇い外国人，工場技術者など，政府から派遣された開拓者集団

B　官営工場の設立や炭鉱開発，鉄道敷設を行い，開拓事業を推進した官庁

C　北海道の開拓を任務として，札幌県知事により特命で設置された事務所

D　開拓使官有物払下げ事件を起こしたため，その翌年に倒産してしまった企業

問4　江戸時代における(エ)に関して，正しい記述をA～Dの中から1つ選び，その記号をマークしなさい。

A　田沼意次は最上徳内らに北方調査を行わせたことを契機に，ロシアとの交易を拡大し，幕府収入を大幅に増やした。

B　ロシアの南下を恐れた幕府は，蝦夷地を幕府直轄地にしようとしたが，松前藩によって阻止され，実現しなかった。

C　択捉島に上陸したロシア海軍軍人ゴローニンが抑留されて，ロシアとの緊張関係が高まり，幕府はロシア船打払令を公布した。

D　1798年に東蝦夷地を探査した近藤重蔵は，択捉島に「大日本恵登呂府」の標柱を建て，1807年には西蝦夷地も探査した。

問５　(オ)に関して，正しい記述をＡ～Ｄの中から１つ選び，その記号をマークしなさい。

A　(オ)に先立つ日露和親条約では，得撫《うるっぷ》島と占守《しゅむしゅ》島の間に国境を設け，樺太《からふと》島は両国人雑居の地として国境を定めなかった。

B　ロシアは，日本が日朝修好条規(江華条約)を結んで朝鮮を開国させるなどの，朝鮮半島への日本進出に脅威を感じたことが，(オ)の締結の契機となった。

C　(オ)の締結にあたっては，開拓使次官の黒田清隆が樺太の放棄を建議し，榎本武揚が派遣されて交渉に当たり，ロシアにて調印が行われた。

D　(オ)では，日本が千島列島を日本領とする代わりに，それまで帰属の決まっていなかった樺太の南半分をロシア領にするという領土交換を取り決めた。

問６　(オ)が締結された年に公刊された書物を，Ａ～Ｄの中から１つ選び，その記号をマークしなさい。

A　『文明論之概略』　　B　『民約訳解』

C　『吾輩は猫である』　　D　『蟹工船』

問７　(カ)に関して，正しい記述をＡ～Ｄの中から１つ選び，その記号をマークしなさい。

A　明治政府は1872年，琉球王国を沖縄県に改め，国王尚泰を沖縄県知事に任命した。

B　琉球藩は台湾出兵に際して，自らも派兵して明治政府に忠誠を示した。

C　琉球人漂流民殺害事件を契機に，琉球王国内で親日派と反日派の内乱が起きた。

D　日本と清への両属関係を望む琉球藩を明治政府は軍事的に威圧し，琉球藩を廃した。

問 8　(キ)は明治政府が領有を宣言したが，第二次世界大戦後にアメリカの統治下におかれた。(キ)が日本に返還された年よりも前に起きたできごとをA～Dの中から1つ選び，その記号をマークしなさい。

A　サンフランシスコ平和条約調印　　B　消費税課税の導入

C　ＰＫＯ協力法成立　　D　ロッキード裁判で有罪判決

問 9　(ク)を担った屯田兵に関して，誤った記述をA～Dの中から1つ選び，その記号をマークしなさい。

A　屯田兵制度は1874年に設けられ，その翌年から入植が始まった。

B　初期の屯田兵は窮乏した士族を救済するため，士族に限定して募集した。

C　屯田兵制度は，第二次世界大戦の際に北海道で徴兵の中心的な機能を担っていた。

D　屯田兵は家族を連れて入植し，土地と家を与えられ，屯田兵村に集住した。

問10　明治政府のお雇い外国人の中で，1871年にアメリカから来日し，(ウ)の顧問となり，お雇い外国人技師を指揮して道路建設や(ケ)の設立を指導するなど，北海道開拓の基礎を確立した人物を，A～Dの中から1人選び，その記号をマークしなさい。

A　エドウィン・ダン　　B　ウィリアム・スミス・クラーク

C　ホーレス・ケプロン　　D　ルイス・ベーマー

問11　(コ)に関して，正しい記述をA～Dの中から1つ選び，その記号をマークしなさい。

A　(コ)の設置と同時に，北海道に衆議院議員選挙法が施行された。

B　(コ)の下に，函館県・札幌県・根室県の3県と，開拓使出張所を設けた。

C　(コ)第6代長官には，初めてアイヌ出身の人物が就任し，和人との宥和に尽力した。

D　北海道議会が設置されたのは，(コ)の設置から15年後の1901年であった。

問12 (コ)が設置された当時は，伊藤博文が初代内閣総理大臣として第1次伊藤内閣を率いていた。第1次伊藤内閣に関する説明としてふさわしいものを，A～Dの中から1つ選び，その記号をマークしなさい。

A 井上毅の憲法草案をもとに検討を進め，ロエスレルの助言も得て憲法草案を完成させた。

B 府県制を公布し，藩閥超然内閣として第一議会の乗り切りに努めた。

C 領事裁判権の撤廃，最恵国待遇の相互平等を内容とする日英通商航海条約の調印に成功した。

D 大隈重信を外相に迎え，金本位制を確立し，大幅な軍備増強予算を国会で通した。

問13 (サ)は，「北海道旧土人」に何を提供することを規定したのか。当てはまる説明をA～Dの中から1つ選び，その記号をマークしなさい。

A 農業に従事する，または従事しようとする者に，1戸あたり15,000坪以内の土地

B 鮭や昆布などの水産業に従事する者に，恒久的な漁業権と最低販売価格の保証

C 鹿や熊などを狩猟する，または狩猟しようとする者に，狩猟権と訓練機会の確保

D 観光業や運送業など，新たな事業を始めようとする者に，創業資金と営業の自由

問14 (サ)が制定された年に，それまでの『反省会雑誌』が改題して創刊された月刊総合雑誌は何か。この月刊総合雑誌は，後に滝田樗陰が編集長となり，大正デモクラシーの理論的指導誌になったとされている。当てはまるものをA～Dの中から1つ選び，その記号をマークしなさい。

A 『国民之友』　　B 『中央公論』

C 『日本人』　　D 『明星』

問15　(シ)について，北海道旧土人保護法は，何という法律の公布によって廃止されたか。法律の略称として当てはまるものをA～Dの中から1つ選び，その記号をマークしなさい。

A　アイヌ差別禁止法　　B　アイヌ文化振興法

C　先住民族文化保護法　　D　先住民族人権擁護法

〔Ⅱ〕　次の資料を読み，設問に答えなさい。

【資料A】

その朝，悦子を学校へ送って行ったお春が帰宅してから程なく，八時四十五分頃に妙子は家を出て，いつものように国道の津知《つじ》の停留所からバスに乗った。まだその時刻には，非常な豪雨であったけれどもバスは運転していたので，彼女は平常通り甲南女学校(ア)前で下り，そこからほんの一と跨《また》ぎの所にある洋裁学院(イ)の門をくぐったのは，九時頃であった。が，学院と云っても，のんきな塾のようなものであったし，何しろそう云う悪天候のことではあり，水が出そうだなどと云って騒いでいる場合(ウ)であったから，欠席者が多く，出て来た者も落ち着かない有様なので，今日はお休みにしましょうと云うことになり，みんな帰ってしまったが，彼女だけは，妙子さん，珈琲《コーヒー》を飲んで行かない，と，玉置女史にすすめられて，別棟になっている女史の住宅の方で暫《しばら》く話していた。女史と云うのは，妙子より七つ八つ年長の人で，工学士で住友伸銅所(エ)の技師をしている良人《おっと》との間に小学校へ行っている息子が一人あり，自分も神戸の某百貨店(オ)の婦人洋服部の顧問をしつつ洋裁学院の経営をしているのであった。

問1　上記の文章は谷崎潤一郎によって書かれた『細雪』の一部を抜粋したものである。同作者によらない作品をA～Dの中から1つ選び，その記号をマークしなさい。

A　『春琴抄』　　B　『陰翳礼讃』

C　『濹東綺譚』　　D　『蓼喰ふ蟲』

問 2　谷崎潤一郎が属した耽美派に分類される人物をＡ～Ｄの中から１つ選び，その記号をマークしなさい。

Ａ　北原白秋　　　Ｂ　有島武郎
Ｃ　山本有三　　　Ｄ　武者小路実篤

問 3　1872年に公布された学制により，日本の近代的な学校制度が形作られ，(ア)などの学校が設立された。明治時代の教育に関する以下の記述のうち，正しいものをＡ～Ｄの中から１つ選び，その記号をマークしなさい。

Ａ　初めての女子師範学校は1908年創立の奈良女子高等師範学校であり，主に女学校の教員を養成した。

Ｂ　1869年に昌平学校・医学校・開智学校が合併してできた大学南校は，現在の東京大学の前身となっている。

Ｃ　学制はイギリスの学校制度に倣って作られた。

Ｄ　著書『The Book of Tea』などを通じて日本の伝統的な美術を海外に積極的に紹介した岡倉天心は，東京美術学校の開設にも深く関わっている。

問 4　昭和初期にはいくつもの(イ)が設立されるなど，都市生活が近代化した。これに関する以下の記述のうち，誤っているものをＡ～Ｄの中から１つ選び，その記号をマークしなさい。

Ａ　1927年に東京地下鉄道が浅草～上野間で開業した。

Ｂ　電話の交換手は，主に女性によって担われていた。

Ｃ　都市中心部から郊外への鉄道沿線には低所得層向けの文化住宅が建てられた。

Ｄ　1926年に日本放送協会が発足した。

問 5　(ウ)の文章は1938年の阪神大水害の様子を描写したものである。同年に起こった出来事をＡ～Ｄの中から１つ選び，その記号をマークしなさい。

Ａ　盧溝橋事件　　　Ｂ　ドイツ軍ポーランド侵攻
Ｃ　関東大震災　　　Ｄ　国家総動員法成立

問 6　関東大震災に関する以下の記述のうち，正しいものをA～Dの中から1つ選び，その記号をマークしなさい。

A　両国にある陸軍工兵学校跡地に避難した約4万人が焼死した。

B　関東大震災の混乱の中，甘粕憲兵大尉によって大杉栄・管野スガが虐殺された。

C　関東大震災が起こった時刻は午前7時58分で，朝食の支度をしている家庭が多かったことから火事が多発した。

D　第2次山本権兵衛内閣が組閣準備中に関東大震災が発生した。

問 7　1897年に開設された(エ)をはじめ，明治期後半には重化学工業が急成長した。これに関する以下の記述のうち，正しいものをA～Dの中から1つ選び，その記号をマークしなさい。（注：(エ)の開設時の名称は住友伸銅場）

A　官営八幡製鉄所はフランスの技術を導入して鉄鋼の国産化に貢献した。

B　官営事業であった高島炭鉱は1874年に渋沢栄一が買収した。

C　八幡製鉄所で生産された鉄鋼の多くは軍需や鉄道レールに使用された。

D　1887年に官営兵庫造船所は三菱に払い下げられた。

問 8　（設問省略）

【資料B】

あの日，雪子と悦子とが大急ぎで突堤へ駈《か》け付けると，シュトルツ父子はもうさっきから甲板に出て待ち焦《こが》れていたところであった。雪子が出帆の時間を尋ねると，夜の七時と云うことだったので，それならまだ四時間足らずあるから，(カ)ニューグランドのお茶にでもと思ったけれども，お茶には今から早過ぎるので，いっそ東京まで来ないであろうか，電車の往復が一時間と見て，三時間ほど余裕がある訳だから，自動車で一と廻りすれば丸の内辺を見物することぐらいは出来る，と，そう提議した。と云うのは，ペータアは勿論《もちろん》，父のシュトルツ氏もまだ東京へ行ったことがないことを，雪子は知っていたからであった。するとシュトルツ氏はやや躊躇《ちゅうちょ》する体であったが，大丈夫ですか，大丈夫ですかと，二三度念を押してから承知した。四人は直ぐに桜木町へ乗り付けて，有楽町で下り，最初に帝国ホテル(キ)でお茶を飲み，四時半にホテルを出て，一時間の予定で自動車を飛ばした。先ず二重橋前に行って，車から下りて最敬礼をし，陸軍省(ク)，帝国議会(ケ)，首相官邸(コ)，海軍省(サ)，司法省，日比谷《ひびや》公園，帝国劇場(シ)，丸ビル等々を，或は車の上から，或はちょっと降りたりして，最大急行で見物し，五時半に東京駅に着いた。（谷崎潤一郎『細雪』より）

問 9　(カ)は 1927 年に横浜・山下町に開業したホテルである。このホテル，および横浜に関する以下の記述のうち，正しいものをＡ～Ｄの中から１つ選び，その記号をマークしなさい。

Ａ　横浜港の開港のきっかけとなった 1858 年の日米修好通商条約は，大老井伊直弼が天皇の勅許を得て調印に至った。

Ｂ　横浜港は 1859 年に貿易が始まったが，輸出入額は江戸時代に培ったノウハウを活かした長崎が最多であった。

Ｃ　長年にわたり(カ)を創作の場としていた大佛次郎は，『鞍馬天狗』などの優れた大衆文学を生み出した。

Ｄ　マッカーサー元帥はサンフランシスコ平和条約の締結までの間，(カ)を拠点として日本の統治を続けた。

問10　(キ)を設計した建築家を以下のＡ～Ｄの中から１つ選び，その記号をマークしなさい。

Ａ　辰野金吾　　　　　　　　　　Ｂ　岡田信一郎

Ｃ　ウイリアム・ヴォーリズ　　　Ｄ　フランク・ロイド・ライト

問11　(ク)に関する以下の記述のうち，正しいものをＡ～Ｄの中から１つ選び，その記号をマークしなさい。

Ａ　荒木貞夫は陸軍省や参謀本部の将校たちで結成された統制派の中心人物の１人である。

Ｂ　1935 年に起こった相沢事件により，陸軍省軍務局長であった永田鉄山が殺害された。

Ｃ　明治政府の軍事制度は兵部省として出発したが，海洋国家として重視された海軍省が陸軍省より1年早く独立した。

D ドイツとの連携に積極的だった米内光政内閣は，ヨーロッパからの影響力を警戒する陸軍の圧力により倒された。

問12 (ケ)に関する以下の記述のうち，正しいものをA～Dの中から1つ選び，その記号をマークしなさい。

A 貴族院議員になる権利を有しているのは皇族・華族に限られた。

B 衆議院議員選挙法，貴族院令は同じ日に公布された。

C 帝国議会は1890年から，敗戦の1945年まで存続した。

D 第一回帝国議会の際，伊藤博文総理大臣は軍備拡張を強く訴えた。

問13 1932年には海軍青年将校の一団が(コ)に押し入り，犬養毅首相を射殺する事件が起きた。これに関する以下の記述のうち，正しいものをA～Dの中から1つ選び，その記号をマークしなさい。

A この事件に先がけて，海軍青年将校たちは三月事件・十月事件を起こしていた。

B この事件は政党内閣が崩壊するきっかけとなった。

C 同年の血盟団事件では，住友合資会社の団琢磨理事長が暗殺された。

D 北一輝は国家改造運動を唱え，五・一五事件にも実行犯として参加した。

問14 (サ)に関する以下の記述のうち，正しいものをA～Dの中から1つ選び，その記号をマークしなさい。

A 海軍大将の山本五十六は日米開戦を積極的に押し進め，真珠湾攻撃を指揮した。

B 日本海軍は1941年のマレー沖海戦でアメリカ軍の太平洋艦隊に打撃を与えた。

C 海軍の真珠湾攻撃への怨嗟から日系アメリカ人は強制収容所に収容された。

D (サ)は敗色が色濃くなってきたミッドウェー海戦の際に初めて，神風特別攻撃隊による攻撃を始めた。

問15　1911年に(シ)が完成するなど，新しい演劇が大衆の目を楽しませた。明治から昭和初期の演劇に関する以下の記述のうち，正しいものをA～Dの中から1つ選び，その記号をマークしなさい。

A　1924年に演出家の土方与志は小山内薫らとともに，東京に築地小劇場を作った。

B　川上音二郎は壮士芝居で帝国主義を礼賛した。

C　新派劇では，松井須磨子が主演したイプセンの『人形の家』が代表的な舞台である。

D　島村抱月は二代目市川左団次とともに自由劇場を結成し，翻訳劇に取り組んだ。

〔Ⅲ〕　次の文章を読み，設問に答えなさい。

(ア)1946年10月19日，「企業再建整備法」が公布された。財政内容が悪化した企業を救済することが目的だった。(イ)第二次世界大戦で荒廃した経済を立て直すため，政府は積極的に企業を財政支援した。1946年12月には傾斜生産方式が閣議決定され，(ウ)基幹産業へ資金と資材を集中することになった。企業には，(エ)復興金融金庫の融資，価格差補給金，(オ)占領地行政救済資金，占領地域復興援助資金など，日本およびアメリカ政府による資金が投入された。

(カ)1946年2月には(キ)金融緊急措置令で通貨量の減少による戦後インフレの終息が目指された。しかしながら，(ク)1949年までインフレの進行は止まらなかった。

こうした状況のなか，1948年12月，日本経済の自立化とインフレの鎮静化を目指す(ケ)経済安定九原則をＧＨＱが指示し，政府が実施に着手することになった。翌1949年2月に来日した(コ)銀行家ドッジ，同年5月に来日したコロンビア大学教授シャウプによって(サ)具体案が提示され，政府が実行に移していった。この結果，中小企業の倒産，大量解雇が相次ぐことになった。

本格的な経済復興は1950年6月に開戦した(シ)朝鮮戦争をきっかけとする朝鮮特需によるところが大きい。(ス)1951年には鉱工業生産が戦前水準に回復。同年6月にはアメリカの対日援助が打ち切られた。(セ)9月にはサンフランシスコ講和会議で対日平和条約，日米安全保障条約の調印が行われ，翌1952年4月28日に発効し，日本は主権を回復した(ソ)。

問1　(ア)の翌月には日本国憲法が公布されている。この時期に在任していた首相の氏名をA～Dの中から一つ選び，その記号をマークしなさい。

A　幣原喜重郎　　　　B　吉田茂

C　片山哲　　　　　　D　芦田均

問2　下線部(イ)に関し，1945年6月8日に開かれた御前会議で国力の現状が報告されている。そのことについて正しい記述をA～Dの中から一つ選び，その記号をマークしなさい。

A　国外からの輸入が困難になったことによる食料上の危機が報告された。

B　鉄道輸送力が維持されていることが報告された。

C　船舶数が急減したことにより，燃料の不足が解消されたことが報告された。

D　輸入は難しくなっているが国内の石炭の供給が安定していることが報告された。

問3　下線部(ウ)について，基幹産業とは一国の経済活動の基盤を支える産業のことを指すが，この時期の基幹産業に当てはまるものをA～Dの中から一つ選び，その記号をマークしなさい。

A　石炭・鉄鋼・電力　　　　B　石炭・鉄鋼・自動車

C　繊維・自動車・工作機器　D　繊維・精密機器・工作機器

問4　下線部(エ)について，正しい記述をA～Dの中から一つ選び，その記号をマークしなさい。

A　日本政策投資銀行法が制定されたことに伴い廃止された。

B　軍需調達を通じて関連企業に負っていた債務の支払いを行った。

C　日本興業銀行本店に設置された。

D　出資は復興特別所得税を財源とした。

問 5　下線部(オ)について，正しい記述をＡ～Ｄの中から一つ選び，その記号をマークしなさい。

Ａ　占領地行政救済資金をエロア資金という。

Ｂ　占領地行政救済資金をガリオア資金という。

Ｃ　占領地域経済復興援助資金をガリオア資金という。

Ｄ　ガリオア資金はエロア資金の一部である。

問 6　下線部(カ)5月1日は，11 年ぶりに第 17 回メーデーが行われた。戦後の労働組合，労働運動に関連して正しい記述をＡ～Ｄの中から一つ選び，その記号をマークしなさい。

Ａ　1949 年の下山事件，三鷹事件，松川事件を契機に労働組合の結成が相次いだ。

Ｂ　1947 年にゼネストが実施された。

Ｃ　復活メーデーの前に食糧メーデーが行われた。

Ｄ　マッカーサーが要求した五大改革指令には労働組合の結成奨励が書かれていた。

問 7　下線部(キ)の背景となったインフレーションの発生の原因について，誤っている記述をＡ～Ｄの中から一つ選び，その記号をマークしなさい。

Ａ　復員や引揚げによって失業者が急増したため。

Ｂ　1945 年に米の総収穫量が減少したため。

Ｃ　工業生産が回復したため。

Ｄ　企業に多額の軍需補償支払いが行われたため。

問 8　下線部(ク)を食い止める対策について，正しい記述をＡ～Ｄの中から一つ選び，その記号をマークしなさい。

Ａ　旧円の預金の引き出しを奨励した。

Ｂ　新円を印刷して，旧円の紙幣はすべて廃棄した。

Ｃ　経済安定本部を設置して政策の企画，立案，統制を行った。

Ｄ　闇市を積極的に活用した。

問 9　下線部(ケ)に含まれる原則をA～Dの中から一つ選び，その記号をマークしなさい。

A　輸出の抑制　B　物価統制計画の縮小

C　賃金の安定　D　金融緩和

問10　下線部(コ)は日本経済を「竹馬の二本足」とたとえた。一つはアメリカからの経済援助のことを指すが，もう一つについてあてはまるものをA～Dの中から一つ選び，その記号をマークしなさい。

A　日本政府の補助金　B　ＧＨＱ

C　対日理事会　D　極東委員会

問11　下線部(サ)について，ドッジ＝ラインにあてはまるものをA～Dの中から一つ選び，その記号をマークしなさい。

A　石炭に対する価格差補助金の増額　B　資本取引の自由化

C　赤字を許さない超均衡予算　D　為替の自由化

問12　下線部(シ)について，正しい記述をA～Dの中から一つ選び，その記号をマークしなさい。

A　1953年7月27日の朝鮮休戦協定で離散家族の相互訪問が約束された。

B　1950年1月1日，マッカーサーは「日本国憲法は自衛権を否定する」との声明を出した。

C　1951年1月1日，マッカーサーは日本の再軍備を示唆した。

D　1950年10月13日，政府はＧＨＱの指示の下，第二次世界大戦の戦争協力者，職業軍人，国家主義者らを公職から追放した。

問13　下線部(ス)について，1951年の経済白書の副題として正しいものをA～Dの中から一つ選び，その記号をマークしなさい。

A 「もはや戦後ではない」

B 「経済自立達成の諸問題」

C 「早すぎた拡大とその反省」

D 「先進国日本の試練と課題」

問14　下線部(セ)で賠償請求を放棄した国もあるが，他方で個別に日本政府と交渉し賠償請求を放棄した国がある。その国をA～Dの中から一つ選び，その記号をマークしなさい。

A　中華人民共和国　　B　フィリピン

C　インドネシア　　D　ビルマ

問15　下線部(ソ)について，占領期の1946年に創刊された雑誌のうち，現在も刊行されているものをA～Dの中から一つ選び，その記号をマークしなさい。

A　『科学と学習』　　B　『展望』

C　『世界』　　D　『思想の科学』

# 世界史

（60 分）

〔Ⅰ〕 次の文章を読んで，以下の設問に答えなさい。

ティグリス川とユーフラテス川の流域では，前 3000 年頃から都市国家がたてられ，メソポタミア文明(1)が登場した。やがてこの文明は周辺の諸民族にもおよび，人間集団の侵入や移住がくり返された(2)。

地中海沿岸のシリア・パレスティナ方面では，フェニキア人(3)をはじめとするさまざまな民族が海上交易に従事していた。シリアの南部で活動していたヘブライ人(4)は，前 11 世紀末に諸部族を連合して王国を形成した。

前 7 世紀になると，鉄製の武器と戦車・騎馬隊を備えたアッシリアがオリエント各地の民族を支配し，帝国を築いたが，過酷な支配により服属民の反抗を招き，前 612 年にその帝国は崩壊した(5)。前 6 世紀にはアケメネス朝ペルシア(6)によって再びオリエントは統一された。この王朝は最盛期にはエーゲ海北岸からインダス川にいたる広大な領土を支配した(7)。しかし前 4 世紀にその勢力は衰え，アレクサンドロス大王に敗れて滅亡した。その後オリエントは約 3 世紀におよぶヘレニズム時代(8)に入る。アレクサンドロスが征服した地域のうち，アジア側の大部分はセレウコス朝が引き継いだ。しかし前 3 世紀半ばにはパルティア(アルサケス朝ペルシア)(9)が自立し，アケメネス朝の統治制度を受け継いで大帝国を築いた。3 世紀になるとササン朝ペルシア(10)が成立してパルティアを滅ぼし，イラン高原を中心とする広大な領域を支配下におさめた。

設問 1. 下線部(1)に関する説明として，適切でないものを一つ選んでマークしなさい。

A．絵文字が刻まれた印章が用いられた。

B．閏月（うるうづき）を加えた太陰暦が用いられた。

C．前24世紀中ごろ，シュメール人がアッカド人を征服して統一国家をたてた。

D．各地の法慣習を集大成したハンムラビ法典が制定された。

設問 2．下線部(2)に関連して，南メソポタミアに侵入し，バビロン第1王朝滅亡後のバビロニアを支配した民族名を一つ選んでマークしなさい。

A．ヒッタイト人　　B．カッシート人

C．アムル人　　D．カナーン人

設問 3．下線部(3)に関する説明として，適切でないものを一つ選んでマークしなさい。

A．シドン，ティルス，ダマスクスなどの港市国家を拠点に活躍した。

B．レバノン杉が重要な交易品であった。

C．北アフリカからイベリア半島にかけて多くの植民市を建設した。

D．フェニキア文字は，ギリシア人に伝えられて，後のアルファベットの起源となった。

設問 4．下線部(4)に関する説明として，最も適切なものを一つ選んでマークしなさい。

A．ソロモン王の時代に，イェルサレムを首都に定めた。

B．前10世紀頃，『旧約聖書』が整えられた。

C．隊商交易を組織し，さらに紅海の海上交易を開拓した。

D．前8世紀末にイスラエル王国が滅ぼされ，住民はバビロンへ連行された。

設問 5．下線部(5)に関連して，アッシリア滅亡以降の状況に関する説明として，適切でないものを一つ選んでマークしなさい。

A．イラン高原では，メディア人がエクバタナを都として王国を築いた。

B．エジプトは，リビア系エジプト人の手で独立を回復した。

C．リディア人は，イオニア地方のギリシア人諸都市を勢力下に置いた。

D．カルデア人の新バビロニア王国は，世界史上はじめて貴金属製の貨幣をつくった。

設問 6．下線部(6)に関する説明として，最も適切なものを一つ選んでマークしなさい。

A．ペルシア人は，セム語系の民族である。

B．ダレイオス1世のときにメディアから自立した。

C．前5世紀前半にギリシアの諸ポリスと戦って勝利をおさめた。

D．中央集権体制をととのえ，全領土を約20の州に分けた。

設問 7．下線部(7)に関連して，アケメネス朝ペルシアの社会・文化に関する説明として，適切でないものを一つ選んでマークしなさい。

A．灌漑農業用の地下水路(カナート)を整備した。

B．楔形文字を発展させたアラム文字が使用された。

C．金貨・銀貨をつくって流通をさかんにした。

D．善悪二元論にたつゾロアスター教を信仰した。

設問 8．下線部(8)に関する説明として，最も適切なものを一つ選んでマークしなさい。

A．オリエントやギリシアの諸科学がギリシア語で集大成されて発達した。

B．アリスタルコス，プトレマイオスなどの自然科学者が活躍した。

C．禁欲を説くエピクロス派など，個人の内面的幸福を追求する哲学が発達した。

D．ギリシアのポリスは政治的独立を失い，消滅した。

設問 9．下線部(9)に関する説明として，適切でないものを一つ選んでマークしなさい。

A．前2世紀なかばにメソポタミアを併合した。

B．初期にはペルシア文化が主流であったが，しだいにヘレニズムの影響が強くなった。

C．クテシフォンを都とした。

D．漢とローマを結ぶ通商路をおさえたことにより，繁栄した。

設問10．下線部(10)に関する説明として，最も適切なものを一つ選んでマークしなさい。

A．東ローマ(ビザンツ)帝国と結んで，エフタルの勢力を滅ぼした。

B．交易では主に金を用いた。

C．インドから東南アジアにいたる海上交易をおこなった。

D．マニ教の経典『アヴェスター』が編纂された。

〔Ⅱ〕 次の文章を読んで，以下の設問に答えなさい。

15世紀後半に積極的な海外進出を始めたヨーロッパ人は，世紀末にはアメリカ大陸(1)に到達した。そしてまもなくこの大陸は，ヨーロッパ人の勢力範囲へと引きこまれていった。同時に，ヨーロッパとアメリカ大陸の間では，それまで知られていなかった多くのものが相互にもたらされ(2)，人々の生活や社会を一変させた。

また，この時代のヨーロッパでは，イタリア諸都市でほぼ14世紀に始まったルネサンス(3)が，全面的な開花の時代を迎えていた。旧来の価値観にとらわれない新しい発想で人間や社会を表現する芸術作品が生み出されたほか，観察や実験を重視する立場から科学や技術の面でも多くの成果が見られた(4)。

そして15世紀から16世紀にかけてのヨーロッパでは，長い間，社会の基礎を提供してきた権威についても，批判的な考え方が広まった。ドイツの神学者マルティン＝ルターが贖宥状販売を批判したことをきっかけに生じた宗教改革(5)は，ヨーロッパ全体に広がる大きな運動となった。それまでカトリック教会によって統一されていた西欧世界は分裂状態に陥り，各地で宗教紛争があいついだ。カトリック教会側もこの危機を深刻に受け止め，16世紀なかばから対抗宗教改革(6)と呼ばれる運動に着手した。

16世紀には，スペイン(7)がアメリカ大陸における征服事業を進め，さらに太平洋にも進出した結果，世界にまたがる一大海洋帝国を築いた。しかし1556年にスペイン国王となったフェリペ2世が，支配下にあったネーデルラント(8)にカトリックを強制するなどしたため，これに反発するネーデルラントの貴族や商工業者を中心に独立戦争がおこった。ホラント州など北部ネーデルラントが独立して成立したオランダ(9)は，高い造船技術や，バルト海貿易での富を基盤に積極的に海外に進出し，アジア各地域との交易で他の国々をおさえて主導権を握った。

17世紀に入ってもヨーロッパの宗教紛争はおさまらず，これに凶作・飢饉・疫病が追い打ちをかけた。ドイツを主要な舞台とする三十年戦争(10)を境に，ヨーロッパは主権国家同士が勢力を競い合う時代へと突入していった。

設問 1. 下線部(1)に関連して，ヨーロッパ人のアメリカへの進出に関する説明として適切でないものを一つ選んでマークしなさい。

A. ジェノヴァ生まれのコロンブスは，トスカネリの地球球体説にもとづき，大西洋を西進してサンサルバドル島に到達した。

B. スペイン人バルボアは，パナマ地峡を横断して太平洋に到達した。

C. コルテスはアステカ王国を滅ぼしてメキシコ総督となった。

D. ピサロはインカ帝国を滅ぼし，新首都としてクスコを建設した。

設問 2. 下線部(2)に関する説明として，適切でないものを一つ選んでマークしなさい。

A. 馬・牛・豚・羊などの家畜がヨーロッパからアメリカ大陸へもたらされた。

B. 小麦・とうもろこしなどがヨーロッパからアメリカ大陸へもたらされた。

C. 天然痘・コレラ・ペスト・結核・マラリアなどの病原菌がヨーロッパからアメリカ大陸へもたらされた。

D. アメリカ大陸からヨーロッパへもたらされたじゃがいもは，18世紀頃から広く食べられるようになった。

設問 3. 下線部(3)に関する説明として，最も適切なものを一つ選んでマークしなさい。

A. ダンテは，トスカーナ方言で『神曲』を書いた。

B. ラファエロはシスティーナ礼拝堂に「最後の審判」の壁画を描いた。

C. スペインでは，ファン＝アイク兄弟が油絵の技法を完成した。

D. ミケランジェロは，フィレンツェのサンタ＝マリア大聖堂（聖マリア＝デル＝フィオーレ大聖堂）のドームを完成させた。

設問 4. 下線部(4)に関連して，天体観測の結果をもとに，惑星運行の法則を理論化したドイツの天文学者の名称を一つ選んでマークしなさい。

A. コペルニクス　B. ケプラー

C. ガリレイ　D. ブルーノ

設問 5. 下線部(5)に関する説明として，最も適切なものを一つ選んでマークしなさい。

A. 神聖ローマ皇帝カール5世は，イタリア戦争やオスマン帝国の圧迫に対処するため，一時的にルター派を認めた。

B. 北ドイツの農民たちはドイツ農民戦争をおこし，領主制の廃止などの社会変革を求めた。

C. ツヴィングリは，司教制を廃止して長老制を導入した。

D. アウクスブルクの宗教和議により，ルター派とカルヴァン派の権利が認められた。

設問 6. 下線部(6)に関する説明として，最も適切なものを一つ選んでマークしなさい。

A. 1545年からカトリック教会はコンスタンツで公会議を開き，態勢のたてなおしをはかった。

B. 宗教裁判所が強化され，禁書目録が作成された。

C. フランシスコ＝シャヴィエル（ザビエル）やモンテ＝コルヴィノらのイエズス会士が中国への布教に向かった。

D．1582年にグレゴリウス暦が公布され，ただちにヨーロッパ全体に普及した。

設問 7．16世紀の下線部(7)に関する説明として，適切でないものを一つ選んでマークしなさい。

A．スペイン国王は，エンコミエンダ制により，ラテンアメリカの土地の管理と先住民の保護を，現地のスペイン人に委託した。

B．メキシコで得た銀によって，中国の絹や陶磁器を入手した。

C．スペイン領ネーデルラントのアムステルダムが，スペインの世界貿易の中心地として栄えた。

D．1580年に，王室の絶えたポルトガルを併合した。

設問 8．下線部(8)に関する説明として，最も適切なものを一つ選んでマークしなさい。

A．ユグノーと呼ばれるカルヴァン派が多数を占めた。

B．スピノザが『海洋自由論』を著した。

C．1581年に北部7州は，オラニエ公を国王として独立を宣言した。

D．バルト海交易により，東ヨーロッパから穀物，帆布(はんぷ)，材木などを大量に入手した。

設問 9．下線部(9)が17世紀に交易の拠点とした場所として，適切でないものを一つ選んでマークしなさい。

A．ケープ植民地　　B．セイロン島(スリランカ)

C．マドラス　　D．台湾

設問10．下線部(10)に関する説明として，最も適切なものを一つ選んでマークしなさい。

A．1618年のハンガリーにおけるプロテスタントの反乱をきっかけに始まった。

B．カルヴァン派のデンマーク王が介入した。

C．ヴァレンシュタインは傭兵軍を率いて神聖ローマ皇帝軍と戦った。

D．ウェストファリア条約でフランスはライン川左岸の一部を手に入れた。

〔Ⅲ〕 次の文章を読んで，以下の設問に答えなさい。

19世紀前半のヨーロッパでは，イギリスを先頭にして資本主義体制が確立していくにつれて，(1)長時間労働や低賃金などの労働問題や，貧困などの社会問題が顕在化した。そのため，生産手段を社会の共有にして平等な社会を建設しようという思想が生まれた。(2)マルクスやエンゲルスはあらたに「科学的社会主義」を提唱し，以降の社会主義運動に大きな影響を与えた。

ウィーン体制のもとで，(3)ロマノフ王朝が統治するロシアは四国同盟の一員として大きな影響力を行使した。(4)1848年にヨーロッパ各地でおこった一連の革命および民族運動に際して，ロシアはこれを抑えこむうえで重要な役割を果たし，「ヨーロッパの憲兵」と呼ばれた。しかし(5)クリミア戦争に敗北した後は，国内の改革を迫られることになった。また，(6)1877年にはスラヴ民族の保護を口実にオスマン帝国との間に再び戦争をおこした。

(7)19世紀末にはロシアでも工業化が進み，国内開発や国外への膨張政策が推進されたが，同時に社会不安も高まった。工場や銀行の多くは外国資本の手にあり，労働条件も良くなかった。20世紀に入ると，労働運動や農民運動がしばしばおこるようになり，政治・社会の改革を求める声が強くなった。

日露戦争のさなかの1905年，ペテルブルクの民衆に対する発砲事件をきっかけに，農民蜂起，労働者のストライキ，民族運動が全国に広まり，(8)第一次ロシア革命へと発展したが，改革は不徹底なままに終わった。第一次世界大戦においてロシアは協商国（連合国）側で参戦したが，戦争が長期化するにしたがい，食糧や物資が窮乏し，国民の間に戦争継続に反対する声が上がった。

1917年3月，ペトログラードで生じた大規模なデモやストライキは，軍隊も加わって各地に広がり，ロシアは再び革命へと突入した。皇帝は退位し，帝政は崩壊した。さらに11月にはレーニンやトロツキーらが武装蜂起を指導して権力を掌握し，(9)翌1918年にはボリシェヴィキの独裁体制を確立した。旧帝政派や反ボリシェヴィキ政党は各地に反革命政権を樹立して抵抗し，連合国もこれらの政権を援助した。しかし1920年までには，ソヴィエト政権によって，(10)反革命勢力はしだいに制圧されていった。

設問 1. 下線部(1)に関連して，当時のイギリス社会に関する説明として，適切でないものを一つ選んでマークしなさい。

A. 手工業者による機械打ちこわし運動がおこった。

B. 1833年の工場法で，「聖月曜日」が合法化された。

C. 商業資本家に代わって産業資本家が，経済・政治などの分野で支配的地位を獲得した。

D. ニューラナークの工場主オーウェンは，労働組合や協同組合の設立に努力した。

設問 2. 下線部(2)に関する説明として，適切でないものを一つ選んでマークしなさい。

A. マルクスは，ヘーゲル哲学を批判的に継承して史的唯物論を確立した。

B. マルクスとエンゲルスは，『共産党宣言』において労働者の国際的連帯を呼びかけた。

C. マルクスは，『資本論』において資本主義の矛盾と没落の必然性を説いた。

D. パリで第一インターナショナルが組織され，マルクスがその指導者になった。

設問 3. 下線部(3)に関する説明として，最も適切なものを一つ選んでマークしなさい。

A. イヴァン4世によって開かれ，三世紀にわたって農奴制を基礎に専制的支配をおこなった。

B. ピョートル1世は，日本に使節を派遣して通商を求めた。

C. デンマーク出身のベーリングによる，カムチャッカ半島方面の探検がおこなわれた。

D．エカチェリーナ2世は，プガチョフの農民反乱を教訓にして啓蒙主義的な改革に着手した。

設問 4. 下線部(4)に関する説明として，適切でないものを一つ選んでマークしなさい。

A．ウィーンでは，自由および憲法制定を求める蜂起がおこり，メッテルニヒを失脚させた。

B．プラハでスラヴ民族会議が開かれ，スラヴ人の地位向上と自治権がとなえられた。

C．ドイツの統一国家達成と憲法制定のため，フランクフルト国民議会が開かれたが，大ドイツ主義と小ドイツ主義が対立した。

D．ポーランドで独立運動がおこり，コシュートが執政となった。

設問 5. 下線部(5)に関連して，1860年代から1870年代のロシアに関する説明として，最も適切なものを一つ選んでマークしなさい。

A．ポーランドの自治を認めた。

B．農奴解放令が出され，農民は無償で土地を獲得した。

C．極東政策の拠点としてウラジヴォストークが建設された。

D．知識人が農村でナロードニキ運動を展開し，大きな成果を上げた。

設問 6. 下線部(6)の結果としてロシアが保護下に置いたバルカン半島の国を一つ選んでマークしなさい。

A．セルビア　　B．ブルガリア

C．ボスニア＝ヘルツェゴヴィナ　　D．マケドニア

設問 7. 下線部(7)に関する説明として，適切でないものを一つ選んでマークしなさい。

A．マルクス主義をかかげるロシア共産党が創設された。

B．露仏同盟が結ばれた。

C．シベリア鉄道建設が開始された。

D．各地でユダヤ人に対する集団的な略奪および虐殺(ポグロム)がおこった。

設問 8．下線部(8)に関する説明として，適切でないものを一つ選んでマークしなさい。

A．工場労働者の選挙によって，ソヴィエト(代表者会議)が結成された。

B．皇帝ニコライ２世は十月宣言を発して，立法権を持つ議会(ドゥーマ)の開設を認めた。

C．十月宣言の発布後，自由主義勢力が立憲民主党(カデット)を結成した。

D．革命の翌年に首相になったストルイピンは，農村共同体(ミール)の強化を試みた。

設問 9．下線部(9)にいたるまでの革命の展開に関する説明として，最も適切なものを一つ選んでマークしなさい。

A．ウクライナやフィンランドなどで民族革命が進行した。

B．立憲民主党のケレンスキーが率いる臨時政府は，戦争継続政策をとった。

C．亡命中のレーニンは，「四月テーゼ」により，臨時政府に対する不信任を表明した。

D．憲法制定議会選挙において，ボリシェヴィキが最大勢力となった。

設問10．下線部(10)にいたるまでの過程に関する説明として，適切でないものを一つ選んでマークしなさい。

A．日本が，旧帝政派政権への支援を主な口実にシベリアへ出兵した。

B．首都がモスクワに移された。

C．ソヴィエト政権は，食糧状況の解決のため，農民から穀物を強制的に徴発した。

D．世界革命の推進を目的に，コミンテルン(共産主義インターナショナル)が創設された。

〔Ⅳ〕 次の文章を読んで，以下の設問に答えなさい。

第一次世界大戦(1)とその後の経過は，中国の人々の間に，近代国家としての自立の機運をさらに高める機会になった。北京の中央政府に対抗する形でさまざまな政治的運動が進められ，国民党と共産党は1924年に第1次国共合作を成立させた。1925年に生じた事件(2)をきっかけに，反帝国主義運動はさらに高まり，同年，国民党は国民政府を樹立した。国民政府の指導者となった蔣介石は国民革命軍を率いて北伐(3)を開始し，1928年には北京に入城した。この過程で共産党は国民党と対立し，国民政府から排除された。

1931年には日本が中国東北部のほぼ全域を占領して満州国を成立させ，さらに中国への圧迫を強めた。その状況下でも，国民政府は日本との正面戦争を避けて共産党など国内反対勢力の制圧を優先させた(4)。しかし1937年に日本が北京・天津への攻撃を開始したことにより，中国は日本の侵略に対する全面戦争へと突入した(5)。

第二次世界大戦が終結すると，再び国共内戦(6)がおこり，共産党との争いに敗れた国民党は台湾に逃れた。北京を首都として成立した中華人民共和国(7)では，急速な社会主義化が進められたが，その前途は多難であった。共産党内部では激しい権力闘争が展開され，1960年代後半からは，文化大革命(8)による大きな混乱が生じた。しかし1970年代末から，改革・開放政策(9)へと徐々に方針を転換し，対外開放と市場経済の導入が進められた。外交(10)においても，中国は世界各国との関係を強化し，存在感を強めているが，特に周辺諸国との間では多くの解決すべき問題を抱えている。

設問 1．下線部(1)に関連して，第一次世界大戦期から1920年代前半までの中国に関する説明として，最も適切なものを一つ選んでマークしなさい。

A．李大釗を中心に雑誌『新青年』が刊行された。

B．胡適はマルクス主義の紹介に努めた。

C．ヴェルサイユ条約は，日本に対して山東利権の返還を求めていた。

D．ソヴィエト・ロシアはカラハン宣言により，帝政ロシアが中国と結んだ不平等条約を撤廃した。

設問 2. 下線部(2)は，日本人経営の工場での労働争議が発端となった。この争議が生じた都市を一つ選んでマークしなさい。

A．南京　　B．武漢　　C．広州　　D．上海

設問 3. 下線部(3)に関連して，北伐を完成させるまでの国民党に関する説明として，適切でないものを一つ選んでマークしなさい。

A．1924年の第1回大会で「連ソ・容共・扶助工農」の方針を決定した。

B．1927年に，左派の指導のもとで南京に政府を移した。

C．浙江財閥の支援を受けた。

D．山東省に出兵した日本軍と国民革命軍との間で済南事件がおこった。

設問 4. 下線部(4)に関連して，1930年代の国民政府および共産党に関する説明として，適切でないものを一つ選んでマークしなさい。

A．国民政府は，イギリスの援助を得て，法幣と呼ばれる統一貨幣と管理通貨制を導入した。

B．国民政府は憲法草案を公布した。

C．共産党は延安で中華ソヴィエト共和国臨時政府を樹立した。

D．長征の過程で，毛沢東は共産党内での指導力を高めた。

設問 5. 下線部(5)に関連して，日中戦争の展開に関する説明として，適切でないものを一つ選んでマークしなさい。

A．親日政権が武漢に建てられ，汪兆銘が首班となった。

B．共産党は，八・一宣言で，内戦の停止と抗日民族統一戦線の組織を主張した。

C．共産党の軍と根拠地が国民政府に編入される形で，第2次国共合作が成立した。

D．重慶に移った国民政府は，アメリカ合衆国，イギリス，フランス，ソ連から支援を受けた。

設問 6. 下線部(6)に関する説明として，最も適切なものを一つ選んでマークしな

さい。

A．国民党はアメリカ合衆国の積極的な支援を受けた。

B．共産党は，農村部で土地改革を実施して勢力を拡大させた。

C．1947年に国民政府が中華民国憲法を公布したが，施行されなかった。

D．1949年に，共産党は単独で中華人民共和国の建国を宣言した。

設問 7．下線部(7)に関連して，中華人民共和国成立から1950年代までの中国に関する説明として，適切でないものを一つ選んでマークしなさい。

A．ソ連の合意のもとに内モンゴルや新疆の独立運動を解散させた。

B．朝鮮戦争において，ソ連と連携して義勇軍を派遣した。

C．毛沢東がスターリンを批判したことをきっかけに，ソ連との関係が悪化した。

D．大躍進政策で失敗した毛沢東は，国家主席を退き，劉少奇にその地位を譲った。

設問 8．下線部(8)に関する説明として，最も適切なものを一つ選んでマークしなさい。

A．紅衛兵が大衆運動に動員された。

B．林彪や華国鋒が「資本主義の道を歩む実権派」として排除された。

C．この運動の一環として，人民公社が組織された。

D．毛沢東によって「四人組」が排除されることにより，終結した。

設問 9．下線部(9)が導入された後の中国に関する説明として，適切でないものを一つ選んでマークしなさい。

A．人民公社の解体，生産請負制の実施，外国資本や技術による経済建設が導入された。

B．人権抑圧，インフレや所得格差，地域格差など多くの問題が生じた。

C．民主化運動の広まりをきっかけに，江沢民が総書記を解任された。

D．鄧小平は南巡講話をおこない，市場経済を利用した経済発展を説いた。

設問10. 下線部⑽に関連して，1990 年代以降の中国の対外関係に関する説明として，適切でないものを一つ選んでマークしなさい。

A．韓国と国交を樹立した。

B．日中平和友好条約が結ばれた。

C．北朝鮮の核開発問題を協議するための六カ国協議に参加した。

D．ＡＳＥＡＮプラス３を通じて，東南アジア諸国との関係強化を試みている。

# 政治・経済

（60 分）

〔Ⅰ〕 次の文章を読み，下記の設問に答えなさい。

いつの時代も消費者問題(1)は，あとを絶たない。マルチ商法，振り込め詐欺などの悪質商法が増加している現代の消費社会において，消費者自身が消費者の権利や消費者を守る制度を知り，賢い消費者になることが必要である。

消費者第一主義，すなわちコンシューマーリズムが台頭するきっかけとなったのは，アメリカのJ.F.ケネディ大統領が特別教書において示した「消費者の４つの権利(2)」である。日本においても，欠陥商品，薬害，誇大広告などの問題が社会問題になるにつれて，消費者運動が活発に展開された。また，政府は，消費者保護基本法(3)を制定し，消費者保護の基本枠組みを定めるなどして消費者の権利を保護するようになった。

サービスの経済化に伴い，商品の質や安全性の問題のほかに，サービス取引や金融商品あるいは契約(4)に関する消費者トラブルが増加した。加えて，規制緩和や自由化の進展とともに，消費者行政(5)の方向性が欠陥商品の被害救済(6)などに続いて，転換をはかられ，消費者基本法(7)が制定された。

現在の消費者問題は，消費者としての権利を保護することだけでは解決できない。我々自身が自らの消費活動を見直し，賢い消費者になることも必要である。例えば，近年，資源循環型社会(8)を目指すグリーン・コンシューマーという考え方のもと，消費生活のあり方が見直されている。エコマーク入り商品や再生産品を購入するなどの取り組みが求められている。生活の利便性や快適性だけを求めた生活スタイルを見直し，生活の中で無駄に消費されるものについて考えることも，現在の消費者問題として捉えるべきである。

設問 1　文中の下線(1)に関連して，消費者問題の説明として，もっとも**適切**な選択肢を1つ選び，解答欄にマークしなさい。

A　日本において，クレジットカードの発行枚数は，バブル崩壊から2010年まで一貫して減少し続けている。

B　1990年代以降，個人自己破産の件数は増加傾向であったが，2003年をピークに2015年まで減少傾向にある。

C　メーカーが小売価格を指定して販売する再販売価格維持制度は，現在，すべての商品において禁止されている。

D　1985年，ヒ素の混入した森永乳業製粉ミルクを飲用した乳幼児から多数の死者・ヒ素中毒患者が出る森永ヒ素ミルク事件が起きた。

設問 2　文中の下線(2)について，ケネディ大統領が表明した「消費者の4つの権利」として，もっとも**適切**な選択肢を1つ選び，解答欄にマークしなさい。

A　救済される権利

B　消費者教育を受ける権利

C　生活の基本的ニーズが保証される権利

D　安全を求める権利

設問 3　文中の下線(3)について，消費者保護基本法が制定されたのはいつか。もっとも**適切**な選択肢を1つ選び，解答欄にマークしなさい。

A　1956年　　B　1962年　　C　1968年　　D　1974年

設問 4　（設問省略）

設問 5　下線(5)に関連して，日本の消費者行政組織の説明として，もっとも**適切**な選択肢を1つ選び，解答欄にマークしなさい。

A　消費者庁は，経済産業省の外局である。

B　消費者政策会議は，内閣総理大臣を長とする。

C　国民生活センターと消費生活センターは，ともに国の機関である。

D　消費生活センターは，消費者からの相談・苦情をもとに調査・分析し，各省庁に措置要求をしたり，省庁横断的な制度を企画・立案したりする。

設問 6　下線(6)に関連して，もっとも**適切**な選択肢を1つ選び，解答欄にマークしなさい。

A　製造物責任法(PL法)によって，企業の過失がある場合に限って，当該企業は，被害の賠償責任を負うことになった。

B　通信販売にはクーリングオフ制度は適用されない。

C　クレジットカードで商品を購入する場合，貸金業法が適用される。

D　特定の商品・サービスの売買契約において，事業者側に不当な行為があれば契約を解除できる消費者契約法が2005年に制定された。

設問 7　文中の下線(7)について，もっとも**適切**な選択肢を1つ選び，解答欄にマークしなさい。

A　消費者基本法は，2010年に制定・施行された。

B　消費者基本法第7条では，事業者が，消費生活に関し，消費生活における環境の保全，および知的財産権等の適正な保護について配慮するよう努めなければならないことなどを定めている。

C　「消費者の権利の尊重」と「消費者の自立支援」を基本理念とする。

D　消費者基本法第8条では，政府が，消費者教育や被害者救済に努めることなどを定めている。

設問 8　下線(8)に関連して，もっとも**適切**な選択肢を1つ選び，解答欄にマークしなさい。

A　循環型社会形成推進基本法が2005年に成立した。

B　自動車を廃棄するときに，リサイクル費用は車両所有者が負担しなければならない。

C　資源循環型社会における3Rとは，Reduce，Reuse，Reproduceである。

D　アメリカは，2015年のCOP21において採択されたパリ協定から2016年に離脱し，2020年に復帰した。

〔Ⅱ〕　次の文章を読み，下記の設問に答えなさい。

産業革命(1)によって近代資本主義が誕生して以降，西欧の近代国家は市場メカニズムによる高い生産性がもたらす経済的な豊かさを実現しただけでなく，科学技術の進歩によって，多くの人々の生活水準を向上させてきた。

その一方で，資本主義社会における競争原理や景気変動によって，必ずしも全ての人々が等しく豊かな生活を享受してきたわけではない。近代国家では，失業や貧富の差など様々な社会問題が生まれた。このような問題を解決する方法として，社会主義の考え方や近代的な社会保障の仕組みが構想されてきた(2)。

日本は明治維新以降，国家主導による近代化を進めてきたが，第二次大戦後には，大量の失業者が生まれるなど，労働問題(3)が大きな社会問題となった。敗戦後は経済的な混迷から復興し，人間らしい暮らし(4)を送ることができるかが大きな課題であったが，その後日本的雇用慣行と呼ばれる独特の雇用のあり方のもとで，経済成長を続けて経済大国となった。しかし，2000年代以降は，グローバル化による国際競争に加え，高齢者の増加，出生率の低下など(5)の構造的変化が顕著になってきた。その中で，働き方に大きな変化が生じつつあり(6)，労働問題の新しい解決の仕方(7)が模索されている。また，経済政策のあり方や社会保障政策の持続性も大きな課題となっている(8)。

設問１　下線部(1)に関連して，産業革命期の労働問題にかかわる説明として，もっとも**適切**な選択肢を１つ選び，解答欄にマークしなさい。

A　普通選挙を求めるチャーチスト運動がラッダイト運動のきっかけとなった。

B　産業革命により職を失った熟練労働者がラッダイト運動の中心となった。

C　ラッダイト運動を強く支持したロバート・オーウェンが米国に当時としては理想的なニューラナーク工場を建設した。

D　ラッダイト運動を沈静化させるために1819年に国際労働機関(ILO)が設立された。

設問 2　下線部(2)に関連して，次のうち初期社会主義思想を展開し，のちにマルクスらによって空想的社会主義者と呼ばれたのは誰か，もっとも**適切**な選択肢を1つ選び，解答欄にマークしなさい。

A　メンガー　　B　ワルラス

C　マルサス　　D　サン＝シモン

設問 3　下線部(3)に関連して，労働三法に関する説明として，もっとも**適切**な選択肢を1つ選び，解答欄にマークしなさい。

A　労働組合法では労働組合の正当な行為については，刑事上・民事上の免責を認めている。

B　労働組合法では，労働組合への加入を強制する黄犬契約を禁止している。

C　労働関係調整法では，労働委員会の争議解決手段として，調停，協議，仲裁の三種類を認めている。

D　労働基準法は，労働者の最低年齢を18歳と定めているが，所轄労働基準監督署長の許可を受けて，満15歳以上の児童を使用することができる

設問 4　下線部(3)に関連して，団結権について，もっとも**適切**な選択肢を1つ選び，解答欄にマークしなさい。

A　ワイマール憲法では社会権は保障されたが，団結権は保障されなかった。

B　日本国憲法では団結権は第26条で保障されている。

C　日本では消防職員には団結権は認められていない。

D　労働者の団結権を保障するために労働基準法が制定された。

設問 5　下線部(4)に関連して，生存権について，もっとも**適切**な選択肢を1つ選び，解答欄にマークしなさい。

A　生存権を保障しているのは憲法第21条である。

B　朝日訴訟と堀木訴訟では，憲法の生存権の具体化に立法・行政の広い

裁量が認められた。

C 憲法の生存権は，政策の実施を具体的に保障していると解釈するのがプログラム規定説である。

D 憲法の生存権は，努力目標であり，国民が生活保障を求める優先的権利ではないとする解釈が法的権利説である。

設問 6 下線部(5)に関連して，日本の少子高齢化に関する説明で，もっとも**適切**な選択肢を1つ選び，解答欄にマークしなさい。

A 小泉政権時代に子ども手当が創設された。

B 合計特殊出生率は，2005年に1.26を記録した後，2010年代は1.3～1.4台の水準を維持している。

C 人口が安定的に増加する水準を人口置換水準と呼び，日本では2.27とされている。

D 65歳以上の老年人口が総人口に占める割合(高齢化率)が7％をこえた社会を高齢社会，14％をこえた社会を高齢化社会，28％をこえた社会を超高齢化社会とよぶ。

設問 7 下線部(6)に関連して，近年の日本の雇用問題について，もっとも**適切**な選択肢を1つ選び，解答欄にマークしなさい。

A 2000年代以降，労働関連法規の改正で非正規雇用が減少してきた。

B 2010年代以降，非正規雇用者の数が正規雇用者を上回っている。

C 正社員とは企業と3年以上の長期雇用契約を文書で交わした労働者を指す。

D 派遣労働者は，派遣先企業の指揮命令を受けるが，派遣先企業とは直接の雇用関係はない。

設問 8 下線部(7)に関連して，労働審判法の説明として，もっとも**適切**な選択肢を1つ選び，解答欄にマークしなさい。

A 使用者と労働組合との集団的労使関係の紛争を効率的に解決するのが目的である。

B　労働審判法は2008年に制定された。

C　審理は裁判官一人と労働関係に関する専門的な知識経験を有する者二人から構成される労働審判委員会でおこなわれる。

D　審理は原則3回以内で終結し，異議申し立ては認められていない。

設問 9　下線部(8)に関連して，日本の社会保障制度について，もっとも**適切**な選択肢を1つ選び，解答欄にマークしなさい。

A　国民皆年金は厚生年金が創設された1981年に実現した。

B　2001年の年金制度改革で，全国民が国民年金と厚生年金を等しく負担することとなった。

C　年金制度の賦課方式とは，一定期間に支給する年金をその期間の保険料でまかなうことを指す。

D　厚生年金は主に自営業者が加入する。

〔Ⅲ〕 次の文章を読み，下記の設問に答えなさい。

平均寿命は，今後死亡状況が変化しないと仮定し，その年に生まれた0歳児が平均で何歳まで生きられるかを予測した数値である。2019年の日本人の平均寿命は女性が87.45歳，男性が81.41歳であり，日本は男女ともに世界に類を見ない長寿国家である。平均寿命が延びた背景には，国民の健康意識の高まりや医療技術の進歩を挙げることができよう。しかし，経済が発展し，国民が豊かになったことも長寿をもたらした要因だと考えられる。

経済発展の原動力をイノベーションに求めたのは(　①　)に生まれたシュンペーターである。シュンペーターはイノベーションが経済発展の原動力であるとし，その発展を(　②　)と表現した。イノベーションとは，新しい［　ア　］の生産，新しい［　イ　］の導入，新しい販路の開拓，原料あるいは半製品の新しい［　ウ　］の獲得，新しい［　エ　］の形成として定義される。

景気変動(1)は，さまざまな局面をたどりながら，周期的に繰り返される。好況期には，景気回復が進み，生産量，雇用量，投資量，国民所得がいずれも増大するが，不況期(2)には経済活動が停滞し，需要が不足し，生産や投資が低下する。

わが国の経済は，前近代的分野と近代的分野が相互補完的な関係をもちながら併存する二重構造(3)となっており，それに起因する格差(4)が顕著である。（　③　）年に制定された中小企業基本法による中小企業の定義は業種により異なっている。中小企業(5)の多い業種は軽工業，伝統産業，卸売業や小売業である。

設問１　文中の空欄①～③にあてはまる，もっとも**適切**な語句を下記の語群からそれぞれ１つ選び，解答欄にマークしなさい。

①の語群

A　ドイツ　　B　オーストリア
C　フランス　　D　イギリス

②の語群

A　創造的破壊　　B　レッセ・フェール
C　マネタリズム　　D　エンクロージャー

③の語群

A　1947　　B　1953　　C　1963　　D　1977

設問２　文中の空欄［ア］［イ］［ウ］［エ］にあてはまる語句の組み合わせとして，もっとも**適切**な選択肢を解答欄に記入しなさい。

A　ア　商品　　イ　監督方法　　ウ　供給源　　エ　組織
B　ア　用役　　イ　生産方法　　ウ　提供先　　エ　産業
C　ア　財貨　　イ　生産方法　　ウ　供給源　　エ　組織
D　ア　商品　　イ　監督方法　　ウ　提供先　　エ　産業

設問３　（設問省略）

設問４　文中の下線(1)に関連して，景気動向指数に関する説明について，もっとも**適切**な選択肢を１つ選び，解答欄にマークしなさい。

A　景気転換から半年から１年ほど遅れて現れる指標は，家計消費支出や完全失業率である。

B　指標の動きが景気の転換点とほぼ一致するのは，中小企業売上高や法人税収入である。

C　景気判断の分かれ目として重視されるのは先行指数である。

D　景気転換から１年くらい前に変化が現れる指標は，有効求人倍率や消費者物価指数である。

設問 5　文中の下線(2)に関連して，わが国の不況が生じた時期の並び順として，もっとも**適切**な選択肢を解答欄に記入しなさい。

A　円高不況　→　平成不況　→　世界同時不況　→　なべ底不況

B　なべ底不況　→　世界同時不況　→　平成不況　→　円高不況

C　なべ底不況　→　円高不況　→　平成不況　→　世界同時不況

D　平成不況　→　円高不況　→　なべ底不況　→　世界同時不況

設問 6　文中の下線(3)に関連して，次の文章のうち，もっとも**適切**な選択肢を１つ選び，解答欄にマークしなさい。

A　二重構造を示す事象の１つとして，カルテルが挙げられる。

B　中小企業はまとまりが強く，労働組合の組織率が大企業に比べて高い。

C　高度経済成長の過程で，日本経済の二重構造はより顕著になった。

D　二重構造の特徴の一つに大企業中心の融資が挙げられる。

設問 7　文中の下線(4)に関連して，次の文章のうち，もっとも**適切**な選択肢を１つ選び，解答欄にマークしなさい。

A　大企業に比べ，企業規模が小さくなるにしたがって，資本装備率の格差は狭まる。

B　中小企業の生産性は大企業に比べて低いが，従業員数 300 人以下の製造業では資本装備率はほぼ同水準である。

C　都市と農村間格差は国内の南南問題と言われている。

D　大企業と中小企業の賃金を比較した場合，男性の賃金格差よりも女性の賃金格差の方が小さい。

設問 8　文中の下線(5)に関連して，次の文章のうち，もっとも**適切**な選択肢を1つ選び，解答欄にマークしなさい。

A　中小企業は，休廃業や解散する件数よりも倒産する件数の方が多い。

B　1999年に改正された中小企業基本法では，ベンチャービジネスの育成に重点がおかれた。

C　伝統産業は特定の地域に集中していることが多く，生産額は1990年以降，下降しつづけ，いまもその状況がつづいている。

D　ニッチ型の中小企業には，機械や繊維などの加工組立型の産業に多い。

〔Ⅳ〕　次の文書を読み，下記の設問に答えなさい。

国際収支とは，ある国の一定期間(通常は1年間)における国際間の全ての経済取引の収支決算であり，国際収支表はそれらを整理したものである。日本の国際収支は，1996年よりIMF国際収支マニュアル第5版形式に準拠するものとなり，2014年からは現在の新形式に移行した(1)。表は新形式による2019年の日本の国際収支(2)である。国際収支は，大きく(　①　)と(　②　)，(　③　)，誤差脱漏から構成される。(　①　)は，(　④　)，(　⑤　)，(　⑥　)から構成される。(　④　)は(　⑦　)と(　⑧　)から構成される。(　⑦　)は輸出と輸入から構成される。

高度経済成長後期から2010年までの日本の国際収支は，(　⑦　)の黒字が特徴的であり，欧米諸国，とくにアメリカとの激しい貿易摩擦をもたらし，日本市場の閉鎖性をめぐる経済摩擦に発展することになった(3)。1985年のプラザ合意以降は急速に円高が進行した(4)ことから，企業の海外進出が加速し，投資収益などから構成される(　⑤　)が増加した。2000年代に入ると世界金融危機(5)や東日本大震災の影響で2011年から2015年まで(　⑦　)は赤字となったが，2019年時点においても(　①　)が黒字を続けているのは，(　⑤　)の増加，なかでも投資収益の主力であった配当金や利子などによる【　あ　】に加え，日本企業による海外企業の M&A などを背景とした【　い　】の増加の影響があげられる。また，訪日外国人数の増加などにより(　⑧　)が，2019 年にはそれまでのマイナスからプラスに転じるなど改善したこともあげられる。

表　日本の 2019 年の国際収支

| 収支項目 | | | | 2019 年(億円) |
|---|---|---|---|---|
| (　①　) | | | | 201, 150 |
| | (　④　) | | | 5, 060 |
| | | (　⑦　) | | (　a　) |
| | | | 輸出 | 760, 310 |
| | | | 輸入 | 756, 498 |
| | | (　⑧　) | | (　b　) |
| | (　⑤　) | | | 209, 845 |
| | (　⑥　) | | | △13, 755 |
| (　②　) | | | | △4, 131 |
| (　③　) | | | | (　c　) |
| 誤差脱漏 | | | | 46, 036 |

(注)数値を一部修正し使用。△はマイナス。
(資料)財務省(1 億円未満切り捨て)

設問 1　文章中の(　①　)から(　⑧　)と表中の(　①　)から(　⑧　)には同じ語句が入る。もっとも**適切**な選択肢を 1 つ選び，解答欄にマークしなさい。

A　サービス収支　　B　貿易収支　　C　資本移転等収支
D　第二次所得収支　　E　金融収支　　F　経常収支
G　第一次所得収支　　H　貿易・サービス収支

設問 2　文章中ならびに表中の国際収支項目の①，②，③および誤差脱漏の関係を表す式として，もっとも**適切**な選択肢を1つ選び，解答欄にマークしなさい。

A　①－②＋③＋誤差脱漏＝0

B　①－②＋③－誤差脱漏＝0

C　①＋②－③＋誤差脱漏＝0

D　①＋②－③－誤差脱漏＝0

設問 3　【　あ　】と【　い　】に入る語句でもっとも**適切**な選択肢を1つ選び，解答欄にマークしなさい。

A　雇用者報酬　　B　直接投資収益　　C　証券投資収益

D　その他投資収益　　E　その他第一次所得

設問 4　下線部(1)に関して，旧形式から新形式へのおもな変更点に関する記述として，もっとも**適切**な選択肢を1つ選び，解答欄にマークしなさい。

A　所得収支を第一次所得収支と第二次所得収支に分けた。

B　経常移転収支を資本移転等収支として独立させた。

C　資本収支のその他資本収支を金融収支のその他投資に変更した。

D　資本収支の投資収支と外貨準備増減を合わせ金融収支とした。

設問 5　下線部(2)に関して，2019年の国際収支表の(　a　)から(　c　)内を計算し，もっとも**適切**な選択肢を1つ選び，解答欄にマークしなさい。

A　1,248　　B　3,812　　C　243,055

D　392,038　　E　1,516,808　　F　1,712,898

設問 6　（設問省略）

設問 7　下線部(4)に関して円高ドル安になるとどのようなことが起こると思われるか，もっとも**適切**な選択肢を1つ選択し，解答欄にマークしなさい。

A　輸入品の円建て価格が上がる。

B 輸入産業に円高差益が発生する。

C 日本企業の海外直接投資が減少する。

D 海外からの旅行客が増加する。

設問 8 下線部(5)に関連する記述としてもっとも**適切**なものを1つ選択し，解答欄にマークしなさい。

A アメリカの大手証券会社であるゴールドマンサックスが経営破綻した。

B アメリカの大手金融機関であるAIG保険などへ，巨額公的資金が投入された。

C 住宅バブル崩壊によるアメリカの優良顧客向けの住宅ローンの焦げ付きが発端となった。

D タイのバーツが暴落し，それがインドネシア，マレーシア，韓国へと波及し，経済が大混乱となった。

# 数学

（60分）

〔Ⅰ〕　$a, b, c, d$ は正の整数である。以下の問に答えなさい。空欄内の各文字に当てはまる数字を所定の解答欄にマークしなさい。

(1)　$a+b$ が30以下の3の倍数となる $a, b$ の組合せは全部で［アイウ］通りある。また，$a+b+c$ が30以下の3の倍数となる $a, b, c$ の組合せは全部で［エオカキ］通りある。

(2)　$\log_2(ab+bc+cd+da)+\log_2 3\cdot\log_3 5\cdot\log_5 7\cdot\log_7 8=9$ を満たす $a, b, c, d$ の組合せは全部で［クケコ］通りある。また，それらの組合せのうち，$a+c<b+d$ を満たす $a, b, c, d$ の組合せは全部で［サシ］通りある。

(3)　$|a-b|\leqq\dfrac{b^2}{16}$ を満たす整数 $a$ の個数が19個となる $b$ は［スセ］であり，45個となる $b$ は［ソタ］である。

〔Ⅱ〕 同一平面上の 4 点 O, A, B, C を頂点とする四角形 OABC がある。辺 OA の長さは 10，辺 AB の長さは 17，辺 BC の長さは 17，辺 CO の長さは 10，対角線 OB の長さは 21 である。対角線 OB と AC の交点を P，∠OAB の二等分線と対角線 OB の交点を Q，点 Q から辺 OA に下ろした垂線と辺 OA との交点を R とする。

以下の問に答えなさい。空欄内の各文字に当てはまる数字を所定の解答欄にマークしなさい。ただし，分数はすべて既約分数にしなさい。

(1) 四角形 OABC の面積は $\boxed{\text{チツテ}}$ であり，

三角形 OAB の外接円の半径は $\dfrac{\boxed{\text{トナ}}}{\boxed{\text{ニ}}}$ である。

(2) $\cos\angle\mathrm{AOC}=-\dfrac{\boxed{\text{ヌ}}}{\boxed{\text{ネノ}}}$ であり，$\mathrm{AC}=\boxed{\text{ハヒ}}$ である。

(3) $\overrightarrow{\mathrm{OA}}=\vec{a}$, $\overrightarrow{\mathrm{OB}}=\vec{b}$ とすると，$\overrightarrow{\mathrm{AQ}}=-\dfrac{\boxed{\text{フヘ}}\,\vec{a}-\boxed{\text{ホマ}}\,\vec{b}}{\boxed{\text{ミム}}}$ であり，

四角形 OABC の内接円の半径は $\mathrm{QR}=\dfrac{\boxed{\text{メモ}}}{\boxed{\text{ヤ}}}$ である。

〔Ⅲ〕 座標平面上の曲線 $y=x^3+ax^2+bx+c$ を $F$ とし，曲線 $F$ を $x$ 軸方向に 2 だけ平行移動した曲線を $G$ とする。ただし，$a, b, c$ は定数である。曲線 $F$ は点 $(-1, 8)$ と点 $(3, 20)$ を通り，曲線 $F$ と曲線 $G$ は接点をもつ。

以下の問に答えなさい。空欄内の各文字に当てはまる数字を所定の解答欄にマークしなさい。ただし，分数はすべて既約分数にしなさい。

(1) $a=-\boxed{\text{あ}}$, $b=\boxed{\text{い}}$, $c=\boxed{\text{うえ}}$ であり，

曲線 $G$ の方程式は $y=x^3-\boxed{\text{お}}\,x^2+\boxed{\text{かき}}\,x-\boxed{\text{くけ}}$ である。

(2) 曲線 $F$ と曲線 $G$ の接点の座標は $(\boxed{\text{こ}}, \boxed{\text{さし}})$ であり，

その点で両曲線に接する直線の方程式は $y=\boxed{\text{す}}\,x+\boxed{\text{せそ}}$ である。

(3) (2) の直線と曲線 $G$ により囲まれた部分の面積は $\dfrac{\boxed{\text{たち}}}{\boxed{\text{つ}}}$ である。

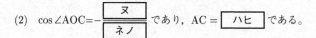

1　光源氏　　2　紫の上　　3　夕霧　　4　紫の上の女房たち　　5　従者たち

問6　傍線④が「お過ごしになることができないのは」という意味になるよう、［ a ］にあてはまる平仮名一字を書け。歴史的仮名遣いが必要な場合には、それを用いよ。

問7　傍線⑤は誰のどのような様子か。もっとも適切なものを次の中から一つ選び、その番号をマークせよ。

1　普段の光源氏の尊く威厳のある姿。
2　光源氏の悲しみに寄り添う夕霧の献身ぶり。
3　生前の紫の上の光源氏に対するいじらしい振る舞い。
4　女房たちが紫の上を心から慕っている様子。

問8　『源氏物語』の作者である紫式部の娘で、『小倉百人一首』に和歌が収められている人物を次の中から一人選び、その番号をマークせよ。

1　伊勢大輔　　2　相模　　3　大弐三位　　4　小式部内侍　　5　周防内侍

2　そのまま
3　次第に
4　将来的に

D
1　むりやりに
2　むやみに
3　わずかに
4　けなげに

問3　傍線②を八字以内で現代語訳せよ。（句読点は使用しないこと）

問4　傍線③の解釈としてもっとも適切なものを次の中から一つ選び、その番号をマークせよ。
1　身内を亡くした経験のある者がいないので
2　葬儀を取り仕切れるほどの教養をもつ者がいないので
3　紫の上の臨終の瞬間に立ち会った者がいないので
4　しっかりと正気を保っている者がいないので

問5　傍線ア～ウの主語は誰か。もっとも適切なものをそれぞれ次の中から一つ選び、その番号をマークせよ。同じ番号を二度以上使ってもよい。

注（1）夕霧。光源氏の長男。母は葵の上。
（2）光源氏。

問1　傍線①を適切な漢字一字で書け。

問2　傍線A～Dの意味としてもっとも適切なものをそれぞれ次の中から一つ選び、その番号をマークせよ。

A
1　かえって
2　容易には
3　非常に
4　中途半端に

B
1　黒々として
2　量が多く
3　滑らかで
4　神々しく

C
1　すぐに

（二）　次の古文は『源氏物語』御法《みのり》巻の一節である。まず、妻である紫の上に先立たれた光源氏が、様子を見に来た夕霧とともに亡骸に見入っている。その後、場面は紫の上の葬儀へと移る。これを読んで後の問に答えよ。

光源氏「かく何ごともまだ変はらぬ気色《けしき》ながら、限りのさまは①しるかりけるこそ」とて、御袖を顔におし当てたまへるほど、大将(注1)の君も、涙にくれて目も見えたまはぬを強《し》ひてしぼりあけて見たてまつるに、Aなかなか飽かず悲しきことたぐひなきに、まことに心まどひもしぬべし。御髪《みぐし》のただうちやられたまへるほど、Bこちたくけうらにて、つゆばかり乱れたるけしきもなう、つやつやとうつくしげなるさまぞ限りなき。灯《ひ》のいと明《あ》かきに、御色《いろ》はいと白く光るやうにて、とかくうち紛《まぎ》らはすことありし現《うつつ》の御もてなしよりも、言ふかひなきさまに何心《なにごころ》なくて臥《ふ》したまへる御ありさまの、飽かぬところなしと言はんもさらなりや。なのめにだにあらず、たぐひなきを見たてまつるに、死に入る魂のCやがてこの御骸《から》に②とまらなむと思ほゆるも、わりなきことなりや。

仕うまつり馴れたる女房などの③ものおぼゆるもなければ、院(注2)ぞ、何ごとも思し分かれず思さるる御心地をDあながちに静めたまひて、限りの御事《こと》どもしたまふ。いにしへも、悲しと思すこともあまた見たまひし御身なれど、いとかうおり立ちてはまだ知りたまはざりけることを、すべて来し方《かた》行く先アたぐひなき心地したまふ。

やがて、その日、とかくをさめたてまつる。限りありけることなれば、骸《から》を見つつも［　a　］④過ぐしたまふまじかりけるぞ、心憂《こころう》き世の中なりける。はるばると広き野の所《ところ》もなく立ちこみて、限りなくいかめしき作法なれど、いとはかなき煙にてイはかなくのぼりたまひぬるも、例のことなれどあへなくいみじ。空《そら》を歩む心地して、人にかかりてぞおはしましけるを、見たてまつる人も、さばかり⑤いつかしき御身をと、ものの心知らぬ下衆さへ泣かぬなかりけり。御送りの女房は、まして夢路《ゆめぢ》にまどふ心地して、車よりもまろび落ちぬべきをぞ、ウもてあつかひける。

2　歴史
3　国家
4　銃
5　真理

問10　空欄Ⅳを補うのにもっとも適切なものを次の中から一つ選び、その番号をマークせよ。

1　ブルータス、罪は星にあるのではない、われわれ自身にあるのだ
2　煩《わずら》いに満ちたその日その日をどこまで延ばせるか、それだけのことにすぎぬ
3　禍《わざわい》の神め、やっと腰を挙げたな、さあ、行け、どこへでも貴様の好きなところへ
4　あの「運命」の紡《つむ》ぎ車をいったん停めさせて、これからは人間への運不運を公平に配るようにさせなくては
5　憎むべきは運命のいたずら、いわば捨てばちの落し子、なぜ貴様は信じやすい人の心につけこんで、在りもしないものを在るかのようにみせかけるのだ？

問11　傍線部⑥の「芝居を演じ続けよう」とはどういう意味か。「デモクラシー」という語を必ず用いて二十五字以内で説明せよ。ただし、次の文中の空欄を補う形にすること。（句読点は一字と数える）

われわれは、その欠陥を認識しながら［　　　　］を守りつづけるべきである。

変えるようなＡＩやロボット技術の飛躍的な進展のことを指すとすれば、ここで言う「銃弾からわれわれを守ってくれるものは何もない」とは、どういうことか。その説明としてもっとも適切なものを次の中から一つ選び、その番号をマークせよ。

1　宗教的規範が力を失い、生命や自然の価値が認められなくなること。
2　理想的な社会のシステムを実現するために人間が努力する必要がなくなること。
3　偏った情報や間違った情報に惑わされずにオピニオンが形成されるようになること。
4　人間が人間として存在していることそれ自体にともなう権利が無視されること。
5　人間が自分の意思で何も決定できず、ＡＩやロボットに従属する存在になってしまうこと。

問8　傍線部⑤の「フィクション」という語は、ここではどういう意味で使われているか。その意味にもっとも近いものを次の中から一つ選び、その番号をマークせよ。

1　政治の本質。
2　生の価値。
3　「人間」の条件。
4　劇作家。
5　綺麗事。

問9　空欄Ⅲを補うのにもっとも適切なものを次の中から一つ選び、その番号をマークせよ。

1　人間

もちろんフェイクニュースは暴かれるべきであり、われわれには事実を知る権利がある。

問5 傍線部a、bと同じ漢字を用いた語を含むものを次の中からそれぞれ一つ選び、その番号をマークせよ。

a ムき出し

1 危機をダッする。
2 選バツ試験を受ける。
3 網膜がハク離する。
4 ロ骨にいやな顔をする。
5 放射線に被バクする。

b カタクな

1 ガン具店を営む。
2 自説をケン持する。
3 就任をコ辞する。
4 態度をコウ化させる。
5 ガン健な身体。

問6 傍線部③の「怪物」という語が本文で指し示す内容にもっとも近いものを次の中から一つ選び、その番号をマークせよ。

1 特権を持つ者が手にする莫大な利益。
2 真実を見破ることができる第一級の知性。
3 人びとを魅了する暴露が生み出すスリル。
4 友か敵かの関係で秩序を維持するデモクラシー。
5 国家権力の奉仕によって隠蔽される暴力性。

問7 傍線部④で述べている「テクノロジーの進歩」とは、老化や死を科学技術の力で乗り越えようとすることや、労働のあり方を

3　議論においては他者の言葉を尊重し傾聴して、少数派にも配慮しながら討議し決するというルールが共有されている時。
4　恐怖政治のもとで、議員たちが国民全体のことを考えず、異なる意見を殲滅することを考えて討議していた時。
5　デモクラシーが強大な権力に制限を加えて立憲制を確立することで成立し、維持されている時。

問2　傍線部②にいう「努力」とは、具体的にどうすることか。その説明としてもっとも適切なものを次の中から一つ選び、その番号をマークせよ。

1　人びとがさまざまなネットワーク上に飛び交うオピニオンをコントロールし、適切に統一すること。
2　国家が、可能なかぎり説得的な理論を示し、それによって合理的なオピニオンを提供すること。
3　君主もマイノリティも同等にそのオピニオンに耳を傾けられることが保証されるよう人びとが国家を監視し続けること。
4　弱者が無視されることなく平等かつ公正に扱われるべきだというオピニオンを人びとが保持し続けること。
5　人権が偽善的な綺麗事であるという現実を強靱な論理で人びとがそのオピニオンによって暴露できること。

問3　空欄ⅠとⅡを補うのにもっとも適切なものをそれぞれ次の中から一つ選び、その番号をマークせよ。

1　デモクラシー　2　王権　3　記憶　4　友敵関係　5　善意
6　自然権　7　オピニオン　8　マイノリティ

問4　本文19～38行の部分に次の一文を補いたい。もっとも適切な箇所を、その後に続く文の最初の五文字を抜き出して答えよ。
（句読点は一字と数えない）

つの日か次の役者に立ち位置を明け渡すまで、⑥芝居を演じ続けよう。美しいカーテンを背にしたここが人間の、われわれの生きる場所である。

（堤林剣・堤林恵『「オピニオン」の政治思想史』より）

＊文中に一部省略あるいは改変した箇所がある。

注（1）聖なる天蓋……ここでは、宗教などの価値観にもとづき人間社会の超越的な秩序を傘のイメージで表した用語。

（2）資源の呪い……開発途上国において、天然資源による収入が多いほど政治制度が非民主化する傾向。

（3）『マトリックス』……一九九九年公開の米国映画。先に覚醒した人たちが世界の真実を主人公に教えるというタイプのストーリーを含む。「トリニティ」「モーフィアス」はどちらも、前者の役目の登場人物の名。

（4）シュミット……カール・シュミット。ドイツの政治学者（一八八八～一九八五）。

（5）『政治的なものの概念』……注（4）シュミットの著作。一九三二年刊行。

（6）クリシェ……【cliché】使い古された常套語（句）。

（7）劇中に登場すれば必ず発砲される銃……とり出してしまったら発動せずにはすまない仕かけということ。作劇術に関するチェーホフの言葉とされる。

問1　傍線部①は、具体的にはどのような「時」といえるか。その説明としてもっとも適切なものを次の中から一つ選び、その番号をマークせよ。

1　参加する人間のオピニオンが多様であることは議論を豊かにすると考えられている時。

2　オピニオンの多様性は議論を豊かにするとしても、そこには限界があり、必ずしもプラスとは考えられていない時。

ならばわれわれは――人間の生を尊ぶ国と時代に生まれてその恩恵に与ってきたわれわれは――決してこのカーテンを開けるわけにはいかないのだ。そう決意するならば、普遍的人権が真理であるか幻想であるかは関係ない。カーテンの裏を覗《のぞ》かなければそれは舞台上の真実であり続ける。なぜなら現時点ならば、われわれは⑤フィクションにも現実を動かす力を与えるもの、すなわち権力の源泉たるオピニオンを握っているからだ。

デモクラシーは欠陥の多いシステムである。それは正しい。だがデモクラシーを通じて国家を動かすオピニオンこそ、今ここでわれわれが手にしている唯一の道具なのである。［Ⅲ］そのものさえもオピニオンに支えられたフィクションである。その最適の型としてわれわれの多くはデモクラシーを選んでいる。最も多くの人間の価値を肯定するからこそ、最も多くの人間の支持を得てきたのだ。

ここに至るまで、人類はこの道具を気の遠くなるような時間と犠牲を捧げて改良し、鍛え上げ、磨きをかけてきた。調整に手間がかかるうえ操作性も高くはないが、多少使い勝手が悪いからと言って一度手放してしまえば、取り戻すのにどれほどの代償を必要とするだろう。それは人権というカーテンも同じである。一度嘘だと貶めたうえで破いてしまったなら、ふたたび糸を紡ぐところからやり直し厚い緞帳《どんちょう》を織り上げるまで、もしかしたら人類が存続している保証すらない。

ゆえに、最後にこう訴えて終えることにしよう。「すべて世は舞台、人はみな男も女もその役者」――ならばほんとうに失いたくないフィクションを守り抜き、カーテンの裏側を決して曝《さら》さないことがわれわれにはできるはずだ。

どれが暴かれるべき嘘で、どれがそうではないのか、見極めるのが難しいこともあるだろう。だが神が教えてくれるわけでもないのなら、その答えはわれわれ自身が探り、われわれ自身が引き受けなくてはならない。天蓋が失われ、四方を暗闇に囲まれた野ざらしの劇場であろうとも、変わらずキャシアスはブルータスに告げるだろう、もし悲惨な運命がこの先われわれを見舞うというなら「［Ⅳ］」。

歴史が与えてくれるかぎりの道具と衣装と科白《せりふ》を身にまとい、スポットライトに照らされた舞台で目を凝らし語り続けよう。い労して抑えてきた欲望を肯定してくれれば気が楽になる。あるいは日常の思わぬところに潜んでいる危険を白日の下に晒《さら》して、真摯な告発であっと驚かせてくれるかもしれない。だがグーグルやフェイスブックの開発者たちが、SNSがいかに利用者の情報を収集しそれと引き換えに莫大《ばくだい》な利益を得ているかを語る様子は、われわれを啓発すると同時に、『マトリックス』(注3)でトリニティとモーフィアスが世界の真実を語った時のようなスリルをも味わわせる。国際連盟と不戦条約に憤ったシュミット(注4)が政治の本質を友敵関係であると断じた『政治的なものの概念』(注5)は、いまだに多くの人間を魅了し続けている。

いわばそれは手品の種明かしのようなものなのだ。カーテンの内側を知る者は、手品師本人か、特権を与えられたごく一部の人間か、その裏を見破る第一級の知性の持ち主だけである。真実があっという間に広まれば、特権が剥奪されるのを眺めて喝采が送れる。bカタクなに信じない人びとがいれば、真実を知った自分は特権を持つ側に入れる。

だが弱さとは怠惰である、弱者救済など幻想にすぎない、普遍的人権はただのクリシェ(注6)だ、世界は要するに弱肉強食なのだ——という「暴露」はあまりに致命的な効果を持つ。おそらくその思い切った物言いに小気味よさを覚えて拍手した観客も、③ほとんどがいずれ飲み込まれてしまうほどの怪物がそこにいる。手品師の舞台に乗り込んでカーテンをめくりあげたシュミットでさえ、「政治的なもの」の本質は平時には隠されているといったのだ。デモクラシーの世紀においてなお人間の関係を友と敵、さらには捕食者と獲物として捉え、平等な同胞として扱う努力を放棄するのであれば、デモクラシーはデモクラシーであることをやめるだろう。

そして政治は多数のオピニオンに耳を傾けなくなる。権力は自らが必要としない弱者を躊躇《ちゅうちょ》なく切り捨てる。聖なる天蓋が消失したように舞台裏を隠すカーテンは切り裂かれ、劇中に登場すれば必ず発砲される銃(注7)が露出する。④テクノロジーの進歩によってわれわれの死生観が、そしてそれによって「人間」の条件そのものが大きく書きかえられようとしている時に、このカーテンを破ってしまったら、もう銃弾からわれわれを守ってくれるものは何もない。

時にデモクラシーは機能不全に陥ろうとしている。デモクラシーが決して完璧な制度ではなく、②参加する者たちが相当努力してはじめて機能するものであることが——意図的にせよそうでないにせよ——忘れ去られようとしている。メンテナンスを怠れば、部品の多い複雑な機械ほど壊れやすい。しかしデモクラシーは多少不具合が生じたからといって簡単に捨てられるものではない。政治制度はスマートフォンのように次々新作が出るわけではない。

　政治とは、可能なかぎり説得的な理論を示し、それによって多くの他者のオピニオンを獲得した者が権力を保持するプロセスである。その構図自体は中世から変わっていない。そしてデモクラシーは、かつて存在したあらゆる政治形態のなかで最も多くのオピニオンを獲得し、政治に反映させることのできる制度である。デモクラシー国家における少数派も政権を批判する勢力も、かつての国王への反逆者とは根本的に異なっている。彼らもまた主権者であり、国家権力は彼らにも等しく奉仕する存在なのである。

　こうした［　Ⅰ　］の基礎には人権の概念がある。(注1)聖なる天蓋が薄れゆくなか、人類は天から降ってきた人権概念を努力して地上に根づかせ、自分たちに平等に普遍的に備わる権利として定着させてきた。すべての人間を人間であるというだけで尊重することを選択し、それを［　Ⅱ　］によって支えてきたのだ。デモクラシーの危機は、このオピニオンの揺らぎを反映している。豊かになる世界から置き去りにされる「ボトム・ビリオン」、(注2)「資源の呪い」ゆえに政府からオピニオンを無視される国民、最も民主的といわれる国家のなかでさえ公然と差別を受けるさまざまなマイノリティ——こうした人びとが声を上げることもできず、上げたとしても無視され、場合によっては激しい攻撃の的にされ続ける状況を放置することで、デモクラシーとそれを支えるオピニオンは少しずつ病に蝕《むしば》まれていく。病とはつまり、結局この世は強く恵まれた者だけが得をするのであり無力ならば踏みにじられるのは仕方がない、平等も公正も人権も偽善者の並べ立てる綺麗《きれい》事にすぎないのだ——と強者の前に首を垂れ、弱者の頭に足を乗せる態度である。

　本音や[a]ムき出しの現実の暴露というものは、いつでももてはやされる。建前や善意に寄りかからない論理は強靭《きょうじん》に見えるし、苦

# 国語

（六〇分）

（一）　次の文章を読んで、後の問に答えよ。

デモクラシーは、対話と討議を前提とする。参加する人間のオピニオンが多様であること自体は、議論を豊かにするとしてプラスに考えられてきた。だがそれは、自らの限界を意識しながら他者の言葉を尊重し、傾聴し、多数派は討議の結果しりぞけられた少数派にも配慮しながら最終決定を下す、という最低限のルールが共有されていてこそだ。議員たちが国民全体のために尽くしているという自覚を持たず、異なる意見を殲滅《せんめつ》するつもりでディスカッションするとしたら、時代はロベスピエールの恐怖政治に逆戻りである。イギリスの議会が向かい合う与党席と野党席のあいだに「剣の届かない距離」を取っているというのは有名な話だが、なにせあれは数行とはいえ一二一五年のマグナカルタが現役で効力を持ち、一六四二年にチャールズ一世が議会に兵士を連れて踏み込んだせいで、いまだに国王が下院に立ち入れない国である。歴史が力を持つのは、人間が同じ過ちを繰り返している時ではなく、①繰り返さないよう過去を記憶している時なのだ。

現在、デモクラシーは深刻な危機に瀕しているといわれる。インターネットは人びとを繋《つな》げもするが、敵対心を煽《あお》り立て分断を深めることもある。さらには情報をコントロールすることでオピニオン自体の操作さえも可能にしてしまった。有史以来これほどデモクラシーが地球規模に拡大されたことはなく、イデオロギーとしては一人勝ちともいえるような状況にあるのに、まさにその

# 解答編

## 英語

**I** **解答** 1．(A)—①　(B)—④　(C)—①　(D)—③　(E)—④　(F)—①
(G)—③　(H)—④　(I)—④　(J)—②

(ア)(1) that　(2) organize　(3) according　(4) to　(5) meanings

2．(K)—③　(L)—④　(M)—①　(N)—①　(O)—②

◆全　訳◆

≪言語と思考の関係について≫

サピア・ウォーフ仮説

サピア・ウォーフ仮説（研究者のエドワード=サピアとその学生ベンジャミン=ウォーフの名に由来する）と呼ばれる理論があるが，同理論は，日常的に用いる言語の構造が考え方や振る舞い方に影響を及ぼすと主張するものである。ウォーフは，今では有名な話になっているが，ある逸話を詳しく語ったと言われている。彼は保険会社で働いており，火災のリスク評価をしていた。彼は，人が状況にいかなる対応をするかは言語に関係することが多いということに気づいた。例えば，中身の入っていないガソリンのドラム缶に「空き缶」の表示が見えると，通りがかった人は，残っているガソリンの蒸気によって爆発する可能性があることを考えずに，タバコの吸い殻をドラム缶に投げ入れたくなるのであった。この場合，‘EMPTY’という英語表記が，危険性のない場所であるという含みを持っていたのである。ウォーフの下した結論は，使う言語が違うと行動も違ってくるのは，言語が認識および経験の分類方法を形成するからである，ということであった。

それゆえ，例えばウォーフによると，英語話者は時間を直線的かつ客観的な一連の出来事ととらえる。時間は，過去・現在・未来時制（例えば「彼は走った」や「彼は走るだろう」），あるいは，日数をかぞえるために用いられる数量（例えば 10 日）という仕組みの中で表現されるのである。

ところがホーピ族（アリゾナ北東地域の原住民）の時間概念は，経験を伝達する場合には，違ったものになる（例えば，‘wari’ は「彼は走った」という事実の叙述であり，‘warikni’ は「彼は走った」という事実を回想する叙述である)。同様に，「彼らは 10 日間滞在した」が，ホーピ族の言語では「彼らは 11 日目まで滞在した」ないしは「彼らは 10 日目の後に出て行った」となる。

ウォーフの主張するところでは，英語という言語によってその話者は客観的な時間のニュートン的見方へとまとめられるが，現実を「その後」と「その前」に切り分けるこの時間観は，区分がはっきりしていて分類がつけやすいため，記録，時間の節約，タイムカードを押すのにはうってつけであるが，周期的な総体としての時間を表現することはできない。対照的に，ホーピ族の言語では時間を計量可能なものとは考えずに，2 つの事象のいずれがより遅く生起したかという関係ととらえる。「(ホーピ族の言語には)『遅れる』以外に時間を示唆する表現はない」とウォーフは書いている。したがって，ウォーフの言うように，言語間に大きな差異があるのであれば，イギリス人とホーピ族の物理学者がお互いの考えを理解しあうのはかなり難しいであろう。ある言語から別の言語へ翻訳することはできるが，どんな言語でも，それが持つ構造に関して何らかの翻訳不可能な意味が常に存在するのである。

1940 年に初めてウォーフがまとめたサピア・ウォーフ仮説は，科学的発見の普遍性を，間接的にその表現に用いられた言語に従属させてしまったがために，批判を受けてきた。当時の科学界は，言語が思考を形成するのであり，その逆ではない，という考えを拒絶した。私たちが言語によってとらわれの身となっているという考えは受け入れがたかったようである。そして，確かに，ホーピ族の人々が現代科学の思考を理解できないのは，使う言語のせいだ，と遠回しにでも言うのは，合理的ではない。結局のところ，異なる言語の間での翻訳は常に可能なのであり，仮にそうでなかったとしたら，ウォーフはホーピ族の人々がどのように思考するかを明らかにすることは決してできなかったであろう。言語の構造と文化的世界観は関係がない，と主張されていたのである。

50 年たって，社会科学の研究者は言語的相対論に関心を持っている。しかし，言語の違いが文化の差異をもたらすことを今なお認めない研究者もいる。そのような研究者は，文化間の誤解が生じるのは，話す言語が異なる人々は，言葉の背後にある意味や価値観について同じような理解をすることができないからだ，と思っている。つまり，異なる言語間での理解を左右するのは，言語の構造ではなく，特定の文化において人がいかなる経験をするかという，もっと広義の状況だ，ということである。

言語が私たちの思考を支配すると主張するウォーフの強い仮説の方は，真に受けるわけにはいかないものの，弱い仮説の方は，同じものであると思われる語について，文化間で意味が異なることがある，という発見を根拠として，今日広く受け入れられている。ある言語が経験を表現する方法のおかげで，意味によってはより理解しやすくなることもあるかもしれない。

例えば，ナバホ族の子供が話す言語では，棒のような「固形物を手に取る」場合と縄のように「柔らかいものを手に取る」場合では用いる動詞が異なる。青い縄と黄色の縄と青い棒が示され，青い縄と最もよくつり合うものを選ぶよう求められると，ほとんどのナバホ族の子供は黄色の縄を選んだ。つまり，その子供たちは形態に基づいて物体を結びつけていたのである。英語を話す子供たちは必ずと言っていいほど青い棒を選んでいるので，色に基づいて物体を関連づけていたことになる。もちろん両グループの子供たちは形も色も認識できたのだが，ナバホ語では形の方が重要であり，英語では色が重要なのである。

この実験は，弱い方のサピア・ウォーフ仮説を裏付けると見られている。それは言語使用者が彼らの言語の中で最も明確である意味に従って経験を整理することを示している。しかしながら，このことは言語使用という経験との関係において理解できるにすぎない。英語を学んでいるナバホ族の子供は，いずれ英語話者と同じ方法で経験を整理し始めることになるかもしれない。ここから考えられることは，特定の言語の使用者にとってなじみ深いものになっている意味も，新たな言語の学習といった経験に応じて変化する可能性がある，ということである。したがって，私たちは自分の言語にとらわれている身なのではなく，別の言語を使う人と意思疎通することによって，言語の持つ意味を豊かにすることができるのである。

## ◀解　説▶

1．(A)①が正解。①「例えば」　②「したがって」　③「そのうえ，さらに」 ④「しかしながら」 空欄の前後がいかなる論理関係になっているかを押さえたい。空欄直前の文は，ウォーフが人間の行動は言語と関係があるという法則性に気づいたことを紹介しており，空欄直後では，ガソリンのドラム缶に 'EMPTY' の表記があるとタバコの吸い殻が投げ入れられやすくなるという具体例が述べられている。

(B)④が正解。①「一見すると」 ②「残念なことに」 ③「意外なことに」 ④「同様に」 本問も前後の論理関係を考える問題である。空欄の前後は，いずれも具体例を挙げながらホーピ族の時間概念を説明する記述になっている。

(C)①が正解。①「～を縛りつける，～を拘束する」 ②「～させる」 ③「～を準備する」 ④「～を示す」 第2段第1・2文（So, for example, … example, ten days).）で，英語話者の時間と数の理解のしかたが述べられ，第3段空欄(C)のある文では同じ内容が繰り返されている。第2段の「時間を直線的かつ客観的な一連の出来事ととらえる」見方は，空欄(C)の後の to の後ろ「客観的な時間のニュートン的見方」と同じである。bind *A* to *B*「*A* を *B* に縛りつける，*A* を *B* に結びつける」だと，「英語話者を…時間のニュートン的見方に結びつける」となり，意味が通る。

(D)③が正解。be incapable of *doing*「～できない」は前置詞まで確実に定着させておくべき重要表現である。

(E)④が正解。①「わくわくするような」 ②「とても貴重な」 ③「合理的な，妥当な」 ④「受け入れられない」 セミコロンの前後が言い換えになっていることを踏まえて判断する。セミコロンの前では，当時の科学界は言語が思考を形成するという主張を拒絶したことが述べられているので，セミコロンの後の内容も the idea that we are prisoners of our language「私たちは言語によるとらわれの身であるという考え」を否定するものでなければならない。

(F)①が正解。①「関係がある」 ②「相対的な，比較上の」 ③「親族」 ④「関係」 いずれの選択肢も似たような意味になっているが，このような設問では語法や品詞などの形式面に留意して解答する必要がある。まず名詞である③と④は除外する（例えば，"He is kind." は適文だが，"He is kindness." は正しくないように，③と④は主語 Language structure and cultural world view の補語にできない）。さらに，空欄を含む文は，言語の構造と文化の内包する世界観には因果的な関係性がないとする内容であるから，ここでは①がよりふさわしいと言える。

(G)③が正解。空欄を含む文は，冒頭がIn other words「言い換えると，つまり」となっていることから，前文の内容を言い換えているとわかる。前文では異文化間の誤解が生じるのは言語的要因のためではないと説明されているので，not *A* but *B*「*A* ではなく *B*」の構文を作り，*A* において the language structure「言語の構造」を否定する論理展開にすればよい。

(H)④が正解。①「何気なく」 ②「軽く」 ③「公式に」 ④「深刻に」 空欄直後のbut以下ではウォーフの弱い仮説が広く受け入れられていると述べられていることを踏まえると，前半部はウォーフの強い仮説が支持を得られないという内容でなければならない。cannot be taken seriously「真に受けることはできない」

(I)④が正解。空欄直前がWhen presentedとなっていることから，ここではpresent *A*（人）with *B*（物）「*A*（人）に *B*（物）を与える」が受動の形である *A*（人）be presented with *B*（物）となり，*A* とbe動詞が省略されていると判断できる。なお，presentの語法としては前置詞toを用いることもあるが，その場合はpresent *B*（物）to *A*（人）で「*A*（人）に *B*（物）を与える」となるので，人が主語である本問では人が物に与えられるという不自然な文意になってしまう。

(J)②が正解。①「創作者」 ②「囚人」 ③「科学者」 ④「利用者」 空欄を含む英文はnot *A* but *B*「*A* ではなく *B*」の構造になっており，*B* に該当する部分が，他言語使用者との意思疎通によって自分の言語の持つ意味は豊かになるという肯定的な内容であるから，*A* にあたる空欄部には選択肢でただ一つ否定的な意味である②が入ることになる。

(ア)(1) that，(2) organize，(3) according，(4) to，(5) meaningsが正解。まずは和文と与えられた英文の条件から，全体はIt shows that …「それは…ということを示している」という構造になり，…の部分で完全文を作るという方針を立てたい。そうするとthat節内の主語language usersに対して指定語のorganizeを動詞として用いることができる。さらに和文の「意味に従って」を指定語のaccordingを使ってaccording to the meaningsとすれば設問の要件をすべて満たすことができる。なお，according to ～は「～によれば」だけではなく「～に従って，～に応じて」の意味も押さえておきたい。

2．(K)「サピア・ウォーフ仮説とは何か？」

①「言語は効果的に主張することを目的として構成されるべきである」

②「人は自分が話す通りに行動していると思っているが，そうではない」

③「言語の構成が人々の思考と行動様式に影響を及ぼす」

④「体験を語り直すのは人に影響を与える効果的な方法である」

③が正解。第1段第1文（There is a theory …）の1つ目のwhich以降において，サピア・ウォーフ仮説では，人の考え方や行動はその人が通常使用している言語の影響を受ける，との前提に立つことが紹介されている。

(L)「第2段において何を説明するためにホーピ族が用いられているか？」

①「1つの言語においてあることを表現する方法が複数存在する」

②「あらゆる言語が過去・現在・未来を区別するために時制を用いる」

③「ホーピ族の言語には英語との意外な類似点もある」

④「言語が違えば時間の表し方も異なる可能性がある」

④が正解。第2段では英語話者とホーピ族の時間概念が対比されて論じられている。第1段最終文（Whorf concluded that …）のthat節内に一般化されているように，これは言語が異なれば時間に対する考え方も異なるということの具体例である。

(M)「『客観的な時間のニュートン的見方』とは何か？」

①「計量可能な長さを持つものとして時間を扱うこと」

②「時間は生起順序の遅さにおける2つの出来事の関係であるとする考え方」

③「時間を循環的総体とする有機的な考え方」

④「ニュートンの時間観に対する反論」

①が正解。第3段第1文（Whorf insisted that …）にニュートン的時間観は記録，時間の節約，タイムカードの打刻などに適していることが述べられているが，これは，時間をmeasurable「計測可能な」ものとみなすことであると，続く同段第2文（By contrast, the Hopi language …）でまとめられている。なお，②はホーピ族の時間観であるし，③の「循環的総体」としての時間概念もニュートン的時間観では不可能なとらえ方であり，④は下線部のobjectifiedを動詞のobject「反対する」と誤読して

いるので，いずれも正しくない。

(N)「サピア・ウォーフ仮説が科学界によって批判されたのは，＿＿＿からである」

①「彼らは言語が思考を形成するという考えが気に入らなかった」

②「彼らがホーピ文化の世界観を認めなかった」

③「科学的発見の普遍性を否定することは不合理であった」

④「ホーピ族の言語には科学を表す言葉がなかった」

①が正解。第4段第2文（The scientific community …）に，言語が思考を形成するというサピア・ウォーフ仮説の考えを時の科学界が拒絶した，と紹介されている。

(O)「ナバホ族の子供と英語を話す子供に関する研究は何を示しているか？」

①「両グループの子供は色と形を同じように正しく識別できた」

②「ナバホ語と英語では形態と色彩の相対的重要性が異なっている」

③「英語を話す子供たちなら通常は縄ではなく棒を選ぶであろう」

④「英語に比べるとナバホ語では青と黄色はより近い色だとされる」

②が正解。第7段最終文（Of course, both groups …）の but 以降には，ナバホ語では形が，英語では色が相対的に重視されるという，実験結果の分析がまとめられている。

## Ⅱ　解答

1．(A)—①　(B)—②　(C)—③　(D)—②　(E)—②

2．(F)—①　(G)—③　(H)—③　(I)—②　(J)—③

◆全　訳◆

≪消費社会の中で消えゆく修繕の技術≫

修繕は想い

服は私たち全員に関わる。私たちのすべてが服装に関心を持っているわけではないかもしれないが，私たちは服を着ないわけにはいかないのだから，クローゼットをのぞき込んで何を着ようかと思案するたびに，好ましいかもしくは悪影響を与える選択をしているということになるであろう。

世界のファッション産業は年間でゆうに1000億点以上の衣料品（そこには靴やカバンおよび装飾品は含まれていない）を生産しており，それらは，非効率的で持続可能とは言えないサプライチェーンの中で，どうも際限がないらしい「消費需要」を満たすために，たいていは低賃金で雇われた労働力によって作られるのである。

着ないまま，愛用もしないままになっている物がいかに多いかを考えると，自分の買う服について知識が少ないほど，私たちは服への思い入れをますます持たなくなり，安易に処分しやすくなるのだ。そのように廃棄された服は，私たちがかつては強く欲しいと思ったのに愛着を形成することがなかったものである。

ファッション業界のサプライチェーンははるか，はるか遠い所にあるのではなく，何かを買おうと決めた瞬間に，私たちは皆その一部となる。私たちの責任は，自分の買う物が倫理的かつ持続可能に生産されているかのみならず，倫理的かつ持続可能に廃棄されているかまで確かめねばならないのであって，それはできるだけ長く服を使い続けるということである。基本的に，私たちは，近いうちにどこかでそれがすべて消えてなくなることを望みつつ買っては捨てるということを続けられないのだ。

大量生産，大量消費，そして，すぐに廃棄することが地球と文化を傷つけているという事実は，疑う人などほぼいないことである。だが，日常生活で取り組むとなると，変わることは非常に難しい。私たちは，物に押しつぶされそうになっている。必要ない物や，本当は欲しいとすら思っていない物などで。私たちが買う物の多くは長持ちするのだから，買う前によく考えるべきである。服を作るのに使われる素材は，本来の機能を終えたら，腐敗したり，生分解されたり，別のものに変わったりするようにはなっていなかった。私たち自身を含めて，自然界の他のものはすべてそうなるというのに，である。

近代化学の父とされるアントワーヌ=ラボアジェは，自然においては，何も創り出されず，何も破壊されず，すべては変形するのだと言った。服は私たちが捨てた後も，長きにわたって存続する。「消え去る」ことはないからである。実際のところ，リサイクルされるわずかな割合の繊維（エレン・マッカーサー財団によれば1パーセント）を除いて，あなたがこれまで所有したことのあるものはすべて，まだここに残っているのである。あなたの服が他の人の生活を豊かにしているかもしれない（ある人のゴミが別の人の宝物になることがあるというのは確かであるから）し，埋め立て地を汚染しているかもしれないのだ。

メンテナンスという言葉はもう衣服を連想させることはなくなってしまっているが，問題解決の手段の一部になるかもしれない。高価なものを修理するのは，安っぽいミニスカートのすそを直すより価値があるように見えるが，いまここで大切なのはその考え方である。私たちは，値札ではなく，人生における意義によって服の価値を評価するべきである。それを好きだからという理由で，所有すべきである。そして，好きだから，ずっと持っていて死ぬまで着たいと思うはずだ。

使い捨て消費主義に抗うには，持ち続けることしか道はない。私たちの周りにあるものすべてが捨てよと言っているのだから，私たちは困難に挑み，持ち続けなければならない。新しく買い直すより修理する方が高くつくとしても，私は持ち続けることを選ぶ。

粗末に製造された物の話はよく知られている。それは1920年代のアメリカにおいてゼネラルモータースをもって始まった。車を買う台数や頻度を高めるために，そして生産と仕事を増やすために，車はすぐに故障するように設計された。この方式は「計画的陳腐化」と呼ばれ，いまや私たちの買う物のほとんどに広まっている。物は長持ちするようにできてはいないのだ。一度壊れたら取り替えなければならない。不具合の多いiPhoneや水漏れのする洗濯機を持っている人ならわかるように，壊れた物を修理するためにそこら辺の人にちょっと来てもらうというわけにはいかない。資格のある技術者にしかできないのである。

このビジネスモデルは，いま私たちが安物を大量生産しては過剰消費する直接の原因となっており，地元に雇用を与えない。修理は，もはや立派で採算の合う仕事とは目されていない。修理する技術は，その価値が下がるにつれて失われつつもあり，学校でそういう技術を教えることはもうなくなっているのである。

かつて私たちの文化の大事な一部であった技術や能力がなくなることは，憂慮すべき文化の喪失であるだけでなく，さらなる影響をもたらすことにもなる。外科医になるのに必要な手作業の技術，例えば，精密さ，しっかりとした手つき，縫合技術，正確に切ることなどであるが，その多くは服の製作や修繕に要する技術に似ている。私たちがスマートフォンで配信をスクロールすること以外にあまり手を使えないような将来の世代を育て続けるならば，これらの技術は失われてしまうであろう。

◀解　説▶

1．(A)①が正解。①「一見すると～らしい」　②「感情的に，感情面から言えば」　③「肯定的に，確かに」　④「持続可能に，環境にやさしく」　選択肢はいずれも副詞であり，形式的には直後の endless を修飾することになるが，ここでは endless ‘consumer demand’「際限のない『消費需要』」を筆者がどう評価しているかという内容を考えなければならない。使われないまま廃棄される衣類が多いという直後の第3段第1文（Judging by how …）の記述につなげるためには，筆者が消費需要には終わりがないように見えると判断している，ということになる。

(B)②が正解。①「少しの」　②「ほとんどない」　③「より少ない」　④「たくさんの」　ここで問われているのは，空欄を含む文の主部 The fact that … の内容（大量生産・大量消費・急速廃棄が地球や文化にとって大きな問題であること）を疑う人は多いのか少ないのか，ということである。直後の第5段第2文（And yet, it …）において，日常生活を変えるのは難しいということが逆接の形で述べられていることを踏まえれば，行き過ぎた消費社会の問題点を否定する人は「ほとんどいない」（が，現在の生活を変えるのは難しい）という展開にするのが正しい。

(C)③が正解。①「価値がない」　②「価値が低い」　③「価値がある」　④「価値，～に値する」　まず，「価値あるものを修理すること」は「安っぽいミニスカートのすそを直すこと」より価値があるように見える，ということなので，ここは肯定的な意味の③か④に限定できる。次に形式面で判断して正答を決定することになるが，主部 Repairing an object of value の補語として適格なのは形容詞の③ worthwhile である。④の worth は名詞と前置詞の用法があり，be worth＋(動) 名詞「～に値する，～の価値がある」という形で使われる。

(D)②が正解。rise to ～で「～に対して立ち上がる，～に対処する」という意味になるので，rise to the challenge「課題に対処する」とすれば自然な文意になる。

(E)②が正解。①「状況，環境」　②「結果，影響」　③「要因」　④「変化」　空欄を含む文のセミコロン以前は，修理する技術の喪失は一つの技術文化が失われるだけにとどまらないという趣旨になっていることを正しく押さえたい。これは，もちろん，技術文化の消失以外にも「影響」があるということにほかならない。

2．(F)「筆者は『服は私たち全員に関わる』という言葉によって何を言おうとしているのか？」

①「私たちは皆服を着る必要がある」

②「私たちは皆自分の服装がどのように見えるか気にかけている」

③「私たちは皆自分の服に強い愛着を持っている」

④「私たちは体のあらゆる部分に衣服をまとうことができる」

①が正解。第1段第2文（We may not …）で「ファッションに興味のない人であっても服を着ないわけにはいかない」とあり，but 以下 we can't avoid getting dressed が下線部 Clothes touch us all. の言い換えになっている。

(G)「『大事にしていない』とは，ここではどういう意味か？」

①「一度も着ていなかった」

②「まったく欲しいと思わなかった」

③「まったく愛着を感じていなかった」

④「一度も捨てなかった」

③が正解。本問では下線部の表現がダッシュ以前の内容を受けていることを踏まえて解答したい。すなわち，自分の買う衣服に思い入れが少ないほど安易に捨ててしまうことになるのだから，下線部は，使用頻度などの実用面ではなく，愛着や思い入れといった情緒面が主題になっていると解することができる。

(H)「アントワーヌ=ラボアジェについて言及されているのはなぜか？」

①「近代化学を創始したと考えられているから」

②「近代的な衣服に用いられる繊維の多くを開発したから」

③「物は作られて壊されるのではなく，その形を変えるのだと言ったから」

④「彼の考えが繊維のリサイクルを促進することに貢献しているから」

③が正解。第6段第1文（Antoine Delavoisier, considered …）で，自然では新たに創り出されるものも壊れてなくなるものもなく，万物は形を変えるだけである，というラボアジェの言葉を紹介して，衣類も廃棄したつもりでも，リサイクルされるものはごくわずかで存在し続ける，という内容につなげている。

(I)「『スマートフォンで配信をスクロールすること』と言っているとき，筆者は将来世代について何を言おうとしているのか？」
①「彼らは店舗に行くよりはオンラインで買い物するのを好むようになるかもしれない」
②「彼らは自らの手を使って物を作ったり修理したりすることができなくなるかもしれない」
③「彼らはスマートフォンを使ってあらゆることをするようになるかもしれない」
④「彼らはソーシャルメディアに時間を使いすぎるようになるかもしれない」

②が正解。下線部が含まれる文では，携帯画面をスクロールする以外に手を使うことができない将来世代を育てるなら，手先を使うという非常に大切な技術が消失することになる，と主張されている。それゆえ，ここで筆者が問題にしているのは，②以外のようにスマートフォンを使うことそのものではなく，それによって手先を使う技術を育む機会が失われてしまうということにほかならない。

(J)「筆者が賛同しそうなものはどれか？」
①「衣服は修繕するよりリサイクルする方がよい」
②「修理するということは価値があると広く考えられている」
③「手作業の技術はもっと学校で指導した方がよい」
④「衣服の大量生産は地域の就業機会を提供している」

③が正解。第 10 段最終文（As the skill …）において筆者は，修繕技術が軽視され，学校でも指導されなくなりつつあると述べている。そして続く最終段第 1 文（The loss of skills …）では，そのような技術に対して an important part of our culture「私たちの文化の重要な部分」であるという価値判断を付与している。以上を踏まえると筆者は，手作業の技術を学校教育に積極的に取り入れるべきであるという考えに賛同すると推定できる。④については，第 10 段第 1 文（This business model, …）後半に反する。deny *A* *B*（deny *B* to *A*）で，「*A* に *B* を与えない」という意味。

# III 解答

(A)—④　(B)—②　(C)—③　(D)—②　(E)—①　(F)—③
(G)—②　(H)—④　(I)—③　(J)—③　(K)—①　(L)—①
(M)—②　(N)—①　(O)—④

## ◀解　説▶

(A)「その企業は，計画している合併について役員会から承認を得る予定である」

④が正解。企業が役員会に合併計画の承認を求めている状況と考えられるので，seek「～を求める，～を得ようとする」が最も空欄にふさわしい。なお，③の look は原則として自動詞なので，ここでは look for とすべきである。

(B)「私は，このことに関して私たちが皆同じ考えであることを確認したいだけなのです」

②が正解。on the same page で「(意見が) 一致して，目指すものが同じで」という意味の慣用句である。

(C)「感染爆発の間に政府の支援がなければ，私たちのレストランは倒産してしまうだろう」

③が正解。空欄以降の形から，were it not for ～（=if it were not for ～)「～がなければ」を想起する。なお，④は been があれば had it not been for ～（=if it had not been for ～)「～がなかったとすれば」という仮定法過去完了の条件節ができる。

(D)「研究開発への投資を増やしたことが実際に成果を見せ始めている」

②が正解。イディオム pay off を自動詞的に用いると「報われる，(計画などが) うまくいく」という意味である。

(E)「彼らがいつ見積りについて報告できるかは，はっきりしない」

①が正解である。certain と sure は共通する用法も多いが，It is certain that〔wh 節〕のように形式主語を立てる場合，通例 sure は用いられない。

(F)「彼女の新しい仕事がうまくいくことを願っています」

③が正解。wish *A* well で「*A* の幸運を祈る」という成句である。この well は「よいこと」という意味の名詞。

(G)「私たちがこの四半期に出したのに匹敵するほどの損失を出してから，少なくとも15年になる」

②が正解。It has been〔is〕～ since …「…してから～になる」は重要構

文であるが，～の部分には時間に相当する表現が入り，…は過去時制になることまで確実に押さえておきたい。

(H)「そのサイクリストたちは，宗谷岬に到達するまでに2700km以上を走ることになるだろう」

④が正解。By the time 節内の時制から英文はサイクリストたちが宗谷岬に到達する未来のことを述べているとわかるので，未来のことを示せない①と②は排除する。したがって，③か④が正答となるが，宗谷岬到着時点で2700km以上の距離を走行している「最中」なのか，走行を「完了」しているのか，となれば，後者の方がより自然な内容であるから，未来完了時制の④が正しい。

(I)「あなたにはもう猶予がないので，すぐに書類を提出しなければいけないのではないかと思います」

③が正解。that 節の前半でもう遅らせることはできないと述べられていることから，「ただちに」提出すべきだという内容にするのが最も自然であり，その他の選択肢ではいずれも文意が不明瞭である。

(J)「夏休みは毎日家族の手伝いをした。とても忙しい時間だった」

③が正解。直後が summer vacation となっているので前置詞 during「～の間」が空欄に最も適する。なお，意味は似ているものの，while は接続詞なので本問では不適格である。

(K)「彼女が卒業する前に，就職課職員は，彼女が自分の持っている資格に最適な仕事を見つけられるよう支援した」

①が正解。career advisor「就職課職員，キャリアアドバイザー」が学生を支援するのは，occupation「職業」を見つけることと考えるのが最も合理的である。その他の選択肢，②「制限」，③「生産」，④「ひらめき」ではいずれも文意が不自然である。

(L)「経営者は，次回のミーティングで新入社員に助言するようスミス氏に依頼した」

①が正解。request，recommend などの要求・命令・提案を表す動詞に後続する that 節内では〔should〕*do* を用いる。本問は should を用いずに原形の advise を入れる形になっている。requested につられて③のような過去時制を選ばないように注意したい。

(M)A：「グリスト社のニュース聞いた？」

B：「いや。長いこと損失を出し続けているのは知っていたけど，どうしたのかな？」

A：「終わりだね。破産宣告をしたんだ」

②が正解。グリスト社の経営状態が悪いという発話状況であるから，同社が declared bankruptcy「破産宣告をした」とするのが正しい。なお，state にも「述べる」という意味があるので④と迷うが，役所や裁判所に申告する場合には declare を用いる。

(N)「私のクラスでは，ほとんどの生徒が毎日自分で弁当を用意します」

①が正解。「ほとんどの〜」の表現は頻出なので確実に定着させておきたい。②のように of がある場合は Most of the〔my〕students のように of 以下が限定された名詞でなければならないし，almost は副詞なので名詞を修飾することができず，③と④は不適格である。Almost all (of) the students という形になる。

(O)A：「すみませんが，グリーンさんはいらっしゃいますか？　折り返しの電話なのですが」

B：「はい，おります。どちら様でしょうか？」

④が正解。発話状況は電話でのやり取りであるが，return a call「折り返し電話する」という表現を用いるのが最も自然な応答となる。①の answer は「電話に出る」ことなので電話をかけている本人が言うのは不自然であるし，②の give back は，（借りた）物を（持ち主に）返すような場合に用いる。

## Ⅳ　解答　(A)—①　(B)—⑧　(C)—⑤　(D)—⑥　(E)—③

◀解　説▶

≪オンライン授業のクラスメイトが初めて対面した際に交わした会話≫

ジンとハナは上級英語コースの学生である。彼らは昨年オンラインクラスで一緒だった。場面はキャンパスで初めて対面しようとしているところである。ハナはジンが歩いているのを見る。

ハナ：ジンだよね？　ハナよ。会えてうれしい！

ジン：わあ，ハナだ！　直接会えるなんて本当にうれしいよ。

ハナ：本当にね！　やっとあなたが日本に来ることができて感激なの！

ジン：そうだね，去年は奇妙な年だったな。日本の大学に通っているのに韓国の実家に家族と住んでいて，何しろ，ほぼ毎日韓国の友達と遊んでいたからね。

ハナ：そうね，きっと変な感じだったでしょうね。

ジン：この方がよっぽど大学らしいよ！

ハナ：それで，授業の準備はできているの？

ジン：できていると思うよ。でも，することが少したまっている感じで，ここ数日はとても忙しいんだ。君の方はどうだい？

ハナ：私もあなたと似たようなものだと思うわ。ギリギリまでしない人だからね！　でも全部ちゃんとできたと思っているわ。ねえ，今からコーヒー飲む時間ある？　図書館の1階にカフェがあるから，あなたともっと話したいわ。

ジン：もちろんだよ。じゃあ，行こうか！

## ◀解　説▶

(A)①が正解。リード文にあるようにジンとハナはこの場面で初めて直接顔を合わせているので，「面と向かって」(face to face) 会えたことを喜ぶのが挨拶として最も適当である。

(B)⑧が正解。空欄には動詞が入るのは明らかであるが，make it to～「～に到達する」を用いてジンがようやく来日することができたという内容にすれば，去年は韓国にいたというジンの発言にも自然につながる。

(C)⑤が正解。空欄の前の発言内容から，昨年のジンは韓国の実家で生活しながら日本の大学のオンライン授業を受けていたことがわかる。また，空欄直前に過去の習慣を示す would があることをあわせて考えると，ジンが去年は韓国の友達とよく遊んでいたことを述懐していると推定できるので，ここは hang out「ぶらぶらする，付き合う」を正答とする。

(D)⑥が正解。直前の let things の形から空欄には動詞の原形が入ると見当がつき，さらに so 以降で授業の準備が忙しいと言っていることから，let things pile up「することがたまっている」とする。

(E)③が正解。授業の準備のためにしないといけないことが山積していて忙しい，というジンの発言を受けて，ハナは自分も同じような状況であると述べている。それゆえ，ここではハナが自身に対して，すぐに課題にとりかからず最後まで引き延ばす傾向があるということを冗談めかして発言していると考えることができる。

### ❖講　評

例年通り大問は4題。長文読解問題2題，文法・語彙問題1題，会話文問題1題という構成である。

長文読解問題は以下のことに留意してほしい。

①70分の試験時間を考慮すると，2題の長文読解問題には多くても50分強しか時間を割くことができない。速読とまではいかなくとも，それなりの読解速度や設問処理速度が必要になる。

②設問は，空所補充を中心に，内容説明，内容真偽が出題されている。それぞれの問題形式に慣れるために過去問で演習を重ねておこう。その際，解説を丁寧に読んで，正答を得るためにどこを参照し，どのような視点で解いていくかを自分のものにできるように心がけたい。

③テーマは社会科学系が多く，かなり専門的な内容の文章も出題される。日頃から社会問題に関心を持つようにしておくのが望ましい。文法や語彙などの表現形式だけでなく，それによって伝達される内容まで含めて言葉の勉強である。

文法・語彙問題では以下のことに留意しておくとよい。

①全部で15問あるが，15分はかけられず，7，8分が限界であろう。わからない問題があっても，そこにこだわらずに一応の答えを出して先に進むべきである。

②語彙問題が大半である。日本語に訳すと意味は似ているが英語としては使い分けるべき語，自動詞と他動詞の区別，慣用句などを一通り押さえておかねばならない。

会話文問題では以下のことに留意しておきたい。

①英文は比較的短く空欄も5つしかないので，それほど時間をとるわけにはいかない。解答時間の設定は10分弱というところである。

②設問の種類は，会話特有の表現や慣用句を問うものと，前後関係の流れを考えさせるものに大別される。会話文問題を演習することで，出題されやすい会話表現を身につけ，会話の流れを論理的に把握する思考力（会話文といえども試験問題である以上は合理的に答えを導く必要がある）を涵養したい。

2022 年度は，例年に比べて読解問題の英文が短くなったものの，試験時間に対して英文の量が多く，難度の高い設問も含まれている。単語，熟語，文法，読解の 4 要素をしっかり学習することは当然として，さらに設問を迅速に処理する訓練もしておかなければならない。

# 日本史

# I

**解答**　問1．A　問2．D　問3．B　問4．D　問5．C
問6．A　問7．D　問8．A　問9．C　問10．C
問11．D　問12．A　問13．A　問14．B　問15．B

## ◀解　説▶

≪蝦夷地の先住民族アイヌの歴史≫

問1．A．正文。松前藩とアイヌとの交易地は商場あるいは単に場所などと称された。松前藩が交易地を家臣に知行として与えることを商場知行制と呼ぶ。江戸後期になると，特定の商人が知行主から商場（場所）を請け負って交易にあたるようになった（場所請負制）。

B．誤文。「蝦夷錦」は中国東北部から樺太・蝦夷地を経て松前にもたらされた中国製の絹織物である。

C．誤文。箱館戦争では榎本武揚らが五稜郭に立て籠もり，新政府軍と戦った。

D．誤文。1869年，松前藩は版籍奉還後に館藩となり，1871年の廃藩置県で館県となって廃藩に至った。

問2．D．正文。下線部(イ)の年は，太政官布告で「北海道」という名称が周知された1869（明治2）年であり，版籍奉還が行われたのも1869年である。

A．誤文。田畑永代売買の禁を解いたのは1872年である。

B．誤文。岩倉具視らを米欧に派遣したのは1871年である。

C．誤文。民撰議院設立建白書が提出されたのは1874年である。

問3．B．正文。開拓使は北海道の開発を担当した政府機関である。

A．誤文。開拓使は政府機関であり，開拓者集団ではない。

C．誤文。1882年に開拓使が廃止されてから函館・札幌・根室の3県がおかれるので，札幌県知事の特命で開拓使を設置するはずがない。

D．誤文。開拓使官有物払下げ事件は，政府機関の開拓使が，官有物を企業に安価で払い下げようとしたことが問題化した事件である。

問4．D．正文。近藤重蔵は1798年に松前蝦夷地役人となり，最上徳内らとともに択捉島に渡り，「大日本恵登呂府」の標柱を建てた。

A．誤文。田沼意次は最上徳内らに北方探査を行わせたが，ロシアとの交易はしていない。

B．誤文。蝦夷地の幕府直轄化は実現し，松前藩と蝦夷地は松前奉行の支配のもとにおかれた。

C．誤文。択捉島ではなく，国後島に上陸したゴローニンが1811年から約2年にわたり抑留された。また，ロシア船打払令は，1806年と1807年にロシアの外交使節レザノフが日本の北方拠点を部下に襲撃させた事件を受けて公布されたので，ゴローニン事件より前の出来事である。

問5．C．正文。日露和親条約で両国雑居の地と定められた樺太を放棄することを開拓使次官の黒田清隆が建議し，榎本武揚が日本側全権となって，1875年に樺太・千島交換条約が締結された。これにより，樺太はロシア領，全千島列島が日本領となった。

A．誤文。日露和親条約では，得撫島と択捉島の間に国境を設けた。

B．誤文。日朝修好条規を結んだのは1876年であり，1875年の樺太・千島交換条約締結の契機にはなり得ない。

D．誤文。樺太の南半分ではなく，樺太すべてがロシア領となった。

問6．A．正解。福沢諭吉の『文明論之概略』が刊行されたのが1875（明治8）年だと知らなくても，明治初期の書物であることから判断したい。

B．誤り。中江兆民の『民約訳解』は1882（明治15）年に刊行され，自由民権運動に大きな影響を与えた。

C．誤り。夏目漱石の『吾輩は猫である』は1905（明治38）年から文芸誌『ホトトギス』で発表された。

D．誤り。小林多喜二の『蟹工船』は1929（昭和4）年に文芸誌『戦旗』で発表された。

問7．D．正文。1879年，明治政府は軍事的威圧のもとに琉球藩を廃し沖縄県とした。清は日本の沖縄領有を認めず，最終的に帰属問題が解決したのは日清戦争の勝利によってであった。

A．誤文。明治政府は1872年，琉球王国を琉球藩に改め，国王尚泰を藩王とした。

B．誤文。1874年，明治政府は台湾へ出兵したが，琉球藩は出兵していない。

C．誤文。琉球漂流民殺害事件によって琉球王国内で親日派と反日派の内乱が起きたという記録はない。

問 8．A．正解。小笠原諸島が日本に返還されたのは 1968 年であり，サンフランシスコ平和条約調印は 1951 年である。正確な西暦年を知らなくても，サンフランシスコ平和条約の際に，沖縄・奄美・小笠原の各諸島に対するアメリカの施政権継続を承認したことを知っていれば正解を選べる。

B．誤り。消費税課税の導入は 1989 年である。

C．誤り。PKO 協力法成立は 1992 年である。

D．誤り。ロッキード裁判では 1983 年に東京地方裁判所が有罪判決を下し，1995 年に最高裁判所で有罪判決が確定した。

問 9．C．誤文。屯田兵制度は 1904（明治 37）年に廃止されているので，第二次世界大戦中には存在しない。

問 10．C．正解。ケプロンは 1871 年に開拓使顧問として来日し，多数の外国人技師を率いてアメリカ式農業経営を指導した。

問 11．やや難。D．正文。北海道庁が設置された 1886 年から 15 年後の 1901 年，北海道会法が制定され，北海道議会が設置された。

A．誤文。衆議院議員選挙法は公布が 1889 年なので，北海道庁が設置された 1886 年に北海道で施行されているはずがない。北海道に衆議院議員選挙法が施行されたのは 1900 年である。

B．誤文。1882 年の開拓使廃止後におかれていた函館・札幌・根室の 3 県は，1886 年の北海道庁設置により統合された。

C．誤文。この時期の北海道はアイヌ固有の文化が尊重されず，和人への同化を余儀なくされていた。アイヌと和人との宥和がはかられるのではなく，多くのアイヌが差別と貧困に苦しめられていた。

問 12．A．正文。憲法草案の作成は伊藤博文・井上毅・伊東巳代治・金子堅太郎らが行った。国権を重視した法治国家をめざす考えの政府顧問ロエスレルが助言を行い，憲法草案の中心人物である井上毅は特に影響を受けた。

B．誤文。府県制は 1890 年に第 1 次山県有朋内閣によって公布された。

C．誤文。日英通商航海条約の調印に成功したのは第 2 次伊藤博文内閣である。

D．誤文。大隈重信を外相に迎え，金本位制を確立したのは第2次松方正義内閣である。

問13．A．正文。1899年に制定した北海道旧土人保護法により，政府はアイヌを農業に従事させようとした。しかし，農業に適した土地のほとんどに入植者がいたので，アイヌは限られた土地に集住させられ，貧困に苦しむことになった。

問14．B．正解。『中央公論』は総合雑誌として発展し，大正時代に吉野作造らを執筆者に迎え，大正デモクラシーの理論的指導誌になった。

問15．B．正解。1997年にアイヌ文化振興法が成立し，アイヌ民族の自立と人権擁護という目的が一部達成されたが，アイヌの権利回復は今日まで課題として残り続けている。

## Ⅱ　解答

問1．C　問2．A　問3．D　問4．C・D※
問5．D　問6．D　問7．C　問8．（設問省略）
問9．C　問10．D　問11．B　問12．B　問13．B　問14．C
問15．A

※問4については，CとDの2つを正解として扱ったことが大学から公表されている。

◀解　説▶

≪文学作品の記述からみる近代史≫

問1．C．誤り。『濹東綺譚』は永井荷風の作品である。

問2．A．正解。北原白秋は耽美派の代表的詩人であり，耽美派文学の中心発表機関である文芸雑誌『スバル』の創刊に参加している。詩集に『邪宗門』がある。

B．誤り。有島武郎は白樺派に分類される。

C．誤り。山本有三は新思潮派に分類される。

D．誤り。武者小路実篤は白樺派に分類される。

問3．D．正文。岡倉天心はフェノロサの影響を受けて日本美術への理解を深め，東京美術学校の開設に尽力した。また，東洋文化の優秀性に着目し，日本文化を海外に紹介している。

A．誤文。初めての女子師範学校は1874年創立の東京女子師範学校である。

B．誤文。昌平学校・医学校・開成学校が合併してできた大学校が現在の東京大学の前身となっている。

C．誤文。学制はフランスの学校制度に倣っている。

問４．C．誤文。文化住宅は 1922（大正 11）年に開催された平和記念東京博覧会の住宅展示場「文化村」に由来する和洋折衷住宅である。大正後期から昭和初期にかけて都市部の中流階級や地方の富裕層に受容された。「低所得層向け」が誤り。

D．誤文。1926（大正 15）年８月に東京・大阪・名古屋放送局の３法人が解散して社団法人日本放送協会が発足した。この年の 12 月に大正天皇が崩御し，昭和元年となるので，誤りとなる。

問５．D．正解。国家総動員法成立は 1938 年である。

A．誤り。盧溝橋事件は 1937 年である。

B．誤り。ドイツ軍ポーランド侵攻は 1939 年である。

C．誤り。関東大震災は 1923 年である。

問６．D．正文。加藤友三郎首相の病死後，組閣準備を進めていた第２次山本権兵衛内閣の組閣直前に関東大震災が発生した。

A．誤文。陸軍の軍服などを作っていた両国の被服廠跡で約４万人が焼死した。

B．誤文。甘粕正彦憲兵大尉によって虐殺されたのは大杉栄や伊藤野枝らである。

C．誤文。関東大震災が起こった時刻は午前 11 時 58 分で，昼食の支度をしている家庭が多かったことから火事が多発した。

問７．C．正文。八幡製鉄所は日清戦争後の軍備拡張政策により設立された。

A．誤文。八幡製鉄所はドイツの技術に依存していた。

B．誤文。高島炭鉱は後藤象二郎に払い下げられ，のち三菱に移った。

D．誤文。兵庫造船所は川崎正蔵に払い下げられた。

問９．C．正文。『鞍馬天狗』で知られる大佛次郎は，『大菩薩峠』の中里介山，時代小説家の吉川英治，探偵小説家の江戸川乱歩とともに，大正期以降の大衆文学を代表する作家である。

A．誤文。井伊直弼は勅許を得られないまま日米修好通商条約の調印を断行した。

B．誤文。輸出入額は横浜が最多であった。

D．誤文。マッカーサー元帥は第一生命ビルを拠点とした。

問 10．D．正解。アメリカ人建築家ライトが設計した帝国ホテルは，現在，一部が愛知県の明治村に移築保存されている。

問 11．B．正文。相沢事件は，皇道派の相沢三郎が統制派の永田鉄山を斬殺した事件である。

A．誤文。荒木貞夫は陸軍上層部の中で皇道派に近かった人物である。

C．誤文。1872 年，陸軍省が兵部省の陸軍部を継承し，海軍省が兵部省の海軍部を継承した。海軍省の方が早く独立してはいない。

D．誤文。米内光政内閣はドイツとの連携に消極的だった。

問 12．B．正文。1889 年，衆議院議員選挙法で衆議院議員の任期・定員・選挙などを定め，同時に貴族院令で貴族院の組織・権限を定めた。

A．誤文。貴族院議員には，皇族・華族のほかに，勅選議員と多額納税者議員もいた。

C．誤文。帝国議会は 1947 年，日本国憲法により衆参両院の国会に改組された。

D．誤文。第 1 回帝国議会の際の総理大臣は山県有朋である。

問 13．B．正文。1932 年に犬養毅首相が射殺された五・一五事件の結果，護憲三派内閣以来の政党内閣は終わりを告げた。

A．誤文。陸軍の将校が中心になって結成した桜会が三月事件・十月事件を起こした。

C．誤文。血盟団事件では三井合名会社理事長の団琢磨が暗殺された。

D．誤文。北一輝は国家改造運動を唱え，二・二六事件の実行犯に思想的影響を与えた。

問 14．C．正文。フランクリン=ローズヴェルト大統領は 1942 年に大統領令を発令し，日系移民・日系アメリカ人を強制収容所に連行した。

A．誤文。山本五十六は日独伊三国同盟に反対し，対米戦争にも作戦的見地から反対していた。

B．誤文。日本陸軍がイギリス領マレーに侵攻し，日本海軍はハワイの真珠湾でアメリカ軍の太平洋艦隊に打撃を与えた。

D．誤文。1944 年のレイテ沖海戦で神風特別攻撃隊による攻撃を始めた。

問 15．A．正文。土方与志が小山内薫らとともに設立した築地小劇場は国内外の戯曲を上演し，その後はプロレタリア演劇運動の拠点となった。

B．誤文。川上音二郎らの壮士芝居は民権思想普及のための演劇である。

C．誤文。松井須磨子が主演したイプセンの『人形の家』などの舞台は，新派劇ではなく新劇である。

D．誤文。二代目市川左団次とともに自由劇場を結成したのは，島村抱月ではなく小山内薫である。

## Ⅲ　解答

問1．B　問2．A　問3．A　問4．C　問5．B
問6．D　問7．C　問8．C　問9．C　問10．A
問11．C　問12．C　問13．B　問14．A　問15．C

◀解　説▶

≪戦後の経済復興≫

問1．B．正解。日本国憲法公布（1946年11月3日）は第1次吉田茂内閣の時期である。次の片山哲内閣が日本国憲法下で組閣を行った最初の内閣であることもおさえておきたい。

問2．A．正文。1945年6月8日の御前会議では，戦局の急迫で陸海交通と生産が影響を受け，食料の逼迫が深刻となった現状が報告された。

B．誤文。鉄道輸送力の低下が報告された。

C．誤文。船舶数が減少しても，燃料が不足したことなどにより運航に影響が出ていることが報告された。

D．誤文。石炭の供給は，生産と輸送の減少により著しく低下したことが報告された。

問3．A．正解。傾斜生産方式とは，産業復興を目的に石炭・鉄鋼・電力などの基幹産業に資金や資材を投入する経済政策である。有沢広巳が提唱し，第1次吉田茂内閣が決定した。

問4．難問。C．正文。復興金融金庫は政府の金融機関であるが，日本興業銀行本店に本所を置いた。

問5．B．正文。占領地行政救済資金をガリオア資金，占領地域経済復興援助資金をエロア資金という。

問6．D．正文。五大改革指令は，参政権付与による婦人の解放，労働組合の結成奨励，学校教育の自由主義化，秘密警察などの廃止，経済制度の民主化の5項目である。

A．誤文。1949年の下山事件・三鷹事件・松川事件により労働運動は大きな打撃を受けた。

B．誤文。1947 年に計画された二・一ゼネストはマッカーサーの命令で直前に中止された。

C．誤文。日本では 1920 年に第 1 回メーデーが行われ，1936 年以降は中絶し，1946 年 5 月 1 日に復活した。その後，1946 年 5 月 19 日には深刻化する食糧危機を背景に食糧メーデーが行われた。

問 7．C．誤文。鉱工業生産が戦前の水準に回復したのは，朝鮮戦争勃発にともなう特需により日本経済が好況をむかえた 1951 年である。

問 8．C．正文。1946 年，経済計画の策定と経済動向の調査などを行うために経済安定本部が設置され，1955 年に経済企画庁と改称した。1947 年以降毎年，経済白書を発行した。

A．誤文。1946 年の金融緊急措置令により，従来の預金を封鎖して，一定額の新円を引き出させた。

B．誤文。旧円の預金は封鎖されたが，すべて廃棄されたわけではない。

D．誤文。闇市を活用すれば物価が上がることが想定されるので，インフレ対策として不適当である。

問 9．C．正解。経済安定九原則は，均衡予算・徴税強化・融資制限・賃金安定・物価統制・外国為替管理・輸出振興・国産重要品の増産・食料集荷の改善の 9 項目である。

問 10．A．正解。「日本の経済は両足を地につけていず，竹馬にのっているようなものだ。竹馬の片足は米国の援助，他方は国内的な補助金の機構である」とドッジが述べたことで，この状況を「竹馬経済」と呼ぶようになった。

問 11．C．正解。ドッジ=ラインとは，ドッジが日本経済安定のために具体化した財政金融政策のことであり，インフレ克服のための赤字を許さない超均衡予算や単一為替レートの設定などを内容としていた。

問 12．難問。C．正文。1951 年初頭にマッカーサーによって重装備の要求が始められ，それが保安隊の編成に影響を与えた。

A．誤文。2000 年の南北共同宣言により，離散家族の再会を進めることになった。

B．誤文。1950 年，日本の再軍備を考えたマッカーサーは「日本国憲法は自衛権を否定するものではない」との声明を出した。

D．誤文。1946年に戦争協力者・職業軍人・国家主義者らの公職追放が行われたが，1950年にGHQの承認のもとで1万人以上の追放が解除となり，さらに翌年には約20万人の追放が解除となった。

問13．難問。B．正解。1951年，経済安定本部は経済白書「経済自立達成の諸問題」を発表した。

A．誤り。1956年に経済企画庁が発表した経済白書「日本経済の成長と近代化」の中で「もはや戦後ではない」と記されている。

C．誤り。「早すぎた拡大とその反省」は1957年に発表された経済白書である。

D．誤り。「先進国日本の試練と課題」は1980年に発表された経済白書である。

問14．A．正解。1972年の日中共同声明によって対日賠償請求権の放棄などが合意された。

問15．難問。C．正解。岩波書店が1946年に創刊した総合雑誌『世界』は知識人や学生に影響を与え，現在も刊行されている。

### ❖講　評

大問数は3題で例年と変わりなく，解答個数は2021年度から1個減少して45個だった。2021年度までは記述問題が数問出題されていたが，2022年度はすべて選択問題となり，全問マークシート法での解答となった。

難易度は全体的にやや難である。正文・誤文選択問題の割合が高く，その中にいくつか難問がみられる。正確な年代の知識を必要とする設問や，世界史の知識を必要とする設問などが出題されている。

Ⅰは「蝦夷地の先住民族アイヌの歴史」というテーマで，近世～現代の設問に答えることが求められた。問11では北海道庁に関連する知識が問われ，北海道議会が設置された時期を判断しなければならず，やや難問と言える。

Ⅱは谷崎潤一郎によって書かれた『細雪』の一部抜粋を読んで設問に答えることが求められた。問1・問2では文学史，問10では建築に関する詳細な知識が問われた。

Ⅲは戦後の経済復興に関する出題であった。問4・問12・問13・問

15 は教科書で学んだ内容だけでは判断できない選択肢があり，難問と言える。

　教科書に記載のないような難問がいくつか出題されているが，問題の多くは教科書の内容を基礎として出題されている。近現代史を中心に，教科書の範囲内で解ける問題を取りこぼさないように学習することを心がけたい。

# 世界史

## I　解答

設問 1．C　設問 2．B　設問 3．A　設問 4．C
設問 5．D　設問 6．D　設問 7．B　設問 8．A
設問 9．B　設問 10．C

### ◀解　説▶

≪古代オリエント史≫

設問 1．C．誤文。シュメール人がアッカド人を征服したのではなく，アッカド人がシュメール人を征服した。

B．正文。純粋な太陰暦は 1 年が 354 日で，これに閏月を加えて補正したものを太陰太陽暦と呼んでいる。

設問 2．Bが正しい。バビロン第 1 王朝を滅ぼしたのはヒッタイト人だが，バビロン第 1 王朝滅亡後の南メソポタミアのバビロニアを支配したのは，カッシート人である。

設問 3．A．誤文。ダマスクスはアラム人の拠点である。

設問 4．やや難。A．誤文。イェルサレムを首都に定めたのはソロモン王ではなく，その父のダヴィデ王である。ソロモン王はイェルサレムに神殿を建設した。

B．誤文。『旧約聖書』は紀元前 10 世紀～前 1 世紀の間に整えられた。ユダヤ教の成立がバビロン捕囚（前 586～前 538 年）の後であることを想起したい。

D．誤文。住民がバビロンへ連行されたのはイスラエル王国滅亡時ではなく，その南にあったユダ王国が前 6 世紀初めに滅亡した時のことである。

設問 5．D．誤文。貴金属製の貨幣をつくったのは，新バビロニアではなくアナトリア西部のリディアである。

設問 6．A．誤文。ペルシア人は，インド=ヨーロッパ語族である。

B．誤文。アケメネス朝ペルシアがメディアから自立したのは，ダレイオス 1 世ではなくキュロス 2 世の時である。

C．誤文。前 5 世紀前半に，アケメネス朝はペルシア戦争ではギリシアの諸ポリスと戦って敗北した。

設問7．B．誤文。楔形文字をもとにペルシア文字がつくられた。アラム文字はフェニキア文字から派生したもの。

設問8．ヘレニズム時代とは，主に前334年のアレクサンドロス大王の東方遠征の開始から，前30年のプトレマイオス朝の滅亡までを指す。

B．誤文。プトレマイオスはヘレニズム時代ではなく，2世紀頃のローマ帝国の時代の学者である。

C．誤文。禁欲を説いたのはエピクロス派ではなくストア派である。

D．誤文。ギリシア諸ポリスが政治的独立を失う結果をもたらしたカイロネイアの戦いがあったのは前338年で，ヘレニズム時代に入る前である。なお，政治的な単位としてのポリスの存在は前146年のローマによるギリシア征服まで続くので「(ポリスは）消滅した」の表現は適切ではない。

設問9．B．誤文。パルティア初期にはギリシア語文化が主流であったが，紀元前1世紀頃から民族意識が高まり，アラム文字を使用するなどペルシア文化が強まった。

設問10．やや難。A．誤文。ササン朝は，突厥と結んでエフタルを滅ぼした。

B．誤文。ササン朝の時代，交易では金ではなく主に銀貨が用いられた。

D．誤文。『アヴェスター』は，ゾロアスター教の経典である。

## Ⅱ　解答

設問1．D　設問2．B　設問3．A　設問4．B　設問5．A　設問6．B　設問7．C　設問8．D　設問9．C　設問10．D

### ◀解　説▶

≪15～17世紀のヨーロッパ史≫

設問1．D．誤文。クスコはインカ帝国の首都であった。ピサロが建設した新首都はリマである。

設問2．B．誤文。とうもろこしはアメリカ大陸原産である。

設問3．B．誤文。「最後の審判」の壁画を描いたのはラファエロではなくミケランジェロである。

C．誤文。ファン=アイク兄弟は，スペインではなくフランドルの画家である。

D．誤文。サンタ=マリア大聖堂のドームを完成させたのは，ミケランジェロではなくブルネレスキである。

設問５．B．誤文。ドイツ農民戦争を起こしたのは北ドイツではなく南ドイツの農民たちである。

C．誤文。司教制を廃止して長老制を教会に導入したのはカルヴァンである。

D．誤文。1555 年のアウクスブルクの宗教和議でルター派は公認されたがカルヴァン派の権利は認められなかった。

設問６．A．誤文。1545 年からの公会議は，コンスタンツではなくトリエント（トレント）で開かれた。

C．誤文。モンテ=コルヴィノは 13 世紀の人で，中国にカトリックを初めて布教したフランチェスコ会の修道士である。

D．誤文。1582 年に公布されたグレゴリウス暦は，ギリシア正教会の地域だけではなくプロテスタントの地域でも，すぐには普及しなかった。

設問７．C．誤文。16 世紀にスペインの世界貿易の中心地として栄えたのは，アントウェルペン（アントワープ）である。

設問８．A．誤文。カルヴァン派はネーデルラントでは，ユグノーではなくゴイセンと呼ばれていた。

B．誤文。『海洋自由論』の著者はスピノザではなくグロティウスである。

C．誤文。オラニエ公はネーデルラント北部７州独立の指導者であったが国王には就任していない。

設問 10．A．誤文。1618 年の，ハンガリーではなくベーメン（ボヘミア）におけるプロテスタントの反乱をきっかけに三十年戦争は始まった。

B．誤文。デンマークはカルヴァン派ではなくルター派である。

C．誤文。ヴァレンシュタインは神聖ローマ皇帝軍を率いて戦った。

## III　解答

設問１．B　設問２．D　設問３．C　設問４．D
設問５．C　設問６．B　設問７．A　設問８．D
設問９．A　設問 10．A

### ◀解　説▶

≪ロシアを中心とした近現代史≫

設問１．B．誤文。「聖月曜日」とは，月曜日を日曜日のような聖なる日とみなして飲酒などの理由で仕事を休む中世以来の慣行のこと。1833 年の工場法で合法化されたわけではない。

設問2．D．誤文。1864年にロンドンで第1インターナショナルが組織された。パリで組織されたのは1889年に結成された第2インターナショナルである。

設問3．A．誤文。イヴァン4世ではなくミハイル=ロマノフによって1613年にロマノフ王朝が開かれた。

B．誤文。ピョートル1世ではなくエカチェリーナ2世が，1792年に北海道の根室に使節を派遣して日本との通商を求めた。

D．誤文。エカチェリーナ2世は，プガチョフの農民反乱後，農奴制を強化した。

設問4．D．誤文。コシュートが独立運動を起こしたのは，ポーランドではなくハンガリーである。

設問5．A．誤文。ポーランドで独立運動（1863～65年）が起き，専制政治が強化された。

B．誤文。1861年の農奴解放令で農民は人格的自由を無償で得たが，農地の分与に関しては有償であった。

D．誤文。ナロードニキの運動は農民の支持を得られず失敗した。

設問6．B．正しい。1877年のロシア=トルコ戦争と，その翌年開かれたベルリン会議の結果，ルーマニア・セルビア・モンテネグロのオスマン帝国からの独立が決定し，ブルガリアはロシアの保護下におかれ，ボスニア=ヘルツェゴヴィナはオーストリアが行政権を獲得した。

設問7．A．誤文。ロシア共産党ではなく，マルクス主義をかかげるロシア社会民主労働党が1898年に創設された。

設問8．D．誤文。ストルイピンは，農村共同体（ミール）の強化ではなく，それを解体し自作農を育成しようとした。

設問9．B．誤文。ケレンスキーが所属していた政党は，立憲民主党ではなく社会革命党である。

C．誤文。レーニンが「四月テーゼ」を発表したのは，亡命先のスイスから帰国した後のことである。

D．誤文。憲法制定議会選挙では，社会革命党が最大勢力となった。

設問10．A．誤文。日本のシベリア出兵の当初の名目は，「旧帝政派政権への支援」ではなく，シベリアで囚われたチェコスロヴァキア軍の救援であった。

## Ⅳ 解答

設問 1．D　設問 2．D　設問 3．B　設問 4．C
設問 5．A　設問 6．B　設問 7．C　設問 8．A
設問 9．C　設問 10．B

◀解　説▶

≪20 世紀の中国≫

設問 1．A．誤文。『新青年』は，陳独秀を中心に刊行された。

B．誤文。胡適はアメリカに留学した自由主義者でマルクス主義の紹介に努めたわけではない。マルクス主義紹介の中心となったのは李大釗である。

C．誤文。ヴェルサイユ条約で日本は山東省の旧ドイツ権益の継承を認められた。

設問 2．上海での労働争議をきっかけに広がった 1925 年の反帝国主義運動は五・三〇運動と呼ばれている。

設問 3．B．誤文。1925 年に広州に国民政府が樹立されたが，国民党右派の蔣介石は 1927 年に上海で共産党を弾圧し（上海クーデタ），同年に新たに南京に国民政府が成立した。

設問 4．C．誤文。共産党は，延安ではなく江西省の瑞金に中華ソヴィエト共和国臨時政府を樹立した（1931 年）。

設問 5．A．誤文。汪兆銘を首班とする親日政権が，武漢ではなく南京に建てられた（1940 年）。

設問 6．A．誤文。国民党はアメリカの積極的な支援を受けられなかった。

C．誤文。1947 年に国民政府によって中華民国憲法が公布され施行された。

D．誤文。共産党が中心であるが単独ではなく，国民党に距離をおく民主諸党派も参加した人民政治協商会議の開催の結果，中華人民共和国の建国の宣言がなされた。

設問 7．C．誤文。毛沢東はスターリンではなくフルシチョフを批判した。スターリンの死後，ソ連を継いだフルシチョフが 1956 年にスターリン批判を行い，その後アメリカなど西側諸国との平和共存政策を打ち出したことを毛沢東は批判した。

設問 8．B．誤文。文化大革命のなかで，「資本主義の道を歩む実権派」

として排除されたのは，劉少奇や鄧小平である。

C．誤文。人民公社が組織されたのは文化大革命の時期ではなく，1958年からの大躍進政策の時である。

D．誤文。文化大革命は，毛沢東夫人の江青らのいわゆる「四人組」が，毛沢東が死去した直後に逮捕されて終結した。

設問9．C．誤文。1989年に死去した胡耀邦の追悼をきっかけに民主化運動が高まると，これに理解を示した趙紫陽が総書記を解任され，かわりに江沢民が総書記となった。

設問10．B．誤文。日中平和友好条約が結ばれたのは1978年である。なお，中国が韓国との国交を樹立したのは1992年である。

### ❖講　評

**Ⅰ**　古代ペルシアを中心とした古代オリエントの通史的な問題である。全般的には標準的な設問ではあるが，設問4と設問10のBとCの正誤の判断がやや難しい。

**Ⅱ**　15～17世紀のヨーロッパ史の大問で，大航海時代・ルネサンス・宗教改革・オランダの独立・三十年戦争などに関することが問われている。個々の文には，正誤の判断にはかなり詳細な知識が要求されているものもあるが，正解となる文は標準的な難度のものばかりである。

**Ⅲ**　ロシアを中心とした19世紀と20世紀初めの時期を扱った大問で，ロシア革命などロシア史に関わる設問が10問中7問を占めている。設問1はB，設問10はAが正解となる誤文であるが，この2文は正誤の判断に戸惑うかもしれない。ただ，両設問の他の3文が教科書記載レベルの標準的な内容であり，これらが正文であることを判断できれば，正解を導くことができる。

**Ⅳ**　第一次世界大戦後から20世紀末までの中国史の大問で，第二次世界大戦後から5問出題されている。正誤の判断に迷う文があっても，正解となる文が標準的なレベルで正誤が判断しやすいものばかりである。

2022年度は，例年出題されていた記述問題がなくなって，全40問すべて4択問題となった。そのうち35問は正文・誤文選択問題である。全般的に詳細で正確な知識が要求されており，なかには教科書のみの学習では正誤の判断の難しい短文も見受けられる。

# 政治・経済

## I 解答

設問1．B　設問2．D　設問3．C
設問4．（設問省略）　設問5．B　設問6．B
設問7．C　設問8．B

◀解　説▶

≪消費者問題と循環型社会≫

設問1．B．正文。個人の自己破産件数およびその申し立て件数は2003年がピークである。2000年12月から2002年1月までの第3次平成不況が関係しているが，弁護士などを通じた債務整理が多くなったことが理由として考えられる。その後の好景気により件数は減少してくるが，2016年から再び自己破産件数は増加してきている。

A．誤文。クレジットカードの発行枚数はバブル崩壊以降，今も漸増傾向にあるので誤り。

C．誤文。新聞や書籍，音楽CDなどでは再販売価格維持制度が認められている。

D．誤文。森永ヒ素ミルク事件は1955年に起きた。

設問2．Dが正解。1962年にケネディ大統領が議会に送った教書では，消費者の権利としてDの安全を求める権利のほか，知らされる権利，選ぶ権利，意見を聞いてもらえる権利が記されている。後にニクソン大統領がAの救済される権利を，フォード大統領がBの消費者教育を受ける権利を加えた。さらに，国際消費者機構はこれらにCの生活の基本的ニーズが保障される権利と健全な環境の中で働き生活する権利を加えて消費者の8つの権利としている。

設問5．難問。B．正文。消費者政策会議は，あまりなじみがないが，首相を長として消費者政策を推進，評価，監視する機関である。教科書に記述がないという意味で難問だが，消去法で正解が得られる。

A．誤文。消費者庁は内閣府の外局。

C．誤文。消費生活センターは地方公共団体の消費者行政窓口である。

D．誤文。消費生活センターは地方公共団体の管轄であり，省庁横断的に行動するとは考えにくい。

設問6．B．正文。eコマースであるネット通販などの通信販売にはクーリングオフ制度は適用されない。

A．誤文。通称PL法（製造物責任法）においては無過失責任の原則が適用されている。

C．誤文。クレジットカードで現金を借りる場合（キャッシング）は貸金業法が適用されるが，商品を購入する場合（ショッピング）には適用されない。

D．誤文。消費者契約法は2000年に制定された。

設問7．C．正文。消費者基本法はそれまでの消費者保護基本法に代わって制定された。「保護」の字が消えたことから判断できよう。

A．誤文。消費者基本法は2004年に制定された。

B．誤文。主語を「事業者」ではなく「消費者」とすれば正文となる。

D．誤文。「政府が」でなく「消費者団体の役割として」であることに注意する。全体として，消費者の自立についての法なので，政府が事業者から消費者を守るという旧法の精神の転換を考える。

設問8．B．正文。リサイクル料金は代金に含まれている。

A．誤文。循環型社会形成推進基本法は2000年に制定された。

C．誤文。3つのRのうちReproduceをRecycle（リサイクル）とすれば正文となる。

D．誤文。アメリカのトランプ前大統領は2017年にパリ協定離脱を表明し，2020年に正式に離脱したが，トランプ氏に代わったバイデン現大統領により2021年に復帰した。

## II 解答

設問1．B　設問2．D　設問3．A　設問4．C
設問5．B　設問6．B　設問7．D　設問8．C
設問9．C

### ◀解　説▶

≪労働問題と社会保障≫

設問1．B．正文。ラッダイト運動は1810年代のイギリスでの機械打ちこわし運動である。18世紀末からの産業革命により，機械によって仕事を奪われた職人などによるものだが，組織化された労働運動とはいえない。

A．誤文。ラッダイト運動の方がチャーチスト運動より先である。また，機械打ちこわしのラッダイト運動と普通選挙を求めるチャーチスト運動では性格が異なる。

C．誤文。後にマルクスによって「空想的社会主義者」の一人とされたオーウェンはアメリカではなく，スコットランドのニューラナークに工場を設立した。また，機械打ちこわしのラッダイト運動を支持した人物が，自ら工場を建設したというのは矛盾だとわかるだろう。

D．誤文。ILO（国際労働機関）は第一次世界大戦を経て1919年に設立された。ラッダイト運動の約100年後である。

設問2．Dが正解。サン=シモンはフランス人の空想的社会主義者である。Aのメンガー，Bのワルラス，ここにはないジェボンズが個々人の経済的欲望の大きさの変化を微分の観念を用いて説明する限界革命を巻き起こした。ここに近代経済学が始まった。教科書では名前が出ているものもあるが，資料集などでまとめて説明されているものもあり，経営学部に入学しようとするならばこれらの経済学説史はまとめておいたほうが余裕をもって解答できる。

設問3．A．正文。正当な労働運動によって企業に損失をもたらしても損害賠償の必要はなく（民事免責），また犯罪にも問われない（刑事免責）。

B．誤文。黄犬契約とは，労働組合に加入しないことや労働組合から脱退することを条件に雇用することをいい，労働組合法第7条で禁止されている。

C．誤文。労働委員会の争議解決手段は，斡旋，調停，仲裁である。

D．誤文。労働基準法第56条では満15歳未満の者を労働者として雇用してはいけないと定めている。ただし，非工業的事業では満13歳以上，さらに，映画製作，演劇の事業では満13歳未満の児童でも，所轄の労働基準監督署の認可を受けて，例外的に修学時間外に働かせることができる。

設問4．C．正文。消防職員，警察官などは，団結権・団体交渉権・争議権の労働三権が認められていない。他の公務員も労働基本権が制限されている。

A．誤文。20世紀的人権とされる社会権には団結権を含む労働三権や生存権，教育を受ける権利が含まれており，ワイマール憲法ではすべてが保障され，現在の日本国憲法にも影響を与えている。

B．誤文。労働基本権については憲法第27・28条に定められている。第26条は教育を受ける権利と受けさせる義務についてである。大学入試では条文ナンバーも含めしばしば話題とされる重要な内容である。

D．誤文。労働組合法が正しい。

設問5．B．正文。このような考え方をプログラム規定説という。逆にCのような考え方を法的権利説という。Dの「努力目標」はプログラム規定説の考え方である。

A．誤文。生存権は社会権の1つであるが，憲法第25条である。明治大学経営学部の受験生なら当然知っておかなければならない。

設問6．B．正文。バブル経済期の1989年には合計特殊出生率は1.57を記録し，「1.57ショック」という言葉も使われたが，その後さらに低迷し，2005年の「1.26ショック」にいたった。

A．誤文。子ども手当は民主党政権時の2009年に創設され，2012年に（自民党政権に戻り）細かな内容は従前と違うが，児童手当に戻された。

C．誤文。人口置換水準とは人口が維持できる合計特殊出生率で，日本では2.07とされている。

D．誤文。人口に占める65歳以上の人口が7％を超えた社会を高齢化社会，14％を超えた社会を高齢社会といい，日本ではわずかの期間に高齢化率が2倍になっている。なお，65歳以上の人口が全人口の21％を超えた社会を超高齢社会ということがある。

設問7．D．正文。派遣労働者は派遣元企業と雇用関係にある。

A．誤文。現在に至るまで非正規雇用は年々増加しているので誤り。

B．誤文。そのような社会に将来的になるおそれはあるが，2020年で非正規雇用者が男女合計で37.2％である。

C．誤文。正社員の定義が難しいが，例えば60歳の定年まで雇用が約束され，給与が年功序列的に上昇し，ボーナスが支給されて，社会保険が完備されているというのが典型的で，1年や3年といった有期雇用契約がある労働者は正社員とはいえない。

設問8．難問。C．正文。

A．誤文。使用者と労働者個人との紛争を労働審判法に基づき解決するのが労働審判制である。集団的労使関係の紛争を解決するのは労働委員会である。

B．誤文。労働審判法は2004年に制定され2006年から運用されている。

D．誤文。審理は原則3回以内で終結することは正しいが，異議申し立てがあれば裁判が行われることもあり，本格的な民事訴訟への途も開かれている。

設問9．C．正文。積立方式との違いを確認しておこう。

A．誤文。国民皆年金は高度経済成長期の1961年に実現した。

B．誤文。1985年の年金制度改革で，全国民が国民年金（基礎年金）を負担することになった。基礎年金の上に被用者が加入する厚生年金が上乗せされる二階建ての制度となっている。

D．誤文。自営業者やフリーランスは国民年金に加入することとなっており，任意加入の国民年金基金を上乗せすることもできる。

## III 解答

設問1．①―B　②―A　③―C　設問2．C
設問3．（設問省略）　設問4．A　設問5．C
設問6．D　設問7．D　設問8．C

◀解　説▶

≪経済発展と景気循環≫

設問1．①Bが正解。現チェコ領のモラビア（当時はオーストリア=ハンガリー帝国の領土）生まれだが渡米してからの業績も多い。

②Aが正解。シュンペーターは経済発展を創造的破壊の連続と捉えている。

設問2．シュンペーターの定義するイノベーションの5つの要素は，「新しい財貨（プロダクト・イノベーション）」=革新的な新商品（新製品・新サービス）の開発，「新しい生産方法（プロセス・イノベーション）」=新たな生産方法や流通方法などの導入，「新しい販路（マーケット・イノベーション）」=新たな市場への参入，「新しい供給源（サプライチェーン・イノベーション）」=原材料や，供給ルートの新規開拓，「新しい組織（オーガニゼーション・イノベーション）」=組織の変革により，業界に大きな影響を与えること，である（『経済発展の理論』）。

設問4．難問。A．正文。いずれも景気変動に遅れて見られる遅行系列。

B．誤文。内閣府のホームページによれば中小企業売上高というのは景気動向指数に採用されていないが，中小企業売り上げ見通しは先行系列であり，法人税収入は遅行系列である。

C．誤文。景気の転換点や局面がわかるのが遅行系列であろうと思われ，先行指標（先行系列）ではない。

D．誤文。遅行系列として消費者物価指数は正しいが，有効求人倍率は一致系列であるので，誤り。教科書の知識では対処が難しいがニュースなどでしばしば話題となる。

設問 5．C が順序として正しい。なべ底不況が 1957～58 年，円高不況が 1985～86 年，平成不況が 1991～93 年，世界同時不況が 2008～09 年である。なべ底不況が高度経済成長期のものであり，円高不況が 1985 年のプラザ合意の直後，平成不況がバブル経済の崩壊，世界同時不況が 2008 年のリーマン・ショックにより起こっているという時代背景が思い浮かべば正解できる。

設問 6．D．正文。大企業と中小企業の賃金，資本装備率などの格差を（経済の）二重構造という。大企業と中小企業の間には資金調達の面でも格差があり，信用力の高い大企業は，銀行から低利・長期で融資を受けられたのに対して，中小企業は高利・短期でしか融資を受けられなかった。

A．誤文。カルテルは独占形態のひとつ。

B．誤文。大企業のほうが労働組合組織率は高い。

C．誤文。高度経済成長の過程で，二重構造はある程度緩和された。

設問 7．D．正文。大企業を 100 とした企業間賃金格差は男性で中企業 88.0，小企業 80.2，女性では中企業 95.0，小企業 87.4 という数字が厚生労働省「賃金構造基本統計調査 2020」で発表されている。つまり，日本の雇用においては女性の賃金は大企業も中小企業も同じように低いので，男性の賃金のように企業規模で大きく異なることがない，といえる。

A．誤文。労働者 1 人あたりの資本である資本装備率の格差は企業規模が小さくなるにしたがって広がる。

B．誤文。資本装備率は中小企業の間でも格差が大きい。

C．誤文。南南問題ではなく，南北問題にたとえられる。南南問題とは発展途上国のなかで，資源に恵まれた国とそうでない国との格差をいう。

設問 8．C．正文。一般社団法人日本工芸産地協会によれば，伝統的工芸品の生産額は，1990 年にピークとなり，5,080 億円を記録した後は減少が続き，2015 年には 1,020 億円と，最盛期の $\frac{1}{5}$ となっている。

A．誤文。難しいが，倒産件数より休廃業件数のほうが企業全体で約6倍ある。

B．誤文。そのような事実はない。中小企業基本法では「多様で活力ある成長発展」を謳っており，特にベンチャービジネスを重視しているとはいえない。

D．誤文。ニッチとはすき間という意味であり，大量生産の大企業では対応できないような小規模な市場（ニッチ市場）に活路を見出すのがニッチ型の中小企業である。機械や繊維などのような旧来型の「規模の経済」がはたらく産業はニッチ市場ができる余地は少なく，主にサービス産業などにニッチ型の中小企業が多い。

## Ⅳ　解答

設問1．①―F　②―C　③―E　④―H　⑤―G　⑥―D　⑦―B　⑧―A

設問2．C　設問3．あ―C　い―B　設問4．D

設問5．a―B　b―A　c―C　設問6．（設問省略）

設問7．B　設問8．B

### ◀解　説▶

≪国際金融と国際収支表≫

設問1．①Fの経常収支が正解。貿易や援助，外国人の生産など広く含んでいて，新形式となった2014年からも従来とかわらない。東日本大震災後の数年間はマイナスだったが，歴史的にはおおむねプラスである。

②Cの資本移転等収支が正解。従来の資本収支のうちの「その他資本収支」を独立させたもの。日本は海外への援助が多いのでマイナスとなっている。

③Eの金融収支が正解。従来の資本収支のうちの投資収支と外貨準備増減を合わせたもの。

⑦Bの貿易収支が正解。輸出入に分かれていることから判断できよう。

設問2．Cが正解。経常収支＋資本移転等収支－金融収支＋誤差脱漏＝0と定義されている。従来は，経常収支＋資本収支＋外貨準備増減＋誤差脱漏＝0であった。つまり，従来の資本収支，外貨準備増減と現在の金融収支では符号が逆になっている。これは，従来の資本収支，外貨準備増減が資金の流出入を表す（この場合，海外への投資はマイナス，海外からの投資はプラスとなる）のに対して，現在の金融収支は資産・負債の増減（海外への投資はプラス，海外からの投資はマイナスとなる）を表しているからである。

設問3．あ．生産活動に直接関与しない投資収益なのでCの証券投資収益が正解。

い．M&A（企業の買収）からBの直接投資収益と考える。

設問4．D．正文。設問1の③と同じことを問われている。

設問5． a．a＝輸出－輸入＝3812となるのでBが正解。

b．b＝貿易・サービス収支－貿易収支なので，5060－a＝1248である。

c．金融収支と考えられるので，設問2の式から，c＝201150－4131＋46036＝243055と計算できるので，Cが正解。

設問7．B．正文。円高ドル安を例えば，1米ドル＝240円から120円になったという設定で日米それぞれの立場にたって考えると，A，C，Dは逆の記述だとわかる。

設問8．B．正文。

A．誤文。アメリカ投資銀行ゴールドマンサックスは今なお健全な経営を続けている。経営破綻したのはリーマンブラザーズである。

C．誤文。いわゆるサブプライムローンについての記述なので，「優良顧客向け」というのが誤り。

D．誤文。アジア通貨危機の説明としては正しいが，1997年に起こっているので，「2000年代に入ると」という題意からは外れる。

### ❖講　評

例年の大問3題の構成が4題となった。

**Ⅰ**は消費者問題であるが，1968年の消費者保護基本法と現在の消費者基本法の考え方の中身までの理解が問われ，現在の消費者行政やクレジットカード発行枚数など資料集レベルの出題である。

**Ⅱ**は労働問題を糸口に日本国憲法における社会権の位置付けや年金制度まで多岐にわたった出題である。また，合計特殊出生率など人口学的な知識も必要で，「現代社会」の教科書に詳しい記述のある出題も散見される。

**Ⅲ**は景気循環をテーマに幅広く日本経済について問われている。景気循環についてシュンペーターが名付けた波についての詳しい理解や，日本経済史を年表的に整理して理解しているかが厳しく問われている。教科書を何となく読んでいるだけでは対処できない設問も見られる。

Ⅳは国際収支表について，内訳の意味などが問われている。現在の国際収支表は2014年から使われているが，従来の分け方からの変更なども知らないと解答できないものもある。また，国際収支についての理解が確実かどうかが計算法により試されている。明治大学経営学部で計算法の出題は久しぶりである。

# 数学

## I 解答

(1)アイウ．155　エオカキ．1495

(2)クケコ．201　サシ．76

(3)スセ．12　ソタ．20

◀解　説▶

≪整数の組合せ≫

(1)　$a+b=3k$（$k=1,\ 2,\ \cdots,\ 10$）のとき，$3k$ 個の○を横一列に並べる。次に（$3k-1$）個の間に∨を入れ，この中より 1 カ所に仕切り｜を入れ，○の個数を左より順に，$a,\ b$ とする。

（例）$\underbrace{\text{○}^{\vee}\text{○}|\text{○}^{\vee}\cdots\cdots{}^{\vee}\text{○}}_{3k\text{個}}$　$\longleftrightarrow$　$(a,\ b)=(2,\ 3k-2)$

よって，求める組合せは

$$
\begin{aligned}
{}_2\mathrm{C}_1+{}_5\mathrm{C}_1+\cdots+{}_{29}\mathrm{C}_1&=\sum_{k=1}^{10}{}_{3k-1}\mathrm{C}_1\\
&=\sum_{k=1}^{10}(3k-1)\\
&=3\cdot\frac{1}{2}\cdot10\cdot11-1\times10\\
&=155\text{通り}\quad\to\text{アイウ}
\end{aligned}
$$

同様に，$a+b+c=3l$（$l=1,\ 2,\ \cdots,\ 10$）のとき，○を $3l$ 個並べ，（$3l-1$）個の間の∨より 2 カ所に仕切り｜を入れ，○の個数を左より順に，$a,\ b,\ c$ とする。

（例）$\underbrace{\text{○}^{\vee}\text{○}|\text{○}|\text{○}^{\vee}\cdots\cdots{}^{\vee}\text{○}}_{3l\text{個}}$　$\longleftrightarrow$　$(a,\ b,\ c)=(2,\ 1,\ 3l-3)$

よって，求める組合せは

$$
\begin{aligned}
{}_2\mathrm{C}_2+{}_5\mathrm{C}_2+\cdots+{}_{29}\mathrm{C}_2&=\sum_{l=1}^{10}{}_{3l-1}\mathrm{C}_2\\
&=\sum_{l=1}^{10}\frac{(3l-1)(3l-2)}{2\cdot1}\\
&=\sum_{l=1}^{10}\frac{1}{2}(9l^2-9l+2)
\end{aligned}
$$

$$=\frac{1}{2}\left(9\cdot\frac{1}{6}\cdot10\cdot11\cdot21-9\cdot\frac{1}{2}\cdot10\cdot11+2\cdot10\right)$$

$$=\frac{1}{2}\cdot\frac{1}{2}\cdot10\,(3\cdot11\cdot21-9\cdot11+4)$$

$=1495$ 通り　→エオカキ

(2)　$ab+bc+cd+da=a(b+d)+c(b+d)$

$$=(a+c)(b+d)$$

$$\log_2 3\cdot\log_3 5\cdot\log_5 7\cdot\log_7 8=\log_2 3\cdot\frac{\log_2 5}{\log_2 3}\cdot\frac{\log_2 7}{\log_2 5}\cdot\frac{\log_2 8}{\log_2 7}$$

$$=\log_2 8$$

$$=3$$

だから，与えられた方程式は

$\log_2(a+c)(b+d)+3=9$

$\log_2(a+c)(b+d)=6$

$(a+c)(b+d)=2^6$

$a+c$，$b+d$ は，ともに 2 以上の整数となるので

$(a+c,\ b+d)=(2^1,\ 2^5)$，$(2^2,\ 2^4)$，$(2^3,\ 2^3)$，$(2^4,\ 2^2)$，$(2^5,\ 2^1)$

$=(2,\ 32)$，$(4,\ 16)$，$(8,\ 8)$，$(16,\ 4)$，$(32,\ 2)$

この組合せは，(1)より

$${}_{2-1}C_1\times{}_{32-1}C_1+{}_{4-1}C_1\times{}_{16-1}C_1+{}_{8-1}C_1\times{}_{8-1}C_1+{}_{16-1}C_1\times{}_{4-1}C_1+{}_{32-1}C_1\times{}_{2-1}C_1$$

$=1\times31+3\times15+7\times7+15\times3+31\times1$

$=201$ 通り　→クケコ

この中で，$a+c<b+d$ となるのは

$(a+c,\ b+d)=(2,\ 32)$，$(4,\ 16)$

$1\times31+3\times15=76$ 通り　→サシ

(3)　$|a-b|\leqq\dfrac{b^2}{16}$

$$-\frac{b^2}{16}\leqq a-b\leqq\frac{b^2}{16}$$

$$b-\frac{b^2}{16}\leqq a\leqq b+\frac{b^2}{16}$$

ここで

$$b-\frac{b^2}{16} \leqq 0$$

$$b \leqq 0,\ 16 \leqq b$$

となるので，求める $b$ の値は

(i) $1 \leqq b \leqq 15$ のとき

$$b-\frac{b^2}{16} \leqq a \leqq b+\frac{b^2}{16}$$

(ii) $16 \leqq b$ のとき

$$1 \leqq a \leqq b+\frac{b^2}{16}$$

を満たすものとなる。

• $a$ の個数が 19 個となるのは，(ii)のとき

$$b+\frac{b^2}{16} \geqq 16+\frac{16^2}{16}=32$$

であるから，(i)のときである。

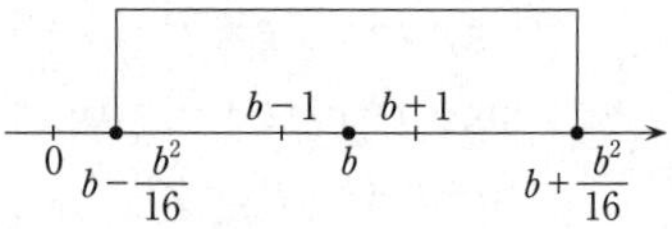


$$a=b,\ b\pm1,\ \cdots,\ b\pm9$$

なので

$$b+9 \leqq b+\frac{b^2}{16} < b+10$$

$$144 \leqq b^2 < 160$$

$b$ は正の整数なので　　$b=12$

• $a$ の個数が 45 個となるには，19 個のときと同様に考えると

$$a=b,\ b\pm1,\ \cdots,\ b\pm22$$

となるが，(i)で考えると，$a=b-15$，$b-16$，…，$b-22$ が 0 以下となり不適。

よって，(ii) $b \geqq 16$ で考えて，$a$ が 45 個となるのは $a=1$，2，…，45 の場合である。よって，求める $b$ の値は

$$45 \leqq b+\frac{b^2}{16} < 46$$

を満たす。ここで

$b=20$ のとき

$$b+\frac{b^2}{16}=20+\frac{20^2}{16}=45$$

$b=21$ のとき

$$b+\frac{b^2}{16}=21+\frac{21^2}{16}=48.56\cdots$$

$b\geqq 16$ で $b+\dfrac{b^2}{16}$ は単調増加なので，$b=20$ のみが適する。

以上より，$a$ の個数は，(i)，(ii)ともに連続して，$b$ について，単調増加しているので

$a$ が 19 個となるのは　　$b=12$　→スセ

$a$ が 45 個となるのは　　$b=20$　→ソタ

## II 解答

(1)チツテ．168　トナ．85　ニ．8

(2)ヌ．7　ネノ．25　ハヒ．16

(3)フヘ．27　ホマ．10　ミム．27　メモ．56　ヤ．9

### ◀解　説▶

≪余弦定理，正弦定理，面積≫

(1)　△AOB と△COB で

OA＝OC＝10，AB＝CB＝17，OB は共通

により，3 辺がそれぞれ等しく

△AOB≡△COB　……①

となる。△OAB で余弦定理より

$$\cos\angle AOB=\frac{10^2+21^2-17^2}{2\cdot 10\cdot 21}=\frac{252}{2\cdot 10\cdot 21}=\frac{3}{5}$$

$\sin\angle AOB>0$ より

$$\sin\angle AOB=\sqrt{1-\left(\frac{3}{5}\right)^2}=\frac{4}{5}$$

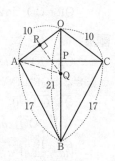

求める四角形 OABC の面積 $S$ は，①より

$$S=2\times\triangle AOB=2\times\frac{1}{2}\cdot OA\cdot OB\cdot\sin\angle AOB$$

$$=2\times\frac{1}{2}\cdot 10\cdot 21\cdot\frac{4}{5}$$

$$=168$$ →チツテ

△OAB で，正弦定理より求める外接円の半径を $R$ とすると

$$2R=\frac{\mathrm{AB}}{\sin\angle\mathrm{AOB}}$$

$$R=\frac{17}{2\cdot\frac{4}{5}}=\frac{85}{8}$$ →ト～ニ

(2)　①より，$\angle\mathrm{AOB}=\angle\mathrm{COB}$ なので

$$\begin{aligned}\cos\angle\mathrm{AOC}&=\cos2\angle\mathrm{AOB}\\&=2\cos^2\angle\mathrm{AOB}-1\\&=2\left(\frac{3}{5}\right)^2-1\\&=-\frac{7}{25}\end{aligned}$$ →ヌ～ノ

ここで，$S=\frac{1}{2}\cdot\mathrm{AC}\cdot\mathrm{OB}$ より

$$168=\frac{1}{2}\cdot\mathrm{AC}\cdot21$$

$\therefore$　$\mathrm{AC}=16$　→ハヒ

(3)　AQ は，$\angle\mathrm{OAB}$ を二等分するので

$$\mathrm{OQ}:\mathrm{QB}=\mathrm{AO}:\mathrm{AB}=10:17$$

$$\begin{aligned}\overrightarrow{\mathrm{AQ}}&=\frac{17\overrightarrow{\mathrm{AO}}+10\overrightarrow{\mathrm{AB}}}{10+17}=\frac{17\cdot(-\vec{a})+10(-\vec{a}+\vec{b})}{27}\\&=\frac{-27\vec{a}+10\vec{b}}{27}\\&=-\frac{27\vec{a}-10\vec{b}}{27}\end{aligned}$$ →フ～ム

$$\mathrm{QR}=\mathrm{OQ}\cdot\sin\angle\mathrm{AOB}=21\times\frac{10}{27}\times\frac{4}{5}=\frac{56}{9}$$ →メ～ヤ

**別解**　(3)　メ～ヤ．Q から OA に垂線 QR を下ろすことにより

$$\overrightarrow{\mathrm{OR}}=t\overrightarrow{\mathrm{OA}}=t\vec{a}$$　（$t$ は実数）

と表せる。$\mathrm{QR}\perp\mathrm{OA}$ より

$$\overrightarrow{\mathrm{QR}}\cdot\overrightarrow{\mathrm{OA}}=0$$

$$(\overrightarrow{\mathrm{OR}}-\overrightarrow{\mathrm{OQ}})\cdot\vec{a}=0$$

$$\left(t\vec{a}-\frac{10}{27}\vec{b}\right)\cdot\vec{a}=0$$

$$t|\vec{a}|^2=\frac{10}{27}\vec{a}\cdot\vec{b}$$

$\vec{a}\cdot\vec{b}=10\cdot 21\cdot\dfrac{3}{5}=126$ より

$$t\times 10^2=\frac{10}{27}\cdot 126 \qquad \therefore \quad t=\frac{7}{15}$$

よって

$$\mathrm{OR}=\frac{7}{15}\cdot\mathrm{OA}=\frac{7}{15}\cdot 10=\frac{14}{3}$$

つまり

$$\mathrm{QR}=\sqrt{\mathrm{OQ}^2-\mathrm{OR}^2}=\sqrt{\left(21\times\frac{10}{27}\right)^2-\left(\frac{14}{3}\right)^2}=\frac{56}{9}$$

## III 解答

(1)あ．3　い．2　うえ．14　お．9　かき．26
くけ．10

(2)こ．2　さし．14　す．2　せそ．10

(3)たち．27　つ．4

◀解　説▶

≪2つの3次関数が接するときの面積≫

(1) $f(x)=x^3+ax^2+bx+c$ とする。

$F: y=f(x)$ は $(-1,\ 8)$，$(3,\ 20)$ を通るので

$$\begin{cases} f(-1)=8 \\ f(3)=20 \end{cases}$$

$$\begin{cases} -1+a-b+c=8 \\ 27+9a+3b+c=20 \end{cases}$$

$$\begin{cases} a-b+c=9 & \cdots\cdots① \\ 9a+3b+c=-7 & \cdots\cdots② \end{cases}$$

ここで，$G: y=g(x)$ とすると

$$g(x)=f(x-2)=(x-2)^3+a(x-2)^2+b(x-2)+c$$

よって

$$f'(x)=3x^2+2ax+b$$

$$g'(x)=3(x-2)^2+2a(x-2)+b$$

$F$，$G$ が，$x=p$ で接する条件は

$$\begin{cases} f(p)=g(p) \\ f'(p)=g'(p) \end{cases}$$

$$\begin{cases} p^3+ap^2+bp+c=(p-2)^3+a(p-2)^2+b(p-2)+c & \cdots\cdots③ \\ 3p^2+2ap+b=3(p-2)^2+2a(p-2)+b & \cdots\cdots④ \end{cases}$$

③より

$$0=-6p^2+12p-8-4ap+4a-2b$$

$\therefore\quad 2(p-1)a+b=-3p^2+6p-4\quad\cdots\cdots⑤$

④より

$$0=-12p+12-4a$$

$\therefore\quad a=-3p+3\quad\cdots\cdots⑥$

⑤，⑥より

$$2(p-1)(-3p+3)+b=-3p^2+6p-4$$

$\therefore\quad b=3p^2-6p+2\quad\cdots\cdots⑦$

②－① より

$$8a+4b=-16$$

$\therefore\quad 2a+b=-4\quad\cdots\cdots⑧$

⑧に⑥，⑦を代入して

$$2(-3p+3)+(3p^2-6p+2)=-4$$

$$3(p-2)^2=0$$

$\therefore\quad p=2$

このとき，①，⑥，⑦より

$a=-3,\ b=2,\ c=14$　→あ～え

よって，$G$ は

$$y=(x-2)^3-3(x-2)^2+2(x-2)+14$$

$=x^3-9x^2+26x-10$　→お～け

(2)　(1)より，$p=2$ なので，接点は　$(2,\ 14)$　→こ～し

共通の接線は，$f'(2)=3\cdot4+2\cdot(-3)\cdot2+2=2$ より

$$y-14=2(x-2)$$

$\therefore\quad y=2x+10$　→す～そ

(3)　$y=g(x)$ と $y=2x+10$ より

$$x^3-9x^2+26x-10=2x+10$$

$$x^3-9x^2+24x-20=0$$

$(x-2)^2(x-5)=0$

$\therefore\quad x=2,\ 5$

求める面積は

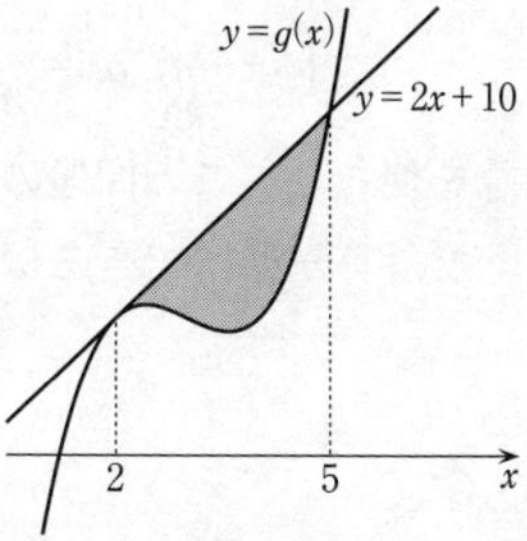


$$\int_2^5\{(2x+10)-(x^3-9x^2+26x-10)\}dx$$

$$=\int_2^5\{-(x-2)^2(x-5)\}dx$$

$$=\int_2^5[-(x-2)^2\{(x-2)-3\}]dx$$

$$=\int_2^5\{-(x-2)^3+3(x-2)^2\}dx$$

$$=\left[-\frac{1}{4}(x-2)^4+(x-2)^3\right]_2^5$$

$$=-\frac{1}{4}\cdot 3^4+3^3$$

$$=\frac{27}{4}\quad \rightarrow た〜つ$$

### ❖講　評

大問３題の出題で，「数学Ｉ・Ａ」からの出題が２題，「数学Ⅱ・Ｂ」からの出題が１題であった。

**Ｉ**は，(1)は，和が定数のとき，その定数個ある○を，２分割あるいは３分割し，○の個数を順に $a$, $b$ あるいは $a$, $b$, $c$ とする重複組合せの考え方を使った。(2)では，$a+c$, $b+d$ はともに２以上となるので，組合せも５通りとなる。(3)では，与えられた不等式の条件プラス $a\geqq 1$, $b\geqq 1$ となるので

$$\mathrm{Max}\left\{1,\ b-\frac{b^2}{16}\right\}\leqq a\leqq b+\frac{b^2}{16}$$

で考えることになる。

**Ⅱ**の(2)では，倍角の公式を使ったが，はじめに，AC を求め，次に△OAC で余弦定理を利用して cos∠AOC を求めてもよい。(3)でも〔別解〕のように，垂線ベクトルに注目して考えることもできる。

**Ⅲ**の微分・積分での計算では

$$\{(x+a)^n\}'=n(x+a)^{n-1}$$

$$\int (x+a)^n dx = \frac{1}{n+1}(x+a)^{n+1} + C$$ （$C$ は積分定数，$n$ は自然数）

を使った。この問題のように接線が絡む面積計算では，こういった工夫で計算が楽にできるはずである。

## ❖講　評

一　「デモクラシー」「オピニオン」「フィクション」というカタカナ語や政治にまつわる用語が多く、その定義を読み取り損ねると正確に読解できない。これらの用語に気をつけつつ、「デモクラシー」として適切な内容と、「デモクラシー」が崩壊している内容とに分けて整理しながら読み進めるとよい。「デモクラシー」においては、平等な人間同士が互いの意見を述べ合って討議し、その主張に対する賛成者が多い場合に決定権を得ることができる。しかし、現実には権力者や経済的強者が少数派や社会的弱者の意見を握りつぶしており、それを加速しているのがインターネットである。この対立概念が読み取れれば、それでも現実をあげつらうことより、本来あるべき姿の「デモクラシー」を掲げ続けることが、難しいけれども必要なのだという筆者の意見を理解しやすくなる。

二　リード文で説明されている前提から、状況と人物関係を踏まえて読むことが重要である。主語や、それ以外にも省略されている語句が多く、登場人物の関係性や古典文化の知識が無いと訳しづらい部分があり、『源氏物語』の基礎知識がある者に有利な出題と言えそうである。設問の意図はどれも単語・文法・敬語の基礎知識をしっかり身につけているかを問うものであり、極端な難問は見られない。しかし、単純な問いというわけでもなく、うろ覚えや、一朝一夕の偏った知識では答えられないようによく吟味されている。しっかりと時間をかけて読解経験を積み、豊かな語彙力と文構造の丁寧な理解を心がけておくことが求められる。

る」という解釈ができ、「正気を保っている」という選択肢にたどり着く。

問5　ア、尊敬語「たまふ」が使われていることから、まずは1の光源氏、2の紫の上、3の夕霧に限定できる。次に紫の上はすでに亡くなっていることから除外できる。そして一つ前の文に「院ぞ」とあり、「限りの御事どもしたまふ」の主語が光源氏であることは明らかであるから、引き続く文の主語は夕霧ではなく光源氏と判断する。

イ、アと同様に尊敬語が使われている。しかも「はかなき煙」になるのだから、亡くなった紫の上であると判断できる。

ウ、尊敬語が使われていないため、4の紫の上の女房たち、5の従者たちに限定できる。他の場面で従者についての言及がなく、選択肢に突然出てくるが、ここでは「御送りの女房」が「車よりもまろび落ちぬべき」ところを「もてあつかひける」ため、女房たち自身ではないと判断できる。

問6　「平仮名一字」というヒントが役立つ。呼応の副詞「え」を補えば、打消の語「まじかり」と結びついて〝できない〟の訳になる。

問7　「いつかし」は「厳し」と書き、〝おごそかで立派な様子〟を意味するが、重要語としてよく扱われる語彙ではないため、覚えていないかもしれない。ここでは「御身」をヒントにし、まず、4の「女房たち」を消去する。また、「見たてまつる人」が「いつかしき御身」と思って泣いているため、人々が見ている相手が前の「空を歩む心地して、人にかかりてぞおはしましける」人であることを読み取る。すると、2の寄り添う「夕霧」や、3の「紫の上」ではないと判断できる。

問8　大弐三位は、藤原賢子ともいう。小倉百人一首に収められている和歌は、「有馬山猪名の笹原風吹けばいでそよ人を忘れやはする」である。他の選択肢の女流歌人たちも全員、小倉百人一首に歌を採られている。

▲解　説▼

問1　「しるかり」は〝際立っている、はっきりしている〟の意を持つ形容詞「著し」の連用形。まずは単語の切れ目を間違えないようにし、動詞の「しる」などと間違えないようにする必要がある。

問2　すべて重要単語。漢字で覚えておくと語の意味が捉えやすい。

A、「中々」と書き、現代語の意味と違って〝中途半端で、かえって（よくない）〟の意で用いられることが多い。ここでは、涙で開けられない目を無理に開けて紫の上のお顔を見ると、「なかなか」この上なく悲しくなる、という文脈なので、〝かえって〟と訳すのが適切。

B、「言痛し」と書き、〝口数が多くわずらわしいこと〟から派生して〝はなはだしい、おびただしい〟の意味を持つ。

C、「やがて」は、現代語の意味と違って〝そのまま、すぐに〟などと、隔たりがなく引き続くさまを表す。ここでは、亡くなった紫の上の魂が「やがて」ご遺骸に留まっていてほしい、という文脈であるから、〝そのまま〟と訳すのが適切。

D、「強ちなり」と書き、〝むりやりなさま、一方的なさま〟を表している。

問3　「とまら」「なむ」の二語に分解できる。「とまら」がラ行四段活用の動詞「止まる（留まる）」の未然形であることから、「なむ」は未然形接続の終助詞であり、他者への願望を表すと判断できる。「なむ」の識別は、他に連用形に接続する完了（強意）の助動詞「ぬ」の未然形＋推量の助動詞「む」の形や、接続の関係ない強意の係助詞「なむ」などが考えられるが、ここではどちらも当てはまらない。

問4　「物覚ゆ」は〝意識がはっきりする〟または〝物心がつく〟の意であり、ここでは前者の意味で解釈する。「おぼゆ」「見ゆ」などに見られる「ゆ」は、奈良時代以前の文法で用いられた助動詞にあたり、受身から派生して可能・自発の意味を持っていたが、後に「おぼゆ」「見ゆ」などと一語の動詞として取り扱うようになる。だが意味として、平安文法の「る」「らる」に極めて近いということを知っておくと、「自然と物を感じられる」「物を思うことができしいことがこの上ないので、本当に正気を失って取り乱しそうである。（紫の上の）おぐしが無造作に横に投げ出されなさっている具合は、ふさふさとして清らかで、少しも乱れている様子もなく、つやつやとしていかにも美しいありさまであるのもこの上ない。灯りがたいそう明るいので、お顔の色はとても白く光るようで、何かと取り繕うことがあった生前のおふるまいよりも、（亡くなってしまった今となっては）どうしようもない様子で無心に横たわりなさっているご様子が、足りないところはない（くらい美しい）と言うのも今さらなことだ。（紫の上が）格別ですらあって、並ぶものがな（く美し）いのを拝見すると、死の世界へ入って行く魂がそのままこのご遺骸に留まってほしいと思われるのも、分別のないことだ。

（紫の上が亡くなった悲しみで）お仕えし慣れた女房たちで正気でいる者もいないので、院（＝光源氏）が、何事も分別がつかないようにお思いになるお気持ちを無理に静めなさって、ご臨終のこと（＝〝葬儀〟）などをしなさる。過去にも、悲しいとお思いになること（＝〝死別〟）は数多く目にしなさってきた（光源氏の）お身の上でいらっしゃるけれど、（今回の紫の上のことのように）とてもこんなふうに自ら執り行うことはまだご経験のなかったことなので、まるで過去にも未来にも並ぶものがないほどの（悲しい）気持ちがしなさる。

そのまま、その日、（紫の上を）ともかくも葬り申し上げる。（葬儀は）所定の決まりごとがあることなので、（光源氏が）亡骸を見ながら過ごしなさることもできなかったのは、つらい世の中であることよ。はるばると見渡せる広い野のすきまもなく（葬儀に参列する人が）混み合って、この上なく厳かな作法（の葬儀）であるけれども、（紫の上が）たいそうはかない煙となってあっけなく天に昇りなさったのも、慣例どおりのことではあるけれども張り合いがなくひどく悲しい。（光源氏は）地に足がつかないような気がして、人によりかかっていらっしゃったのを、拝見する人も、あれほど立派なお方なのにと言って、物の道理もわからない身分の低い者までも泣かないものはいなかった。（紫の上を）お墓までお送りする女房は、まして夢に迷っているような気持ちで、牛車から転がり落ちそうなところを、（従者が）もてあましていた。

問10　一文前の、「その答えはわれわれ自身が探り、われわれ自身が引き受けなくてはならない」を受けている。よって、自己責任を表現している1が適切。

問11　芝居を続けるためには、直後に「美しいカーテンを背にした……」とあるように、背後を見せないためのカーテンが必要である。ここでの「カーテン」とは、三段落前に「人権というカーテン」とあることを踏まえ、指定の「デモクラシー」はもちろん、それを支える「人権」というオピニオンについても記述に含まねばならない。

## 二

**出典**　紫式部『源氏物語』〈御法〉

**解答**

問1　著

問2　A―1　B―2　C―2　D―1

問3　留まってほしい（八字以内）

問4　4

問5　ア―1　イ―2　ウ―5

問6　え

問7　1

問8　3

◆全　訳◆

光源氏が「（紫の上の亡骸は）このように（生前と）何事もまだ変わらない様子なのに、臨終のありさまははっきりしているのが（悲しい）」とおっしゃって、お袖を顔に押し当てなさっている時、大将の君（＝夕霧）も、涙でよく見えなくなって目も見えなさらないのを無理にふりしぼって目を開けて（紫の上の亡骸を）拝見すると、かえって名残惜しく悲ピニオン」と同じ形になっていることから、7を選択できる。

問4　補う一文の、「フェイク」を暴いて「事実を知る」ことについては、傍線部aのある段落前半に「本音や剝き出しの現実の暴露」「建前や善意に寄りかからない論理」「真摯な告発」と、関連するような描写があるので、その辺に補われるべきであることが考えられる。そして、補う一文の冒頭「もちろん」は、逆接の接続詞と対になって、「もちろん〜だが…」などの形で但し書きを挿入する場合に使われることを踏まえると、前で指摘した「本音や……」「建前や……」「真摯な……」などの後、「だがグーグルや」の前に入れると適切であることがわかる。

問6　「怪物」は比喩であり、傍線部の後の「カーテン」に隠されている「『政治的なもの』の本質」を指す。つまり、「建前や善意」を取り払った「世界は要するに弱肉強食」という「本音や剝き出しの現実」である。しかも、次の段落では「登場すれば必ず発砲される銃」「銃弾」という比喩に置き換えられており、暴力的な力、権力を指していることが読み取れるから、5を選択すればよい。

問7　傍線部の二文前で、「権力は自らが必要としない弱者を躊躇なく切り捨てる」と述べている。設問文のいうような「テクノロジーの進歩」によって老人、病人、労働者は「人間」の条件をみたさない「弱者」とみなされ、強者であり「銃弾」と喩えられている政治権力から切り捨てられるのである。この説明に相当するのは4。1は紛らわしいが、死生観や「人間」の条件が書き換えられること自体を指しており、「銃弾」の説明と合わないため不適。

問8　真実の露呈は政治権力の暴走や「弱肉強食」という結果につながる、という文脈にあり、それに対する「フィクション」すなわち虚構として語られているのは、「人権」という「建前」つまり「綺麗事」(第四段落)である。問4や問6で問われた内容ともつながる。よって、5を選ぶ。

問9　一文前に「デモクラシーを通じて国家を動かすオピニオン」とあり、「オピニオン」は「国家を動かす」ばかりか、「国家そのものさえも」支えている、という文脈になる。直後の文の「その最適の型」の「その」が空欄Ⅲの内容を指すことから考えればわかりやすいだろう。

煽られると同時に、強者である権力保持者の暴力性があらわになることを可能とする。すると多様なオピニオンが交わされる豊かな議論は行われなくなり、対話と討議を前提とするデモクラシーは機能不全に陥ってしまう。少数派や社会的弱者の意見が排除されることなく尊重されるように、人権というフィクションを肯定するオピニオンをこそ保持していく努力が、人々に求められている。

## ▲解　説▼

問1　次の段落の冒頭に「現在、デモクラシーは深刻な危機に瀕しているといわれる」とあり、傍線部を含む文はこれと逆の状況を言っている。つまり、「歴史が力を持つ」とは、〈デモクラシーがこれまでの歴史に即して機能している〉ということである。このことをふまえて第一段落を見ると、傍線部を含む一文は、第一段落第二文の「それ（＝デモクラシーにおいてオピニオンが多様なことが議論を豊かにすること）は、……という最低限のルールが共有されていてこそだ」と同じことを言っていることが読み取れる。よって、デモクラシーにおける「最低限のルール」の内容を具体的に述べた3が正解。他の選択肢は「最低限のルール」の説明となっていない。

問2　まず、傍線部の「努力してはじめて機能する」ものとは、直前の「デモクラシー」を指していることを確認する。そして、そのデモクラシーを保つために必要な「努力」とは、二段落後にある「デモクラシーの危機は、このオピニオンの揺らぎを反映している」という内容から、「このオピニオン」すなわち「人権概念」「すべての人間を人間であるというだけで尊重すること」が揺らがないようにする努力を指しているとわかる。よって、4が正しい。1はオピニオン操作のことであり、逆にデモクラシーの危機を招いているため誤り。2はあらゆる政治のプロセスの説明であり、デモクラシーに限らないため誤り。3は「国家を監視し続けること」と限定的になっており、誤り。5はデモクラシーとオピニオンの「病」のことであり、健全なデモクラシーが機能していない状態であるから誤り。

問3　空欄Ⅰは、「こうした」という指示語をヒントに、前の段落が「デモクラシーは」「デモクラシー国家における少数派も」とデモクラシーの説明になっていることから1を選択する。空欄Ⅱは、後の「デモクラシーとそれを支えるオ

# 国語

## 一

**出典**　堤林剣・堤林恵『「オピニオン」の政治思想史――国家を問い直す』（岩波新書）

**解答**

問1　3

問2　4

問3　Ⅰ―1　Ⅱ―7

問4　だがグーグ

問5　a―3　b―5

問6　5

問7　4

問8　5

問9　3

問10　1

問11　人権概念に支えられたデモクラシーというシステム（二十五字以内）

◆要　旨◆

デモクラシーを支えているのは、人権概念に基づくオピニオンである。人間は平等ではなく、強者が弱者を虐げて利益を得ているのが現実だ、という指摘は確かに政治の本質をついているが、これを暴き立てて肯定すれば、人々は敵対心を

# 教学社 刊行一覧

## 2025年版 大学赤本シリーズ

**374大学556点**
**全都道府県を網羅**

### 国公立大学（都道府県順）

全国の書店で取り扱っています。店頭にない場合は，お取り寄せができます。

1 北海道大学（文系－前期日程）
2 北海道大学（理系－前期日程） 医
3 北海道大学（後期日程）
4 旭川医科大学（医学部〈医学科〉） 医
5 小樽商科大学
6 帯広畜産大学
7 北海道教育大学
8 室蘭工業大学／北見工業大学
9 釧路公立大学
10 公立千歳科学技術大学
11 公立はこだて未来大学 総推
12 札幌医科大学（医学部） 医
13 弘前大学 医
14 岩手大学
15 岩手県立大学・盛岡短期大学部・宮古短期大学部
16 東北大学（文系－前期日程）
17 東北大学（理系－前期日程） 医
18 東北大学（後期日程）
19 宮城教育大学
20 宮城大学
21 秋田大学 医
22 秋田県立大学
23 国際教養大学 総推
24 山形大学 医
25 福島大学
26 会津大学
27 福島県立医科大学（医・保健科学部） 医
28 茨城大学（文系）
29 茨城大学（理系）
30 筑波大学（推薦入試） 医 総推
31 筑波大学（文系－前期日程）
32 筑波大学（理系－前期日程） 医
33 筑波大学（後期日程）
34 宇都宮大学
35 群馬大学 医
36 群馬県立女子大学
37 高崎経済大学
38 前橋工科大学
39 埼玉大学（文系）
40 埼玉大学（理系）
41 千葉大学（文系－前期日程）
42 千葉大学（理系－前期日程） 医
43 千葉大学（後期日程） 医
44 東京大学（文科） DL
45 東京大学（理科） DL 医
46 お茶の水女子大学
47 電気通信大学
48 東京外国語大学 DL
49 東京海洋大学
50 東京科学大学（旧 東京工業大学）
51 東京科学大学（旧 東京医科歯科大学） 医
52 東京学芸大学
53 東京藝術大学
54 東京農工大学
55 一橋大学（前期日程）
56 一橋大学（後期日程）
57 東京都立大学（文系）
58 東京都立大学（理系）
59 横浜国立大学（文系）
60 横浜国立大学（理系）
61 横浜市立大学（国際教養・国際商・理・データサイエンス・医〈看護〉学部）
62 横浜市立大学（医学部〈医学科〉） 医
63 新潟大学（人文・教育〈文系〉・法・経済科・医〈看護〉・創生学部）
64 新潟大学（教育〈理系〉・理・医〈看護を除く〉・歯・工・農学部） 医
65 新潟県立大学
66 富山大学（文系）
67 富山大学（理系） 医
68 富山県立大学
69 金沢大学（文系）
70 金沢大学（理系） 医
71 福井大学（教育・医〈看護〉・工・国際地域学部）
72 福井大学（医学部〈医学科〉） 医
73 福井県立大学
74 山梨大学（教育・医〈看護〉・工・生命環境学部）
75 山梨大学（医学部〈医学科〉） 医
76 都留文科大学
77 信州大学（文系－前期日程）
78 信州大学（理系－前期日程） 医
79 信州大学（後期日程）
80 公立諏訪東京理科大学 総推
81 岐阜大学（前期日程） 医
82 岐阜大学（後期日程）
83 岐阜薬科大学
84 静岡大学（前期日程）
85 静岡大学（後期日程）
86 浜松医科大学（医学部〈医学科〉） 医
87 静岡県立大学
88 静岡文化芸術大学
89 名古屋大学（文系）
90 名古屋大学（理系） 医
91 愛知教育大学
92 名古屋工業大学
93 愛知県立大学
94 名古屋市立大学（経済・人文社会・芸術工・看護・総合生命理・データサイエンス学部）
95 名古屋市立大学（医学部〈医学科〉） 医
96 名古屋市立大学（薬学部）
97 三重大学（人文・教育・医〈看護〉学部）
98 三重大学（医〈医〉・工・生物資源学部） 医
99 滋賀大学
100 滋賀医科大学（医学部〈医学科〉） 医
101 滋賀県立大学
102 京都大学（文系）
103 京都大学（理系） 医
104 京都教育大学
105 京都工芸繊維大学
106 京都府立大学
107 京都府立医科大学（医学部〈医学科〉） 医
108 大阪大学（文系） DL
109 大阪大学（理系） 医
110 大阪教育大学
111 大阪公立大学（現代システム科学域〈文系〉・文・法・経済・商・看護・生活科〈居住環境・人間福祉〉学部－前期日程）
112 大阪公立大学（現代システム科学域〈理系〉・理・工・農・獣医・医・生活科〈食栄養〉学部－前期日程） 医
113 大阪公立大学（中期日程）
114 大阪公立大学（後期日程）
115 神戸大学（文系－前期日程）
116 神戸大学（理系－前期日程） 医
117 神戸大学（後期日程）
118 神戸市外国語大学 DL
119 兵庫県立大学（国際商経・社会情報科・看護学部）
120 兵庫県立大学（工・理・環境人間学部）
121 奈良教育大学／奈良県立大学
122 奈良女子大学
123 奈良県立医科大学（医学部〈医学科〉） 医
124 和歌山大学
125 和歌山県立医科大学（医・薬学部） 医
126 鳥取大学 医
127 公立鳥取環境大学
128 島根大学 医
129 岡山大学（文系）
130 岡山大学（理系） 医
131 岡山県立大学
132 広島大学（文系－前期日程）
133 広島大学（理系－前期日程） 医
134 広島大学（後期日程）
135 尾道市立大学 総推
136 県立広島大学
137 広島市立大学
138 福山市立大学 総推
139 山口大学（人文・教育〈文系〉・経済・医〈看護〉・国際総合科学部）
140 山口大学（教育〈理系〉・理・医〈看護を除く〉・工・農・共同獣医学部） 医
141 山陽小野田市立山口東京理科大学 総推
142 下関市立大学／山口県立大学
143 周南公立大学 新 総推
144 徳島大学 医
145 香川大学 医
146 愛媛大学 医
147 高知大学 医
148 高知工科大学
149 九州大学（文系－前期日程）
150 九州大学（理系－前期日程） 医
151 九州大学（後期日程）
152 九州工業大学
153 福岡教育大学
154 北九州市立大学
155 九州歯科大学
156 福岡県立大学／福岡女子大学
157 佐賀大学 医
158 長崎大学（多文化社会・教育〈文系〉・経済・医〈保健〉・環境科〈文系〉学部）
159 長崎大学（教育〈理系〉・医〈医〉・歯・薬・情報データ科・工・環境科〈理系〉・水産学部） 医
160 長崎県立大学 総推
161 熊本大学（文・教育・法・医〈看護〉学部・情報融合学環〈文系型〉）
162 熊本大学（理・医〈看護を除く〉・薬・工学部・情報融合学環〈理系型〉） 医
163 熊本県立大学
164 大分大学（教育・経済・医〈看護〉・理工・福祉健康科学部）
165 大分大学（医学部〈医・先進医療科学科〉） 医
166 宮崎大学（教育・医〈看護〉・工・農・地域資源創成学部）
167 宮崎大学（医学部〈医学科〉） 医
168 鹿児島大学（文系）
169 鹿児島大学（理系） 医
170 琉球大学 医

# 2025年版　大学赤本シリーズ

## 国公立大学 その他

171 〔国公立大〕医学部医学科 総合型選抜・学校推薦型選抜※ 医 総推
172 看護・医療系大学〈国公立 東日本〉※
173 看護・医療系大学〈国公立 中日本〉※
174 看護・医療系大学〈国公立 西日本〉※
175 海上保安大学校／気象大学校
176 航空保安大学校
177 国立看護大学校
178 防衛大学校 総推
179 防衛医科大学校(医学科) 医
180 防衛医科大学校(看護学科)

※ No.171～174の収載大学は赤本ウェブサイト(http://akahon.net/)でご確認ください。

## 私立大学①

### 北海道の大学(50音順)

201 札幌大学
202 札幌学院大学
203 北星学園大学
204 北海学園大学
205 北海道医療大学
206 北海道科学大学
207 北海道武蔵女子大学・短期大学
208 酪農学園大学(獣医学群〈獣医学類〉)

### 東北の大学(50音順)

209 岩手医科大学(医・歯・薬学部) 医
210 仙台大学 総推
211 東北医科薬科大学(医・薬学部) 医
212 東北学院大学
213 東北工業大学
214 東北福祉大学
215 宮城学院女子大学 総推

### 関東の大学(50音順)

#### あ行(関東の大学)

216 青山学院大学(法・国際政治経済学部一個別学部日程)
217 青山学院大学(経済学部一個別学部日程)
218 青山学院大学(経営学部一個別学部日程)
219 青山学院大学(文・教育人間科学部一個別学部日程)
220 青山学院大学(総合文化政策・社会情報・地球社会共生・コミュニティ人間科学部一個別学部日程)
221 青山学院大学(理工学部一個別学部日程)
222 青山学院大学(全学部日程)
223 麻布大学(獣医、生命・環境科学部)
224 亜細亜大学
226 桜美林大学
227 大妻女子大学・短期大学部

#### か行(関東の大学)

228 学習院大学(法学部一コア試験)
229 学習院大学(経済学部一コア試験)
230 学習院大学(文学部一コア試験)
231 学習院大学(国際社会科学部一コア試験)
232 学習院大学(理学部一コア試験)
233 学習院女子大学
234 神奈川大学(給費生試験)
235 神奈川大学(一般入試)
236 神奈川工科大学
237 鎌倉女子大学・短期大学部
238 川村学園女子大学
239 神田外語大学
240 関東学院大学
241 北里大学(理学部)
242 北里大学(医学部) 医
243 北里大学(薬学部)
244 北里大学(看護・医療衛生学部)
245 北里大学(未来工・獣医・海洋生命科学部)
246 共立女子大学・短期大学
247 杏林大学(医学部) 医
248 杏林大学(保健学部)
249 群馬医療福祉大学・短期大学部
250 群馬パース大学 総推
251 慶應義塾大学(法学部)
252 慶應義塾大学(経済学部)
253 慶應義塾大学(商学部)
254 慶應義塾大学(文学部) 総推
255 慶應義塾大学(総合政策学部)
256 慶應義塾大学(環境情報学部)
257 慶應義塾大学(理工学部)
258 慶應義塾大学(医学部) 医
259 慶應義塾大学(薬学部)
260 慶應義塾大学(看護医療学部)
261 工学院大学
262 國學院大學
263 国際医療福祉大学 医
264 国際基督教大学
265 国士舘大学
266 駒澤大学(一般選抜T方式・S方式)
267 駒澤大学(全学部統一日程選抜)

#### さ行(関東の大学)

268 埼玉医科大学(医学部) 医
269 相模女子大学・短期大学部
270 産業能率大学
271 自治医科大学(医学部) 医
272 自治医科大学(看護学部)／東京慈恵会医科大学(医学部〈看護学科〉)
273 実践女子大学 総推
274 芝浦工業大学(前期日程)
275 芝浦工業大学(全学統一日程・後期日程)
276 十文字学園女子大学
277 淑徳大学
278 順天堂大学(医学部) 医
279 順天堂大学(スポーツ健康科・医療看護・保健看護・国際教養・保健医療・医療科・健康データサイエンス・薬学部) 総推
280 上智大学(神・文・総合人間科学部)
281 上智大学(法・経済学部)
282 上智大学(外国語・総合グローバル学部)
283 上智大学(理工学部)
284 上智大学(TEAPスコア利用方式)
285 湘南工科大学
286 昭和大学(医学部) 医
287 昭和大学(歯・薬・保健医療学部)
288 昭和女子大学
289 昭和薬科大学
290 女子栄養大学・短期大学部 総推
291 白百合女子大学
292 成蹊大学(法学部一A方式)
293 成蹊大学(経済・経営学部一A方式)
294 成蹊大学(文学部一A方式)
295 成蹊大学(理工学部一A方式)
296 成蹊大学(E方式・G方式・P方式)
297 成城大学(経済・社会イノベーション学部一A方式)
298 成城大学(文芸・法学部一A方式)
299 成城大学(S方式〈全学部統一選抜〉)
300 聖心女子大学
301 清泉女子大学
303 聖マリアンナ医科大学 医
304 聖路加国際大学(看護学部)
305 専修大学(スカラシップ・全国入試)
306 専修大学(前期入試〈学部個別入試〉)
307 専修大学(前期入試〈全学部入試・スカラシップ入試〉)

#### た行(関東の大学)

308 大正大学
309 大東文化大学
310 高崎健康福祉大学
311 拓殖大学
312 玉川大学
313 多摩美術大学
314 千葉工業大学
315 中央大学(法学部一学部別選抜)
316 中央大学(経済学部一学部別選抜)
317 中央大学(商学部一学部別選抜)
318 中央大学(文学部一学部別選抜)
319 中央大学(総合政策学部一学部別選抜)
320 中央大学(国際経営・国際情報学部一学部別選抜)
321 中央大学(理工学部一学部別選抜)
322 中央大学(5学部共通選抜)
323 中央学院大学
324 津田塾大学
325 帝京大学(薬・経済・法・文・外国語・教育・理工・医療技術・福岡医療技術学部)
326 帝京大学(医学部) 医
327 帝京科学大学 総推
328 帝京平成大学 総推
329 東海大学(医〈医〉学部を除く一一般選抜)
330 東海大学(文系・理系学部統一選抜)
331 東海大学(医学部〈医学科〉) 医
332 東京医科大学(医学部〈医学科〉) 医
333 東京家政大学・短期大学部 総推
334 東京経済大学
335 東京工科大学
336 東京工芸大学
337 東京国際大学
338 東京歯科大学
339 東京慈恵会医科大学(医学部〈医学科〉) 医
340 東京情報大学
341 東京女子大学
342 東京女子医科大学(医学部) 医
343 東京電機大学
344 東京都市大学
345 東京農業大学
346 東京薬科大学(薬学部) 総推
347 東京薬科大学(生命科学部) 総推
348 東京理科大学(理学部〈第一部〉一B方式)
349 東京理科大学(創域理工学部一B方式・S方式)
350 東京理科大学(工学部一B方式)
351 東京理科大学(先進工学部一B方式)
352 東京理科大学(薬学部一B方式)
353 東京理科大学(経営学部一B方式)
354 東京理科大学(C方式、グローバル方式、理学部〈第二部〉一B方式)
355 東邦大学(医学部) 医
356 東邦大学(薬学部)

# 2025年版　大学赤本シリーズ

## 私立大学②

357 東邦大学(理・看護・健康科学部)
358 東洋大学(文・経済・経営・法・社会・国際・国際観光学部)
359 東洋大学(情報連携・福祉社会デザイン・健康スポーツ科・理工・総合情報・生命科・食環境科学部)
360 東洋大学(英語〈3日程×3カ年〉)
361 東洋大学(国語〈3日程×3カ年〉)
362 東洋大学(日本史・世界史〈2日程×3カ年〉)
363 東洋英和女学院大学
364 常磐大学・短期大学 総推
365 獨協大学
366 獨協医科大学(医学部) 医

**な行(関東の大学)**

367 二松学舎大学
368 日本大学(法学部)
369 日本大学(経済学部)
370 日本大学(商学部)
371 日本大学(文理学部〈文系〉)
372 日本大学(文理学部〈理系〉)
373 日本大学(芸術学部〈専門試験併用型〉)
374 日本大学(国際関係学部)
375 日本大学(危機管理・スポーツ科学部)
376 日本大学(理工学部)
377 日本大学(生産工・工学部)
378 日本大学(生物資源科学部)
379 日本大学(医学部) 医
380 日本大学(歯・松戸歯学部)
381 日本大学(薬学部)
382 日本大学(N全学統一方式−医・芸術〈専門試験併用型〉学部を除く)
383 日本医科大学 医
384 日本工業大学
385 日本歯科大学
386 日本社会事業大学 総推
387 日本獣医生命科学大学
388 日本女子大学
389 日本体育大学

**は行(関東の大学)**

390 白鷗大学(学業特待選抜・一般選抜)
391 フェリス女学院大学
392 文教大学
393 法政大学(法〈I日程〉・文〈II日程〉・経営〈II日程〉学部−A方式)
394 法政大学(法〈II日程〉・国際文化・キャリアデザイン学部−A方式)
395 法政大学(文〈I日程〉・経営〈I日程〉・人間環境・グローバル教養学部−A方式)
396 法政大学(経済〈I日程〉・社会〈I日程〉・現代福祉学部−A方式)
397 法政大学(経済〈II日程〉・社会〈II日程〉・スポーツ健康学部−A方式)
398 法政大学(情報科・デザイン工・理工・生命科学部−A方式)
399 法政大学(T日程〈統一日程〉・英語外部試験利用入試)
400 星薬科大学 総推

**ま行(関東の大学)**

401 武蔵大学
402 武蔵野大学
403 武蔵野美術大学
404 明海大学
405 明治大学(法学部−学部別入試)
406 明治大学(政治経済学部−学部別入試)
407 明治大学(商学部−学部別入試)
408 明治大学(経営学部−学部別入試)
409 明治大学(文学部−学部別入試)
410 明治大学(国際日本学部−学部別入試)
411 明治大学(情報コミュニケーション学部−学部別入試)
412 明治大学(理工学部−学部別入試)
413 明治大学(総合数理学部−学部別入試)
414 明治大学(農学部−学部別入試)
415 明治大学(全学部統一入試)
416 明治学院大学(A日程)
417 明治学院大学(全学部日程)
418 明治薬科大学 総推
419 明星大学
420 目白大学・短期大学部

**ら・わ行(関東の大学)**

421 立教大学(文系学部−一般入試〈大学独自の英語を課さない日程〉)
422 立教大学(国語〈3日程×3カ年〉)
423 立教大学(日本史・世界史〈2日程×3カ年〉)
424 立教大学(文学部−一般入試〈大学独自の英語を課す日程〉)
425 立教大学(理学部−一般入試)
426 立正大学
427 早稲田大学(法学部)
428 早稲田大学(政治経済学部)
429 早稲田大学(商学部)
430 早稲田大学(社会科学部)
431 早稲田大学(文学部)
432 早稲田大学(文化構想学部)
433 早稲田大学(教育学部〈文科系〉)
434 早稲田大学(教育学部〈理科系〉)
435 早稲田大学(人間科・スポーツ科学部)
436 早稲田大学(国際教養学部)
437 早稲田大学(基幹理工・創造理工・先進理工学部)
438 和洋女子大学 総推

**中部の大学(50音順)**

439 愛知大学
440 愛知医科大学(医学部) 医
441 愛知学院大学・短期大学部
442 愛知工業大学 総推
443 愛知淑徳大学
444 朝日大学 総推
445 金沢医科大学(医学部) 医
446 金沢工業大学
447 岐阜聖徳学園大学 総推
448 金城学院大学
449 至学館大学 総推
450 静岡理工科大学
451 椙山女学園大学
452 大同大学
453 中京大学
454 中部大学
455 名古屋外国語大学 総推
456 名古屋学院大学 総推
457 名古屋学芸大学 総推
458 名古屋女子大学 総推
459 南山大学(外国語〈英米〉・法・総合政策・国際教養学部)
460 南山大学(人文・外国語〈英米を除く〉・経済・経営・理工学部)
461 新潟国際情報大学
462 日本福祉大学
463 福井工業大学
464 藤田医科大学(医学部) 医
465 藤田医科大学(医療科・保健衛生学部)
466 名城大学(法・経営・経済・外国語・人間・都市情報学部)
467 名城大学(情報工・理工・農・薬学部)
468 山梨学院大学

**近畿の大学(50音順)**

469 追手門学院大学 総推
470 大阪医科薬科大学(医学部) 医
471 大阪医科薬科大学(薬学部) 総推
472 大阪学院大学 総推
473 大阪経済大学 総推
474 大阪経済法科大学 総推
475 大阪工業大学 総推
476 大阪国際大学・短期大学部 総推
477 大阪産業大学 総推
478 大阪歯科大学(歯学部)
479 大阪商業大学 総推
480 大阪成蹊大学・短期大学 総推
481 大谷大学 総推
482 大手前大学・短期大学 総推
483 関西大学(文系)
484 関西大学(理系)
485 関西大学(英語〈3日程×3カ年〉)
486 関西大学(国語〈3日程×3カ年〉)
487 関西大学(日本史・世界史・文系数学〈3日程×3カ年〉)
488 関西医科大学(医学部) 医
489 関西医療大学 総推
490 関西外国語大学・短期大学部 総推
491 関西学院大学(文・法・商・人間福祉・総合政策学部−学部個別日程)
492 関西学院大学(神・社会・経済・国際・教育学部−学部個別日程)
493 関西学院大学(全学部日程〈文系型〉)
494 関西学院大学(全学部日程〈理系型〉)
495 関西学院大学(共通テスト併用日程〈数学〉・英数日程)
496 関西学院大学(英語〈3日程×3カ年〉) 新
497 関西学院大学(国語〈3日程×3カ年〉) 新
498 関西学院大学(日本史・世界史・文系数学〈3日程×3カ年〉) 新
499 畿央大学 総推
500 京都外国語大学・短期大学 総推
502 京都産業大学(公募推薦入試) 総推
503 京都産業大学(一般選抜入試〈前期日程〉)
504 京都女子大学 総推
505 京都先端科学大学 総推
506 京都橘大学 総推
507 京都ノートルダム女子大学 総推
508 京都薬科大学 総推
509 近畿大学・短期大学部(医学部を除く−推薦入試) 総推
510 近畿大学・短期大学部(医学部を除く−一般入試前期)
511 近畿大学(英語〈医学部を除く3日程×3カ年〉)
512 近畿大学(理系数学〈医学部を除く3日程×3カ年〉)
513 近畿大学(国語〈医学部を除く3日程×3カ年〉)
514 近畿大学(医学部−推薦入試・一般入試前期) 医 総推
515 近畿大学・短期大学部(一般入試後期) 医
516 皇學館大学 総推
517 甲南大学 総推
518 甲南女子大学(学校推薦型選抜) 新 総推
519 神戸学院大学 総推
520 神戸国際大学 総推
521 神戸女学院大学 総推
522 神戸女子大学・短期大学 総推
523 神戸薬科大学 総推
524 四天王寺大学・短期大学部 総推
525 摂南大学(公募制推薦入試) 総推
526 摂南大学(一般選抜前期日程)
527 帝塚山学院大学 総推
528 同志社大学(法、グローバル・コミュニケーション学部−学部個別日程)

# 2025年版　大学赤本シリーズ

## 私立大学③

529 同志社大学(文・経済学部−学部個別日程)
530 同志社大学(神・商・心理・グローバル地域文化学部−学部個別日程)
531 同志社大学(社会学部−学部個別日程)
532 同志社大学(政策・文化情報〈文系型〉・スポーツ健康科〈文系型〉学部−学部個別日程)
533 同志社大学(理工・生命医科・文化情報〈理系型〉・スポーツ健康科〈理系型〉学部−学部個別日程)
534 同志社大学(全学部日程)
535 同志社女子大学 総推
536 奈良大学 総推
537 奈良学園大学 総推
538 阪南大学 総推
539 姫路獨協大学 総推
540 兵庫医科大学(医学部) 医
541 兵庫医科大学(薬・看護・リハビリテーション学部) 総推
542 佛教大学 総推
543 武庫川女子大学 総推
544 桃山学院大学 総推
545 大和大学・大和大学白鳳短期大学部 総推
546 立命館大学(文系−全学統一方式・学部個別配点方式)／立命館アジア太平洋大学(前期方式・英語重視方式)
547 立命館大学(理系−全学統一方式・学部個別配点方式・理系型3教科方式・薬学方式)
548 立命館大学(英語〈全学統一方式3日程×3カ年〉)
549 立命館大学(国語〈全学統一方式3日程×3カ年〉)
550 立命館大学(文系選択科目〈全学統一方式2日程×3カ年〉)
551 立命館大学(IR方式〈英語資格試験利用型〉・共通テスト併用方式)／立命館アジア太平洋大学(共通テスト併用方式)
552 立命館大学(後期分割方式・「経営学部で学ぶ感性+共通テスト」方式)／立命館アジア太平洋大学(後期方式)
553 龍谷大学(公募推薦入試) 総推
554 龍谷大学(一般選抜入試)

**中国の大学(50音順)**

555 岡山商科大学 総推
556 岡山理科大学 総推
557 川崎医科大学 医
558 吉備国際大学 総推
559 就実大学 総推
560 広島経済大学
561 広島国際大学 総推
562 広島修道大学
563 広島文教大学 総推
564 福山大学／福山平成大学
565 安田女子大学 総推

**四国の大学(50音順)**

567 松山大学

**九州の大学(50音順)**

568 九州医療科学大学
569 九州産業大学
570 熊本学園大学
571 久留米大学(文・人間健康・法・経済・商学部)
572 久留米大学(医学部〈医学科〉) 医
573 産業医科大学(医学部) 医
574 西南学院大学(商・経済・法・人間科学部−A日程)
575 西南学院大学(神・外国語・国際文化学部−A日程／全学部−F日程)
576 福岡大学(医学部医学科を除く−学校推薦型選抜・一般選抜系統別日程) 総推
577 福岡大学(医学部医学科を除く−一般選抜前期日程)
578 福岡大学(医学部〈医学科〉−学校推薦型選抜・一般選抜系統別日程) 医 総推
579 福岡工業大学
580 令和健康科学大学 総推

医 医学部医学科を含む
総推 総合型選抜または学校推薦型選抜を含む
DL リスニング音声配信　新 2024年 新刊・復刊

掲載している入試の種類や試験科目，収載年数などはそれぞれ異なります。詳細については，それぞれの本の目次や赤本ウェブサイトでご確認ください。

akahon.net
赤本　検索

# 難関校過去問シリーズ

出題形式別・分野別に収録した
**「入試問題事典」**
20大学 73点
定価**2,310〜2,640**円(本体2,100〜2,400円)

先輩合格者はこう使った!
「難関校過去問シリーズの使い方」

**61年，全部載せ!**
**要約演習で，総合力を鍛える**
**東大の英語**
**要約問題 UNLIMITED**

## 国公立大学

東大の英語25カ年[第12版] 改
東大の英語リスニング20カ年[第9版] DL 改
東大の英語 要約問題 UNLIMITED
東大の文系数学25カ年[第12版] 改
東大の理系数学25カ年[第12版] 改
東大の現代文25カ年[第12版] 改
東大の古典25カ年[第12版] 改
東大の日本史25カ年[第9版] 改
東大の世界史25カ年[第9版] 改
東大の地理25カ年[第9版] 改
東大の物理25カ年[第9版] 改
東大の化学25カ年[第9版] 改
東大の生物25カ年[第9版] 改
東工大の英語20カ年[第8版] 改
東工大の数学20カ年[第9版] 改
東工大の物理20カ年[第5版] 改
東工大の化学20カ年[第5版] 改
一橋大の英語20カ年[第9版] 改
一橋大の数学20カ年[第9版] 改
一橋大の国語20カ年[第6版] 改
一橋大の日本史20カ年[第6版] 改
一橋大の世界史20カ年[第6版] 改
筑波大の英語15カ年 新
筑波大の数学15カ年 新
京大の英語25カ年[第12版]
京大の文系数学25カ年[第12版]
京大の理系数学25カ年[第12版]
京大の現代文25カ年[第2版]
京大の古典25カ年[第2版]
京大の日本史20カ年[第3版]
京大の世界史20カ年[第3版]
京大の物理25カ年[第9版]
京大の化学25カ年[第9版]
北大の英語15カ年[第8版]
北大の理系数学15カ年[第8版]
北大の物理15カ年[第2版]
北大の化学15カ年[第2版]
東北大の英語15カ年[第8版]
東北大の理系数学15カ年[第8版]
東北大の物理15カ年[第2版]
東北大の化学15カ年[第2版]
名古屋大の英語15カ年[第8版]
名古屋大の理系数学15カ年[第8版]
名古屋大の物理15カ年[第2版]
名古屋大の化学15カ年[第2版]
阪大の英語20カ年[第9版]
阪大の文系数学20カ年[第3版]
阪大の理系数学20カ年[第9版]
阪大の国語15カ年[第3版]
阪大の物理20カ年[第8版]
阪大の化学20カ年[第6版]
九大の英語15カ年[第8版]
九大の理系数学15カ年[第7版]
九大の物理15カ年[第2版]
九大の化学15カ年[第2版]
神戸大の英語15カ年[第9版]
神戸大の数学15カ年[第5版]
神戸大の国語15カ年[第3版]

## 私立大学

早稲田の英語[第11版] 改
早稲田の国語[第9版] 改
早稲田の日本史[第9版] 改
早稲田の世界史[第2版] 改
慶應の英語[第11版] 改
慶應の小論文[第3版] 改
明治大の英語[第9版] 改
明治大の国語[第2版] 改
明治大の日本史[第2版] 改
中央大の英語[第9版] 改
法政大の英語[第9版] 改
同志社大の英語[第10版]
立命館大の英語[第10版]
関西大の英語[第10版]
関西学院大の英語[第10版]

DL リスニング音声配信
新 2024年 新刊
改 2024年 改訂

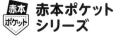

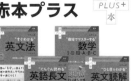

2025 年版　大学赤本シリーズ　No. 408
明治大学（経営学部－学部別入試）

2024 年 6 月 25 日　第 1 刷発行
ISBN978-4-325-26467-5
定価は裏表紙に表示しています

編　集　教学社編集部
発行者　上原 寿明
発行所　教学社
〒606-0031
京都市左京区岩倉南桑原町56
電話　075-721-6500
振替　01020-1-15695
印　刷　太洋社